ROME

SES, SES MONUMENTS, SES INSTITUTIONS

LETTRES A UN AMI

PAR M. R***

TOURS
ALFRED MAME ET FILS
ÉDITEURS

ROME

LETTRES A UN AMI

1ʳᵉ SÉRIE GRAND IN-8°

PROPRIÉTÉ DES ÉDITEURS

Villa Borghèse.

ROME

SES ÉGLISES, SES MONUMENTS, SES INSTITUTIONS

LETTRES A UN AMI

PAR M. L'ABBÉ ROLLAND

CHANOINE HONORAIRE DE TOURS, MEMBRE DE LA SOCIÉTÉ ARCHÉOLOGIQUE DE TOURAINE, ETC.

HUITIÈME EDITION
REVUE ET AUGMENTÉE

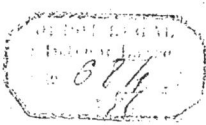

TOURS
ALFRED MAME ET FILS, ÉDITEURS

M DCCC LXXXVI

BREF DE SA SAINTETÉ PIE IX

A L'AUTEUR

PIE IX, PP.

Cher fils, salut et bénédiction apostolique.

Votre lettre, dans laquelle vous Nous avez donné un témoignage de votre ardent amour et de votre entière soumission, Nous a réjoui. Nous ne doutons point que le même esprit et les mêmes sentiments ne se retrouvent dans le livre que vous Nous avez envoyé et qui traite de la ville de Rome, de ses églises, de ses monuments et de ses institutions. Il est très opportun que les écrits des savants détruisent ou au moins redressent les fausses opinions que les impies insinuent avec astuce, dans l'esprit des ignorants, sur cette ville de Rome que le bienheureux Pierre, par inspiration divine, a choisie pour son siège, afin qu'elle devînt la tête du monde chrétien. Nous voyons par votre lettre que c'est là le but de votre travail, et que vous vous êtes proposé de défendre la cause du Siège apostolique, qui est aujourd'hui si violemment attaqué. C'est pourquoi Nous approuvons votre dessein, et, voulant en outre vous témoigner Notre bienveillance, Nous vous donnons, avec une grande affection, Notre bénédiction apostolique.

Donné à Rome, à Saint-Pierre, le 23 janvier 1867, la vingt et unième année de Notre pontificat.

PIE IX, PP.

Encore un livre sur Rome, nous dira-t-on... Il ne fera que nous répéter ce que cent autres nous ont déjà dit...

Rome, sans doute, est la ville dont on a le plus écrit et le plus parlé, et nous n'avons pas la prétention de donner plus de lumières et de fournir plus de science que ceux qui nous ont précédé.

Il y a deux ans nous allions à Rome, simple pèlerin, conduit par l'amour de l'Église, et désireux de connaître cette grande Rome qui a le privilège unique en ce monde d'occuper tous les esprits. Nous y avons goûté d'ineffables douceurs; nous y avons rencontré des joies qu'on ne rencontre que là, et dont le souvenir est assez puissant pour nous donner encore de douces émotions.

Nous avions écrit pour nous-même nos impressions et nos souvenirs. Plusieurs circonstances, dont il est inutile d'entretenir le public, nous ont amené à les publier sous la forme de lettres dans un petit journal religieux. Peu à peu le cadre que nous nous étions proposé s'est élargi : aux simples descriptions des églises, des musées et des monuments païens de Rome, nous avons ajouté quelques aperçus sur la vie intime de Rome et sur ses œuvres de charité, plus admirables encore que les chefs-d'œuvre de l'art qu'elle possède en si grand nombre.

Un voyage à Rome sans avoir visité quelques-uns de ses hôpitaux et de ses hospices, sans connaître les usages du peuple, ses habitudes, son instruction, sans avoir étudié un peu le gouvernement du saint-père est nécessairement incomplet.

Cette étude nous a intéressé, et de nombreuses et affectueuses sympathies nous ont encouragé.

Ce sont donc ces lettres que nous livrons aujourd'hui à la publicité, après les avoir corrigées et en avoir ajouté de nouvelles.

Ce n'est point une œuvre de littérature : nous avons vu Rome, nous l'avons aimée, et nous voudrions la faire aimer et aider ceux qui la verront à la bien connaître. Ce que la foi est heureuse de voir, de vénérer, de connaître dans la ville de Rome, nous le leur dirons.

Nous osons dire que notre petit livre peut suppléer à bien des études. Sans être complet, il donne des notions suffisantes pour faire désirer de connaître de plus près cette Rome dont on dit tant de mal et qu'on accuse souvent parce qu'on ne la connaît pas, ou parce que, par haine du bien et de la vertu, on devient l'ennemi de celle qui en est dans le monde comme le centre et le principal représentant.

« La beauté de l'Église notre mère, a dit le P. Gratry, est aujourd'hui cachée sous un masque de fer. On lui forge ce masque au souffle de l'ignorance et du mensonge; on l'applique sur sa face, on la regarde, et on dit : Elle est laide. »

Puissions-nous lever un petit coin de ce masque et faire soupçonner quelque chose de la beauté de son auguste visage!

Nous apportons une faible pierre au monument que tant et de si illustres écrivains ont élevé à la gloire de Rome; mais nous l'apportons avec la joie d'un enfant et la confiance du manœuvre qui sait que son emploi, quoique moins noble que celui de l'architecte, a cependant son utilité.

Heureux si ces modestes pages inspirent à quelqu'un un peu plus d'amour pour l'Église, notre mère, et lui donnent le désir de la voir de plus près. Quand on a connu Rome, on l'aime d'un amour que le temps ne saurait affaiblir. « Elle est belle cette Rome, disait le président de Brosses, si belle que, ma foi, tout le reste me paraît peu de chose en comparaison. »

Si elle est belle pour l'artiste, que n'est-elle pas pour le chrétien!

« Il faut que vous sachiez que les gens ne sont jamais croyables quand ils disent qu'ils vont partir de Rome. On y est si bien, si doucement, il y a tant à voir et à revoir, que ce n'est jamais fait... »

Et quand on l'a vue, il y a tant à dire et à redire, que nous croyons qu'on n'écrira jamais assez sur Rome. « Ce qu'on dit avec raison de la mère de Dieu : *De Maria nunquam satis*, nous écrivait naguère un illustre évêque [1], on peut le dire aussi de la cité de Rome, son épouse : *De Roma nunquam satis*. »

C'est notre excuse... Puisse-t-elle du moins nous faire absoudre si le succès ne répond pas à notre bonne volonté!

Tours, fête de saint Martin, 11 novembre 1865.

---

[1] Mgr Pie, évêque de Poitiers.

ROME

SES ÉGLISES, SES MONUMENTS, SES INSTITUTIONS

LETTRES A UN AMI

I

ARRIVÉE A ROME

Mon cher ami,

Je suis à Rome. Vous devez comprendre mes émotions et ma joie. Je me suis prosterné devant la Confession de saint Pierre. Je voudrais vous communiquer mes premières impressions, et je ne sais si leur vivacité me permettra de vous exprimer ce que j'éprouve.

Ce matin à cinq heures, je suis arrivé à Cività-Vecchia. Je fus agréablement impressionné par la vue de nos soldats allant et venant dans les fortifications et sur le port. Je crus un instant que je n'avais pas quitté la France. Cet uniforme français me plaisait sur le sol pontifical, et je trouvais à leur place ces enfants de la fille aînée de l'Église. Puisque le malheur des temps veut qu'il en soit ainsi, je me sentais fier et heureux de voir les Français protéger le trône du Roi, du Pontife et du Père.

La police romaine visa nos passeports, et je trouvai très bienveillants les douaniers pontificaux.

A midi, le chemin de fer m'emportait à travers la campagne romaine, déserte et inhabitée, où errent seulement quelques troupeaux de cavales et de buffles.

Le bruit, les mouvements de l'industrie et de la société moderne font silence autour de la ville de Rome, comme pour préparer l'âme aux grandes et solennelles émotions qui l'attendent.

L'immensité de cette campagne, éclairée par une lumière éblouissante, bornée par la mer ou les collines, est pleine de charme et de grandeur. Tout ce parcours est délicieux.

Le Tibre, décrivant une courbe majestueuse, apparaît au milieu d'une vaste plaine, entre des rives sans arbres ni verdure. Tout est grand, tout est immense... Voici la basilique de Saint-Paul, et déjà j'aperçois le dôme de Saint-Pierre.

J'approchais de Rome, plein d'émotion et de joie, et sentant que Dieu me donnerait quelques jours heureux. J'arrivais, l'amour dans le cœur, et je murmurais ces belles strophes d'un naïf et touchant cantique du ve siècle, déterré dans la poussière du Vatican :

> O noble Rome, maîtresse du monde, la plus excellente des villes, rouge du sang des martyrs, blanche de la blancheur des lis et des vierges, nous te saluons, nous te bénissons à travers tous les siècles, à jamais[1] !

Vers trois heures de l'après-midi, j'étais à Rome. Je suis logé dans une maison de la place du pont Saint-Ange. Je jouis d'une vue magnifique, et à mes pieds le Tibre roule ses flots jaunes et tranquilles.

Le pont Saint-Ange, qui conduit au mausolée d'Adrien, est orné de dix grandes statues de marbre. Ce sont des anges qui portent les insignes de la Passion.

Le mausolée d'Adrien se présente en face avec sa masse impo-

---

[1] O Roma nobilis, orbis et domina,
Cunctarum urbium excellentissima,
Roseo martyrum sanguine rubea,
Albis et virginum liliis candida!
Salutem dicimus tibi per omnia;
Te benedicimus : salve per sæcula.

Petre, tu præpotens cœlorum claviger,
Vota precantium exaudi jugiter!
Cum bis sex tribuum sederis arbiter,
Factus placabilis, judica leniter :
Te precantibus nunc temporaliter
Ferto suffragia misericorditer!

O Paule, suscipe nostra præcamina,
Cujus philosophos vicit industria!
Factus œconomus in domo regia,
Divini muneris oppone fercula :
Ut repleverit te sapientia,
Ipsa nos repleat tua per dogmata!

sante. Il sert de caserne à une partie de l'armée française. A son sommet, les païens n'avaient trouvé rien de mieux à mettre qu'une gigantesque pomme de pin qu'on peut encore voir dans les jardins du Vatican. Aujourd'hui il est surmonté d'un ange en bronze qui remet son épée dans le fourreau.

En l'année 590, une peste ravageait la ville de Rome. Le pape saint Grégoire le Grand, qui venait de monter sur la chaire de saint Pierre, ordonna une procession générale qui partirait de la basilique de Sainte-Marie-Majeure et parcourrait la ville.

Vers la fin de la cérémonie, on entendit un concert de voix célestes qui chantaient : « *Regina cœli, lætare, alleluia,* etc. « Reine du « ciel, réjouissez-vous, alléluia, parce que Celui que vous aviez « mérité d'avoir pour fils, alléluia, est ressuscité comme il l'avait « dit, alléluia!... »

Le pape alors s'écria : « *Ora pro nobis Deum, alleluia!* Priez Dieu pour nous, alléluia ! »

Et aussitôt l'on vit, sur le mausolée d'Adrien, un ange qui remettait dans son fourreau l'épée de la colère divine. La peste cessa, et depuis ce temps le mausolée d'Adrien s'appelle le château Saint-Ange.

Ce spectacle me remit un peu de ma première impression en entrant dans Rome. Je suis arrivé par le Transtévère[1], et l'extérieur négligé et malpropre de ses habitants ne m'avait pas séduit. La propreté n'est pas la vertu favorite des Romains; il est vrai que c'est le quartier pauvre de Rome. Cependant, mon cher, ne venez pas à Rome pour y voir de belles rues, larges et bien alignées, pour y admirer d'élégants squares. Rome n'a pas besoin de ces choses. Ses ruines, ses souvenirs et ses fêtes sont assez éloquents. Elle est belle, mais d'une beauté qu'il n'est pas donné à tous de comprendre et d'aimer.

Vous connaissez ma curiosité naturelle. Je n'ai pu rester en place; j'étais avide de voir, et à quatre heures j'étais en route. J'ai voulu commencer ma visite par Saint-Pierre. Il me semblait convenable d'offrir mes hommages au maître de la cité, et d'ailleurs j'éprouvais le besoin d'épancher sur le tombeau du grand apôtre les émotions dont mon cœur débordait.

Je suis monté ensuite au Capitole : mon modeste équipage, je vous l'assure, ne me donnait nullement l'air d'un triomphateur.

---

[1] A cette époque la gare du chemin de fer n'était pas encore sur la place *dei Termini*.

D'ailleurs j'ai pris le chemin opposé à celui qui était suivi par les vainqueurs de l'ancienne Rome. Ils venaient à travers le Forum, passaient sous l'arc de Septime Sévère avant de gravir la célèbre colline, et moi je venais du côté de la ville.

Je descendis au Forum, appelé maintenant Campo Vaccino. Des bœufs paissent et mugissent là où l'orateur faisait entendre sa voix. Des ruines gigantesques, éparses de tous côtés et jetées çà et là, sans aucun art, comme le temps et la main des barbares les ont faites, rappellent encore la grandeur et la richesse de cette immense place publique. De chaque côté, des églises, bâties sur l'emplacement des temples païens, attestent la victoire de Jésus-Christ sur le paganisme.

A l'extrémité du Forum, on aperçoit le Colisée, cet immense amphithéâtre en ruine. J'ai voulu dès aujourd'hui me prosterner devant la croix de bois dressée au milieu de son enceinte; mais nous y reviendrons : cette ruine a un tel caractère de grandeur et de majesté qu'elle me paraît un des plus beaux restes de l'antiquité païenne.

Saint-Jean de Latran n'est pas loin. Je suis entré dans la basilique pendant l'office des vêpres, qui étaient célébrées avec grande pompe et en présence des cardinaux. C'était la fête de saint Jean-Baptiste. Je ne pouvais m'arracher à ce spectacle imposant et nouveau pour moi. La musique et des chants comme on n'en entend qu'à Rome me charmèrent et me retinrent longtemps.

Je ne puis vous énumérer tous les lieux que j'ai visités aujourd'hui. Je voulais avoir dès ce soir une idée générale des grandeurs et des beautés de la Ville éternelle. Je vous avoue que mes espérances sont bien dépassées : je n'avais rien rêvé de si beau.

J'ai terminé ma course par une visite au Monte-Pincio. Je me suis mêlé à la foule, et c'est avec peine que j'ai pu me frayer un passage au milieu des nombreux et brillants carrosses romains. Je parcourus les magnifiques jardins de cette promenade, la plus belle et la plus fréquentée de Rome. La musique des hussards français venait de s'y faire entendre.

Je rentrai dans la ville en parcourant le Corso, qui à cette heure était envahi par une foule nombreuse et présentait une physionomie très animée. Le Corso est le rendez-vous général de la population romaine et des étrangers ; et cette réunion si variée donne à cette magnifique rue un aspect des plus curieux et peut-être unique au monde.

Je ne veux pas terminer cette lettre sans vous dire la rencontre que je fis le soir même de mon arrivée, en rentrant chez moi. Je suis convaincu que votre surprise eût égalé la mienne. Je vois votre curiosité excitée : — Qui avez-vous donc rencontré? — Devinez. — Un ami, un compatriote? — Non... Vous y renoncez? Eh bien! voici : une vingtaine d'hommes réunis ensemble, deux à deux, récitant à haute voix le chapelet, passaient dans la rue. Je fus touché de ce spectacle. Je les suivis jusqu'à la plus proche madone. Là ils se mirent à genoux et chantèrent en chœur les litanies de la sainte Vierge. Ému jusqu'aux larmes, je m'unis à leurs prières.

En France, nos sages et nos savants des cinq académies riraient volontiers de ces hommes. C'est une superstition qu'on pardonne au peuple romain, à des hommes gouvernés par un prêtre.

« Quand ils seront émancipés et débarrassés de toutes ces moqueries et de la tutelle des prêtres, vous verrez ce que vaudra ce peuple, me disait un esprit fort. — Alors il ne sera plus superstitieux, lui dis-je, il ne craindra plus Dieu, mais le sabre. »

Ne savez-vous pas, mon cher ami, que nos Français émancipés ne sont pas superstitieux? N'avez-vous pas vu, comme moi, des chrétiens passer devant la croix du Sauveur sans la saluer.

Dans la plupart de nos villes, en France, Jésus-Christ se cache comme un malfaiteur quand il va consoler les malades et les mourants. Que voulez-vous! c'est le progrès. J'avoue que j'aime encore mieux la foi naïve et arriérée de ces Romains, qui n'ont pas honte de prier Dieu tout haut, et qui savent encore se mettre à genoux devant la sainte Vierge et les saints.

Sur ce, mon bien cher, je laisse nos philosophes raisonner, et j'admire la foi du bon peuple de Rome.

II

BASILIQUE DE SAINT-PIERRE

Son origine. — Pèlerinage de premiers chrétiens. — Constantin et saint Sylvestre. — Description de l'ancienne basilique. — Charlemagne. — Reconstruction de la basilique.

Mon cher ami,

Avant de visiter la basilique de Saint-Pierre, j'ai voulu me livrer à une étude historique sur son origine, sa fondation et les diverses modifications qu'elle a subies, depuis bientôt vingt siècles. Ce travail m'a intéressé, et je regretterais de ne pas vous en faire jouir avant de vous mener à Saint-Pierre.

Sans doute nous ne sommes point des savants ou des archéologues qui viennent mesurer les pierres, lire sur les parois des édifices leur âge et admirer la poussière froide et séculaire qui les recouvre.

Avant tout nous sommes chrétiens, et, sans mépriser le savoir de l'archéologue et le génie de l'artiste, il nous est bien permis de préférer à leurs découvertes et à leurs œuvres les souvenirs de la foi et les exemples de nos ancêtres. D'ailleurs ces souvenirs animent les œuvres de l'art, et leur donnent une signification et une durée que le génie seul ne pourrait leur garantir.

Tout en notant le développement architectural de l'édifice de Saint-Pierre, nous pourrons suivre ainsi les progrès de la foi et de l'amour des peuples à travers les siècles.

Saint-Pierre a subi quatre modifications, qui répondent aux époques principales de l'histoire de l'Église : nous le voyons naître au temps des persécutions, devenir un édifice public sous Constantin, s'orner et s'enrichir sous Charlemagne, et enfin, au XVIe siècle, prendre les proportions colossales que nous admirons aujourd'hui.

A l'origine, Saint-Pierre n'était qu'un oratoire souterrain. Le corps de l'apôtre avait été déposé dans les catacombes du Vatican, voisines du lieu de son supplice. Ce quartier de Rome, ainsi nommé à cause des oracles qui s'y rendaient autrefois, n'était guère habité que par des potiers; on le fuyait généralement, il était réputé malsain, et l'air y exalait les fièvres. Ce qui explique comment les chrétiens, malgré le voisinage du cirque et des jardins de Néron, purent y venir prier en paix et y déposer les corps de leurs martyrs. Saint Anaclet, qui avait été ordonné par saint Pierre, *construisit sa mémoire* dans ces souterrains; il y a été enseveli lui-même à côté du bienheureux Pierre.

Ce furent là les commencements de la basilique de Saint-Pierre; les persécutions ne permirent pas aux chrétiens de rendre plus d'honneur au chef des apôtres. Néanmoins, elles ne les empêchèrent pas de visiter sa tombe. Dès les premiers siècles, de nombreux pèlerins vinrent de toutes les parties de l'immense empire romain s'y agenouiller; on y accourait du fond de la Perse et de l'Afrique. Les païens n'ignoraient pas la dévotion des premiers chrétiens pour les restes sacrés du premier pape. Les actes des saints Marius, Marthe et de beaucoup d'autres en fournissent des preuves irrécusables: ceux des saints Simplice, Constantin et Victorien donnent même de curieux détails. Amenés des Gaules jusqu'à Rome pour y subir le martyre, ces généreux chrétiens furent assez habiles, à leur arrivée, pour s'échapper des mains de leurs geôliers. Loin de chercher à se cacher ou à fuir, ils profitèrent de la liberté pour courir aux catacombes vaticanes visiter le tombeau de Pierre. Les soldats, proposés à leur garde, ne s'inquiétèrent nullement de leur disparition; assurés de les retrouver, ils se rendirent directement au Vatican. Ils les virent, en effet, prosternés devant le sépulcre du Prince des Apôtres qui était déjà honoré de tous les chrétiens comme une source féconde de grâces et comme le centre de la vie chrétienne.

Quand la paix fut rendue à l'Église, sous le règne de Constantin, le pape et le peuple chrétien désirèrent que ce lieu devînt digne de sa renommée et de leur amour. L'empereur partagea ce désir, et il fut décidé qu'on élèverait une basilique sur le tombeau même de saint Pierre. Une procession présidée par le pape saint Sylvestre se rendit donc au Vatican. Qu'on s'imagine l'étonnement du peuple quand il vit défiler dans ses rues ce cortège de prêtres et de pontifes, revêtus de splendides ornements que le soleil de Rome n'avait point encore vu briller sous ses rayons de feu. L'air retentit de chants sacrés dont les sept collines s'étonnent de répercuter les échos. La foule, avide de voir ce spectacle, accourt en flots nombreux et pressés. Beaucoup venaient sans doute par curiosité; ils étaient désireux de voir ces chrétiens qui, après trois siècles passés dans les catacombes, se montraient enfin au grand jour de la publicité! Mais quel enthousiasme parmi le peuple chrétien! Quels chants de joie et de triomphe!

Le cortège était arrivé devant la tombe de l'illustre martyr, lorsque Constantin apparut. Le monarque s'avance, dépose la couronne impériale, et, le front contre terre, il s'humilie de ses fautes et demande pardon à Dieu et aux saints apôtres avec une telle abondance de larmes que la pourpre impériale en est inondée. L'empereur, se relevant, quitte sa chlamyde, prend une pioche, ouvre le sol, puis porte sur ses épaules douze paniers pleins de terre en l'honneur des douze apôtres, et les jette à l'endroit même où il veut placer la première pierre de la basilique de Saint-Pierre.

Ceci se passait en l'an 324 de l'ère chrétienne.

Le projet de l'empereur était gigantesque : pour le réaliser, il fallait tailler la montagne et aplanir le sol avant de commencer les travaux de la basilique. Ces travaux préparatoires furent longs et pénibles; mais la foi et l'amour triomphèrent de tous les obstacles et bientôt les fondations purent être creusées. Quand les nefs du nord furent achevées, on mit à profit les murs de l'ancien cirque de Néron pour construire celles du midi et les pierres du vieil édifice païen, sanctifié par le sang de l'Apôtre lui-même et de nombreux martyrs, furent employées à la construction du temple nouveau; on consacra à son ornementation les marbres précieux, les chapiteaux, les colonnes, les architraves du monument impérial. Ici, sur une architrave, on lisait une inscription à l'honneur de Néron; là, le nom d'Agrippine ressortait, en caractères grecs, sur le socle destiné à porter la croix de la façade. Ces ornements disparates et si divers présentaient un singulier aspect; mais c'était la première strophe de cette hymne incomparable que les débris du paganisme, à Rome, chantent depuis des siècles, au Christ triomphant.

Malgré l'activité déployée par les ouvriers, Constantin ne put voir l'achèvement de ce merveilleux monument avant sa mort qui n'arriva cependant que treize ans après la pose de la première pierre : ce fut son fils, Constant, qui eut la gloire de le terminer vers l'an 350. Il ne fallut pas moins de vingt-cinq ans pour construire et orner ce magnifique édifice. Il comptait cinq portes, cinq nefs et cent colonnes. La longueur de ses nefs atteignait 100 mètres, la largeur 45, et la hauteur de la nef principale, 42,50. On y arrivait par un magnifique escalier, composé de trente-cinq marches de marbre et de porphyre séparées à distance les unes des autres par cinq larges paliers. Les pèlerins avaient l'habitude de les monter à genoux tenant à la main un cierge allumé, admirable symbole de la Vérité dont ils venaient honorer le fidèle gardien et de l'amour qui remplissait leurs âmes. Le pape Symmaque, heureux de voir se perpétuer ces témoignages publics de la dévotion, fit construire aux deux extrémités de cet escalier d'élégants portiques afin que ces pieux exercices ne soient jamais interrompus, ni par la violence de la pluie, ni par les rayons brûlants du soleil. Plusieurs papes encouragèrent cette pratique, en y attachant de nombreuses indulgences.

Nous ne décrirons pas cette première basilique du Prince des Apôtres, nous signalerons toutefois une des particularités remarquables de sa construction. Trois portes donnaient entrée dans la grande nef et elles étaient disposées de telle façon avec les fenêtres de l'intérieur qu'aux jours équinoxiaux le soleil, à son lever, pénétrait par les portes et venait éclairer de ses rayons la Confession de saint Pierre et, le soir, à son déclin, il y entrait de nouveau, comme si cet astre eût voulu, *a solis ortu usque ad occasum,* commencer et terminer sa course gigantesque par rendre hommage au Vicaire de Celui qui l'a créé [1].

Saint Jean Chrysostome disait de la basilique de Constantin que « les souverains pontifes l'avaient construite dans des proportions si grandes et si riches, qu'ils en avaient fait une des merveilles du monde [2] ». Le corps du saint apôtre fut placé dans une châsse d'argent qu'on enferma elle-même dans un coffre de bronze doré, qui fut surmonté d'une croix d'or pesant 150 livres. Il fut ensuite déposé au fond des grottes Vaticanes.

Le tombeau, ou mieux, comme on l'appelle, la Confession de saint Pierre, fut divisé en deux parties, l'une inférieure, l'autre supérieure. Saint Grégoire de Tours nous apprend que les pèlerins passaient la tête par une petite ouverture pour prier devant les saintes reliques.

La basilique Vaticane s'est modifiée bien des fois; mais la Confession de saint Pierre a conservé les traits fondamentaux de son ancienne configuration : elle se divise toujours en deux étages. Les persécutions, les profanations, les pillages dont la basilique fut victime et trop souvent renouvelés, dans le cours des siècles, par

---

[1] *Istoria della sacrosanta basilica Vaticana*, etc., pel. sac. Filippo Mignanti, tom. I, p. 21.

[2] Homil. in princ. Apost.

les barbares ou les hérétiques, n'ont jamais pu l'atteindre, ni la renverser : elle est là toujours debout et toujours la même. Les portes de l'enfer ne prévaudront jamais contre elle. *Et portæ inferi non prævalebunt adversus eam.*

A partir de ce moment la basilique Vaticane devint l'objet de la vénération des papes et des empereurs, qui se plurent à l'enrichir et à venir dans son enceinte honorer le prince des apôtres.

La basilique ne subit point de modifications importantes jusqu'à Charlemagne, qui l'orna d'un clocher surpassant tous les autres en beauté et en élévation.

En l'année 775, on remarquait aux abords de Saint-Pierre, et jusque sur le parvis du temple, un mouvement inaccoutumé ; une foule considérable poussait des cris de joie et chantait : *Benedictus qui venit in nomine Domini.* Le clergé s'associait à cet enthousiasme populaire, et le souverain pontife lui-même, Adrien Ier, en habits pontificaux, partageait cette joie universelle. Un puissant monarque, Charlemagne, venait de faire son entrée à Rome. Les sénateurs étaient allés à sa rencontre. Arrivé en face de Saint-Pierre, Charlemagne descend de cheval, gravit les marches de la basilique en les baisant, et pénètre dans l'intérieur avec le pape, qui l'avait reçu sur les degrés. Quelques jours après, Charles déposa sur le corps de saint Pierre l'acte de donation des provinces dont il faisait hommage à l'Église. Cet acte confirma la donation de Pépin, c'est-à-dire des villes de la Pentapole et de l'Émilie, et y ajoutait la Vénétie, l'Istrie, les duchés de Bénévent et de Spolète, Mantoue, Parme, l'île de Corse, et étendait la domination pontificale jusqu'au golfe de la Spezzia. Vous voyez que la souveraineté temporelle des papes ne date pas d'hier : elle était déjà honorée et établie bien avant Charlemagne.

Je ne fus pas surpris de voir les statues équestres de ces deux grands empereurs, Constantin et Charlemagne, debout aux deux extrémités du vestibule de la basilique. Je saluai en eux les deux protecteurs de l'Église, et je me réjouis de la reconnaissance de l'Église ma mère, qui n'oublie aucun bienfait, et sait éterniser la mémoire de ses bienfaiteurs.

Le premier qui conçut le projet de reconstruire Saint-Pierre fut le pape Nicolas V. Jules II le mit à exécution. Il fit abattre l'ancienne basilique de Constantin, et le 18 avril 1506 il posa la première pierre de la nouvelle. Bramante fut chargé d'en dresser le plan. La mort ne lui permit pas de le mettre à exécution. Sa gloire fut d'avoir eu l'idée de la coupole. Il ne reste de lui que les piliers du dôme, dont les proportions, d'ailleurs, ont été considérablement modifiées.

Plusieurs architectes lui succédèrent, et de grands papes attachè-

Saint-Pierre.

rent leur nom à cette œuvre glorieuse. Bramante, San-Gallo, le dominicain Joconde, Raphaël, Peruzzi, Michel-Ange, Carlo Maderne, y travaillèrent successivement. La plus grande part de gloire revient à Michel-Ange. Il était âgé quand il prit la direction des travaux, et la mort vint trop tôt l'arrêter. Les papes défendirent de rien changer à ses plans. Michel-Ange n'a pas seulement la gloire d'avoir créé une merveille; le désintéressement dont il fit preuve semble ajouter encore à son génie. Il ne voulut rien recevoir des souverains pontifes, *trop heureux*, disait-il, *de pouvoir travailler pour le bienheureux apôtre saint Pierre*.

Carlo Maderne acheva la basilique vers 1621, sous le pontificat de Paul V. Les plans de Michel-Ange furent alors modifiés. Le pape pensa qu'il était convenable de comprendre dans l'enceinte de la nouvelle basilique l'espace entier qu'occupait autrefois le sanctuaire élevé par saint Sylvestre. On lui donna la forme d'une croix latine au lieu d'une croix grecque, comme le voulait Michel-Ange, et l'on fut obligé d'allonger la grande nef de trois arcades. Intérieurement le plan primitif subit peu de modifications; mais la façade fut entièrement changée. Le plan de Michel-Ange, qui rappelait le portique du Panthéon, fut sacrifié, parce qu'il ne permettait pas de construire une galerie du haut de laquelle le pape pût donner sa bénédiction *urbi* et *orbi*. La façade moderne manque de grandeur et de majesté. Elle est généralement blâmée, et il est certain qu'elle nuit à l'impression que ce vaste monument devrait produire.

Quant à ceux des papes qui ont contribué à l'achèvement de Saint-Pierre, il faudrait les nommer tous, depuis Jules II jusqu'à Pie IX, qui a fait revêtir de marbre blanc les piliers de la grande nef, et a reconstruit l'autel de la chaire de Saint-Pierre. Tous ont tenu à laisser dans cette immense basilique des traces de leur passage et des preuves de leur munificence. Ils ont fait appel à tous les génies, à toutes les illustrations artistiques pour rendre ce temple digne du prince des apôtres, de la papauté et de la catholicité tout entière. Nous verrons demain s'ils ont réussi.

III

BASILIQUE DE SAINT-PIERRE (SUITE)

Place Saint-Pierre. — Vestibule. — La *Navicella*. — Dimensions de la basilique. — Statue de saint Pierre. — Confession de saint Pierre. — Pie VI. — Le Bernin. — Chaire de saint Pierre. — Les statues des fondateurs d'ordres religieux. — Chapelles. — Tombeaux des papes. — Les pénitenciers. — La coupole.

Mon cher ami,

Je viens aujourd'hui tenir ma promesse et vous rendre compte de ma visite à Saint-Pierre. J'avoue que mon embarras est extrême : comment vous décrire cette merveille du monde catholique? Serai-je même assez heureux pour vous en donner une idée, pour faire naître en vous le désir de la connaître. Suivez-moi donc à Saint-Pierre, et si le récit de ma promenade vous intéresse et vous inspire la pensée de m'imiter, je m'en réjouirai.

Vous savez que la basilique est précédée d'une place immense. Je vous conseille de la traverser sans vous arrêter, de gravir les degrés de la basilique sans rien examiner. Une fois sur le perron, retournez-vous, et vous serez vivement impressionné. De cet endroit on domine tout l'ensemble de la place, on peut en saisir plus facilement la magnificence et la grandeur : au milieu, le fameux obélisque auquel Sixte V a fait confesser si éloquemment le triomphe de la croix; de chaque côté de l'obélisque, deux magnifiques fontaines dont les gerbes jaillissantes s'élèvent jusqu'à trente-huit pieds de hauteur. Comme encadrement, la magnifique colonnade du Bernin, surmontée de statues de marbre, s'étend de chaque côté de la place, et lui imprime un caractère de grandeur qu'on ne saurait décrire. On dirait que l'artiste, lorsqu'il conçut son plan, avait présentes à l'esprit les paroles du prophète Isaïe : « Jérusalem, lève les yeux autour de toi et regarde : tous les peuples sont assemblés et sont venus à toi ; dilate tes entrailles et réjouis-toi[1]. » Ne semble-t-il pas, en effet, voir l'Église mère ouvrir son sein pour recevoir tous les peuples, étendre ses bras pour les attirer et les presser sur son cœur? Cette pensée nous fait comprendre l'émotion qui doit faire battre le cœur du pape, du Père, quand du haut de la Loggia il donne la bénédiction apostolique, *urbi et orbi*, et qu'il voit à ses pieds, agenouillés et soumis, les représentants de toutes les nations et de toutes les tribus de la terre.

Au bas des degrés, les statues de saint Pierre et de saint Paul semblent, de chaque côté, protéger l'entrée de la basilique. Treize statues représentant Jésus-Christ entouré de ses apôtres surmontent la façade extérieure. Les cinq portes du frontispice conduisent dans un superbe vestibule tout brillant de marbres et de dorures. Je me retourne pour admirer, au-dessus de la porte principale, la magnifique mosaïque de Giotto appelée la *Navicella*, que le savant cardinal Baronius ne manquait jamais de vénérer en récitant cette prière : *Domine, ut erexisti Petrum a fluctibus, ita eripe me a peccatorum undis.* Cet ouvrage du XIIIe siècle représente saint Pierre conduisant sa barque agitée par les vents. Aux deux extrémités du vestibule sont les statues de Constantin et de Charlemagne, dont je vous ai parlé hier. Ce vestibule est si riche et si splendide qu'on a vu des pèlerins le prendre pour la basilique elle-même, s'y prosterner pour y faire leurs prières et repartir contents.

La grande porte de bronze de la basilique, qui ne s'ouvre que pour laisser passage au souverain pontife, est enrichie de bas-reliefs que je ne prends pas le temps d'admirer ; j'entre en toute hâte, haletant, sous l'impression d'une longue attente qui va enfin être satisfaite. Je cherche en vain les colossales proportions dont j'avais entendu parler. Hauteur, longueur et largeur, tout me paraît ordinaire, et pourtant Saint-Pierre surpasse en magnificence et en grandeur les plus splendides églises de l'Orient et de l'Occident.

Les bénitiers, formés de larges coquilles de marbre jaune, augmentent d'abord l'illusion. Ils semblent de grandeur ordinaire, et soutenus par des anges en marbre blanc de la taille d'un enfant. A mesure qu'on s'approche, l'illusion disparaît. On voit ces enfants grandir, et je fus tout étonné de me trouver en présence de colosses de six pieds[2].

De la porte d'entrée au chevet, Saint-Pierre compte 575 pieds de

---

[1] Isaïe, LV.
[2] Pour gagner les indulgences dans les basiliques romaines, il faut prendre soi-même l'eau bénite.

longueur, et 419 de largeur dans le transept. La nef du milieu a 82 pieds de largeur sur 142 de hauteur, y compris la voûte. Les nefs latérales ont chacune 20 pieds de largeur. Ces différentes mesures sont gravées sur le pavé de Saint-Pierre.

Mais par où commencer l'étude de ce vaste édifice? Sous mes pieds, je foule un brillant parterre émaillé de fleurs, découpé en rosaces, en losange d'une gracieuse variété, d'une grande richesse de dessin. Le pavé est tout en marbre et en porphyre. Devant moi, autour de moi, de quelque côté que je me tourne, l'œil se perd au milieu de ces richesses, de ces statues, de ces mosaïques, de ces bronzes, de ces marbres qui tous m'invitent à leur payer un tribut d'admiration.

Je me montre sourd à leur appel, je me rends directement sous la coupole. A droite, adossé au pilier le plus proche de la Confession, s'élève un trône d'évêque, un pontife assis l'occupe.

C'est Pierre, qui ne se meut jamais, et qui, à travers les siècles, est plus immobile encore dans son amour et dans sa foi que le bronze dont son image est faite.

Je m'approchai, je baisai ce pied usé par les lèvres des nombreux pèlerins, et je le touchai de ma tonsure.

On a fait bien des contes sur cette statue de bronze; quelques voyageurs ont prétendu que c'était une ancienne statue de Jupiter. Voici la vérité sur ce point :

« Presque tous les antiquaires romains, dit Mgr Gerbet, croient qu'elle fut érigée par ordre de saint Léon, en action de grâces de la délivrance de Rome menacée par Attila, et qu'on a fait fondre la statue de Jupiter Capitolin pour la transformer en statue de saint Pierre.

« Le fait est qu'il ne reste de Jupiter que son antique bronze, qui a passé par la flamme pour être jeté dans un moule chrétien : image assez juste des opérations de la grâce, qui s'empare des matériaux que lui fournit le vieil homme, y détruit, par le feu de l'amour divin, l'empreinte du péché, et les fait renaître sous une forme presque divine[1]. »

Dans Saint-Pierre, comme dans toutes les églises de Rome, il n'y a ni chaises ni bancs. Les fidèles se tiennent debout ou à genoux. En présence du Dieu trois fois saint, il n'y a pas d'attitude qui convienne mieux au respect qui lui est dû.

Je fus me prosterner devant la Confession de saint Pierre. C'est

---

[1] *Esquisse de Rome chrétienne*, I, pp. 327, 333.

là que repose le corps du prince des apôtres. Que sont devenus les tombeaux des Néron et des Tibère? Qui jamais s'est informé du lieu de leur sépulture pour venir s'y prosterner? Voilà que le tombeau du pauvre pêcheur de Génésareth est honoré du monde entier.

« Nos empereurs, disait saint Jean Chrysostome, quand ils ne peuvent être ensevelis près du corps des apôtres, regardent comme un grand honneur d'avoir leurs tombes dans le vestibule de leurs temples. Les rois deviennent les portiers d'un pêcheur et d'un faiseur de tentes[1]. »

Que de monarques et de princes ont foulé ce sol! Que de peuples y sont venus en foule! Combien d'aveugles y ont trouvé la lumière; de malades, la santé; de pécheurs, le repentir; et d'indifférents, l'amour! Je m'agenouille avec joie, le front appuyé sur ce marbre qui a reçu tant de larmes « et qui est doux comme la poitrine d'un ami ». Je restai longtemps sans pouvoir maîtriser mon émotion. Ce jour-là, je vis tout et je ne retins rien.

Et cependant la Confession est un monument remarquable de richesse et de beauté. La partie supérieure est entourée d'une riche balustrade de marbre, sur laquelle quatre-vingt-quinze lampes de bronze doré brûlent nuit et jour[2]. Sur le pavé, la statue de Pie VI, œuvre de Canova, représenté dans l'attitude de la prière, me semble un enseignement pour les générations modernes. Ce pontife, mourant en exil, avait exprimé le désir que son corps fût déposé près du tombeau de saint Pierre. Ce vœu, qui pouvait sembler une folie à l'heure où il fut conçu, a cependant été réalisé. Si les papes vont en exil, la papauté ne meurt jamais. Pie VI le savait; la Providence ne lui a pas manqué.

Quel noble et riche mausolée l'amour et la foi ont élevé au prince des apôtres. L'imagination est saisie en contemplant la magnifique coupole qui surmonte la Confession de saint Pierre, et la foi et l'amour tressaillent en lisant les promesses faites à Pierre : *Tu es Petrus, et super hanc petram ædificabo Ecclesiam meam, et portæ inferi non prævalebunt adversus eam.*

Merci, ô mon Dieu, de les avoir réalisées d'une manière aussi vivante et aussi réelle!

Quelle description vous donnerai-je de cette immense coupole que le génie de Michel-Ange a jetée dans les airs? Ce sont des stucs dorés, des marbres, des mosaïques d'un effet riche et grandiose. Sur

---

[1] Homélie, *Quod Christus sit Deus.*

[2] Huit autres lampes brûlent également dans l'intérieur même de la Confession, sur le tombeau de saint Pierre.

les piliers qui la soutiennent, les quatre évangélistes sont représentés en mosaïque. Dans les quatre niches des piliers sont les statues colossales en marbre, de quinze pieds de haut, de sainte Véronique, saint Longin, sainte Hélène et saint André. Au-dessus des statues on conserve les précieuses reliques de la Passion, une partie notable de la vraie croix, le voile de sainte Véronique, un clou, des épines, la lance qui ouvrit le côté du Sauveur, et la tête de saint André.

Quand, appuyé sur la balustrade de la Confession, mon regard s'élevait vers la grande coupole, j'étais étourdi d'admiration. D'autres fois, assis sur un banc, la tête appuyée sur le dossier, je contemplais à loisir et sans fatigue ce chef-d'œuvre du génie humain, qui, depuis des siècles déjà semble vouloir défier les efforts du temps et la rage des tempêtes : rien ne me paraît plus capable que cette création sublime de donner à l'homme une idée de l'infini. Toutefois, quand mes yeux, de la coupole, se portaient sur ce tombeau caché là, depuis deux mille ans, je n'admirais plus ni la coupole de Michel-Ange, ni l'or, ni les marbres rares et précieux ; mais je m'étonnais comment ce tombeau était là toujours.

Voilà vraiment la chose merveilleuse, le miracle vraiment surprenant, l'œuvre divine par excellence : la coupole elle-même explique ce mystère. Ce corps est la pierre fondamentale de l'église et rien, ni les révolutions, ni les tempêtes, ni les erreurs, ni les puissances, ni les ligues, ni l'enfer, rien ne pourra l'ébranler. *Et portæ inferi non prævalebunt.*

Ici tout proclame cette vérité ; c'est bien le cas de répéter ces paroles de nos livres saints, si les hommes se taisaient, les pierres elles-mêmes la confesseraient à haute voix : *Lapides ipsi clamabunt.*

Un magnifique baldaquin surmonte l'autel papal, placé au milieu de la coupole et sur le corps même de saint Pierre.

Un jour, le Bernin se promenait avec Annibal Carrache dans l'immense nef de Saint-Pierre, lorsque ce dernier, s'arrêtant tout à coup, lui dit :

« Croyez-moi, Bernin, il viendra peut-être un génie qui élèvera sous la coupole, et au fond de l'église, deux monuments proportionnés à la grandeur de ce temple.

— Plût à Dieu que ce fût moi ! » s'écria le Bernin.

Peu de temps après, Urbain VIII fait venir le Bernin, et, lui donnant les portes de bronze du Panthéon, il le charge de créer les deux monuments qui manquaient à la grandeur de la basilique.

Le premier est cet immense baldaquin de bronze. Les colonnes torses et dorées qui le soutiennent n'ont pas moins de trente-quatre pieds de hauteur. Elles sont, dit-on, remplies d'ossements de martyrs. Aux angles sont quatre anges debout et quatre consoles renversées, qui, se réunissant dans le milieu, supportent un globe sur lequel est placée une croix. La hauteur totale du monument est de quatre-vingt-six pieds.

L'autre œuvre du Bernin est au chevet de la basilique. C'est là qu'est la chaire de saint Pierre, cette chaire sur laquelle l'apôtre s'assit tant de fois dans les catacombes, et de laquelle il prêchait et administrait les sacrements à ses chers néophytes, qui, sortant de là pleins du Saint-Esprit et de la grâce divine, ne craignaient point d'empourprer de leur propre sang leur robe blanchie la veille dans les eaux du baptême. Elle est renfermée dans une chaire de bronze doré, et soutenue par quatre statues colossales aussi en bronze, représentant les quatre grands docteurs de l'Église : saint Athanase et saint Jean Chrysostome pour l'Orient, saint Augustin et saint Ambroise pour l'Occident.

Cette chaire de saint Pierre n'est pas autre chose que la chaise curule du sénateur Pudens, chez lequel l'apôtre fut reçu, où il administrait les sacrements et instruisait les fidèles. Mgr Gerbet établit cette opinion d'une manière bien solide dans son précieux ouvrage *Esquisse de Rome chrétienne*.

On ne saurait trop admirer la conduite de la Providence, qui a conservé intacte cette précieuse relique à travers les siècles, tandis que d'autres, qui pouvaient sembler plus importantes, ont péri et ont été profanées dans les invasions des barbares.

Voici la description que Torrigi en donne :

« Le devant du siège est large de quatre palmes et haut de trois et demi ; ses côtés en ont un peu plus de deux et demi en largeur ; sa hauteur, en y comprenant le dos, est de six palmes. Elle est en bois avec des colonnettes et de petites arches. Les colonnettes sont hautes d'un palme et de deux onces (l'once ou la douzième partie du palme romain équivaut à 1 centimètre 8 millimètres), les petites arches de deux palmes et demi. Sur le devant du siège sont ciselés dix-huit sujets en ivoire, représentant les travaux d'Hercule, exécutés avec une rare perfection et entremêlés de petits ornements en laiton (c'est de l'or très pur : cela a été constaté par la commission nommée par Alexandre VII à cet effet), d'un travail très délicat. Il y a autour plusieurs figures d'ivoire en bas-relief. Le dos de la chaire a quatre doigts d'épaisseur. »

Pendant plusieurs siècles, les papes s'en servirent dans les grandes solennités; mais la vétusté faisant craindre que le déplacement n'occasionnât la perte d'une relique aussi précieuse, les souverains pontifes renoncèrent à son usage.

Jusqu'à Alexandre VII, les papes, le jour de leur couronnement, venaient s'y asseoir, et prenaient ainsi réellement possession de la chaire de saint Pierre.

En descendant, je m'arrêtai devant une inscription qui dira aux siècles futurs une des plus grandes gloires du règne déjà si riche de Pie IX. Elle éternise la date du 8 décembre 1854, et la postérité la plus reculée saura les noms des cardinaux, archevêques et évêques qui sont venus à Rome, de toutes les parties du monde, accueillir et célébrer la proclamation du dogme de l'Immaculée Conception.

Que vous dirai-je, mon cher ami, de toutes les richesses de Saint-Pierre? des chapelles du Saint-Sacrement, de la Sainte-Vierge, du Chapitre, de la *Pietà* de Michel-Ange? Donnons un regard d'admiration à ces riches mosaïques de *la Transfiguration*, de *la Communion de saint Jérôme*, de *la Résurrection de Tabithe*; etc. Tous les artistes que les papes ont employés pour l'embellissement de Saint-Pierre ont travaillé pour l'éternité. Ici point de peintures, point de fresques : le temps altère et détruit ces œuvres de l'art et du génie. Les mosaïques, les marbres, les métaux les plus précieux, c'est là ce qui convient à Saint-Pierre, image matérielle de l'Église de Jésus-Christ, qui doit durer sur la terre jusqu'à l'éternité.

Le tombeau de Pierre est devenu le centre de la vie surnaturelle et divine : tout ici l'indique. Autour de ce mort de dix-neuf siècles, l'Église a placé, dans la grande nef et les bras du transept, les statues des fondateurs d'Ordres religieux. La vie monastique représente la vie chrétienne dans ce qu'elle a de plus exquis et de plus parfait. Celui qui en fait profession se sanctifie d'abord dans la prière et le travail avant de communiquer aux autres les trésors de science et de vertus qu'il a acquis dans la solitude et le silence du cloître. Dieu a inspiré les fondateurs de la milice d'élite dont l'Église a besoin, mais c'est Pierre qui a sanctionné leurs règles, en quelque sorte béni leurs armes. Ils sont donc là pour rendre témoignage qu'ils ont reçu de lui la vie et la force et qu'ils lui ont rendu, en retour, l'obéissance la plus absolue.

L'une après l'autre je vois passer sous mes yeux les statues de saint Élie, de saint Dominique, de saint François d'Assise, de saint Augustin, de saint François de Paule, de saint Ignace, de sainte Thérèse, de saint Vincent de Paul, de sainte Françoise romaine, de saint Philippe Neri, de saint Alphonse de Liguori, de saint Paul de la Croix, etc.; ils sont là tous, confessant qu'ils doivent tout à l'autorité de Pierre.

Il reste encore plusieurs niches vides. Elles seront remplies; car l'Esprit-Saint n'a pas dit son dernier mot. Malgré ou plutôt à cause des persécutions dont ils sont l'objet, surtout depuis la fin du dernier siècle, les ordres religieux ne sont pas près de s'éteindre.

Rome a vraiment l'instinct des grandes choses du cœur et de l'esprit : pouvait-elle mieux reconnaître les services rendus par les ordres religieux et affirmer plus solennellement leur nécessité qu'en mettant à une place d'honneur, dans le premier temple du monde, près du tombeau du chef de l'Église, la statue de leurs fondateurs!

Les architectes ont voulu embellir la basilique du Prince des Apôtres, en élevant à ses successeurs, qui dorment autour de lui, des tombeaux magnifiques qui resteront à tout jamais l'honneur de l'art chrétien. A quoi bon les décrire, plusieurs échappent à toute description. J'aime mieux en faire ressortir une leçon. Presque tous les papes sont ensevelis dans la basilique actuelle ou dans la basilique souterraine. Ils font cortège à leur chef, c'est vrai; mais ils confessent aussi, du fond de leur tombe, la grandeur et l'autorité de saint Pierre, continués dans leurs personnes. Ils ont toujours défendu la vérité, une, indéfectible; ils ont toujours éclairé le monde de leurs décisions. Ils ont connu aussi la persécution, plusieurs sont morts en exil parce qu'ils aimaient la justice; mais leurs successeurs sont toujours revenus près de la tombe de Pierre et souvent leur dépouille, comme celle de Pie VI, est rentrée de la terre étrangère pour reposer à l'ombre de l'auguste basilique. Chaîne non interrompue de pontifes qui de Pie IX remonte à saint Pierre et dont le premier anneau est rivé, s'il est permis de parler ainsi, à l'immortalité même de Dieu.

Hier, j'assistais à l'office célébré en l'honneur de saint Pierre. Pie IX officiait. La statue de bronze de l'apôtre était revêtue de la chape et couverte de la tiare.

Pierre et Pie IX! Ils sont vraiment là, tous les deux vivants, tous les deux entourés de la vénération des peuples. Le premier, dans sa tombe vénérée des siècles, toujours aimé et toujours prié! Le second, son 259e successeur, assis sur son trône, régnant à Rome depuis bientôt vingt-cinq ans sur la chaire de Pierre, le front ceint de la couronne du martyre, mais défendu, soutenu, nourri par l'amour de ses enfants qui lui donnent chaque jour leur or et leur sang, avec la même générosité, avec le même empressement, ne songeant même pas à imposer la moindre limite à leur filial amour.

Et entre les deux anneaux de cette chaîne non interrompue que de grands pontifes ont illustré l'Église, relevé l'humanité par leur doctrine et par leurs exemples, résisté aux puissances ennemies avec ce calme et cette dignité que donnent seuls la conscience et l'Esprit-Saint! Ils reposent dans des tombes glorieuses, moins impérissables encore que le souvenir de leurs œuvres, quoique le génie les ait illustrées presqu'à l'égal de leurs grandes actions.

Je veux cependant, mon cher ami, arrêter un instant votre esprit devant l'un de ces tombeaux, admiré plus que tous les autres; mais dont le symbolisme me semble ici plus qu'ailleurs plein d'une vérité saisissante, c'est le mousolée de Clément XIII. Le pontife est à genoux, la tête tournée vers le grand autel de Saint-Pierre; à sa droite la Religion, une croix à la main, se tient debout; à gauche, le génie de la mort, peut-être un peu trop joli, est assis dans l'attitude de la douleur. Au bas de ce groupe, se tiennent deux lions qui sont la perfection de l'art: ils sont couchés et expriment tous les deux des nuances différentes d'une extrême douleur. L'un, triste, abattu, semble fléchir plutôt que de succomber sous le poids de l'affliction; l'autre immobile, paraît dormir, mais son œil entr'ouvert, sa griffe frémissante annoncent que le réveil sera terrible.

Clément XIII eut à résister à l'Europe, liguée contre la chaire de Saint-Pierre, qui demandait à grands cris la destruction de la compagnie de Jésus. Semblable, tout à la fois, à ces deux lions qui décorent son tombeau, il versait comme l'un les larmes de la souffrance et de la tendresse outragée, mais sa douleur était magnanime; comme l'autre, il opposait un courage royal.

Ces deux lions résument assez bien l'histoire de la papauté: tendre, s'affligeant sur l'ingratitude et les crimes de ses enfants, participant à la patience divine par sa longanimité et sa douceur, jamais elle ne laisse entamer les principes, outrager la justice, attaquer la vérité, sans se réveiller avec toute la majesté et l'autorité dont Dieu l'a revêtue.

Autour du tombeau du premier pape sont ensevelis presque tous les corps de ses successeurs. Dans ce nombre il y en a trente-cinq qui furent saints et martyrs. Plusieurs de ces tombeaux sont très remarquables. Au-dessus de la petite porte de la chapelle du Saint-Sacrement, on vient de placer le tombeau de Grégoire XVI. Il est en beau marbre de Carrare. Le pontife, assis, pose les pieds sur une belle urne d'albâtre oriental. D'un côté, la statue allégorique du

Temps réfléchit sur les événements du monde; de l'autre, la statue de la Prudence appuie son coude sur le sarcophage, et symbolise le gouvernement sage et vigilant du pontife. Un bas-relief rappelle que sous son règne la *Propagation de la foi* prit un grand développement.

Je veux que vous vous arrêtiez avec moi devant le magnifique bas-relief de l'autel de Saint-Léon, et vous faire lire la touchante inscription que Léon XII a composée pour être gravée sur sa tombe. Son corps repose près des reliques de Saint-Léon :

> Leoni magno patrono cœlesti
> Me supplex commendans
> Heic apud sacros ejus cineres
> Locum sepulturæ elegi
> Leo XII humilis cliens
> Hæredum tanti nominis minimus.

Le tombeau d'Alexandre VII, ouvrage du Bernin, est d'un réalisme effrayant. La statue du pontife est placée au-dessus d'un sarcophage de vert antique : au milieu des plis d'une draperie de marbre jaune qui forme le soubassement du sarcophage, on voit apparaître un squelette doré qui présente au pape un sablier pour lui annoncer que son heure est venue.

Ne quittez pas la basilique sans jeter un coup d'œil sur le baptistère. C'est une urne de porphyre dont le couvercle en bronze doré est orné de figures d'anges. Elle a douze pieds de long et six de large. Elle servait de couvercle au sarcophage de l'empereur Othon II, mort à Rome en 974. Ces fonts baptismaux sont regardés comme un des plus beaux chefs-d'œuvre de l'art.

Il y a quelques heures déjà que nous sommes à Saint-Pierre; ne vous semble-t-il pas que le moment soit venu de le quitter? Mais auparavant je veux que vous fassiez une visite aux confessionnaux.

Tibi traditæ sunt claves regni cœlorum. Il faut bien que l'apôtre exerce sa mission. Voici donc une douzaine de confessionnaux, sur lesquels je lis : *Lingua Gallica, Lingua Hispanica, Lingua Anglica, Lingua Germanica*, etc. Cela veut dire que dans chacun de ces confessionnaux se trouve un prêtre pour écouter les confessions des étrangers, et chacun peut choisir le sien, sur l'indication que je viens de mentionner. Ces prêtres sont les pénitenciers. Une grande partie du jour ils se tiennent à leur poste, armés d'une longue baguette. Venez avec moi, n'ayez pas honte d'un sourire philosophique ou railleur, prosternez-vous devant l'un de ces confessionnaux, inclinez la tête et recevez avec contrition le léger coup de baguette que va vous donner le prêtre pénitencier. Ne croyez pas que cet exercice soit inutile : il vous a mérité quarante jours d'indulgence. A côté est le siège du cardinal grand pénitencier, qui l'occupe le jour du vendredi saint pour écouter les confessions. Ces prêtres ont le pouvoir de remettre tous les péchés réservés aux évêques ou au pape.

Dans l'ancienne Rome, lorsqu'un maître rendait la liberté à un esclave, il le touchait d'une baguette, et dès ce moment l'esclave était affranchi. L'Église romaine, qui est essentiellement traditionnelle, a conservé cet usage. Quel plus triste et plus dur esclavage que celui du péché! Heureusement que la grâce de Jésus-Christ nous affranchit et nous délivre!

Nous ne pouvons quitter la basilique de Saint-Pierre sans visiter sa coupole. Au premier pilier de la nef, à gauche en entrant, un escalier, ou, pour mieux dire, une de ces rampes douces et faciles que les Italiens appellent *cordonnata,* nous conduit sur la plate-forme de l'église. On est tout étonné de trouver une ville à cette hauteur, et dans les combles de Saint-Pierre. C'est là, en effet, qu'habitent les *san-pietrini,* chargés de l'entretien et de l'appropriation de la basilique. Ses nombreux habitants, environ quatre cents, leur belle fontaine construite par les ordres de Grégoire XVI, donnent à la plate-forme de Saint-Pierre l'aspect d'une place publique.

Je m'approche de la balustrade et des statues qui couronnent la façade. Vues d'en bas, ces statues paraissent d'une grandeur ordinaire et d'un travail soigné et fini : elles n'ont cependant pas moins de vingt-cinq pieds de hauteur, et elles ne sont guère que d'énormes blocs de pierre grossièrement ébauchés.

Une première galerie intérieure, à la naissance de la coupole, me permet de jeter un coup d'œil dans la basilique. Je suis placé au-dessus des lettres gigantesques qui redisent les prérogatives de saint Pierre : *Tu es Petrus,* etc. De cette hauteur, les autels, les personnes qui circulent sous mes pieds diminuent d'une manière sensible. L'abîme qui s'ouvre devant moi, l'élévation qui surmonte ma tête, ne laissent pas que de m'effrayer, et c'est en tremblant et fortement appuyé sur la rampe que je me décide à faire le tour de cette galerie circulaire.

Je monte encore, et une nouvelle galerie me permet de voir, de toucher les mosaïques qui décorent la coupole. Cette élévation me donne le vertige, je renonce à faire le tour de la galerie. Mais ce que je ne me lasse point d'admirer à l'extérieur, c'est le magnifique panorama qui se déroule devant moi : d'un côté, les montagnes de la Sabine et du Latium; de l'autre, la mer; dans l'intervalle, d'immenses et vastes plaines au milieu desquelles apparaît la grande Rome avec ses ruines, ses églises et ses dômes.

La coupole de Saint-Pierre est enveloppée par une autre, et c'est entre ces deux murailles qu'on parvient au sommet. De ce sommet une échelle de fer conduit jusqu'au globe, où seize personnes peuvent tenir à l'aise. Cette ascension est assez indifférente en elle-même : le globe n'ayant point d'ouverture, on ne peut y jouir d'aucune perspective.

Sur ce globe, image du monde, la croix domine et triomphe. Il est bien juste qu'elle soit à cette place d'honneur, puisqu'elle a arraché le monde à la puissance des ténèbres !

IV

LE CAPITOLE

Musées. — Ara-Cœli. — Prisons Mamertines.

Mon cher ami,

Vous souvient-il du temps où nos jeunes imaginations s'enflammaient au récit des grandeurs de Rome? Nous rêvions Capitole, roche Tarpéienne et Champ-de-Mars. Ce n'est pas que nous nous sentissions fort attirés vers ces oies du Capitole qui furent la cause de la défaite de nos pères; mais pour nous ce lieu était le symbole du triomphe et de la gloire, l'image de la vraie grandeur.

Que de souvenirs se réunissent ici! La puissance, la grandeur de Rome se concentraient en quelque sorte sur cette colline : là, s'assemblait le sénat et il y forgeait des lois pour l'univers entier. Que de rois vinrent ici s'humilier et reconnaître l'autorité du peuple romain. Que de consuls, de généraux et d'empereurs le gravirent, au milieu des applaudissements d'un peuple enivré d'orgueil et de joie au récit de leurs victoires! Mille réflexions se présentent à mon esprit! Ici, le Capitole, le lieu du triomphe; là, la roche Tarpéienne, le lieu du supplice. Hélas! les larmes sont bien près du rire : *Extrema gaudii luctus occupat*, a dit l'Esprit-Saint. Vérité que Rome a rendue saisissante par le voisinage de ces deux lieux si divers et si célèbres.

Mais laissons la philosophie, et montons au Capitole.

Le Capitole moderne est bien différent de l'ancien. On peut dire qu'il n'a conservé aucune trace de la disposition primitive. Il avait autrefois deux sommets, entre lesquels se trouvait une petite place, nommée *intermontium*, sur lequel Romulus avait établi un lieu d'asile; c'est le Capitole actuel. Sur le sommet oriental s'élevait le temple de Jupiter; l'autre sommet, vis-à-vis, était cette citadelle que Tacite déclarait inexpugnable : *Munitissimam Capitolii arcem; et ne magnis quidem exercitibus expugnabilem.* Le temple de Jupiter Capitolin, celui de Jupiter Enfant, *templum Vejovis,* l'arc de Scipion l'Africain, celui de Néron, le *Tabularium,* où l'on conservait les lois ; l'*Athenæum,* où se réunissaient les poètes et les rhéteurs ; les nombreuses statues qui décoraient la place, tous ces monuments ont disparu.

Aujourd'hui le Capitole est un des plus gracieux endroits de Rome. On y monte par un magnifique escalier construit sur les dessins de Michel-Ange. A la naissance de la rampe qui conduit à son sommet, deux lions de granit noir, style égyptien, semblent garder l'entrée de ce lieu, qui résumait en quelque sorte toute la puissance et toutes les gloires de Rome guerrière et civilisatrice. La fonction qu'ils remplissent est en rapport avec le Capitole actuel ; elle est toute pacifique et joyeuse : ils jettent de l'eau par la gueule.

Au sommet de la rampe, sur deux grands piédestaux, se dressent les statues gigantesques de Castor et Pollux en marbre. Auprès d'eux leurs chevaux de bataille ; puis les beaux trophées de Marius, et tout à côté des colonnes milliaires.

Nous voici sur la place du Capitole. Elle forme un carré. Au milieu est la statue équestre de Marc-Aurèle, une des plus belles œuvres que l'antiquité nous ait léguées. Il y a tant de naturel dans la pose du cheval, que Pierre de Cortone lui disait souvent : « Marche, marche donc ! oublies-tu que tu vis ? »

Au fond de la place, sur les ruines du *Tabularium,* s'élève le palais sénatorial, surmonté d'une cloche dont la voix, je ne sais par quelle bizarrerie, ne se fait entendre que pour annoncer la mort du pape et l'ouverture du carnaval. La façade extérieure est décorée d'une magnifique fontaine ornée de trois statues. A milieu une statue de Rome, sous les traits de Minerve, en marbre blanc, drapée de porphyre, est entourée de deux géants représentant le Tibre et le Nil. Rome se faisait représenter souvent sous les traits de la déesse de la sagesse et de la guerre, et elle en avait bien le droit.

A gauche est le musée Capitolin ; à droite, le palais des conservateurs. Ces deux monuments sont séparés du palais sénatorial par deux beaux chemins qui conduisent au Forum.

Dans la cour du musée Capitolin est la statue colossale de l'Océan ou de *Marforio* qui donnait la réplique aux saillies sarcastiques de *Pasquino,* et une belle fontaine. Les salles renferment un nombre considérable de chefs-d'œuvre antiques. J'ai remarqué le Faune, en rouge antique, trouvé dans la villa d'Adrien, et surtout la célèbre statue connue sous le nom du *Gladiateur mourant*, et qui représente plutôt un chef gaulois expirant sur le champ de bataille. Il était impossible de mieux rendre le sentiment de la vie qui s'en va avec le sang. On peut dire de cette statue ce que Polybe disait des soldats gaulois : blessés, ils résistaient par l'âme. Deux salles pleines d'intérêt, et que j'aurais étudiées avec plaisir si le temps me l'eût permis, sont celles qui renferment les bustes des empereurs et des

L'*Ara Cœli*.

philosophes. Il m'a semblé qu'aucune de ces physionomies, vulgaires pour la plupart, n'était en rapport avec l'idée que les historiens nous ont donnée de leurs mœurs, de leur caractère et de leurs habitudes. Le vice, dans ce qu'il a de plus hideux, se reflète sur le visage de quelques-uns. Julien l'Apostat avec son front bas, couvert de ses cheveux, sa barbe entière, son nez un peu effilé, mais court, porte sur sa physionomie l'empreinte d'une cruauté basse et raffinée. Je lui préfère Néron.

Traversons la place, et rendons-nous au palais des conservateurs. La première salle, peinte entièrement par Arpino, redit les principaux traits de l'histoire romaine, tels que Romulus et Remus, l'enlèvement des Sabines, le sacrifice de Numa, le combat des Horaces et des Curiaces. On y admire les statues de Léon X, d'Urbain VIII et d'Innocent XI. Je me suis arrêté devant la louve antique de bronze allaitant Romulus et Remus, et devant la statue de bronze d'un jeune garçon qui s'arrache une épine du pied. Parmi les tableaux les plus remarquables, je me souviens d'un *Saint Jérôme* du Guide, d'une *Sainte Famille* du Carrache, de *la Présentation de Jésus-Christ*, attribué à fra Bartolommeo, du *S° Marco* et d'un *Saint François* d'Annibal Carracci, de la *Sainte Pétronille* du Guerchin, chef-d'œuvre de l'école bolonaise, et surtout de *l'Ame Bienheureuse* du Guide.

Mais le temple de Jupiter Capitolin, où est-il? Qui l'a détruit? N'en reste-t-il pas au moins quelques ruines? Telles sont les questions que vous m'adressez. Le temple de Jupiter n'existe plus, et sur ses ruines s'élève l'église de l'*Ara Cœli*.

« Le temple de Jupiter Capitolin était le premier des temples de
« Rome. Jupiter y était adoré, non pas sous quelque titre particu-
« lier, sous quelque attribut local ou accidentel, mais sous le titre
« de Très Bon et de Très Grand : *Optimo Maximo*. Rome voulait
« qu'on reconnût dans ce dieu universel son dieu national. C'est à
« sa bonté et à sa puissance qu'elle se croyait redevable d'être la
« ville des villes, comme il était le dieu des dieux : c'est à ce temple
« de Jupiter que les généraux, de retour de leurs victoires, mon-
« taient pour en faire hommage; c'est au premier degré de son por-
« tique que la voie triomphale finissait. De même que toutes les
« bornes aboutissaient à la borne milliaire plantée au bas du Capi-
« tole, de même toutes les traces de glaive et de sang qui avaient
« marqué, chez tant de nations, les pas de la fortune de Rome, ve-
« naient se réunir au pied de l'autel capitolin.

« On n'offrait devant le seuil des autres temples que des corbeilles
« de fruits et des chairs palpitantes. Celui-ci voyait s'accomplir une
« autre immolation, l'immolation politique : Rome, traînant à sa
« suite les destins brisés du monde qu'elle subjuguait, y offrait en
« quelque sorte une hécatombe de rois et de peuples[1]. »

Le temple de Jupiter Capitolin fut dépouillé et en partie détruit, au v° siècle, par Genséric.

On ne saurait préciser au juste l'époque où, sur ses ruines, au cœur même du paganisme, les chrétiens élevèrent un autel au seul

---

[1] *Esquisse de Rome chrétienne.*

vrai Dieu. Il est probable que dès le temps de saint Grégoire le Grand on y avait construit un oratoire ; mais on en trouve une mention certaine seulement vers l'année 985.

D'abord consacrée à la Vierge Marie, cette église a pris le nom d'*Ara Cœli* (autel du ciel), en souvenir d'une tradition antique.

Vers la cinquante-quatrième année de son règne, l'empereur Auguste se rendit à Delphes pour consulter l'oracle d'Apollon, et savoir qui serait après lui le maître du monde. Le sang des victimes avait coulé, et l'oracle restait muet. Surpris de ce silence, Auguste veut en connaître la cause. La Sibylle répondit alors : « Un enfant hébreu, Dieu lui-même, et commandant aux dieux, m'ordonne de lui céder la place et de retourner tristement dans les enfers. Retire-toi donc de mes autels, et ne demande plus d'oracles. »

> Me puer Hebræus, divos Deus ipse gubernans,
> Cedere sede jubet tristemque redire sub Orcum :
> Aris ergo dehinc tacitus abscedite nostris.

Suivant une autre version, Marie, la Vierge Mère, tenant son divin fils dans ses bras, apparut à Auguste. A la suite de cette vision, il défendit qu'on lui donnât désormais le nom de Dieu, et il fit élever au Capitole un autel avec cette inscription : *Ara Primogeniti Dei* : autel du premier-né de Dieu [1].

L'escalier par lequel on monte dans l'église d'Ara Cœli est formé de cent vingt marches en marbre provenant du temple que Numa avait dédié à Romulus, sur le mont Quirinal.

L'église, à trois nefs, est supportée par vingt-deux colonnes prises de toutes parts dans les anciens palais et les anciens temples de Rome. Leur style et leur diamètre différents attestent la victoire complète du Dieu Sauveur sur le paganisme. L'une d'elles vient des appartements privés d'Auguste, *e cubiculo Augustorum*. Elle fut témoin de sa gloire, et plus tard des orgies des Tibère et des Néron, et aujourd'hui elle confesse que Jésus-Christ règne sur les ruines de l'empire païen. A gauche du maître-autel, à l'endroit même où la sainte Vierge apparut à Auguste, on a bâti une chapelle en l'honneur de sainte Hélène. Le corps de la glorieuse impératrice repose sous l'autel.

Les pèlerins pénètrent avec émotion dans l'église de l'Ara Cœli. Là, plus qu'ailleurs, on sent que la victoire du christianisme a été

---

[1] Cette tradition est respectable par son antiquité et les autorités qui la défendent. Le savant cardinal Baronius l'a insérée dans ses Annales. Eusèbe, Suidas, Nicéphore et Jean d'Antioche, surnommé *Malalas*, en ont parlé.

complète. Nous pouvons avec vérité redire ce vers de Corneille, en y changeant quelque chose :

Montons au Capitole, et rendons grâce à *Dieu*.

Oui, remercions Dieu d'avoir délivré le monde de ces triomphes qui cachaient bien des larmes, et de ces sacrifices dans lesquels le sang coulait sans aucun profit et sans aucune gloire pour l'humanité. Les temps sont changés! Dans ce même lieu où Rome immola tant de victimes à sa puissance et à son orgueil, une victime pure et immaculée est offerte chaque jour; et son sang, en tombant sur le monde, le purifie et le sauve!

Ne quittons pas cette église sans vénérer la statue miraculeuse et si populaire à Rome de l'Enfant Jésus, du *santissimo Bambino*. Elle est vêtue de soie, de dentelles et de pierreries précieuses.

On s'imaginerait difficilement la dévotion du peuple pour cette statue. Souvent les malades demandent à lui baiser les pieds, et l'on rencontre alors dans les rues de Rome une magnifique voiture, au fond de laquelle est dévotement assis un franciscain tenant sur ses genoux le *santissimo Bambino*. Les voitures s'arrêtent sur son passage, la foule se prosterne. Les républicains de 1849, après avoir brûlé les voitures des cardinaux, allaient condamner au même sort celle qui sert au pape dans les grandes solennités, lorsque l'un d'eux proposa de la donner à l'église d'Ara Cœli pour le service du Jésus miraculeux, ce qui fut accepté d'enthousiasme.

A l'occasion des fêtes de Noël et de l'Épiphanie, le *santissimo Bambino* est exposé dans une chapelle, à gauche en entrant. Il est placé sur un très riche reposoir, où les personnages de la crèche sont représentés : Marie et Joseph entourent le saint Enfant, les animaux traditionnels sont présents, puis viennent les bergers et les mages : les anges apparaissent au loin, annonçant la *bonne nouvelle*.

Pendant tous ces jours, de jeunes enfants de sept à huit ans viennent prononcer de petits discours, au milieu d'une assistance nombreuse et sympathique. Montés sur une espèce de *Palco*, les petits orateurs débitent leur leçon avec des gestes, des inflexions de voix pleines de candeur, et quelques-uns obtiennent de vrais succès. Ce spectacle gracieux et naïf, ces petites voix fraîches et émues charment véritablement, et j'ai rapporté d'une de ces intéressantes séances un doux souvenir.

Le beau couvent des religieux franciscains, attenant à l'église, mérite une visite, et spécialement leur immense et riche bibliothèque, qu'ils ouvrent volontiers à tous ceux qui veulent y venir travailler.

Nous pourrions maintenant suivre la *Via triumphalis* et descendre au *Forum*. Mais avant de vous faire parcourir cette immense place publique, je veux vous montrer les prisons que ce fier et glorieux Capitole cache dans ses entrailles. Les touristes les visitent en souvenir de Jugurtha, qui y fut enfermé. Nous irons, nous, avec d'autres pensées et d'autres sentiments.

Cette prison noire, humide, horrible, doit son nom au quatrième roi de Rome, Ancus Martius qui la fit creuser dans le roc même du Capitole. Elle se compose de deux cachots placés l'un au-dessous de l'autre. On descend, par un escalier moderne, à vingt-cinq pieds sous terre, dans le cachot supérieur, appelé proprement *Prison Mamertine*. Sous les Romains, il n'y avait ni escalier ni porte; on y glissait les condamnés par une ouverture circulaire pratiquée au-dessus de la voûte, et qui est encore fermée par une grille de fer. Le cachot a 24 pieds de longueur sur 18 de largeur et treize d'élévation. Un étroit soupirail laissait arriver un peu d'air et de lumière.

Au-dessous du premier cachot il en existe un second plus étroit, plus bas d'étage, et totalement privé de lumière. On y descendait aussi les condamnés par une ouverture pratiquée au milieu de la voûte.

C'est là que Néron fit jeter les apôtres Pierre et Paul, et c'est de là qu'ils furent retirés pour être conduits au martyre. Un petit autel est élevé dans ce cachot pour y célébrer les saints mystères[1]. J'ai baisé avec émotion la colonne de granit où furent attachés les deux apôtres.

Saint Pierre, ayant converti ses deux geôliers, Processe et Martinien, fit jaillir miraculeusement une fontaine pour les baptiser. Elle est près de la colonne et coule encore.

Il faut avouer que ces apôtres sont de singuliers prisonniers. Ils convertissent leurs geôliers et enflamment leurs bourreaux du désir de partager leurs chaînes. Ce sont eux qui dans les fers sont de vrais conquérants, de vrais triomphateurs.

Le Capitole, en effet, n'a jamais vu, dans ses jours de triomphe, des héros plus illustres, et dont le nom ait traversé les siècles entouré de plus de respect et d'amour. Les îles les plus éloignées, les nations les plus barbares, qui avaient échappé à la domination romaine, ont connu les triomphes de ces obscurs prisonniers et bénissent leurs noms; et Rome elle-même s'est laissé un jour vaincre et enchaîner par ces glorieux captifs de Jésus-Christ.

---

[1] Cet autel a été élevé à la demande et aux frais de Mgr de Forbin-Janson, évêque de Nancy. Le bas-relief en bronze doré qui est au-dessus a été fait à Paris.

V

LE FORUM

Souvenirs païens. — Sainte-Martine. — Saint-Adrien. — Saint-Laurent *in Miranda*. — Saint-Côme et Saint-Damien. — Basilique de Constantin. — Simon le Magicien. — Arc de Titus.

Mon cher ami,

La vie du Romain se passait en grande partie au Forum. C'est là qu'il se rendait dès son lever, escorté de ses clients, ou porté en litière sur les épaules de ses esclaves. Il trouvait au Forum ceux dont il avait besoin, et il y traitait les affaires sérieuses. La basilique et le tribunal, le comptoir du banquier et la boutique du marchand, le temple et les monuments du plaisir s'élevaient à côté l'un de l'autre. Là enfin étaient le bruit, l'activité et les affaires de la cité.

Il y avait dans Rome plusieurs Forum. Le plus ancien, celui qui occupe une plus grande place dans l'histoire du peuple roi, c'est le *Forum romanum*, placé au bas du Capitole, et traversé dans toute sa longueur par la voie triomphale. C'est lui, mon cher ami, que je vous invite aujourd'hui à parcourir avec moi.

Qu'est devenue l'agitation dont il était le théâtre, ce va-et-vient d'un peuple qui court à ses affaires ou à ses plaisirs? Où sont ces superbes portiques, ces somptueux monuments qu'on y admirait en si grand nombre, et les chefs-d'œuvre qu'on y exposait? Tout cela a disparu. Devant moi se déroule une vallée longue et étroite; l'herbe croît en liberté sur ce sol. Çà et là quelques ruines grandioses et majestueuses, quelques fûts de colonnes, rappellent encore son antique splendeur. Mais tout est mort. Le silence n'est troublé que par le travail de quelques artisans. Tout est changé dans ce lieu, et le peuple ne le connaît plus que sous le nom peu poétique de *Campo vaccino*.

Au milieu de ces débris, au pied du Capitole, se dresse, majestueux et grandiose, l'arc de Septime Sévère, élevé à cet empereur par le sénat et le peuple romain, après les victoires qu'il remporta sur les Parthes. Il est en marbre blanc, formé de trois arcades, et orné de huit colonnes de l'ordre composite et cannelées. Sauf quelques bas-reliefs que le temps n'a pas respectés, il est en bon état de conservation. A côté, vous pouvez voir des colonnes rangées en cercle : les savants ne sont pas d'accord pour expliquer leur destination première. On ne saurait indiquer d'une manière précise la place occupée par la tribune aux harangues, cette tribune si mémorable dans l'histoire du peuple romain. Plus d'une tempête s'est formée à sa base. Le souvenir de Cicéron, qui l'illustra, se présente naturellement à la pensée : il fut un triste exemple de la puissance éphémère de la parole humaine. Plus d'une fois son éloquence calma et soumit la foule tumultueuse, ce qui n'empêcha pas cette même foule d'applaudir quand, du haut de cette même tribune, Antoine présentait au peuple la tête sanglante de l'orateur.

La colonne de Phocas a quarante-sept pieds d'élévation : elle domine toutes ces ruines, comme le christianisme domine tous les souvenirs qu'elles rappellent. La basilique *Guilia* mise au jour par Pie IX, les restes du temple de Castor et Pollux, etc., présentent un vif intérêt. Admirez tout cela ; mais je vous avoue que je suis plus pressé de vous montrer la nouvelle vie de ce Forum, qui vous semble si mort et si dépeuplé. Je veux vous faire connaître ses nouveaux habitants, et faire parler les pierres elles-mêmes.

A notre gauche, en descendant du Capitole, entrons à l'académie de Saint-Luc.

C'est un sanctuaire où les artistes font de l'art une chose sacrée. Il renferme plusieurs chefs-d'œuvre de peinture et de sculpture. Je vous engage à vous arrêter devant le tableau du Titien : *Jésus-Christ et le Pharisien*; et devant cette magnifique toile de Raphaël : *Saint Luc faisant le portrait de la sainte Vierge*.

De ce sanctuaire des arts, descendons dans un autre plus saint et plus noble, dans l'église consacrée à sainte Martine.

Romaine et fille de consuls, Martine connut de bonne heure Jésus-Christ, et s'attacha à lui avec amour. Elle lui consacra sa virginité, et employa ses richesses pour nourrir les pauvres. Dénoncée comme chrétienne, elle fut arrêtée, battue de verges, déchirée avec des ongles de fer, couverte de poix bouillante, et ainsi jetée dans l'amphithéâtre pour devenir la proie des bêtes. Les lions et les tigres perdirent leur fureur en sa présence; ils ne la touchèrent pas. Ses bourreaux, furieux, la jetèrent au milieu des flammes, et les flammes la respectèrent.

Tous ces miracles convertirent beaucoup de païens au christianisme, et ne servirent toutefois qu'à augmenter la rage de ses bourreaux. Martine eut la tête tranchée. Son corps repose au pied du Capitole, sur le bord du chemin que ses aïeux parcoururent plus d'une fois dans leurs jours de triomphe.

Mais la gloire de l'humble vierge vivra plus longtemps que la gloire qui se donnait au Capitole.

L'église de Saint-Adrien est bâtie à côté de celle de Sainte-Martine, sur l'emplacement d'un ancien temple de Saturne. Sous l'autel repose le corps de ce glorieux martyr de Jésus-Christ. Pendant qu'on le frappait de verges, qu'on lui coupait les jambes et les bras, il chantait les louanges du Seigneur, et son épouse sainte Natalie, témoin de son martyre, le soutenait de ses conseils et de son courage.

Avançons. Voici l'église de Saint-Laurent in *Miranda*.

C'est le temple même consacré à Antonin et à Faustine :

DIVO ANTONIO ET DIVÆ FAUSTINÆ EX S. C.

Un temple à Faustine ! Voilà le paganisme.

On voit encore le portique entier, composé de dix grandes colonnes d'une seule pièce de marbre cipolin. Elles supportent l'entablement, qui est formé d'un immense bloc de marbre d'un beau travail. Dans la frise latérale on voit des griffons, des candélabres et autres ornements d'une belle sculpture.

A côté, l'église de Saint-Côme et de Saint-Damien est bâtie sur les ruines, peut-être avec les pierres mêmes du temple de Romulus. La superbe mosaïque de l'abside est une page d'histoire du vi^e siècle ; elle mérite l'attention.

Les apôtres saint Pierre et saint Paul se tiennent à côté du Sauveur, et lui présentent les glorieux martyrs Côme et Damien. On admire à juste titre la figure de Jésus-Christ, dont nul artiste moderne n'a pu reproduire la majesté. Il se tient debout, bénit de la main droite, et de la main gauche il tient le livre des saints Évangiles. Au-dessus du Sauveur on voit le jardin et les quatre fleuves du Paradis terrestre. Un peu plus bas, l'agneau symbolique, couronné du nimbe mystérieux, est entouré de douze autres agneaux.

De l'église on descend dans une vaste crypte où furent découverts les fragments de l'ancien plan de Rome, que l'on conserve au Capitole.

Cette église souterraine conduit dans une autre, où saint Félix fit jaillir miraculeusement une source pour baptiser les chrétiens qui se dérobaient avec lui, dans ce souterrain, à la persécution des ariens. C'est dans ce lieu que fut découvert le corps de ce pape. Voici comment le cardinal Baronius raconte le fait [1] :

« La manière dont Félix était entré dans sa charge avait été jugée vicieuse par les anciens, et des récits contradictoires ne permettaient pas de connaître avec certitude comment il était mort. En conséquence, lorsque, sous le pontificat de Grégoire XIII, on s'occupa de la correction du Martyrologe, les hommes érudits qui avaient été choisis pour cet examen, et qui se réunissaient très souvent à cet effet, élevèrent une grave controverse au sujet de Félix. Il s'agissait de savoir si son nom serait effacé, ou si on le laisserait avec le titre de martyr. Après de longues altercations, je m'étais rangé à l'avis qui voulait rayer son nom du Martyrologe, et j'avais même écrit, pour appuyer mon sentiment, un volume qui avait obtenu l'approbation d'un grand nombre de personnages très savants qui se trouvaient alors à Rome. Mais je fus détrompé par un événement presque miraculeux survenu dans l'église des saints martyrs Côme et Damien, près de l'ancien temple de la Paix, au Forum. Quelques individus, fort mal conseillés, et pourtant conduits à leur insu par la Providence, s'étaient mis à creuser en cachette sous un autel placé du côté droit de cette église, parce qu'ils s'étaient imaginé, d'après je ne sais quels renseignements, qu'un trésor était enfoui dans cet endroit. Ils trouvèrent une arche en marbre : dans l'un des côtés, séparé de l'autre par un intervalle, reposaient sous des tables de pierre les reliques des saints martyrs Marc, Marcellin et Tranquillin; de l'autre côté, le corps de saint Félix, avec une plaque en pierre placée dans l'intérieur de l'arche, et sur laquelle on lisait cette inscription :

Corpus sancti Felicis, papæ
Et martyris, qui damnavit
Constantium.

« Cette découverte eut lieu le jour où l'on avait coutume de faire la fête de saint Félix, le quatrième des calendes d'août de l'an 1582, dans le temps même où, à la suite de grandes controverses, sa mémoire semblait près de succomber. Il ressuscita en quelque sorte

---

[1] Ann. 357, act. LXII.

pour plaider lui-même sa cause. Je jetai alors la plume que le zèle de la charité m'avait fait aiguiser; je fus heureux de céder la palme au cardinal Julius Sanctorius, qui s'était fait son défenseur, et il me sembla que je triomphais avec mon adversaire, puisque la vérité était victorieuse en tous deux. »

Voici maintenant les ruines de la basilique de Constantin longtemps connue sous le nom de temple de la Paix. C'était une des merveilles de Rome. On le devine à la beauté de ses ruines, de ses voûtes immenses de plus de vingt mètres de largeur, et des blocs de marbre blanc, taillés jadis par un habile ciseau, qui gisent à terre.

Un jour le Forum était rempli d'une foule immense. Néron était accouru avec toute sa cour pour être témoin d'un grand prodige. Simon le Magicien avait promis de s'élever dans les airs, par sa propre vertu, afin de prouver ainsi la fausseté de la religion prêchée par les apôtres. Simon arrive, et en présence de tout le peuple il monte dans les airs. A cette vue, le peuple ne peut contenir sa joie; il bat des mains; l'air retentit de clameurs et d'applaudissements, et déjà le cri de : *Mort aux chrétiens!* dominait tous les autres. Mais tout à coup, au milieu de son triomphe, une force invisible précipite le magicien à terre, et dans sa chute il trouve la mort.

Perdu dans cette foule tumultueuse et triomphante, un homme obscur s'était agenouillé, et avait prié Dieu de confondre l'imposteur. Cet homme s'appelait Pierre, le pêcheur de Génésareth et le chef de l'Église du Christ.

Ce lieu du Forum est devenu sacré. Une église y fut élevée en l'honneur de la sainte Vierge, sous le titre de Sainte-Marie-la-Neuve. On y conserve précieusement les deux pierres sur lesquelles s'agenouilla l'apôtre. On y voit l'empreinte de ses deux genoux, et, en les baisant, nous priâmes Dieu de confondre et de briser toujours les ennemis de Jésus-Christ et de l'Église par la bouche et par la prière de Pierre.

Cette église, depuis dédiée à sainte Françoise Romaine, mérite une seconde visite : nous y reviendrons.

Avant de quitter le Forum, vous pouvez jeter un regard sur les ruines du temple de Vénus et de Rome. Pour nous rendre au Colisée, nous foulons le sol de la voie sacrée et nous passons sous l'arc de Titus, élevé à cet empereur en souvenir de son triomphe sur la nation juive. Il est décoré de bas-reliefs d'un beau travail.

D'un côté, on voit ce prince dans un char triomphal attelé de quatre chevaux, précédé des licteurs, et accompagné des membres du sénat. Derrière lui, la Victoire, debout, tient d'une main une palme de Judée, et de l'autre une couronne qu'elle lui met sur la tête ; Rome triomphante, assise sur le devant du char, tient les rênes des chevaux, qu'elle conduit. De l'autre côté sont les dépouilles du temple de Jérusalem : le chandelier à sept branches, les trompettes du Jubilé, la table des pains de proposition et l'arche d'alliance.

Ces bas-reliefs sont d'une belle exécution, d'une admirable précision et d'une grande finesse de dessin.

Les Juifs ont grand soin de ne jamais passer sous cet arc. Pauvres aveugles! ils ne veulent pas voir que la ruine de Jérusalem et la dispersion de son peuple attestent et proclament la divinité de Celui que leurs pères ont crucifié, et qu'ils ne veulent pas adorer !

VI

LE COLISÉE

Mon cher ami,

Le Colisée[1] était le grand amphithéâtre de Rome. Construit en pierre de Tivoli, aussi dure que le marbre, et qui n'a rien à craindre du feu, il forme un ovale dont la hauteur est de 157 pieds sur 1641 de circonférence.

Les empereurs Vespasien et Titus employèrent les Juifs à sa construction ; et ainsi deux grands monuments perpétuent le souvenir de la double captivité de ce peuple infidèle et déicide : les Pyramides en Égypte et le Colisée à Rome.

Les historiens du temps nous disent que Titus fit couler un fleuve d'or pour le construire ; ils auraient pu ajouter qu'il y répandit des torrents de sang et de larmes.

Ce lieu, en effet, était le théâtre de ces luttes sanglantes dont le peuple romain était si avide, et dans lesquelles on voyait des hommes disputer leur vie à la férocité des tigres et des lions.

Il faut destinguer trois parties dans le Colisée. Le *podium*, qui régnait tout autour de l'arène : espèce de terrasse en marbre où brillait le pavillon de l'empereur et des césars. A droite et à gauche

---

[1] Plusieurs auteurs prétendent que le nom de Colisée (Colosse) a été donné à l'amphithéâtre construit par Vespasien et Titus à cause de ses proportions colossales ; mais nous ne saurions admettre cette étymologie. Le grand cirque, qui pouvait contenir de trois à quatre cent mille spectateurs, eût plus justement mérité ce nom. Voici une origine du mot Colisée qui me semble plus naturelle, et qui m'a été donnée par un prélat dont la science et la connaissance des antiquités romaines ne sauraient être mises en doute par personne. Néron avait fait élever au milieu de ses jardins une statue colossale en son honneur. Lorsque le peuple voulait désigner cette partie des jardins de l'impérial histrion, il disait : *Ire ad colosseum* (aller au colosse). A la mort de Néron, sa statue fut dédiée au soleil, et elle était encore debout quand l'amphithéâtre fut construit. La statue détruite, le peuple conserva l'habitude de désigner cet endroit sous le nom de Colosse, qui fut alors appliqué à l'amphithéâtre lui-même.

se plaçaient les préteurs, les vestales, et tous les dignitaires de l'empire.

Au-dessus du podium s'élevaient en forme de fer à cheval plusieurs rangs de gradins séparés par des couloirs. Ils formaient autant de

Vue extérieure du Colisée.

compartiments qui allaient en s'élargissant à mesure qu'ils s'élevaient. C'est là que se plaçait la foule. Quatre-vingts portes conduisaient à ces différents gradins; et l'on voit encore au-dessus de chacune d'elles le numéro d'ordre qui indiquait à chaque classe de citoyens la porte par laquelle ils devaient plus facilement et sans confusion arriver à leur place.

Au-dessus était la terrasse, bordée de parapets, et qui pouvait contenir douze mille spectateurs. De nombreuses poutres placées sur cette terrasse soutenaient un immense voile de pourpre, parsemé d'étoiles d'or, et appelé *velarium*, qui couvrait l'amphithéâtre tout entier et garantissait les spectateurs des ardeurs du soleil.

Du podium jusqu'à la terrasse, à des distances très rapprochées, on voyait des tubes de métal d'où jaillissaient des eaux de senteur qui retombaient en rosée sur les assistants.

Je suis monté, mon cher ami, sur cette terrasse, et ce n'est pas sans émotion que j'ai contemplé cet immense amphithéâtre, vide maintenant, et dont un côté est à moitié détruit. Mon imagination se plaisait à reconstruire ces ruines, et j'évoquais les souvenirs de ce géant, alors qu'il était dans toute sa gloire. Quel spectacle devait présenter ce lieu! Les rayons du soleil l'inondent de sa lumière; les marbres, les colonnes, les statues, tout resplendit; le *velarium*, par ses ondulations gracieuses et bienfaisantes, en tempère l'éclat et en rafraîchit les brûlantes ardeurs.

C'est là qu'est réuni le peuple le plus intelligent, le plus grand, le plus puissant de la terre. Ils sont là, au nombre de cent mille. Que font-ils, ces rois du monde? Ils viennent voir couler le sang. Au milieu de l'arène, un autel se dresse, le pontife s'avance, et immole une victime à Jupiter. On entend le rugissement des bêtes féroces; elles sont impatientes, moins toutefois que ce peuple, qui veut être témoin de leur rage.

Le sacrifice est achevé : la divinité a été honorée, le peuple peut s'amuser. Mais qui donnera le signal? César, vous qui commandez les armées, vous devant qui l'univers s'incline en tremblant, levez-vous, dites à ces hommes de se livrer à la mort, et vous serez obéi. Non, ce n'est point César qui donne le signal de ces jeux sanglants : une jeune fille, une vestale se lève, fait un signe, et le combat commence.

Comme ce trait, n'est-ce pas, caractérise bien un peuple!

La vestale a parlé; aussitôt les *carceres*, placés sous le podium, s'ouvrent et laissent sortir les bêtes. La lutte s'engage, et le peuple n'applaudit que lorsqu'il voit le sang couler.

Il y avait aussi les combats de gladiateurs. C'étaient des hommes qui se donnaient la mort pour faire plaisir à ce peuple.

Le peuple romain ne connaissait pas de plus grandes jouissances que ce spectacle. Quand le jour ne suffisait pas, on le prolongeait pendant la nuit. Alors le Colisée s'illuminait, et pendant des jours entiers, jusqu'à cinq jours et cinq nuits, les jeux se continuaient sans interruption : on mangeait à l'amphithéâtre, et quand les victimes ou les esclaves manquaient on voyait descendre dans l'arène des sénateurs et les matrones elles-mêmes. L'intérêt du public croissait en proportion de la dignité des combattants.

A ces combats succédaient quelquefois des batailles navales. Le fond de l'arène était pavé en marbre. A quelque distance de là était un réservoir alimenté par l'aqueduc de Claude, et qui communiquait à l'amphithéâtre par de larges canaux. Tout à coup l'arène se transformait en lac, et de nouveaux plaisirs succédaient aux anciens.

Un jour l'amphithéâtre fut rempli de vin, et l'on vit trente-six crocodiles, avec plusieurs hippopotames, lutter contre des gladiateurs montés dans des barques.

Ce monument atteste à la fois la grandeur et la décadence des Romains. Le peuple-roi était bien dégénéré, et ses maîtres, en lui donnant du pain et des jeux, pouvaient impunément lui forger des chaînes.

Maintenant, voyons ce que les papes ont fait de ce monument. Pour nous, ce lieu est saint et sacré. Cette terre a été abreuvée du sang de nos ancêtres dans la foi. C'est un des lieux les plus émouvants de Rome, et l'on peut lui appliquer les paroles de saint Pie V à un ambassadeur polonais qui lui demandait des reliques pour son souverain. Prenant en ses mains la poussière de l'ancien cirque de Néron, près le Vatican, il lui dit :

« Portez cette terre à votre maître ; il suffit de la presser pour en faire sortir le sang des martyrs. »

Là le peuple romain s'amusait, et nos martyrs mouraient avec joie pour Jésus-Christ. Aussi le chrétien doit y venir prier et pleurer.

Il y a trois ans, le cardinal-doyen se présentait devant Pie IX à Saint-Jean de Latran, le jour de Noël, pour lui offrir les vœux du sacré-collège. C'était un de ces moments d'alarmes où l'ennemi semble sur le point de faire un dernier et victorieux effort.

Pie IX, dans sa réponse, affirma hautement le droit de l'Église, et montrant le Colisée, qui n'est pas éloigné de la basilique, il dit :

« Cet amphithéâtre, ce Colisée, qui est près d'ici, fut, dans les premiers siècles de l'Église, comme un calice qui reçut le sang des héros chrétiens : il est aujourd'hui comme la coupe qui reçoit nos larmes. Ce sang et ces larmes crient vers le ciel : ils touchent le cœur de Dieu en faveur de son Église. »

C'est là, en effet, que les chrétiens viennent s'exciter au repentir, et se renouveler dans le souvenir toujours efficace de la passion du Sauveur.

A l'endroit même où était dressé l'autel de Jupiter s'élève maintenant la croix de Jésus-Christ, simple croix de bois, dont la pauvreté fait mieux comprendre et sentir la grandeur du triomphe du divin crucifié.

Benoît XIV a consacré cette arène à la passion de Jésus-Christ, en y faisant ériger les stations du Chemin de la Croix. Tous les vendredis le peuple s'y rend en foule, et un père franciscain préside aux exercices.

Où pourrait-on trouver un lieu plus convenable pour exciter la piété envers la passion du Sauveur? Quel touchant spectacle! Les vastes gradins en ruine de cet immense amphithéâtre, la croix debout à la place de l'autel de Jupiter, cette foule agenouillée sur ce sol où expiraient les martyrs : quels contrastes éloquents! quels sublimes enseignements!

Si vous venez à Rome, mon cher ami, allez souvent au Colisée. Là vous puiserez la force et l'énergie dont nous avons besoin dans ces jours de défaillance et d'aveuglement. Venez-y à toute heure du jour; mais venez le soir surtout, à cette heure où la méditation se fait si douce et si sérieuse au fond de nos cœurs. N'y venez pas comme tous les curieux, pour récréer votre vue par le jeu de la lumière de la lune à travers ces arcades en ruines, venez pour prier et pour méditer. Un soir j'y étais à huit heures, la lune commençait à donner sa lumière, je ne saurais vous dire quelle émotion s'empara de moi. Le silence n'était interrompu que par les cris de quelques oiseaux sauvages. Je m'agenouillai près de la croix; et il me sembla voir cet amphithéâtre s'animer de nouveau.

Les Romains étaient là, au nombre de cent mille, demandant par leurs cris de nouvelles victimes : *Les chrétiens aux bêtes!* Ce cri retentissait à mes oreilles, et je voyais, peut-être à la place que je foulais, des jeunes gens, des vierges, des vieillards, attendre avec impatience le signal qui devait lancer sur eux les lions et les tigres.

César était présent, dans l'éclat de sa puissance et de sa gloire, et les victimes en passant le saluaient : *Cæsar, morituri te salutant.*

Souvent, il est vrai, les chrétiens faisaient entendre de sévères avertissements :

« Tu nous juges en ce monde, disaient les martyrs de Carthage au proconsul Hilarion; mais Dieu te jugera dans l'autre. »

Les bêtes elles-mêmes se chargeaient aussi de donner une leçon à ces maîtres du monde : leur rage s'apaisait tout à coup; on les voyait s'approcher, douces et respectueuses, et caresser les pieds et les mains des martyrs. Ce spectacle n'attendrissait point ces farouches spectateurs, et la victime qui avait trouvé grâce devant les lions et les panthères n'était point épargnée par le glaive du bourreau.

Trajan, dont on a tant exalté la douceur et la vertu, rendit un jour une ordonnance qui condamnait à la mort Ignace, évêque d'Antioche, *qui dit porter le Christ en lui-même*. L'on vit le saint vieillard enchaîné, escorté par les soldats de l'empereur, qu'il comparait à des léopards, prendre le chemin de Rome. Toutes les chrétientés se levaient sur son passage, et venaient baiser ses chaînes. A Smyrne, l'évêque saint Polycarpe, comme lui disciple de saint Jean, lui fait un accueil triomphant, et il y trouve les députations des Églises de l'Asie Mineure, qui, n'étant pas sur sa route, étaient venues dans cette ville pour lui offrir leurs félicitations et recevoir sa bénédiction.

Il traverse la Macédoine, l'Épire, l'Italie, et partout il reçoit les mêmes honneurs, et on lui décerne les mêmes triomphes.

Il arrive à Rome le dernier jour des jeux de l'année, et on le conduit à l'amphithéâtre. Ignace s'agenouille, et il murmure ces paroles :

« Je suis le froment du Seigneur: il faut que je sois moulu par la dent des bêtes pour devenir le pain pur de Jésus-Christ. »

Deux lions furieux se jettent sur lui et le dévorent, aux applaudissements de tout le peuple.

Hier, j'ai éprouvé, au Colisée, de vives et profondes émotions : deux évêques de la Chine y entrèrent en même temps que moi, et vinrent se prosterner au pied de la croix. Que demandèrent-ils dans leurs prières? quelle fut leur pensée en foulant ce sol arrosé par le sang des martyrs? Peut-être, eux aussi, donneront-ils un jour leur sang pour le triomphe de cette croix qu'ils ont plantée sur cette terre chinoise abreuvée tant de fois déjà des sueurs et du sang des disciples du Christ!

J'imagine que leur prière fut ardente. Pour moi, en songeant aux martyrs d'hier et en voyant ceux qui le seront peut-être demain, je vous avoue que le Colisée ne m'avait jamais paru si digne de respect et d'amour. L'Église ne doit-elle pas être toujours entourée de la glorieuse phalange des martyrs? Trouvez un siècle dans sa vie qui ne compte des *témoins* de la vérité? Le paganisme, l'hérésie, la politique l'ont tour à tour ornée de cette pourpre sanglante, mille fois plus précieuse pour elle que les honneurs de la terre. Le sang des martyrs, c'est la vie, c'est la gloire, c'est la force de l'Église.

Tout à Rome rappelle cette vérité : elle est inscrite en caractères ineffaçables dans la profondeur des Catacombes et sur le marbre et l'or des basiliques, mais j'affirme qu'au Colisée elle est plus vivante qu'ailleurs, elle y est sensible en quelque sorte.

Aussi toutes les âmes pieuses, toutes les âmes qui ont soif de dévouement et de sacrifices viennent-elles ici de préférence.

Saint Benoît-Joseph Labre y venait si souvent, qu'on pourrait dire qu'il l'avait choisi pour sa demeure. On montre l'arcade sous laquelle le pauvre de Jésus-Christ aimait à se retirer pour y prier plus librement, à l'abri du regard des curieux. Il est question d'y élever une petite chapelle. Combien j'aimerais offrir à Dieu le Père la victime immolée pour le salut du monde, dans ce lieu où tant de victimes ont répandu leur sang pour le triomphe de l'Agneau sans tache !

VII

LE MONT PALATIN

Demeure impériale. — Maison d'Or. — Contrastes. — Sainte-Anastasie — Image de Jésus crucifié. — Saint-Léonard de Port-Maurice. — Sainte-Marie-Libératrice.

Mon cher ami,

Faire l'histoire du Palatin, c'est tracer l'histoire même de Rome païenne. Des sept collines de Rome, ce fut, en effet, la première habitée. Romulus s'y creusa d'abord une caverne, et en fit le centre de son empire. On dit qu'une flèche, qu'il lança du mont Aventin pour essayer ses forces, se fixa dans le sol du Palatin, y prit racine et devint un arbre, qui pendant huit siècles fut l'objet de tous les soins du peuple romain. Un oracle avait prédit que la destinée de Rome était liée à son existence, et sa mort, qui arriva sous le règne de Caligula, fut regardée comme une calamité publique.

Mon intention, mon cher ami, n'est point de vous redire toute l'histoire de cette célèbre colline; toutefois comme les souvenirs des splendeurs et des hontes du paganisme sont plus qu'ailleurs identifiés avec le Palatin, il est impossible de ne pas jeter un regard en arrière, et de ne pas se rappeler l'antique demeure des Césars.

Les premiers rois de Rome habitèrent sur le Palatin, et sous la république, les plus illustres consuls y eurent leur demeure. Lorsque Auguste voulut entourer la majesté impériale de quelque splendeur, il choisit le mont Palatin pour y établir sa demeure, à laquelle on donna le nom de *Palatium*, emprunté à celui de la colline.

« Ce mot voyagea avec les Césars; il fut le nom propre de leur résidence, en quelque lieu qu'elle fut située. De là il est advenu que, dans presque tous les idiomes dérivés de la langue latine ou modifiés par elle, les résidences des souverains et les édifices splendides ont été des palais[1]. »

[1] *Esquisse de Rome chrétienne.*

Auguste acheta les maisons des particuliers construites sur le mont Palatin, et il les remplaça par sa demeure, qui tenait le milieu entre la modestie et la magnificence.

Tibère trouva ce palais trop modeste, il en fit élever un du côté du Vélabre. Caligula prolongea les constructions jusqu'au Forum, avec d'immenses portiques. Il y fit même élever un temple en son honneur, dans lequel il plaça sa statue d'or. Chaque empereur faisait construire un nouveau palais.

Quand Néron monta sur le trône, il ne put se contenter de la demeure de ses ancêtres : son orgueil et son amour du luxe exigeaient davantage. Il fit donc de nouvelles constructions, qu'il étendit jusqu'au grand Cirque, et qui remplirent, de l'autre côté, les vallons qui séparaient le Palatin de l'Esquilin et du Cœlius. Mais un jour ce fou, trouvant que ce palais était trop étroit et indigne de lui, veut faire une nouvelle ville et un nouveau palais. Il met le feu à la ville de Rome, et il regarde les flammes du haut de la tour de Mécène, déguisé en tragédien, et chantant les vers qu'il a composés sur l'incendie de Troie.

Une pensée se présentait à lui : la place devenue libre, il pourrait alors construire une demeure à son goût, et faire une nouvelle Rome, qu'il rêva un instant d'appeler de son nom.

La ville se relève, en effet, de ses ruines, plus riche et plus magnifique qu'autrefois. Mais si le peuple est si bien logé, qu'elle ne doit pas être la magnificence de la demeure de César! Aussitôt des ouvriers couvrent le Palatin, l'Esquilin, le Cœlius et les vallées qui les séparent, et un magnifique palais s'élève comme par enchantement sur ces trois collines.

Le palais de Néron, connu sous le nom de Maison-d'Or s'étendait depuis le grand Cirque jusque vers le lieu où est située aujourd'hui Sainte-Marie-Majeure, et, selon l'épigramme de Martial, il menaçait de faire de Rome une seule maison :

<small>Unaque jam tota stabat in urbe domus.</small>

Ce sont des jardins immenses, des lacs, des prairies, des vignes, des forêts. Les appartements sont d'une richesse inouïe : il a fait appel à toutes les parties du monde pour les orner. Les marbres les plus précieux, les pierres les plus riches, les perles les plus rares, l'or le plus fin, décorent les murs de cette somptueuse demeure.

La Grèce a fourni des œuvres d'art, et des milliers de statues peuplent les appartements, les portiques et les jardins.

Palatin : *Clivus victoriæ*.

Les souterrains eux-mêmes sont ornés de peintures. Des *odoriféres* exhalent les parfums les plus suaves, comme les bouches de nos calorifères nous envoient la chaleur.

Les salles de festin ont des voûtes lambrissées qui changent à chaque service, des plafonds d'ivoire d'où tombent des fleurs; d'autres, plus belles encore, tournent sur elles-mêmes jour et nuit comme le monde.

La statue de Néron, d'argent et d'or, haute de cent vingt pieds, s'élève au milieu des jardins.

L'œuvre de Néron est achevée; il est presque content cette fois : « Je vais enfin, dit-il, être logé comme un homme [1]. »

De cette superbe demeure, détruite par Vespasien et Titus, il ne reste plus que quelques chambres souterraines sur le mont Esquilin, à l'endroit où Titus fit bâtir ses thermes : elles sont décorées encore de belles arabesques, aux couleurs vives et brillantes, qui, dit-on, ont inspiré Raphaël pour ses loges du Vatican. Ces empereurs voulurent anéantir jusqu'au souvenir même de Néron : dans les jardins de son palais ils firent élever l'amphithéâtre, et consacrèrent au soleil la statue qu'il avait érigée en son honneur.

Peu à peu la demeure impériale est de nouveau circonscrite sur le Palatin, et les successeurs de Titus y firent peu de changement.

Lorsque Constantin eut embrassé le christianisme, il dépouilla le palais impérial de ses statues, de ses objets d'art, et les emporta à Byzance, qu'il avait choisi pour être le centre de son empire.

Les barbares achevèrent de le dépouiller de ses richesses et de sa splendeur : Genséric enleva tous les vases et les meubles sacrés du temple de Jérusalem que Vespasien et Titus y avaient déposés.

Byzance étant devenu la capitale de l'empire, il n'y avait plus de raison pour que le palais des Césars se relevât de ses ruines. D'ailleurs le Christ, dans la personne de son vicaire, devenait désormais le maître de Rome et du monde. La gloire du Crucifié allait remplacer la gloire des Augustes, et les débris, désormais inutiles, de leurs palais vides et déserts allaient servir à la construction des temples élevés en l'honneur des martyrs que la puissance impériale avait immolés.

En parcourant le Palatin, une foule de souvenirs se pressent dans votre âme et se heurtent dans votre pensée; mais, grâce à Dieu,

---

[1] *Les Césars*, I, pp. 446 et suivantes.

la Croix de Jésus-Christ règne ici, et ces lieux, qui étaient un grand temple élevé à la débauche et l'orgueil, sont devenus saints par la présence de plusieurs églises.

Sur les ruines de ce palais, où vécurent une Messaline, une Agrippine et tant d'autres femmes, la honte de leur sexe et de l'humanité tout entière, je vois maintenant l'église de sainte Anastasie, illustre veuve qui aima mieux mourir au milieu des flammes que de renoncer à Jésus-Christ. Son corps reçoit des hommages à l'endroit peut-être où Agrippine fut honorée de ses courtisans et de ses lâches flatteurs.

Ces lieux furent sanctifiés du vivant même des Césars. Le souvenir de ces chrétiens que Pierre et Paul avaient gagnés à Jésus-Christ, qui jeûnaient au sein de cette cour voluptueuse, qui gardaient la chasteté au milieu de ces débauchés et qui donnaient l'exemple de la soumission à ces hommes toujours disposés à s'attacher à la fortune du plus fort et du plus riche, nous accompagne et nous remplit l'âme de douces et fortes émotions. Il fallait un rare courage à ces chrétiens pour résister à toutes les séductions du vice qui les environnaient et pour surmonter la crainte de la mort, que la persécution faisait toujours planer sur leurs têtes; ils étaient tournés en dérision; on insultait à leur foi et à leur Dieu, comme le prouve une figure tracée sur les parois d'une salle que des fouilles récentes viennent de mettre à jour.

Cette ignoble caricature de la mort de Jésus-Christ, tracée sans doute par quelque garde du corps de ce temps, représente un homme, avec une tête d'âne, attaché à la croix[1]. A côté on voit un personnage, et au bas du tableau on lit l'inscription suivante :

ΑΛΕΞΑΜΕΝΟΣ ΣΕΒΕΤΑΙ ΘΕΟΝ
Alexamenos adore son Dieu.

Mais ni les railleries des valets, ni les persécutions des maîtres, n'ont pu arrêter le règne de Jésus-Christ. Aujourd'hui le souvenir de ces premiers chrétiens qui aimaient l'obéissance, la pauvreté et la pureté, se perpétue dans la personne des bons religieux de Saint-François de la réforme de saint Pierre d'Alcantara, dans celle des filles de saint François de Sales dont les couvents s'élèvent sur les ruines du palais d'Auguste.

L'église des Alcantarins, consacrée à saint Bonaventure, possède

---

[1] On peut voir cette figure au musée Kircher, où le stuc sur lequel elle est gravée a été déposé par les soins du père Garucci.

un trésor bien précieux : c'est le corps de saint Léonard de Port-Maurice, mort en 1751, à l'âge de 95 ans, et qui a échappé à la corruption du tombeau. Comme le bienheureux Crispino de Viterbe, dans l'église des Capucins de la place Barberini, il est parfaitement conservé : on dirait qu'il vient de mourir. Admirable glorification d'une chair virginale et pure! Glorification mille fois plus admirable dans ce lieu où la chair fut divinisée par l'orgueil et la débauche!

Aujourd'hui le Palatin est devenu en grande partie la propriété de l'empereur Napoléon III.

Des fouilles récentes ont déjà mis à nu une partie des constructions souterraines du palais impérial. Dans les jardins on admire les restes considérables de la célèbre bibliothèque Palatine, construite par Auguste, du magnifique temple d'*Apollon*, du *Triclinium*. A côté, on descend dans deux petites chambres plus basses que le reste du sol, et que l'on croit être deux salles de bains. Ces différentes ruines possèdent encore une partie de leur pavé de marbre et de mosaïque.

J'ai parcouru avec un véritable intérêt la partie du Palatin acquise par Pie IX. Le Pontife a ordonné des fouilles considérables qui ont amené des découvertes importantes. Ces travaux, combinés avec ceux entrepris dans les jardins Farnèse, pourraient donner d'importants résultats, et permettraient peut-être de rétablir l'ensemble des monuments de la demeure impériale. Chaque jour, en effet, les fouilles font sortir de terre de nouvelles salles dont la destination, aujourd'hui inconnue, sera sans doute indiquée demain par d'autres découvertes.

Quoi qu'il en soit, les ruines qu'on a mises au jour, les œuvres d'art qui, dans la suite des siècles, ont été trouvées enfouies sous les décombres, les peintures dont la vivacité des couleurs a été respectée par le temps, les marbres précieux, les mosaïques, tout cela donne une idée de l'immensité et de la splendeur de ces édifices. La majesté des ruines du paganisme étonne l'esprit et déconcerte un peu la vanité de notre siècle, si fier de ses découvertes et de la perfection de son industrie. Elle atteste le degré de puissance et de richesse que le peuple-roi avait atteint. Comment tout cela a-t-il pu périr? Comment la puissance romaine est-elle tombée? On trouve l'explication de cette décadence dans le luxe des thermes, des amphithéâtres et de tous les lieux de Rome consacrés au plaisir et à la volupté. Le plaisir, voilà le véritable vainqueur de la force romaine. C'est lui qui réduit toujours les nations, comme les individus, à l'impuissance et à la faiblesse. C'est souvent le seul motif qui apparaît aux yeux du moraliste; mais le chrétien y découvre une autre cause : Rome n'avait point la vérité, et, comme l'erreur dont elle était le cœur et le bras, elle devait connaître l'empire du temps et les tristes effets de la division. L'erreur dure peu, et ses modifications continuelles précipitent sa ruine. La vérité seule est immuable et immortelle!

Qui se souvient, en parcourant les ruines du Palatin, de Dioclétien, le représentant peut-être le mieux autorisé de l'erreur? Si son souvenir se présente, n'est-il pas odieux et méprisable? Et voici qu'aujourd'hui même l'Église[1], c'est-à-dire le monde entier, célèbre la gloire, bénit le nom d'un simple officier de son armée, qu'il fit percer de flèches dans ce même palais où il se livrait sans frein à tous ses caprices et à toutes ses passions. Saint Sébastien est honoré, il est prié, il a un autel au lieu même où le nom de Dioclétien, qui commandait au monde, est prononcé avec un sentiment d'horreur et de dégoût. C'est là toute l'histoire de Rome. Mais c'est surtout en visitant le Palatin qu'on a besoin de se rappeler que des chrétiens ont habité dans ces murs, que quelques-uns y ont versé leur sang; autrement un sentiment d'horreur s'emparerait de l'âme.

Aussi, mon cher ami, quand vous visiterez le Palatin, rappelez-vous ces chrétiens *qui sont de la maison de César* : cette visite aura pour vous plus de charme, et elle vous sera plus utile. Si vous voulez ensuite complètement purifier votre âme et votre mémoire des souvenirs de débauches que, malgré tout, ces lieux semblent exhaler encore, en descendant du Palatin, entrez dans l'église de Sainte-Marie-Libératrice, située au pied de cette colline, à l'entrée du Campo-Vaccino, en face de Saint-Laurent *in Miranda*.

Cette petite église n'offre rien de remarquable au point de vue de l'art et de l'archéologie; mais la virginité a toujours été honorée en ce lieu. C'est ici, à cet endroit même, qu'était la demeure des vestales, chargées d'entretenir le feu sacré, et vouées à la virginité. Ces vierges, malgré la sévérité de la loi, qui condamnait à être ensevelies vivantes celles qui seraient infidèles à leur vœu, ne furent pas toujours des modèles de vertu et de chasteté. Sous le règne de Tibère, on en compta jusqu'à quatre qui furent infidèles. La sanction de la loi humaine, en effet, est une faible barrière pour la volupté, et elle n'obtiendra jamais ce qu'il est donné à la grâce seule de produire et de faire aimer.

[1] 20 janvier 1870.

VIII

LA FÊTE DE SAINT PIERRE

Les premières vêpres. — Pie IX. — Illumination de la coupole. — Messe papale.

Mon cher ami,

La fête des saints apôtres Pierre et Paul commence la veille, aux premières vêpres, chantées à six heures du soir dans la basilique Vaticane, par le souverain pontife. Inutile de vous dire si je fus exact; dès cinq heures et demie j'étais à Saint-Pierre.

Avant l'office, j'eus le temps d'examiner les hallebardiers du pape, avec leur costume pittoresque dessiné, dit-on, par Raphaël et Michel-Ange. Il se compose d'un haut-de-chausses noir, rouge et jaune, d'une cuirasse rouge du moyen âge avec brassard articulés, d'une fraise autour du cou, d'un casque rond en acier, surmonté d'un panache rouge, d'un large baudrier jaune, et d'une longue hallebarde à l'antique.

Après eux les gardes-nobles, en habit rouge, bottes à l'écuyère et casques antiques à crinière, vinrent se ranger autour du chœur. C'est la garde d'honneur du pape : elle est formée par la noblesse romaine.

Les tribunes se remplissaient, et je prenais plaisir à contempler cette foule sans cesse croissante, lorsque des chants, partis de l'entrée de la basilique, attirèrent mon attention de ce côté. Le pape franchissait le seuil de Saint-Pierre, et l'on chantait l'antienne : *Tu es Petrus*... J'aperçus un riche dais, brillant d'or et de soie, et de chaque côté deux larges éventails en plumes de paon d'une grande beauté. Sous ce dais, assis sur la *sedia gestatoria*, éclatante d'or et de pourpre, Pie IX, revêtu de ses ornements pontificaux, la tête couronnée de la tiare, emblème de sa triple puissance de père, de roi et de pontife, s'avançait majestueusement, porté sur les épaules de quatre officiers ds sa maison en grand costume rouge.

Je vous avoue, mon cher ami, que dès ce moment je n'ai plus rien vu de tout ce qui m'entourait. Pie IX fixa toute mon attention. Je n'entendais plus que sa belle et forte voix, et je ne voyais plus que son auguste visage, et tout le temps que dura l'office je ne pus en détacher mes yeux. « C'est la douceur et la majesté d'un ange; mais d'un ange qui est sur la terre, et qui en porte les fardeaux[1]. »

Le soir, je fus témoin d'un spectacle unique au monde, l'illumination de la coupole de Saint-Pierre. Placé sur le toit plat d'une maison de la place Rusticucci, en face de la basilique, je pus jouir de la fête sans les inconvénients ordinaires d'une foule compacte et agitée. A huit heures commença l'illumination. Imaginez-vous le plus magnifique temple du monde, avec ses proportions colossales, avec sa coupole de quatre cent vingt-quatre pieds de hauteur, avec son immense place environnée d'une double colonnade ornée de milliers de statues de marbre, et tout cet édifice devenu une montagne de feu. Quatorze cents lampions à feu voilé sont placés sur la façade extérieure du temple et des portiques, à partir du sol jusqu'à l'extrémité de la croix du dôme. Ces lumières dessinent toutes les arêtes de l'édifice dont elles marquent les lignes architectoniques, se courbant où elles se courbent, s'arrêtant où elles s'arrêtent, se brisant où elles se brisent.

A neuf heures il y a changement de feux. Au premier coup de l'heure, quelque chose d'enflammé, semblable à des étoiles filantes, court sur le dôme, sur la croix, sur les petites coupoles, sur la façade, sur le péristyle, sur la colonnade, sur la place, se faisant voir partout et ne s'arrêtant nulle part, et quand le dernier coup de l'heure sonne, ce je ne sais quoi ne remue plus, ne se voit plus, mais de nouveaux feux ont été allumés, et des rosaces, des guirlandes, des candélabres, des foyers d'une flamme brillante se trouvent mêlés aux lignes un peu ternes de la première illumination. On ne peut exprimer la promptitude avec laquelle se fait ce changement, pas plus que faire comprendre à ceux qui ne l'ont pas vu le grandiose de cette illumination[2].

La coupole de Saint-Pierre, illuminée, ressemble à une tiare

---

[1] Louis Veuillot.
[2] *Manuel de la chapelle Sixtine*. Trois cent soixante-cinq *pietrini*, suspendus avec des cordes, allument ces lampions.

étincelante de pierreries posée sur le tombeau du pauvre pêcheur. Mais cette tiare fût-elle mille fois plus brillante, dirait encore bien imparfaitement les gloires de Pierre. A la lumière de ces feux, et en songeant au triomphe de l'apôtre, j'aimais à regarder l'obélisque qui décore le milieu de la place. Je me disais qu'il avait vu d'autres illuminations, alors qu'il était un ornement du cirque de Néron. Qui ne sait, en effet, que cet empereur, le premier qui ensanglanta la foi naissante, illuminait le cirque et ses jardins avec les corps des chrétiens, qu'il faisait enduire de poix à laquelle on mettait le feu? Aujourd'hui cet obélisque reflète d'autres lumières, il entend d'autres cris. La croix qui le surmonte annonce la défaite du bourreau et le triomphe des victimes. Depuis des siècles il traînait à terre, confondu parmi les débris de l'antique splendeur romaine, lorsque Sixte-Quint le releva et le plaça en face de Saint-Pierre, afin qu'il devînt à tout jamais le héraut de la royauté de Jésus-Christ. D'un côté il porte encore la dédicace de Caligula aux empereurs-dieux, et de l'autre ces paroles :

CHRISTVS VINCIT
CHRISTVS REGNAT
CHRISTVS IMPERAT
CHRISTVS AB OMNI MALO
PLEBEM SVAM
DEFENDAT.

Le Christ est vainqueur, le Christ règne, le Christ commande : que le Christ préserve son peuple de tout mal.

Et encore :

ECCE CRVX DOMINI
FVGITE
PARTES ADVERSÆ
VICIT LEO
DE TRIBV IVDA.

Voici la croix du Seigneur : fuyez, puissances ennemies, le lion de la tribu de Juda a vaincu.

Je saluai avec amour la croix triomphante qui brille au sommet de l'obélisque, et qui renferme une parcelle de la vraie croix. Jamais je n'avais senti si vivement la grandeur du triomphe de Jésus-Christ, ni si bien compris les bienfaits que sa victoire a donnés au monde.

Le matin de la Saint-Pierre, dès l'aube du jour, le canon du fort Saint-Ange se fit entendre, et la ville prit un air de fête.

La bénédiction du pape.

Les Romains n'oublient point que saint Pierre et saint Paul sont la gloire de Rome. Saint Jean Chrysostome disait autrefois :

« J'aime Rome. Quoiqu'il soit facile de la louer de sa magnificence, de son ancienneté, de ses richesses, de ses guerres et de ses triomphes, cependant ce n'est point à cause de cela que je lui décerne des louanges. Je la proclame bienheureuse, parce que Pierre et Paul ont daigné l'aimer, l'instruire, et terminer leur vie dans ses murs. Imaginez quelle gloire rejaillira sur cette ville lorsqu'au jugement dernier ces deux astres, qui l'ont éclairée pendant leur vie, sortiront resplendissants de sa poussière séculaire pour aller au-devant du Seigneur Jésus [1] ! »

Et nous aussi, mon cher ami? nous pouvons bien nous glorifier de ces deux apôtres, par lesquels la grâce de Dieu nous est venue; et vous me croirez si je vous dis que je me suis associé de grand cœur à toutes les émotions et à toutes les joies de la journée.

Avant neuf heures, j'étais au pied du magnifique escalier du Vatican pour voir l'entrée du souverain pontife dans Saint-Pierre, et jouir du spectacle imposant offert par le cortège d'évêques et de cardinaux, tous revêtus de riches ornements, et la tête ceinte d'une mitre du lin le plus blanc. J'ai compté vingt-sept cardinaux et dix-huit évêques. Pie IX suivait, porté sur la *sedia gestatoria,* avec les mêmes emblèmes et le même cérémonial que la veille.

Le siège gestatoire était en usage dans l'ancienne Rome, et servait aux pontifes et à l'empereur. Les éventails sont aussi un souvenir de la grandeur impériale. Dans l'antiquité, les hauts personnages faisaient porter devant eux un éventail, et nous voyons dans les constitutions apostoliques que les premiers fidèles s'approprièrent cet usage pour les cérémonies saintes : « Que deux diacres, placés aux deux côtés de l'autel, tiennent un éventail fait avec des membranes minces, ou avec des plumes de paon, ou avec un voile, et qu'ils s'en servent pour chasser doucement les mouches de peur qu'elles ne tombent dans les breuvages. » Cet usage, ainsi généralisé, n'est plus en vigueur; il n'a été conservé que pour le souverain pontife comme un signe d'honneur.

On a comparé ces éventails, destinés à éloigner les insectes de l'autel, aux ailes des anges qui veillent autour du prêtre, et écartent loin de lui les pensées mondaines, ces insectes de la prière.

Mais, mon cher ami, pendant que je disserte avec vous, le souverain pontife est entré dans Saint-Pierre, et déjà il est assis sur

---

[1] In Ep. ad Rom. Hom. XXXII.

le trône qui lui a été préparé dans le chœur, du côté de l'épître. J'ai pris place sur les bancs du chœur, placés derrière les cardinaux, et j'ai pu suivre parfaitement l'office jusque dans ses moindres détails.

Arrivé sur son trône, le pape quitta la tiare pour prendre la mitre. Le tiare est l'emblème de la royauté, et maintenant c'est le pontife seul qui va agir.

Pierre est le pasteur des pasteurs : il lui a été ordonné de paître les agneaux et les brebis, et les mères et les petits, et cependant, parmi tous les insignes de sa dignité, je ne vois point la houlette pastorale. La crosse de l'évêque est absente. La crosse, en effet, est le signe du droit de correction et de châtiment que l'évêque acquiert sur les fidèles qui lui sont confiés. Ce pouvoir lui vient de Dieu, il est vrai, mais lui est transmis par un homme, le souverain pontife, tandis que le pape, qui reçoit ce même droit directement de Dieu, et sans aucun intermédiaire, ne porte point ce signe visible de son autorité de pasteur. Saint Thomas donne une autre raison. Il dit que saint Pierre donna son bâton pour ressusciter un de ses disciples, qui devint plus tard évêque de Trèves, et, en souvenir de ce fait miraculeux, le souverain pontife ne porte la crosse que dans le diocèse de Trèves, quand il s'y trouve.

Ce disciple fut saint Materne, envoyé en Germanie par saint Pierre pour y annoncer Jésus-Christ. Il mourut après quelques jours de marche, et l'un de ses compagnons revint en toute hâte annoncer ce malheur à saint Pierre, et lui demander un successeur. L'apôtre se contenta de remettre son bâton au messager, et le renvoya avec ces paroles :

« Allez, touchez le mort de ce bâton, et dites-lui de ma part : Levez-vous et marchez. »

Pierre fut obéi par le disciple et par le mort, et Materne fonda l'Église de Trèves.

Le pape a revêtu ses habits sacerdotaux, les membres du sacré collège sont venus lui donner le baiser de l'obédience, il descend de son trône et commence la messe au bas des marches de l'autel. Après les encensements il va s'asseoir sur le trône préparé au fond du chœur, sous la chaire même de l'apôtre saint Pierre. Les évêques assistants au trône pontifical, revêtus de la chape et mitrés, viennent s'asseoir sur les degrés du trône; les cardinaux sont assis sur des bancs recouverts de riches tapis, de chaque côté du chœur; du côté de l'Évangile, adossée au mur, la tribune royale est occupée par le roi de Naples, son auguste compagne et leur suite; un peu plus bas, la tribune du corps diplomatique, avec les ambassadeurs de toutes les cours accréditées près du saint-siège; la tribune réservée à l'état-major français, remplie par les officiers de l'armée d'occupation : tout cela offre un ensemble imposant et majestueux. Je ne crois pas qu'on puisse voir ici-bas une réunion plus auguste et plus brillante.

L'épître et l'évangile sont chantés d'abord par un sous-diacre et un diacre de l'Église latine. Le diacre est toujours un cardinal, et le sous-diacre un auditeur de Rote. Ensuite un sous-diacre et un diacre de l'Église grecque, revêtus de leurs riches ornements orientaux, les chantent en grec : ainsi est exprimée l'antique union des deux Églises.

Vous conprendrez aisément, mon cher ami, avec quels accents de foi et d'amour le *Credo* s'échappe de toutes les poitrines et de tous les cœurs. L'Église tout entière est là, vivante dans son chef, et représentée par des évêques de toutes les contrées de la terre. On sent ici que rien n'a pu ébranler la pierre sur laquelle elle est bâtie. Le symbole que Pierre chantait avec les premiers fidèles, dans ces souterrains que nous foulons sous nos pieds, c'est le même que nous disons aujourd'hui. Le sang n'a pu l'effacer, ni l'hérésie le corrompre. *Credo in unam, sanctam, catholicam et apostolicam Ecclesiam.*

La consécration et la cérémonie de l'élévation sont toujours, dans la liturgie sacrée un moment solennel. Mais à la messe papale, il revêt je ne sais quel caractère de majesté et de grandeur qui surpasse tout ce qu'on peut imaginer. Après la consécration, le pape élève la sainte Victime, et se retourne sur lui-même pour la présenter à toutes les parties du monde. Tous les fronts inclinés, le silence le plus grand, le saint vieillard debout, les pieds appuyés sur le corps de saint Pierre, ses mains élevées portant le corps de Jésus-Christ, et le présentant à tous ceux qu'il est venu racheter, semblant ainsi leur faire à tous, fidèles ou infidèles, une sublime et touchante invitation de ne point rendre ce sacrifice inutile : tout cela produit une émotion qu'on est heureux d'avoir éprouvée, et que la plume se refuse à traduire. Diderot raconte qu'un de ses amis, peintre protestant, avouait n'avoir jamais vu le pape officier sans devenir catholique.

Après avoir donné le baiser de paix aux diacres, le saint-père retourne à son trône. Alors le sous-diacre et le diacre apportent processionnellement le précieux sang et le corps adorable de Jésus-Christ au pape, qui, assis sur son trône, légèrement incliné, prend les saintes espèces et se communie. Il prend le précieux sang avec un chalumeau d'or. Le diacre et le sous-diacre communient avec le saint-père, qui les fait participer au même calice et à la même table. Ainsi avait fait Jésus-Christ quand il institua l'Eucharistie.

Le diacre et le sous-diacre de l'Église grecque ne communient point, et il faut voir, dans cette exception, le respect de l'Église romaine pour les traditions anciennes et les rites particuliers des Églises. Chez les Grecs, en effet, c'est le pain fermenté qui est employé pour la célébration des saints mystères, et le pape, malgré la solennité de la circonstance, ne croit pas devoir dispenser les ministres de l'Église grecque de l'observation de leur liturgie.

A la fin de la messe, le souverain pontife donna sa bénédiction du haut de son trône, puis il remonta sur la *sedia gestatoria*.

Vers le milieu de la basilique, le saint-père s'arrêta, et le cardinal-vicaire vint lire une protestation contre ceux qui refusent de payer les redevances annuelles à saint Pierre, et contre les usurpateurs du domaine pontifical. Le pape confirma la sentence, et, quand il exprima l'espérance d'un amendement de la part des coupables, sa physionomie prit une expression d'une paternelle et douce tendresse qu'il me semble encore voir.

La cérémonie religieuse achevée, il ne me restait plus qu'à voir la physionomie de Rome un jour de fête. La place de Saint-Pierre était inondée par les flots d'une foule compacte et joyeuse. Je me hâtai de rentrer chez moi, afin de voir défiler les carrosses dorés des cardinaux, des prélats, des ambassadeurs et de tous les grands personnages qui assistaient à l'office.

Le soir, à six heures, je retournai aux vêpres à Saint-Pierre pour y entendre une brillante musique. Le pape n'y assistait pas. Je descendis dans la basilique souterraine, qui, depuis hier midi, est illuminée et ouverte à tous les pèlerins; les hommes seuls y sont admis. Avant de quitter la basilique Vaticane, j'allai baiser le pied de la statue de bronze de saint Pierre, qui est revêtue des ornements pontificaux et couronnée de la tiare.

A neuf heures du soir, un magnifique feu d'artifice, tiré sur le Monte-Pincio, servit de couronnement à la fête. Je ne vous dirai rien de cette *girandola* : tout le monde sait que les feux d'artifice de Rome sont remarquables, entre tous, par leur éclat et leur richesse.

C'est ainsi, mon cher ami, que se termina cette belle journée, dont j'aurais voulu vous dire les grandeurs avec plus d'éloquence, et qui laissera dans ma vie d'impérissables souvenirs.

IX

L'APÔTRE SAINT PAUL

Santa-Maria *in Via Lata.* — Colonne Antonine. — Les trois fontaines. — Basilique de Saint-Paul.

Mon cher ami,

Aujourd'hui, fête de la Commémoration de saint Paul, je suis allé la célébrer sur son tombeau. Il y avait chapelle papale. Le saint-père a assisté à l'office, a donné sa bénédiction, et après la messe il a visité les travaux de la basilique. J'ai voulu, mon cher ami, que ma journée tout entière fût consacrée à l'Apôtre, et j'ai parcouru tous les lieux qu'il a sanctifiés par sa vie et par sa mort. Je vais essayer de vous rendre compte de mes impressions, et vous faire suivre la trace de ses pas.

Saint Paul vint à Rome vers le 6 juillet de l'année 57[1]. Accusé par les Juifs, il fut cité à Césarée devant le tribunal de Festus : Paul en appela à César pour éviter la mort que lui préparait la haine des Juifs. Son innocence fut reconnue à Césarée; mais, comme il en avait appelé à César, on le fit conduire à Rome. Les Actes des apôtres nous tracent son itinéraire : son voyage ressemble à une course triomphale, et à Pouzzoles tous les chrétiens viennent le féliciter et l'entendre.

« Nous nous dirigeâmes vers Rome, dit saint Luc; les frères de cette ville, l'ayant appris, vinrent à notre rencontre jusqu'au forum d'Appius et aux Trois-Tavernes. Paul, les ayant vus, rendit grâces à Dieu, et en prit confiance[2]. »

Situé dans les marais Pontins, le forum d'Appius était éloigné

---

[1] Cornelius a Lapide, *in Act. ap.* xvii.
[2] Act. xxviii, 14, 15.

de Rome d'environ cinquante milles; les Trois-Tavernes, bâties à l'endroit où s'élève aujourd'hui le gros village de Cisterna, à l'entrée des marais Pontins, étaient plus rapprochées; ce qui fait supposer que les chrétiens se divisèrent en deux groupes pour venir à la rencontre de l'Apôtre. On peut donc facilement se rendre compte du chemin qu'il suivit; il dut parcourir la voie Appienne, et entrer dans Rome par la porte Capène, située dans le voisinage de la porte actuelle de Saint-Sébastien.

Les honneurs que lui décernèrent les chrétiens, la grandeur d'âme, l'énergie et la sagesse dont il donna des preuves pendant la traversée, lui valurent des égards de la part de ses geôliers. On lui donna pour prison une petite maison située au pied du Capitole, à l'endroit où s'élève maintenant l'église Santa-Maria *in Via Lata*; elle fait le coin de la Via Lata, du côté du Corso. Dans les substructions de cette église, on voit encore la chambre qu'il habita. Au-dessus de l'escalier qui y conduit, on lit ces paroles des Actes :

Quum autem venissemus Romam, permissum est Paulo manere sibimet cum custodiente se milite[1].

« Quand nous fûmes arrivés à Rome, on permit à Paul de demeurer seul avec le soldat qui le gardait. »

Saint Paul resta deux ans dans cette chambre, enchaîné et gardé par un soldat. Que fait l'Apôtre dans ses fers? « Il prêche le royaume de Dieu, il enseigne tout ce qui concerne Jésus-Christ, et il le fait avec confiance et en toute liberté[2]. » Ses pieds et ses mains sont liés, comme il l'écrivait à Timothée; « mais la parole de Dieu ne l'est pas[3]. »

Il fut cité devant plusieurs tribunaux[4]. Baronius pense que Néron avait remis sa cause entre les mains des pontifes, qui ne le condamnèrent pas, par haine pour les Juifs, ses accusateurs, ce qui explique la demi-liberté dont il jouissait. Il reçut dans sa prison d'illustres visiteurs, et saint Pierre dut y venir souvent. Si ces murs pouvaient nous redire quelque chose de leurs entretiens!... L'évêque de Philippes, Épaphrodite, vint le consoler. Onésiphore, n'ayant pas honte de ses chaînes, vint le fortifier par sa présence[5].

---

[1] Act. xxviii, 16.
[2] Ibid. xxviii, 31.
[3] Laboro usque ad vincula quasi male operans, sed verbum Dei non est alligatum. (II Tim. ii, 9.)
[4] Ita ut vincula mea manifesta fierent in Christo, in omni prætorio et in cæteris omnibus. (Philip. i, 13.)
[5] Quia sæpe me refrigeravit et catenam meam non erubuit. (II Tim. i, 16.)

Les familiers de César y venaient aussi : c'est de sa prison qu'il écrivait ces paroles aux Philippiens :

Salutant vos omnes sancti, maxime autem qui de Cæsaris domo sunt [1].

« Tous les saints, surtout ceux de la maison de César, vous saluent. »

Je ne doute pas que Sénèque et Burrhus, les deux précepteurs de Néron, ne soient venus l'entendre [2].

Qui pourrait bien dire les gloires de cette humble demeure, plus illustre qu'un palais? Elle a vu Paul, elle a été remplie du son de sa parole. C'est là qu'il écrivit ses admirables lettres adressées aux Philippiens, aux Éphésiens, aux Colossiens, à Timothée, et celle si touchante à Philémon, dans laquelle il supplie avec la tendresse d'un cœur maternel, et implore la grâce de l'esclave Onésime, qui avait fui le toit de son maître.

Saint Luc, son disciple, écrit sous ses yeux les Actes des apôtres, et reproduit sur la toile les traits bien-aimés de la mère de Jésus.

L'apostolat de « cet ignorant dans l'art de bien dire » est couronné de succès : Martial, son geôlier, qui l'attache chaque jour à la colonne que vous voyez, est converti et baptisé par son prisonnier. Cette petite source claire et limpide jaillit miraculeusement, à la parole de saint Paul, afin qu'il pût baptiser « tous ceux qu'il enfantait à Jésus-Christ ».

Je ne crois pas qu'il y ait un lieu au monde où l'on puisse lire avec plus de fruit et de bonheur les Épîtres de saint Paul.

Au-dessus de cette chambre, la piété et l'amour ont élevé une riche église, consacrée à Marie, et toute resplendissante de marbres, de jaspes, de bronzes et de dorures. Le maître-autel est décoré de statues et de belles colonnes.

Après deux ans de captivité, Paul fut mis en liberté. Baronius, s'appuyant sur le récit de Tacite, dit que Néron, encore tout sanglant du meurtre de sa mère Agrippine, voulut se donner des airs de clémence, et fit mettre en liberté tous les prisonniers; Paul se trouva du nombre.

Dans le voisinage de Santa-Maria *in Via Lata*, en suivant le

---

[1] Philip. IV, 22.

[2] « Quand nous fûmes arrivés à Rome, dit saint Luc, le centurion livra le prisonnier au préfet du camp (texte grec). » Le préfet du camp ou prétoire était alors Burrhus, ami de Sénèque. M. de Rossi ne doute pas que Sénèque n'ait contribué à l'acquittement de l'Apôtre. — Voir le *Bulletin d'archéologie chrétienne*, année 1866.

Corso dans la direction de la place du Peuple, à votre droite, vous arrivez sur la place Colonna, où s'élève la colonne Antonine. Haute de cent quarante-huit pieds, elle est en beau marbre blanc, et décorée de bas-reliefs dont l'un rappelle le miracle de la légion Fulminante. Élevée à Marc-Aurèle par le peuple et le sénat romain, après la victoire remportée sur les Marcomans, les Quades et autres peuples de la Germanie, elle portait à son sommet la statue de l'empereur. Sixte V la remplaça par celle de saint Paul, et il fit graver l'inscription suivante :

TRIVMPHALIS
ET SACRA NVNC SVM
CHRISTI VERE PIVM
DISCIPVLVM FERENS
QVI PER CRVCIS
PRÆDICATIONEM
DE ROMANIS
BARBARISQVE
TRIVMPHAVIT

C'est maintenant que je suis triomphale et sacrée, portant le disciple vraiment pieux du Christ, qui, par la prédication de la croix, triompha des Romains et des barbares.

Ainsi les deux apôtres Pierre et Paul ont chacun leur colonne triomphale, leur trophée de victoire. Mais j'aime ce rapprochement de la colonne triomphale et de la prison de Paul. C'est la réalisation des paroles mêmes de l'Apôtre :

Infirma mundi elegit Deus, ut confundat fortia..., et ea quæ non sunt, ut ea quæ sunt destrueret[1]. « Dieu a choisi la faiblesse pour confondre la force, et ce qui n'est pas pour renverser ce qui est. »

Qui eût pu prévoir que ce pauvre prisonnier allait détrôner César, et sa faible parole détruire le colosse romain !

Saint Paul, en sortant des fers, quitta Rome. Il se rendit en Espagne, et pendant huit années il parcourut la Syrie, l'Asie, la Macédoine, la Grèce et les Gaules[2], en prêchant Jésus-Christ.

Après toutes ces courses apostoliques, Paul revint à Rome vers les dernières années du règne de Néron. Il convertit une courtisane de cet empereur, et priait avec saint Pierre sur le Forum, lorsque Simon le Magicien voulut s'élever dans les airs. Il fut arrêté avec

---

[1] I Cor. I, 27, 28.
[2] Cornelius a Lapide, *in Act. ap.* XVII.

saint Pierre, enchaîné et jeté avec lui dans la prison Mamertine, où il resta neuf mois.

Nous pouvons suivre ses pas, lorsque, sortant de sa prison, on le conduisit au lieu de son supplice. Il sortit par la porte d'Ostie. Longtemps on la nomma aussi *Trigemina*, en souvenir du combat des Horaces et des Curiaces, qui se donna en ce lieu; mais Paul, la franchissant pour aller à la mort, lui a donné son nom en lui léguant d'autres souvenirs, qu'elle gardera aussi longtemps que Rome sera au pape.

A peine avez-vous franchi la porte Saint-Paul, que vous apercevez le tombeau de Caius Cestius, grande pyramide en marbre, de style égyptien. « La foule, qui va prier à quelques pas, sur les reliques du prêtre de la pénitence et de la charité, regarde en passant le tombeau désert du prêtre des plaisirs : ces deux sépulcres, en face l'un de l'autre, sont très bien placés pour figurer ces deux lois opposées de l'esprit et de la chair, dont saint Paul a tant parlé[1]. »

Je continue ma route jusqu'aux Eaux-Salviennes[2], où saint Paul fut décapité. Nous entrerons au retour dans sa basilique, devant laquelle nous passons. Pendant le trajet, saint Paul convertit trois de ses gardes. Il fut attaché à une colonne, et un licteur lui trancha la tête.

Deux miracles accompagnèrent son martyre :

Quand le bourreau frappa sa tête, dit saint Ambroise, ce n'est pas du sang, mais du lait qui coula de ses veines. Pourrait-on s'étonner que le lait sortît en si grande abondance des veines du nourricier de l'Église? N'était-ce pas une image de la substance de sa doctrine! N'écrivait-il pas aux fidèles : « Je vous ai abreuvés de mon lait : *Lac potum dedi vobis*. »

Le second miracle, c'est que sa tête, en tombant, fit trois bonds, et des trois points du sol qu'elle toucha il jaillit trois fontaines. Elles coulent encore, et sont renfermées dans la même église : je les ai vues, et j'ai voulu puiser à chacune d'elles : elles n'ont pas le même degré de température. J'ai baisé la colonne où l'Apôtre fut décapité. Vous vous imaginez facilement mon émotion : il vous sera plus facile de la comprendre qu'à moi de vous l'exprimer. C'est ici que cessa de battre ce cœur qui a tant aimé Jésus-Christ. Ici se sont arrêtés,

---

[1] *Esquisse de Rome chrétienne*.

[2] La *malaria* règne dans cette région de Rome. Pic IX vient d'y appeler des trappistes français; il les a mis en possession de ces vastes terrains avec la mission de les assainir et de les cultiver (1868). Les bons pères ont réussi dans leur entreprise; ils ont planté une forêt d'Eucalyptus et ils peuvent séjourner dans ce lieu sans avoir à redouter les fièvres qui les décimèrent dans les premiers temps (1884).

pour ne plus se mouvoir, ces pieds qui ont parcouru le monde entier pour conquérir les âmes à Jésus-Christ. Ici saint Paul rendit sa belle âme, et, si nous en croyons certains auteurs, saint Étienne vint pour la recevoir, et la présenter au Tout-Puissant comme le prix de son sang et de sa victoire. Glorieux apôtre, dont le cœur était le cœur même de Jésus-Christ, donnez-nous quelque chose de votre amour et de votre zèle !

Deux autres églises sont à côté de celle de Saint-Paul-aux-Trois-Fontaines, l'une dédiée à santa Maria *scala cœli*, et l'autre aux saints Vincent et Anastase. Saint Bernard est venu dans ces lieux; il a foulé les dalles de ces églises; il s'y est prosterné, et Dieu lui envoya des visions. Dans la première, il vit une longue échelle allant de la terre au ciel, et une âme glorieuse qui la gravissait : c'est de là que lui est venu le nom de *Scala cœli*.

Sous le pavé de cette église reposent les corps de dix mille deux cent trois martyrs. Ils furent tous tués en un seul jour, ayant à leur tête le tribun Zénon. C'est la récompense que leur donnèrent Maximien et Dioclétien, après qu'ils eurent construit leurs thermes. Les fidèles les ont ensevelis dans ce lieu, et sur la porte de la catacombe on lit cette inscription :

HIC REQVIESCVNT CORPORA
S. MARTYRIS ZENONIS TRIBVNI
ET SOCIORVM MILITVM
DECEM MILITVM
DVCENTORVM TRIVM

Je quittai ces lieux pour revenir sur mes pas, et visiter la basilique de Saint-Paul. Ce fut Constantin qui éleva la première église en ce lieu même, sur le corps de l'Apôtre. Détruite par les Vandales, pillée par les Sarrasins, renversée par un tremblement de terre, incendiée trois fois, toujours elle s'est relevée de ses ruines plus riche et plus belle. Ne dirait-on pas que l'esprit du mal, Satan, poursuit saint Paul jusque dans sa tombe, comme il le souffleta et le poursuivit pendant sa vie? Mais Dieu protège la cendre de son apôtre, et ne permet pas que son sépulcre reste sans gloire. C'est le 15 juillet 1823 qu'eut lieu le dernier incendie. On cacha ce triste événement à Pie VII mourant.

Léon XII, à peine sur la chaire de saint Pierre, fit un appel à toute la chrétienté par sa bulle *Ad plurimas atque gravissimas*, « afin que la nouvelle basilique fût digne, par sa grandeur et sa richesse, du nom et des cendres du Docteur des nations. »

Déjà elle s'est relevée de ses ruines, plus splendide et plus majestueuse, et Pie IX la consacra, le 9 décembre 1854, en présence de tous les évêques qui étaient venus à Rome pour la proclamation du dogme de l'Immaculée Conception. Elle a cinq nefs, soutenues par quatre-vingts colonnes de granit du Simplon, le pavé, de marbre, est resplendissant comme un miroir. Je renonce, d'ailleurs, à vous donner même une idée de la richesse et de la magnificence de cet édifice.

Basilique de Saint-Paul.

Au-dessus du chœur, la belle mosaïque représentant la glorification de saint Paul appartenait à l'ancienne basilique. La chapelle du Saint-Sacrement, et celle qui possède le crucifix qui parla si souvent à sainte Brigitte, furent également épargnées par l'incendie.

Les frises sont ornées de la magnifique galerie des portraits de tous les papes qui ont gouverné l'Église. Ce sont des mosaïques d'un admirable effet. Cette galerie, commencée dès le v° siècle, fut en partie détruite par l'incendie de 1823. A Rome on tient aux traditions : quand les édifices croulent ou se détériorent, on les reconstruit ou on les répare, en tenant compte des dispositions anciennes, des souvenirs et des pensées qui ont dicté et accompagné leur construction première. Dans cette série non interrompue de pontifes, apparaît dans tout son éclat la perpétuité de l'Église. La galerie fut donc refaite, et déjà elle est bien avancée[1]. Dans la basilique Vaticane, j'aime à voir réunis autour de saint Pierre les corps de ses successeurs; il semblerait que la galerie de leurs portraits serait plus naturellement et mieux placée à Saint-Pierre qu'à Saint-Paul. Je ne sais si je me trompe; mais j'aime mieux la voir ici. Je la regarde comme un hommage de la papauté à l'apôtre qui fut l'épée et la parole du premier pape.

Et maintenant parlons de la Confession. Que dire de ces colonnes de porphyre, d'albâtre, de malachite? Quelles richesses! Tout cela disparaît, toutes ces richesses ne sont rien cependant en présence de cette simple urne de marbre sur laquelle je lis :

PAVLLVS APOSTOLVS ET MARTYR

Quelle noble inscription! Que dire de plus?

Paul, apôtre et martyr. Quel sublime résumé d'une vie d'amour et d'immolation.

« Qui me donnera, s'écriait saint Jean Chrysostome, de me prosterner sur le corps de saint Paul, de m'attacher à son sépulcre, de voir la poussière de ces membres qui portaient les stigmates de Jésus-Christ, et accomplissaient en eux ce qui manquait à sa passion? Quand verrai-je la poussière de cette bouche par laquelle Jésus-Christ a parlé. »

Je me suis donc prosterné devant ce corps qui a tant glorifié Jésus-Christ. J'ai prié sur cette tombe glorieuse, et je défie la foi la plus tiède de ne pas se sentir éveillée et fortifiée. Qui pourrait s'y agenouiller sans se relever meilleur?

Ce tombeau est glorieux. Tout a ici un sens : saint Paul est l'apôtre des nations, et il semble que toutes aient voulu lui payer un tribut d'amour et de reconnaissance. Il a parcouru l'Afrique, l'Asie, l'Europe; et voici que l'Arabie, l'Égypte, la Grèce, la Turquie, la Russie, l'Angleterre, l'Espagne et la France sont venues déposer sur sa tombe ou le témoignage de leur amour ou la preuve de leur admiration!

Hélas! les nations sont bien malades! Celles qui n'ont point étouffé leur foi la conservent chancelante et timide. Si votre parole, ô Paul, n'est point enchaînée chez toutes les nations, combien, parmi celles

---

[1] Pie IX occupe déjà sa place (1870). Il n'y a après son portrait que quelques médaillons à remplir.

dont les présents prient sur votre tombe, l'ont défigurée ! Puisse ce concert unanime des catholiques, des hérétiques et des infidèles pour relever et orner le tombeau de l'apôtre de la vérité, être le présage du triomphe de la vérité pour tous et en tous ! Apôtre des nations, priez pour les nations qui s'en vont à l'abîme[1] !

[1] Il faut visiter le beau cloître du couvent des bénédictins qui ont la garde du tombeau de saint Paul. Il date du XIIe ou du XIIIe siècle, il est très remarquable par la légèreté et l'élégance de son architecture.

X

L'APÔTRE SAINT PIERRE

Église Sainte-Pudentienne. — Sainte-Praxède. — *Domine, quo vadis.* — Saint-Pierre *in Vincoli.* — Chapelle de la Séparation. — Saint-Pierre *in Montorio.* — Colonne Trajane.

Mon cher ami,

A Rome, chaque jour de l'octave de la fête des saints apôtres Pierre et Paul, il est d'usage de célébrer avec pompe la messe dans des sanctuaires sanctifiés par le passage ou le souvenir des saints apôtres. Afin de m'identifier à la dévotion du peuple romain pour son glorieux patron, j'ai voulu consacrer une journée à la mémoire de saint Pierre, et j'ai visité tous les lieux qui rappellent son souvenir.

En vous rendant compte de mon pèlerinage, il m'a semblé, mon cher ami, qu'il serait plus intéressant et plus naturel de suivre l'ordre chronologique de la vie de saint Pierre à Rome. Vous savez qu'il vint dans cette ville vers l'an 42 de Jésus-Christ. Un Père de l'Église nous le représente arrivant avec le bâton de pèlerin, fatigué d'un longue route, pauvrement vêtu, et s'entretenant avec un païen qu'il rencontre à la porte de Rome. Il s'établit entre eux un dialogue qui fait ressortir admirablement la folie de Pierre, si l'œuvre qu'il entreprend est humaine.

« En venant à Rome, saint Pierre montrait une foi plus grande et plus courageuse que lorsqu'il marchait sur la mer, parce qu'il entrait dans une ville qui n'était alors qu'une forêt de bêtes farouches et indomptables[1]. »

---

[1] Paroles de Pie IX en réponse à l'adresse que lui présentèrent trois cents catholiques de toutes les nations, au commencement de janvier 1864. (*Le Monde* du 26 janvier 1864.)

Il est vrai que je ne suis pas inquiet de l'apôtre : l'Esprit-Saint le conduit et le guide, mais j'aurais aimé suivre la trace de ses pas. Toutefois, selon la tradition, saint Pierre, en arrivant à Rome, se rendit dans le quartier des Juifs, au delà du Tibre[1]. Juif lui-même, il pouvait espérer avoir auprès d'eux un plus facile accès, et nous savons d'ailleurs que les apôtres et ceux qu'ils envoyaient annoncer l'Évangile s'adressaient de préférence aux Juifs quand ils entraient dans une ville. Après avoir habité pendant quelque temps sur une des collines du Janicule, il fut reçu au mont Aventin, dans la maison des Juifs Aquila et Priscille; à l'endroit même où s'élève aujourd'hui l'église dédiée à sainte Prisque, jeune vierge qu'il convertit et baptisa. Cette famille était liée avec celle du sénateur Pudens, et l'on peut s'expliquer ainsi les rapports si intimes et si importants qui eurent lieu entre l'apôtre et le sénateur romain. Cette intimité fut telle, que saint Pierre fut reçu et logé chez Pudens, et sa famille eut le bonheur de donner naissance à l'Église de Jésus-Christ. C'est chez elle, en effet, que l'apôtre baptisa les premiers chrétiens, ordonna les prêtres et les évêques. Nous pouvons dire que ce sont nos ancêtres dans la foi. L'histoire a légué à la postérité les noms des Césars et des Scipions, et de tant d'autres qui se sont illustrés dans la politique et dans la guerre, ou qui ont laissé à l'humanité quelque heureuse et utile découverte. Mais qui songe à citer Pudens et sa famille parmi les grands hommes et les bienfaiteurs de l'humanité? Qui a mentionné sa maison comme le centre et le commencement d'un monde nouveau? C'est pourtant dans cette famille que le monde s'est transformé. Là fut appliquée pour la première fois la doctrine du Sauveur : le pauvre s'asseyait à côté du riche; le riche lavait les pieds de l'esclave, et brisait ses chaînes; la raison s'humiliait devant la foi, et ceux qui s'appelaient les maîtres du monde se faisaient les serviteurs des pauvres; les grands et les puissants y apportaient leurs richesses aux pieds de l'apôtre, et la pénitence et le jeûne étaient plus recherchés que les plaisirs. Dans cette maison se formèrent des héros : elle fut une pépinière de martyrs et d'apôtres.

La maison de Pudens était située au pied de l'Esquilin, dans la « rue Patricienne ». La famille se composait du sénateur et de sa femme Priscille, de leur fils et de leur belle-fille Pudens et Sabi-

---

[1] Le Transtévère était habité par une colonie juive assez importante, comme le prouve le cimetière juif récemment découvert sur le Janicule, avec des inscriptions et des monuments remontant à la plus haute antiquité.

nella, et des enfants de ceux-ci, Timothée et Novatus, Pudentienne et Praxède.

L'église Sainte-Pudentienne est construite sur l'emplacement même de la maison du sénateur. Dans la nef latérale, étroite et pavée en mosaïque d'une très petite dimension, nous foulons le même sol que l'apôtre[1].

A gauche, près d'un pilier, on voit un puits dans lequel Pudentienne et sa sœur Praxède déposaient les corps des martyrs. L'autel est une simple planche de chêne enchâssée dans le marbre; il a servi à saint Pierre[2]. Sous le maître-autel repose le corps de la glorieuse vierge Pudentienne.

La mosaïque du viiie siècle qui décore l'abside est une des plus belles et des plus anciennes de Rome.

L'église de sainte Praxède, l'heureuse sœur de Pudentienne est assez proche. Praxède n'est-elle pas de la famille de saint Pierre! ne fut-elle pas aussi la servante des martyrs! Comme sa sœur, elle recueillit les ossements, et, au milieu de l'église qui lui est consacrée, nous la voyons représentée, par une belle statue de marbre, agenouillée sur l'orifice d'un puits : ses mains pressent une éponge pleine du sang des martyrs.

Le pape saint Pascal fit bâtir cette église, et y fit transporter les ossements de deux mille trois cents martyrs. Plusieurs de ces témoins de Jésus-Christ sont connus; pour les autres, le Tout-Puissant sait leurs noms, dit l'inscription, *Quorum nomina scit Omnipotens*.

Le maître-autel est surmonté d'un baldaquin soutenu par quatre grandes colonnes de porphyre, données par saint Charles Borromée, cardinal du titre de Sainte-Praxède. On monte au sanctuaire par un magnifique escalier dont les marches sont en marbre rouge antique très rare.

En descendant dans la nef, à droite, est la chapelle de la famille Borromée, dans laquelle on vénère le fauteuil de bois du saint cardinal, et la table sur laquelle il servait les pauvres.

Du côté opposé est la petite chapelle de saint Hannon, martyr.

---

[1] Ce pavé de petite dimension doit remonter à cette époque; nous en avons vu de semblables au palais des Césars et aux thermes de Caracalla.

[2] Sur le côté de droite en regardant l'autel, et à côté de l'autel même, on lit : IN HOC ALTARI — SANCTUS PETRUS — PRO VIVIS ET DEFUNCTIS — AD AUGENDAM — FIDELIUM MULTITUDINEM — CORPUS ET — SANGUINEM DOMINI OFFEREBAT — ET EST ALTARE PRIVILEGIATUM — PRO SUFFRAGIIS — DEFUNCTORUM.

On lit sur l'autre mur, vis-à-vis : IN HAC ÆDE — SANCTÆ PUDENTIANÆ — FUIT — PRIMUM HOSPITIUM — SANCTI PETRI — PRINCIPIS APOSTOLORUM — QUO FIDELES — SACROSANCTUM — EUCHARISTIÆ SACRAMENTUM — CHRISTIANO RITU — SUMPTURI ACCEDEBANT.

Ce qui nous attire et nous retient dans ce petit oratoire, ce n'est pas la célèbre mosaïque qu'on y admire, mais la colonne à laquelle Jésus-Christ fut attaché quand on le flagella. Cette colonne était très vénérée à Jérusalem ; saint Grégoire de Tours, au livre I*er* *de la Gloire des Martyrs,* dit :

« Plusieurs personnes remplies de foi s'approchent de cette colonne avec des tissus en bandelettes, l'en entourent, et les en retirent comme remplies de bénédictions pour le soulagement et la guérison de diverses infirmités. »

En 1213, le cardinal Jean Colonna, légat du saint-siège à Jérusalem sous le pape Honorius III, la transporta à Rome, et la plaça dans l'église Sainte-Praxède. Elle est en marbre gris, haute seulement de trois pieds. Le supplicié, en effet, n'était point appuyé à une colonne qui l'eût protégé contre les coups des soldats. Il avait les mains liées derrière le dos par une corde dont l'extrémité était attachée à un anneau de fer, placé au sommet d'une petite colonne, comme on peut le voir dans une des fresques de la grande nef.

Revenons à saint Pierre : suivons-le, par la pensée, dans cette immense Babylone, comme il l'appelle dans la lettre qu'il écrivit aux fidèles. Sans doute il n'y a pas une route, pas une seule voie romaine qu'il n'ait parcourue. Pendant les vingt-cinq ans qu'il siégea à Rome, quelles merveilles ne dut-il pas enfanter ! Que de chrétiens il baptisa et instruisit dans les catacombes ! Le succès de la prédication de l'apôtre exigeait qu'il eût un lieu solitaire pour assembler les fidèles, sans éveiller l'attention des païens. D'anciens documents signalent un cimetière situé à la campagne, à quelques pas de la basilique de Sainte-Agnès-hors-les-Murs. Il est désigné sous le nom de « cimetière Ostrien », et regardé par les archéologues comme le plus ancien de la ville.

Nous ne pouvons suivre l'apôtre dans tous ses travaux. A Sainte-Françoise-Romaine, au Forum, nous avons trouvé un souvenir de sa vie apostolique, et une preuve de sa sollicitude pour conserver intact le dépôt de la foi.

La défaite de Simon le Magicien excita la fureur de Néron contre saint Pierre et saint Paul. Ils avaient gagné des âmes à Jésus-Christ jusque dans son palais et parmi ses confidents ; il résolut de s'en venger, et la persécution devint plus générale et plus terrible. Cédant aux prières des fidèles, saint Pierre prit le chemin de l'exil. Il était à quelques milles de Rome, sur la voie Appienne, lorsque soudain le Seigneur lui apparut chargé de sa croix. « Seigneur, lui dit Pierre, où allez-vous ? — Je vais à Rome, répond Jésus-Christ pour y être crucifié de nouveau. » Pierre comprit le sens de cette parole, et il retourna à Rome.

A l'endroit de cette apparition s'élève la petite église du *Domine quo vadis*. Le Sauveur laissa l'empreinte de ses pieds sur une dalle de la voie, que l'on conserve dans la basilique Saint-Sébastien.

« Cette petite église, dit Mgr Gerbet, est une station particulièrement aimée de ces âmes qui, après avoir été déjà éprouvées par la souffrance, pressentent que des tribulations encore plus dures les attendent là où la voix de Dieu, le devoir les rappelle. La Rome païenne, qui préparait le martyre à saint Pierre, est une figure du monde. Ces âmes voudraient fuir loin de lui dans une retraite paisible; mais qu'elles prennent courage. Si elles sont forcées d'y retourner avec la croix, c'est le Sauveur qui la portera devant elles. Seigneur, où allez-vous? Question de tous les temps, que la foi et l'amour adressent à Dieu lorsqu'il nous dit de le suivre à travers les mystérieuses ténèbres de la douleur. Une méditation sur ces paroles, faite dans la chapelle qui en garde la mémoire toute vive, a rendu de la force à bien des âmes qui en avaient besoin, et je ne comprends pas la triste théologie de quelques écrivains qui, en attaquant la réalité historique de ce récit, sont allés jusqu'à en méconnaître la beauté morale. »

Saint Pierre et saint Paul furent arrêtés et jetés dans la prison Mamertime.

Je vous ai parlé de ce noir cachot du Capitole, où l'apôtre demeura neuf mois, et où il écrivit sa seconde lettre aux fidèles. Je viens de relire ce touchant testament d'un père à ses enfants : au calme, à la sagesse et à la tendresse qui la caractérisent, on a peine à croire qu'elle ait été écrite dans les profondeurs de cette prison, par des mains chargées de chaînes. Je vous ai montré la colonne où ils furent attachés; mais je ne vous ai rien dit de leurs chaînes, que l'on conserve dans l'église de Saint-Pierre-ès-Liens.

L'impératrice Eudoxie, femme de Valentinien, avait reçu de sa mère une partie des chaînes que saint Pierre avait portées à Jérusalem. Le pape saint Léon, voulant comparer cette chaîne avec celle de la prison Mamertine, les approcha l'une de l'autre, et elles s'unirent tellement qu'il fut impossible de les séparer. On y ajouta depuis quatre anneaux de la chaîne de saint Paul. Pour recevoir ce précieux dépôt, l'impératrice fit construire une église sur le sommet du mont Esquilin.

Plus heureux que saint Jean Chrysostome, dont les paroles me revenaient à l'esprit, j'ai pu les vénérer, les toucher de mes mains, me les attacher autour du cou. « O bienheureuses chaînes ! bienheureuses mains qui en furent ornées !... Être enchaîné pour Jésus-Christ, c'est plus que d'être apôtre, que d'être évangéliste, que d'être ange ! Chaînes bienheureuses, plus belles que tous les diadèmes, que toutes les couronnes des rois, qui me donnera de vous voir ! » Les papes envoyaient de la limaille de ces chaînes aux princes et aux rois qu'ils voulaient honorer.

Après avoir payé mon tribut d'amour à l'apôtre, j'ai visité la basilique. Les amateurs viennent y admirer le chef-d'œuvre de Michel-Ange, le *Moïse*, destiné à orner le mausolée du pape Jules II. La pose naturelle et pleine de dignité du législateur des Juifs est très remarquable ; sa physionomie respire ce mélange d'indignation, de douleur et d'autorité qui durent animer ses traits quand, descendant du mont Sinaï, il vit le peuple juif danser autour du veau d'or.

Nous avons laissé dans leur cachot nos deux prisonniers. On vient de décréter leur mort : Pierre est condamné à la croix comme son Maître ; Paul, en qualité de citoyen romain, sera décapité. Tous les deux sortent de la prison, enchaînés et escortés comme des malfaiteurs ; ils suivent la même voie jusqu'à la porte d'Ostie, où ils se séparent en se donnant le baiser fraternel. Une pauvre petite maison, dont la partie inférieure sert de chapelle, porte une inscription destinée à rappeler ce touchant adieu[1]. Saint Paul fut conduit aux *Eaux Salviennes*, où il fut décapité.

Le cortège qui conduisait saint Pierre traversa le Tibre sur le pont triomphal, et se dirigea par le quartier de la Naumachie, le long des jardins de Néron, vers le cirque de Caligula. « L'emplacement désigné pour le supplice, dit dom Guéranger[2], était entre le

---

[1] In questo luogo si separarano S. Pietro et S. Pavolo andando al martirio, et dice Pavolo a Pietro :
> La pace sia con teco fundamunto
> Della Chiesa e pastore di tutti
> L'agnelli di Cristo.
E Pietro a Pavolo :
> Va in pace, predicatore dei buoni
> E guida de la salute dei justi.

La tradition de cette rencontre est positive et subsiste de temps immémorial. Plusieurs auteurs y voient cependant des difficultés, car les apôtres n'étaient pas dans la même prison, et ne pouvaient suivre le même chemin pour se rendre au lieu de leur supplice. « Toutefois la sentence que l'un et l'autre, dit dom Guéranger[*], allaient subir n'en éprouvant que peu de retard, il se pourrait qu'un reste d'humanité eût porté les chefs de la milice à leur permettre de se voir et de s'entretenir une dernière fois. La divine Providence leur aurait ainsi fourni au moment suprême le moyen d'échanger les adieux du martyre. »

[*] *Sainte Cécile et la société romaine*, p. 95.

[2] *Sainte Cécile et la société romaine*.

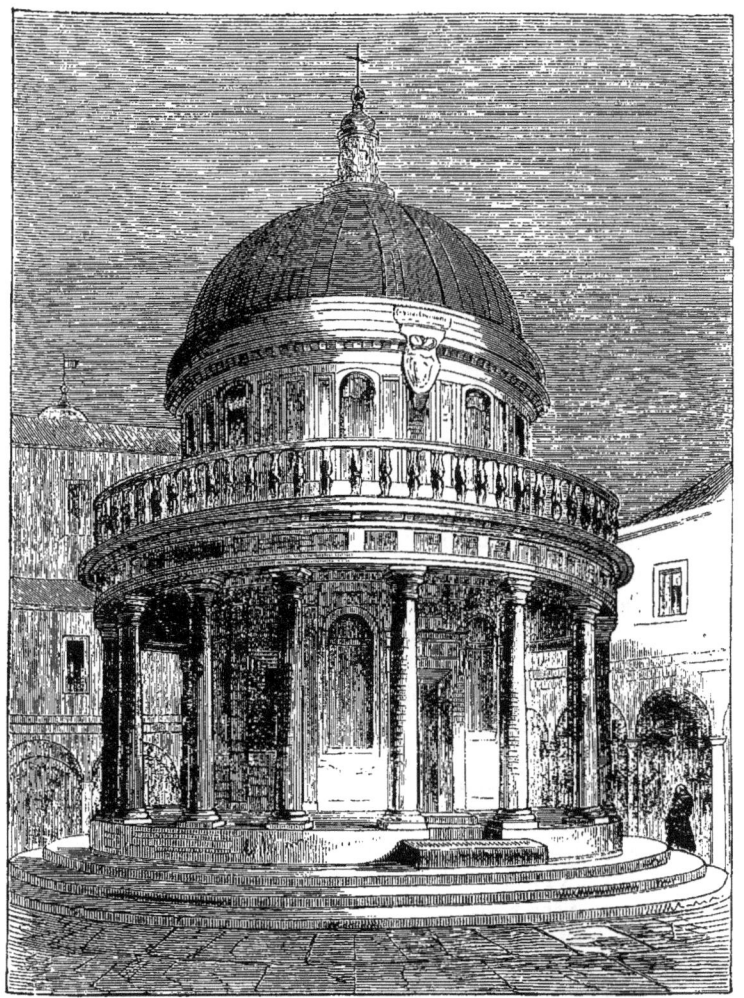

Temple du cloître de San Pietro in Montorio.

cirque et les collines de la chaîne Vaticane, près d'un térébinthe célèbre parmi le peuple. La croix de l'apôtre s'élevait en face de la *spina* ou plate-forme centrale et l'arène, dans l'intervalle compris entre les deux bornes qui étaient placées à chaque extrémité. L'obélisque égyptien qui marquait le milieu de la spina devait ainsi correspondre au gibet destiné à Pierre. La basilique Vaticane couvre aujourd'hui cet emplacement, et par la connaissance qu'on a encore de l'endroit où s'élevait l'obélisque avant sa translation par Sixte V sur la place Saint-Pierre, on en conclut que la croix fut plantée à peu près au lieu où l'on vénère dans la basilique, proche du tombeau, la statue de bronze de l'apôtre. »

Cette opinion est acceptée aujourd'hui par tous les savants; elle est appuyée sur le *Liber pontificalis*, qui dit positivement que saint Pierre « fut enseveli près du lieu où il fut crucifié ».

Une tradition très ancienne, attestée par l'existence d'un monument, veut, au contraire, que saint Pierre ait été crucifié sur le Janicule, à l'endroit où s'élève aujourd'hui la belle église Saint-Pierre *in Montorio* ou mont d'Or.

Dans le cloître du couvent habité par les franciscains, on admire un petit temple de forme ronde, soutenu par seize colonnes de granit, et construit par Bramante : il marque le lieu où, suivant cette tradition, saint Pierre aurait subi son martyre.

Au centre, dans le pavé de marbre précieux, une ouverture sphéroïde désigne l'endroit même où fut fixée la croix.

Quoi qu'il en soit de cette tradition, nous devons visiter ces lieux où l'apôtre saint Pierre aurait habité, en arrivant à Rome, à l'endroit où s'élève aujourd'hui l'église.

Nous visiterons donc cette église pour y prier le prince des apôtres et pour y admirer *la Flagellation de Jésus-Christ*, peinte par Sebastiano del Piombo. Michel-Ange, se sentant vieillir, voyait avec peine sa gloire éclipsée par la réputation naissante du jeune Raphaël; voulant lui jeter un dernier défi, il composa les dessins de la fresque que vous voyez, et Sebastiano, son élève favori, l'exécuta. Raphaël y répondit par *la Transfiguration*, qui décora longtemps le maître-autel.

Je me suis arrêté sur la place de l'église pour jouir d'un ravissant et magnifique panorama. Toute la partie sud-ouest de la ville se déroule devant moi : le mont Aventin, le cours du Tibre, la basilique de Saint-Paul, et au loin l'horizon, borné par les montagnes et la mer.

Derrière l'église, un peu plus haut, nous donnons un regard à la plus grande et à la plus abondante des fontaines de Rome; Paul V la fit construire; l'eau sort entre six colonnes de granit oriental, et tombe en forme de cascades impétueuses dans un vaste bassin de marbre. Ces eaux se répandent dans la ville par des canaux souterrains, font mouvoir des moulins à grains, des machines à papier, et arrosent les jardins du Vatican.

Nous venons de voir, mon cher ami, les lieux témoins des humiliations, des souffrances et de la mort de saint Pierre; maintenant jouissons du triomphe de l'apôtre. Dans le voisinage de la maison de Pudens, nous voyons les débris du Forum de Trajan. Le peuple romain et le sénat avaient élevé à ce prince une colonne de marbre de Carrare, richement sculptée, et destinée à dire aux générations futures son triomphe sur les Daces. Cette colonne a cent trente-deux pieds de haut; elle fait l'admiration du monde entier, et Napoléon III vient d'en faire relever les bas-reliefs pour les musées du Louvre. A son sommet on voyait la statue de l'empereur, renversée depuis par les barbares. Sixte V, pensant que cette colonne, élevée en l'honneur d'un triomphateur, convenait à l'apôtre saint Pierre, y plaça sa statue, et fit graver au-dessous cette simple inscription :

SIXTUS QUINTUS SANCTO PETRO APOSTOLO DONAVIT

Pouvait-on affirmer d'une manière plus éloquente le triomphe de l'apôtre? Ce sont les dépouilles et les trophées de gloire des vieux empereurs qui disent la grandeur de Pierre. Le lieu est bien choisi : au pied de la colonne Trajane on voit encore les débris de la célèbre basilique Ulpienne, et c'est dans son enceinte que Constantin annonça au sénat qu'il embrassait le christianisme.

Ce jour du triomphe de la croix, si longtemps attendu et préparé par les travaux des apôtres et le sang des martyrs, fut celui de la victoire de Pierre : à lui donc les honneurs du triomphe !

XI

SAINT-JEAN-DE-LATRAN

Son origine. — Sa primauté. — Peintures et sculptures de la grande nef. — Autel papal. — Chapelles du Chapitre et du Saint-Sacrement. — Baptistère de Constantin. — Musée de Latran.

Mon cher ami,

Constantin, voulant donner à saint Sylvestre une demeure digne de son autorité et de son sacerdoce, lui fit hommage de son palais de Latran. Ce vieux palais, devenu célèbre dans les annales de l'Église, avait appartenu à Plautius Lateranus, mis à mort par Néron, qui le soupçonnait d'avoir trempé dans la conspiration formée par Pison pour attenter à ses jours. Ce vaniteux tyran était loin de supposer que ses vengeances immortaliseraient le nom de son ennemi.

Pendant onze siècles ce palais fut la demeure des papes, et ses murs ont entendu l'Église réunie dans plus de vingt conciles, dont cinq furent œcuméniques, affirmer l'immutabilité de sa foi, et défendre sa pureté contre l'hérésie.

Saint Sylvestre fit bâtir dans son palais la première église publique; il la consacra le 19 novembre 423, et la dédia au Sauveur ressuscité : *Salvatori*. Constantin l'orna avec amour, et l'enrichit avec une telle profusion d'or et de pierreries, qu'on l'appelait la *Basilique d'or*. Ce ne fut que sous le pontificat de Lucius II, quelques siècles plus tard, qu'elle fut placée sous l'invocation de saint Jean-Baptiste et de saint Jean l'Évangéliste.

La basilique de Saint-Jean-de-Latran est la cathédrale du pape, et il s'y rend aussitôt après son élection, pour prendre possession de son siège épiscopal. Comme on le lit à son frontispice, elle est *la mère et la maîtresse de toutes les églises de la ville et du monde* :

> Sacrosancta Lateranensis ecclesia,
> Omnium urbis et orbis ecclesiarum
> Mater et caput.

La prééminence de la basilique de Latran sur toutes les églises de la ville se fait remarquer dans les grandes réunions du clergé, où le chapitre de Latran a la primauté d'ancienneté et d'honneur. A la procession du très saint Sacrement, la cérémonie se faisant à Saint-Pierre et sous le portique de la basilique, les chanoines de Saint-Pierre n'occupent cependant que le second rang.

Nous allons visiter aujourd'hui cette antique basilique. Ce n'est plus, il est vrai, celle de Constantin : un terrible incendie la réduisit en cendres en 1308. S'il est permis de la regretter, la nouvelle, achevée en 1360, ne doit pas être moins chère aux cœurs catholiques : héritière de tous les précieux souvenirs de la basilique Constantinienne, elle n'est point indigne de son antique splendeur. Sa façade, noble et gracieuse, une des plus belles de Rome, ses cinq nefs majestueuses et élevées, son beau pavé de marbre et son plafond richement décoré la rendent digne de sa primauté et de sa renommée.

Les peintures et les décorations de la nef principale ont surtout attiré mon attention. Au sommet, de chaque côté, sont peints les prophètes; au-dessous, de magnifiques bas-reliefs de l'Algardi, représentant, d'un côté, l'Église figurée dans Adam et Ève, le sacrifice d'Abraham, Jonas, etc., et de l'autre côté, les figures de l'ancienne loi accomplies et réalisées dans la personne de Jésus-Christ, son baptême, sa mort, sa résurrection, etc.; sous ces bas-reliefs, les statues des douze apôtres : telle est cette décoration, qui à elle seule est tout un résumé de l'Église catholique, et, à ce titre, elle ne saurait être mieux placée que dans l'église mère et maîtresse de toutes les autres.

Depuis la création du monde, les sacrifices, les cérémonies, les victimes, les patriarches, les prophètes, tout dans l'ancienne loi annonce, figure et prépare la venue de Jésus-Christ. L'Église catholique remonte à Adam, et Jésus-Christ est le centre vers lequel convergent toutes les espérances de l'humanité déchue, et d'où partent aussi tous les éléments de régénération et de vie dans la loi nouvelle : *Christus heri, hodie, ipse et in sæcula*[1]. « Jésus-Christ était hier, il est aujourd'hui, et il sera pendant toute l'éternité. » C'est là ce que prêchent éloquemment toutes ces peintures et ces sculptures de Saint-Jean-de-Latran. Les apôtres semblent soutenir l'édifice tout entier, et me rappellent ces paroles de la liturgie : *Isti sunt qui, viventes in carne, plantaverunt Ecclesiam sanguine suo*. « Voici

---

[1] Hebr. XIII, 8.

ceux qui, pendant leur vie, ont fondé par leur sang l'Église de Jésus-Christ! »

Le maître-autel, composé d'une simple planche de sapin, est peut-être le seul au monde sous lequel il n'y ait point de reliques. Il est lui-même une relique précieuse : il servit à saint Pierre pour célébrer les saints mystères, et le pape seul a le privilège d'y dire la messe.

Au-dessus de l'autel, sur quatre colonnes de granit, s'élève un riche tabernacle, surmonté d'un reliquaire gothique, présent du roi de France Charles V, qui le fit orner de riches pierreries et de fleurs de lis. Pie IX vient de le faire restaurer avec une grande magnificence.

La basilique de Saint-Jean-de-Latran est sous la protection de la France. Henri IV lui fit don de la riche abbaye de Clairac, au diocèse d'Agen, avec ses douze églises et son revenu de 4,000 écus. En reconnaissance, le chapitre le nomma premier chanoine, et lui érigea une statue de bronze qu'on voit encore sous le portique septentrional.

Depuis ce temps, tous les rois de France étaient de droit chanoines de Saint-Jean-de-Latran, et, à l'époque de la première république, les Romains l'appelaient en plaisantant la chanoinesse de Latran. Jusqu'en 1830, les chanoines célébraient chaque année une grand'messe au jour anniversaire de la naissance de leur royal bienfaiteur, et l'ambassadeur de France y assistait. Napoléon III vient de renouer ces traditions, en dotant le chapitre de Latran d'une rente de 24,000 francs. Cette année, le chapitre a repris ses anciens usages : l'ambassadeur de France, les généraux et les officiers de l'armée d'occupation ont assisté à la messe solennelle dite pour l'empereur et la France.

On voit encore la stalle du roi de France dans le chœur du chapitre. Elle est à gauche, en face de celle du saint-père. Du dossier de la stalle royale se détache une statuette de la sainte Vierge, « dont le roi de France est le vassal et le premier chevalier. Derrière la stalle du saint-père apparaît Notre-Seigneur dont il est le vicaire. Que n'y aurait-il pas à dire sur cette disposition symbolique ! Là nous semblent écrits et l'histoire, et la mission, et les rapports providentiels de la mère et de la fille aînée [1]. »

A côté de la chapelle du Chapitre, j'ai admiré celle du Saint-Sacrement. C'est l'œuvre de Paul Olivieri. Le tabernacle, entièrement composé de pierres précieuses et de marbres rares, est orné de deux

---

[1] *Les trois Rome.*

anges de bronze doré et de quatre colonnes de vert antique. L'entablement et le fronton sont supportés par quatre colonnes de bronze doré qu'on dit venir du temple de Jupiter Capitolin, et qu'Auguste, après la bataille d'Actium, fit fondre avec les éperons des vaisseaux égyptiens.

Ce qui attire surtout l'attention du pieux pèlerin, c'est la table de bois sur laquelle Jésus-Christ a institué le sacrement de l'Eucharistie : elle est renfermée dans une large armoire, devant laquelle des lampes brûlent nuit et jour.

J'appellerai aussi votre attention sur la chapelle Corsini, avec ses riches tombeaux, sa belle mosaïque représentant saint André Corsini, sa gracieuse architecture et la remarquable Pietà de marbre qui décore la chapelle mortuaire des Corsini.

Saint-Jean-de-Latran est riche en reliques. Son trésor possède une partie du vêtement de pourpre qu'on jeta sur les épaules du Sauveur dans le prétoire, une partie de l'éponge trempée dans le fiel et le vinaigre, une partie de la tunique et des chaînes de saint Jean l'Évangéliste, une épaule de saint Laurent, du sang de saint Charles Borromée et de saint Philippe de Néri, etc. etc. Il ne faut pas quitter la basilique sans visiter son cloître et sans avoir admiré à la sacristie les belles fresques de Zuccari, qui sont un chef-d'œuvre de perspective, et le carton de Raphaël représentant la Vierge étendue sur un pré, dans une attitude délicieuse, ayant près d'elle l'enfant Jésus qui bénit saint Jean.

Le baptistère où, suivant la tradition, le pape saint Sylvestre baptisa Constantin, est à côté de la basilique. Cet empereur étant atteint de la lèpre, ses médecins lui prescrivirent de prendre un bain dans le sang de jeunes enfants. Il se disposait à suivre leur conseil, lorsque les bienheureux apôtres Pierre et Paul lui apparurent pendant la nuit, et lui défendirent d'user de ce remède impie. Après cette vision, Constantin alla trouver le pape saint Sylvestre, demanda le baptême, et la lèpre disparut. Vous visiterez avec émotion le baptistère où l'empire romain se fit chrétien. Il était digne de la munificence impériale. Aujourd'hui qu'il est dépouillé de toutes ses richesses, de ses statues d'or et d'argent, il ne laisse pas d'être encore fort riche par ses marbres, son porphyre, son bronze et ses peintures. Les fonts baptismaux, formés d'une urne antique en basalte ornée de bronze doré, sont au centre d'une salle circulaire pavée de beaux marbres. Huit colonnes de porphyre soutiennent un architrave octogone, surmonté lui-même de huit autres colonnes de marbre blanc qui portent un second architrave, sur lequel sont inscrits des distiques latins[1] résumant toute la doctrine de l'Église sur le baptême. Au-dessus sont huit pilastres enrichis de peintures qui rappellent différents traits de la vie de saint Jean.

Visitons maintenant le musée chrétien de Latran, formé par Pie IX. Il y a dans ce musée une belle collection de sarcophages chrétiens des iv° et v° siècles. J'ai remarqué celui qui a été trouvé sous le pavé de Saint-Paul, près de la tombe de l'Apôtre, et qui appartient probablement à un personnage consulaire. C'est un travail très intéressant et très compliqué comme sculpture, représentant plusieurs faits de l'Ancien et du Nouveau Testament. Le sujet principal nous montre la sainte Trinité, Père, Fils et Saint-Esprit, créant l'homme à son image, et la Vierge, avec l'enfant Jésus, assise sur un trône semblable à celui du Père éternel. Le Saint-Esprit se tient derrière, et reçoit les dons des Mages : sa présence indique la part qu'il a prise à l'Incarnation. La place occupée dans ce sujet par la sainte Vierge semble indiquer l'époque où il fut sculpté. Ne serait-ce point dans les années voisines du concile d'Éphèse, et n'a-t-on point voulu faire ressortir le privilège de la maternité divine, attaqué par Nestorius?

Voici maintenant les inscriptions et quelques fresques tirées des catacombes. Le chevalier de Rossi les a divisées en trois catégories : *Inscriptiones selectæ.* — *Ad dogmata fidei spectantes.* — *Inscriptiones certam temporis notam exhibentes.* Ces inscriptions forment le sujet d'une étude fort intéressante; elles indiquent les usages et les mœurs de la société de cette époque. On voit ce que les idées chrétiennes ont donné à ce peuple de noblesse et de délicatesse dans le sentiment. Il en est une qui m'a paru si suave et si pleine d'amour pour Jésus-Christ, que je n'ai pu résister au plaisir de vous l'envoyer. La voici dans toute sa simplicité :

Adeodatæ dignæ et meritæ Virgini, et quiescit hic in pace, Jubente XPO ejus. Ame chaste dont le corps repose ici en paix, vous avez quitté le monde parce que votre Christ, votre époux l'a

---

[1] Ces distiques sont de l'époque de Sixte III (432-440). En voici quelques-uns des plus remarquables :

    Fons hic est vitæ quæ totum diluit orbem,
      Sumens de Xristi vulnere principium.
    Cœlorum regno sperate, hoc fonte renati;
      Non recipit felix vita semel genitos.
    Gens sacranda polis hic semine nascitur almo
      Quam fœcundatis spiritus edit aquis;
    Mergere peccator sacro purgande fluento
      Quem veterem accipiet proferet unda novum.
    Nulla renascentum est distantia, quos facit unum,
      Unus fons, unus spiritus, una fides.

Saint-Jean-de-Latran.

voulu. Heureuse vierge Adéodate, priez pour nous votre Christ et le nôtre !

Il ne reste plus rien de l'ancien palais de Latran habité par les papes. Sixte V le fit abattre ; dans l'une des salles qu'il a fait reconstruire, Grégoire XVI a fait placer une vaste et merveilleuse mosaïque prise dans les thermes de Caracalla, et représentant des gladiateurs.

On peut se faire une idée de la richesse et de la décoration de l'antique demeure des papes, en examinant la belle mosaïque qui faisait autrefois partie du *Triclinium*, bâti par Léon III, et que Benoît XIV fit placer dans une grande niche adossée au midi de l'édifice qui renferme le saint escalier. Elle est remarquable par les vives couleurs de ses peintures ; mais pour beaucoup elle est une énigme. C'est une page d'histoire ; elle fait allusion à l'institution du saint-empire, et a pour but de montrer la nécessité de l'union de la société spirituelle et de la société temporelle.

Le tableau du milieu représente Jésus-Christ donnant aux apôtres la mission d'aller enseigner le monde. Le Sauveur tient dans la main un livre sur lequel sont gravées ces paroles : *Pax vobis*.

Les apôtres relèvent leurs manteaux comme des hommes qui se disposent à partir. Sur le côté droit de l'abside, Notre-Seigneur, assis, donne les clefs à saint Sylvestre, et l'étendard à l'empereur Constantin ; tous deux sont à genoux.

Le côté gauche représente saint Pierre assis, revêtu d'une tunique blanche et d'un manteau. Saint Pierre a sur ses genoux les clefs. Il donne le pallium au pape Léon III et l'étendard à Charlemagne ; tous deux sont aussi à genoux, l'un à droite, l'autre à gauche. Au bas de ce groupe on lit l'inscription suivante :

BEATE. PETRE. DONA.
VITA. LEON. PP. E. BICTO.
RIA. CAROLO. REGI. DA.

Au-dessus sont gravées ces paroles des anges : *Gloria in excelsis Deo, et in terra pax hominibus bonæ voluntatis*. Paroles pleines de sens, et qui expliquent cette mosaïque : l'union intime de l'Église et de l'État a pour but l'affermissement du règne de Dieu et de la concorde dans la chrétienté.

XII

SOUVENIRS DE LA PASSION DU SAUVEUR

Scala santa. — Santa-Croce in Gerusalemme. — Les Agnus Dei.

Aujourd'hui, mon cher ami, je pourrais dire que je vous mène à Jérusalem : nous allons, en effet, vénérer et toucher les instruments de la passion de Jésus-Christ. Retournons sur la place de Latran, et, en sortant de la basilique, presque en face de vous, à gauche, vous verrez l'édifice où je vous invite à venir avec moi. Autrefois on montrait en ce lieu la maison où naquit Marc-Aurèle; aujourd'hui un souvenir plus touchant et plus cher nous y appelle.

Après la flagellation, Pilate conduisit Jésus-Christ sur la terrasse de son palais, pour le présenter au peuple, espérant l'attendrir par ce spectacle. L'escalier qui conduisait à cette terrasse, et que Jésus-Christ gravit et arrosa de son sang, fut apporté à Rome par sainte Hélène, qui le fit placer sous le portique du palais de Constantin. Sixte V l'a fait transporter dans la chapelle que nous allons visiter. Il se compose de vingt-huit degrés de marbre, qu'on monte à genoux. Le nombre des fidèles qui accomplissaient cet acte de dévotion était si grand, que les marches étaient presque usées lorsque Clément XII les fit recouvrir de fortes planches de chêne, qu'il a fallu depuis renouveler plusieurs fois. De nombreuses indulgences sont attachées à ce pieux exercice [1]. J'ai gravi avec émotion ces degrés sacrés, et j'ai baisé avec amour les endroits marqués du sang de Jésus-Christ. Saint Grégoire VII baisait chacun de ces degrés en les arrosant de ses larmes, et s'écriait : *Adorabimus ubi stete-runt pedes ejus.*

---

[1] Neuf cents jours pour chaque degré.

Cet escalier conduit à une petite chapelle supérieure appelée le *saint des saints*. On lit cette inscription à son entrée :

Non est in toto sanctior orbe locus.

Elle renferme une grande quantité de reliques : Léon XII fit placer sur l'autel quatre caisses de cyprès remplies des ossements des saints. Je renonce, mon cher ami, à vous dépeindre les sentiments qui s'emparent de l'âme en présence de ce souvenir vivifiant de la passion, et au milieu de tous ces martyrs!

On conserve dans cette chapelle une image de Notre-Seigneur Jésus-Christ, qui fut apportée miraculeusement de Constantinople à Rome, lors de la persécution des iconoclastes, sous le pontificat de Grégoire II. Elle représente Jésus-Christ en pied, de grandeur naturelle, et repose sur une tablette de cèdre ou d'olivier. De tout temps cette image a été désignée sous le nom d'*Achéropite* (qui n'a point été faite par la main des hommes). On dit qu'esquissée par saint Luc, elle fut achevée par les anges. On peut la vénérer pendant la semaine sainte, le temps de Pâques, l'octave de l'Assomption et les années du Jubilé. En 1866, Pie IX la fit porter processionnellement à Saint-Jean-de-Latran et à Sainte-Marie-Majeure, où elle resta huit jours exposée à la vénération des fidèles, qui vinrent en foule prier, selon le désir du souverain pontife, pour les besoins pressants de l'Église et pour la Pologne.

Je suis descendu par un des escaliers qui sont à droite et à gauche de la *scala santa*.

Traversons lentement la grande et belle place qui nous conduit à Sainte-Croix. Ces lieux, recueillis et solitaires, sont en harmonie avec les pensées qui nous animent; ils invitent à une douce et pieuse rêverie. Je regarde d'un œil rapide les ruines de l'aqueduc de Claude et la porte Saint-Jean, qui sont à ma droite; tout entier aux impressions de la *scala santa*, je ne songe qu'aux nouveaux témoins de l'amour de mon Dieu que je vais encore vénérer.

Sainte-Croix de Jérusalem est une charmante basilique, élevée par l'impératrice sainte Hélène pour recevoir la vraie croix qu'elle déposa dans un petit oratoire souterrain rempli par ses ordres, de la base jusqu'au sommet, avec de la terre du Calvaire. Sous le riche pavé de marbre sont des pierres également apportées du Calvaire.

Pour vénérer les précieuses reliques de la passion, conservées dans cette église, il faut être accompagné d'un évêque. Elles sont belles et nombreuses : il y a une portion notable de la *vraie croix*, deux *épines de la couronne* de Jésus-Christ, un des *clous* qui le fixèrent à la croix, une *partie de la corde* avec laquelle on l'attacha à la colonne de la flagellation, un *fragment de l'éponge*, trempée dans le fiel et dans le vinaigre qu'on lui présenta pour l'abreuver, le *doigt* que saint Thomas mit dans les plaies du Sauveur, et enfin le *titre* de la vraie croix, qui fut découvert le 1er février 1492, et voici comment.

Le cardinal Mendoza faisait réparer à ses frais les murs de Sainte-Croix, lorsque, dans la voûte du chœur, les ouvriers rencontrèrent un vide dans lequel ils découvrirent une petite caisse de plomb soigneusement fermée. Elle était recouverte de marbre sur laquelle on lisait : *Hic est titulus veræ crucis*. « C'est ici le titre de la vraie croix. » La caisse fut ouverte, et l'on trouva une petite planche sur laquelle étaient gravés et peints en rouge les mots suivants : *Hiesus Judeorum Nazarenus rex*. Mais les deux dernières lettres du mot *Judeorum* manquaient, parce que la planche avait été endommagée par le temps. A la nouvelle de cette découverte, presque toute la ville se rendit à Sainte-Croix. Le pape Innocent VIII y vint, ordonna de laisser le titre dans la caisse, et permit de l'exposer sous verre, sur le maître-autel, au jour de la fête de la basilique.

La basilique Sainte-Croix a été si souvent restaurée qu'elle a perdu tout à fait son cachet d'antiquité. Elle n'offre rien de remarquable, si ce n'est le maître-autel, formé d'une urne antique en basalte dans laquelle reposent les corps de saint Césaire et de saint Anastase. Le baldaquin est soutenu par quatre colonnes d'un marbre qu'on dit très rare. Autour de la tribune, il y a d'assez belles fresques du Pinturicchio.

Je suis convaincu que vous eussiez été heureux de visiter ce lieu sanctifié par tant de souvenirs. Je me rappelais avec émotion les paroles de Louis Veuillot : « Nous sentons que nous n'aimons pas Jésus-Christ; nous ne l'aimons pas, non, nous ne l'aimons pas!... Pourquoi en sommes-nous là, que le seul nom de Jésus-Christ ne fasse pas fondre nos cœurs, que la seule vue de la croix ne nous attire pas comme un invincible aimant !

« Lorsqu'il a monté cet escalier du prétoire, il avait déjà subi l'agonie pour nos péchés : et nous avons pu toucher ces pierres sans mourir de douleur et d'amour !

« Lorsque la couronne d'épines a déchiré son front, elle y a fait moins de cruelles blessures que la frivolité et la perversité de nos pensées, et toutes nos pensées ne sont pas pour lui !

« Lorsque son corps pendit à la croix, le poids fut moins lourd à ses mains clouées que les œuvres de nos mains : et nos mains font encore des œuvres mauvaises !

« Jésus avait compté tous mes pas, et les clous qui percent ses pieds sont les pas que nous faisons dans le mal : et tous mes pas ne sont pas dirigés vers Jésus !

« Pilate, Pilate, de quel droit t'avons-nous méprisé ? Tu l'as livré : ne le livrons-nous pas aussi ? Ne lui avons-nous pas préféré le pervers ? Pierre, Pierre, faible un instant, donne-nous des larmes intarissables ; obtiens-nous ce regard qui te fit pleurer toute la vie et aimer toujours [1] ! »

Pendant le temps pascal, tous les sept ans, le souverain pontife se rend à l'église Sainte-Croix de Jérusalem pour y faire la bénédiction des *Agnus Dei*, cérémonie empreinte d'un touchant symbolisme.

On donne ce nom à des médaillons de cire vierge, ovales et plus ou moins grands, que le pape bénit et oint du saint chrême. Ils portent d'un côté l'empreinte de l'Agneau accroupi et de la croix, entourée de cette légende : *Ecce Agnus Dei qui tollit peccata mundi*; et sur le revers, l'image de la sainte Vierge, d'un fondateur d'ordre, d'un martyr ou d'un saint quelconque, au choix du pape consécrateur.

Il ne faut pas confondre les *Agnus* avec les médaillons appelés vulgairement *Pâte des Martyrs :* ceux-ci sont formés de cire mêlée à la poussière des reliques trouvées dans les catacombes : aucune bénédiction spéciale n'y est attachée.

La dévotion aux *Agnus* est, pour ainsi dire, aussi ancienne que l'Église. Quelques auteurs en font remonter l'institution aux apôtres Pierre et Paul.

Tout est symbole dans l'*Agnus :* la cire, blanche et vierge, est l'emblème de la nature humaine du Christ ; le chrême, de la charité ; le baume, de la bonne odeur que doit répandre le chrétien ; l'Agneau, de l'innocence ; la croix, du salut.

La belle prière que récite le pape en bénissant les *Agnus* nous indique leur efficacité.

« O Dieu, dit-il, auteur de toute sanctification, qui avez agréé l'agneau du sacrifice d'Abel, qui avez voulu, pour figurer notre Rédempteur, qu'un bélier fût immolé à la place d'Isaac, que Moïse vous offrît un sacrifice dans les eaux, nous vous supplions de bénir et de sanctifier ces médailles de cire, sur lesquelles est empreinte

---

[1] *Le Parfum de Rome.*

l'image de l'Agneau immaculé, afin qu'en leur présence s'arrêtent les tourbillons de la tempête, le fracas de la grêle, la violence des orages, la rage des vents, les effets pernicieux de la foudre. A la vue du sang marqué à la porte des maisons, l'ange exterminateur passait sans frapper, de même qu'à la vue de ces images les démons reculent épouvantés. Que ceux qui les portent dévotement ne soient pas saisis par la mort subite, ni écrasés par l'adversité, ni effrayés par les fantômes de la nuit. Qu'ils soient à l'abri de la contagion, de l'épilepsie, et de tout mal violent. Qu'ils ne soient en butte ni aux tempêtes de la mer, ni aux inondations, ni aux incendies. Que les mères qui porteront ces images obtiennent une heureuse délivrance. Ainsi soit-il. »

Les papes ont eu coutume, de tout temps, d'envoyer des *Agnus* aux souverains catholiques, et aux personnages qui ont bien mérité de l'Église et du saint-siège. Ainsi saint Grégoire le Grand, par exemple, donna à la reine Théodelinde deux *Agnus* que l'on conserve encore dans le trésor de Monza, près de Milan. Deux siècles plus tard, le pape Léon III en offrit un à Charlemagne. Sixte V en envoya plusieurs aux doges de Venise. En France, le pieux roi saint Louis aimait tant ce don précieux du vicaire de Jésus-Christ qu'il fit frapper une monnaie d'or à l'effigie de l'Agneau divin, afin de faire connaître à son peuple l'excellence du présent qu'il tenait du pape. Jean de Suède institua un ordre de chevalerie sous le nom et les emblèmes de l'*Agnus Dei*.

La dévotion aux *Agnus* a obtenu de Dieu des miracles dont l'histoire fait mention. Ainsi, pour n'en citer qu'un seul, on lit dans la *Vie de saint Pie V* qu'en 1570 le Tibre, grossi par de grosses pluies et la fonte des neiges, menaçait la ville d'une terrible inondation. Prières, jeûnes, tout était impuissant à contenir l'impétuosité du torrent. Touché de ce malheur, le pontife se rendit auprès des inondés, implora avec eux la miséricorde de Dieu, et, par une inspiration divine, jeta un *Agnus* dans le fleuve. A partir de ce moment les eaux baissèrent et rentrèrent dans leur lit.

Aujourd'hui les *Agnus* sont préparés par les cisterciens de Sainte-Croix de Jérusalem, et distribués aux fidèles, au nom du pape, par un prélat, Mgr Sabatini, qui réside au Quirinal[1].

---

[1] Le P. Huguet.

XIII

SAINTE-MARIE-MAJEURE

Sainte-Bibiane. — Le patricien Jean. — Colonne et statue de la sainte Vierge. — Intérieur de la basilique. — Confession et crèche de Notre-Seigneur. — Chapelle du Saint-Sacrement. — Saint-Gaëtan. — Chapelle Borghèse. — Obélisque.

Mon cher ami,

Quand vous aurez visité l'église Sainte-Croix, prenez la route, bordée de grands et beaux arbres, qui s'ouvre devant vous pour vous rendre à Sainte-Marie-Majeure. Arrivé à la *Via di Santo-Eusebio*, si vous avez quelque loisir, retournez sur vos pas par la *Via di Santa-Bibiana*, et visitez l'église de ce nom. Vous ne regretterez pas votre temps, vous verrez un chef-d'œuvre du Bernin, la statue de la sainte. Ce que vous estimerez davantage, c'est que vous pourrez intéresser pour vous auprès de Dieu deux jeunes et glorieuses martyres, sœurs selon la chair, plus sœurs encore par la foi, Demetria et Bibiana. Leurs corps, ainsi que celui de leur mère Dafrosa, martyre, sont renfermés sous le maître-autel, dans une urne d'albâtre oriental. Revenant une seconde fois sur vos pas, vous trouverez à votre droite la petite église Saint-Eusèbe, construite au ve siècle, à l'endroit même où ce saint pontife mourut de faim par ordre de Constance. Avant de gravir l'Esquilin, à votre droite, voici l'église Saint-Antoine, desservie par des pères capucins. Chaque année, le 17 janvier et les huit jours suivants, les Romains viennent sur la place de cette église faire bénir leurs chevaux.

C'est un curieux spectacle, très édifiant d'ailleurs, et dont j'ai conservé un agréable souvenir. Un chapelain se tient constamment à la porte de l'église et bénit tous les chevaux, quelquefois très richement parés, qui s'arrêtent devant lui, et qui tous portent la médaille de saint Antoine attachée à leur tête, au milieu de rubans de toutes couleurs. La pape et les familles patriciennes de Rome y envoient chaque année leurs brillants équipages.

Tout à côté une petite colonne de granit, en forme de canon, surmontée d'une croix, rappelle le souvenir de l'abjuration de Henri IV.

Maintenant, cher ami, gravissons l'Esquilin, et allons nous prosterner dans le plus beau temple que la piété filiale ait élevé à Marie. Vous savez quelle fut l'origine de cette basilique. Le patricien Jean et sa femme, n'ayant point d'enfant, choisirent Dieu pour héritier de leur grande fortune ; mais, ignorant quel usage lui en serait plus agréable, ils le prièrent de manifester sa volonté. Pendant la nuit, la Mère de Dieu leur apparut, et leur dit d'élever en son honneur une église sur les lieux mêmes qu'ils trouveraient couverts de neige. Ceci se passait au mois d'août, et le lendemain matin le sommet du mont Esquilin était couronné de neige. Toute la ville fut témoin de ce miracle, et le pape saint Libère, qui avait eu la même vision, traça sur la neige le plan de la nouvelle basilique. C'était en l'an 352.

Tout en me rappelant ce souvenir, j'arrivai sur la place Sainte-Marie-Majeure. Une magnifique colonne, surmontée de la statue de bronze de la Vierge Mère, la décore. Cette colonne fut tirée de la basilique de Constantin, que l'on prit longtemps pour le temple de la Paix, et Paul V, qui la fit placer dans ce lieu, fait allusion à cette croyance dans la belle inscription qu'il y fit graver :

IMPVRA FALSI TEMPLA
QVONDAM NVMINIS
JVBENTE MOESTA
SVSTINEBAM CÆSARE
NVNC LÆTA VERI
PERFERENS MATREM DEI
TE PAVLE NVLLIS
OBTACEBO SÆCLIS

Autrefois je soutenais à regret le temple impur d'une fausse divinité par l'ordre de César : maintenant, joyeuse de porter la Mère de Dieu, je dirai, Paul, ton nom à tous les siècles.

IGNIS COLVMNA
PRÆTVLIT LVMEN PIIS
DESERTO NOCTV
VT PERMEARENT IN VIA
SECVRI AD ARCES
HÆC RECLVSIT IGNEAS
MONSTRANTE AB ALTA SEDE
CALLEM VIRGINE

La colonne de feu fit briller sa lumière devant les pas des hommes pieux dans la nuit, à travers un désert dangereux, pour qu'ils le traversassent en sûreté. Celle-ci les conduit au palais de feu, la Vierge leur montrant la route du haut de son siège sublime.

La façade de Sainte-Marie-Majeure se compose de deux portiques d'ordre ionique et d'ordre corinthien, placés l'un sur l'autre. Une belle mosaïque, représentant le miracle des neiges, orne le fond du portique supérieur. Le jour de l'Assomption, le souverain pontife donne la bénédiction *urbi et orbi* du balcon placé au milieu.

Je ne saurais vous dépeindre mon impression en pénétrant dans la basilique. Ces trente-six colonnes de marbre blanc, cette mosaïque de fleurs qui court sur toute la frise, ce plafond ruisselant d'or[1] et de peintures, ce pavé de marbre, tout cela compose un ensemble des plus riches, des plus élégants et des plus gracieux. Sainte-Marie-Majeure ne ressemble à aucune des églises de Rome. C'est l'architecture et la forme des anciennes basiliques de Rome païenne. Je l'ai visitée plusieurs fois, et toujours elle a produit sur moi le même sentiment d'admiration. Tout ici est pur, noble et gracieux comme la Vierge qu'on y vénère.

Pie IX vient encore d'enrichir cette basilique. Déjà elle possédait un trésor inappréciable, la crèche où le Fils de Dieu et de Marie a voulu reposer en venant au monde dans l'étable de Bethléhem. Précieuse relique apportée à Rome en 642, sous le pontificat de Théodore, au moment où le mahométisme allait envahir l'Orient, elle fut déposée dans l'église Sainte-Marie-Majeure, qu'on appela alors *Sancta Maria ad præsepe*.

Le corps de saint Jérôme fut apporté avec elle, et il repose dans la même chapelle : l'Église ne voulut point séparer de la crèche celui qui pendant sa vie en avait été le fidèle gardien.

Pie IX vient de faire construire une confession à Sainte-Marie-Majeure pour recevoir la crèche du Sauveur; elle surpasse en éclat et en richesse la confession de Saint-Pierre. Le pontife a choisi ce lieu pour être celui de sa sépulture[2]. Pie IX aime trop la gloire de Marie pour n'avoir pas songé à lui confier la garde de ses cendres.

Les générations futures trouveront un beau rapprochement dans

---

[1] Le plafond de Sainte-Marie-Majeure fut doré avec le premier or venu d'Amérique et donné par la cour d'Espagne.

[2] Toute la ville de Rome avait cette persuasion. Le grand pontife voulut être enterré dans la basilique de Saint-Laurent-Hors-les-Murs qu'il a fait restaurer entièrement. En 1883, les cardinaux, créatures de Pie IX, ont fait ériger devant la confession de Sainte-Marie-Majeure la statue en marbre de l'immortel pontife : il est représenté à genoux, revêtu du rochet et de la mozette. C'est l'œuvre de Jacometti.

cette tombe et ce berceau. Ce berceau a rendu Marie digne de l'amour des anges et des hommes; et cette tombe renfermera l'enveloppe mortelle de cette âme forte et virginale qui, au milieu de la tempête, a attaché au front de la Mère de Dieu la plus belle couronne que jamais main humaine lui ait offerte. Mais que Marie protège et laisse longtemps encore à l'amour et aux besoins de ses enfants son auguste serviteur.

Au-dessus de la confession s'élève, sur onze marches, le maître-autel, formé d'une riche table de marbre soutenue par quatre anges de bronze doré. Sous cette table est une belle urne de porphyre. Le baldaquin est porté par quatre colonnes de porphyre entourées de palmes de bronze doré, et surmontées de quatre anges qui soutiennent une couronne triomphale. Une riche mosaïque du XIII° siècle décore la tribune. Le grand arc qui sépare l'abside de la nef est orné d'une mosaïque plus ancienne, exécutée par l'ordre de Sixte III, pour perpétuer le souvenir de la condamnation de Nestorius au concile d'Éphèse.

De chaque côté du grand autel sont deux magnifiques chapelles, dans lesquelles je veux vous mener. A ma droite est celle du Saint-Sacrement, dont les murs et la coupole sont décorés de belles peintures. En face l'un de l'autre sont les tombeaux de deux grands papes, saint Pie V et Sixte V. Le corps de saint Pie V repose dans une urne de vert antique; sa tombe est enrichie de bas-reliefs dans lesquels le souvenir de Lépante n'est point oublié.

Saint Pie V dut à Marie cette victoire, et la catholicité dut à l'activité et au dévouement du pontife d'être délivrée des Turcs. Un jour qu'il s'occupait d'affaires avec ses prélats, il s'interrompt brusquement, ouvre la fenêtre, et demeure longtemps dans une attitude silencieuse et émue. « Ne parlons plus d'affaires, s'écrie-t-il, et rendons grâces à Dieu. » Il tombe agenouillé et baigné de larmes : la victoire de Lépante venait d'être gagnée. C'était le 7 octobre 1571.

Voici celui de Sixte V, génie inflexible, mais d'une activité qui s'étendait à tout. Il orna et embellit Rome de larges et belles rues : la *Longara*, la *Strada Pia*, *Strada Felice*, etc., et fit plusieurs belles fontaines; il administra avec économie les finances, et son énergie réprima un grand nombre d'abus. N'eût-il fait d'ailleurs que relever tous les obélisques qu'ils a semés dans Rome pour publier le triomphe de la croix, que cela suffirait pour immortaliser sa mémoire. Sa statue, placée entre quatre colonnes de vert antique, est accompagnée des statues de saint François et de saint Antoine.

Au milieu de la chapelle est l'autel du Saint-Sacrement, dont le tabernacle, du plus beau marbre, est porté par quatre anges de bronze doré. Une petite chapelle a été construite sous l'autel même du Saint-Sacrement. Descendez les quelques marches qui vous y conduisent; on y conserve du foin qui fut dans la crèche du Sauveur, et une partie de ses langes.

Un jour de Noël, saint Gaëtan priait ici, et, pendant sa fervente prière, la Vierge Marie déposa dans ses bras son divin enfant. Un riche bas-relief et une magnifique statue du saint, en marbre blanc, rappellent le souvenir de ce miracle.

De la chapelle du Saint-Sacrement rendons-nous dans celle qui est vis-à-vis, et qui appartient à la famille Borghèse. Quatre colonnes de jaspe oriental, des piédestaux de bronze doré, une frise en agathe, un magnifique bas-relief représentant le miracle des neiges, des fresques inimitables du Guide : tels sont les ornements de l'autel et de la chapelle. La madone peinte par saint Luc, placée au-dessus du maître-autel sur un fond de lapis-lazuli, et soutenue par quatre anges de bronze doré, est son plus riche trésor. Chaque année, le 5 août, jour anniversaire du miracle des neiges, pendant tout le temps de l'office, on jette du sommet de la coupole sur le pavé des pétales de fleurs blanches.

Il faut donc quitter cette belle église Majeure de Marie, ma mère. Bien des fois depuis je m'y suis rendu par la pensée. Saint Charles Borromée, étant archiprêtre de Sainte-Marie-Majeure, l'affectionnait d'une manière toute particulière. Il s'arrachait la nuit aux honneurs et aux richesses de son palais, gravissait à genoux l'Esquilin, et venait prier devant cette église. Dans les besoins graves de l'Église et de la chrétienté, Clément VIII quittait dès l'aurore son palais, et il s'avançait pieds nus vers Sainte-Marie-Majeure pour y célébrer la messe. Souvent à cette heure matinale l'église était fermée, et l'on voyait le pieux pontife, agenouillé sur le seuil de la basilique, attendre patiemment que le moment de l'ouvrir fût arrivé.

En sortant par la petite porte ouverte derrière l'abside, nous avons en face de nous la longue rue des Quatre-Fontaines, qui s'étend jusqu'à l'église de la Trinité-des-Monts, et dont les ondulations offrent un aspect assez pittoresque.

Au pied de la colline s'élève un gracieux obélisque. Autrefois il appartenait au tombeau d'Auguste. Sixte V l'a placé ici, et lui a fait redire les louanges de la crèche.

Je ne puis résister à la tentation de vous envoyer ces belles inscriptions. Dans aucune ville du monde on ne trouve de plus gracieuses et de plus sublimes inscriptions qu'à Rome. Rome est par excellence la ville des contrastes et des oppositions : à chaque instant l'on rencontre les débris du monde païen, sur lesquels s'élèvent, glorieux et triomphants, les souvenirs et les monuments du christianisme. C'est une bonne idée, n'est-il pas vrai, de faire proclamer

Sainte-Marie-Majeure.

par ces ruines elles-mêmes, encore riches et imposantes, le triomphe de la croix ! C'est le vaincu qui chante les louanges du vainqueur ; et ici, à Sainte-Marie-Majeure, la pensée est plus touchante qu'ailleurs. Cet obélisque, qui décorait la tombe du monarque de l'univers entier, sert maintenant d'ornement au berceau du petit enfant qui a terrassé cet empereur et brisé son empire.

CHRISTI DEI
IN ÆTERNVM VIVENTIS
CVNABVLA
LÆTISSIME COLO
QVI MORTVI
SEPVLCRO AVGVSTI
TRISTIS
SERVIEBAM

J'adore avec une grande joie le berceau du Christ Dieu, vivant éternellement, moi qui servais triste au tombeau d'Auguste mort.

« Je vis, dit Daniel, une petite pierre se détacher, et rouler de la montagne ; elle frappa le colosse au pied, et il tomba en ruines. » Prophétie dont nos yeux peuvent à Rome, et presque à chaque pas, vérifier l'accomplissement. Et les papes ont une manière de dire ces choses dans leurs inscriptions, qui est presque aussi sublime que les choses elles-mêmes.

QVEM AVGVSTVS
DE VIRGINE
NASCITVRVM
VIVENS ADORAVIT
SEQ. DEINCEPS
DOMINVM
DICI VETVIT
ADORO

Le Seigneur Christ qu'Auguste vivant adora comme devant naître d'une Vierge, ne voulant plus qu'on le nommât lui-même Seigneur, je l'adore.

Cette inscription fait allusion à l'oracle de la Sibylle, dont j'ai parlé en rapportant la tradition sur l'origine de l'église de l'*Ara Cœli*.

CHRISTVS
PER INVICTAM
CRVCEM
POPVLO PACEM
PRÆBEAT
QVI
AVGVSTI PACE
IN PRÆSEPE NASCI
VOLVIT

Que le Christ, par sa croix invincible, donne à son peuple la paix, lui qui pendant la paix d'Auguste voulut naître dans une étable.

XIV

LE CULTE DE LA SAINTE VIERGE A ROME

Sainte-Marie du Transtévère. — Sainte-Marie *in Cosmedin* — Bélisaire à Sainte-Marie *in Fornica*. — Sainte-Marie-de-la-Paix. — Sainte-Marie-des-Anges. — Sainte-Marie-de-la-Victoire. — M. de Ratisbonne à Saint-André *delle Frate*. — Colonne de l'Immaculée-Conception.

Mon cher ami,

Une des dévotions du peuple romain dont le spectacle m'a le plus doucement réjoui, c'est sa dévotion pour la sainte Vierge. Elle se manifeste à chaque heure du jour, et l'on en voit les preuves, pour ainsi dire, à chaque pas qu'on fait dans la ville. Chaque rue, on pourrait presque dire chaque maison, les magasins, les cafés eux-mêmes, possèdent leur madone, devant laquelle des lumières brûlent nuit et jour. On rencontre souvent de petits oratoires en plein vent, et toujours il y a quelqu'un qui prie.

Une foi simple, franche et naïve, est un des caractères du peuple romain. Pour lui, Marie est véritablement une mère. Il lui parle avec une familiarité qui pourrait nous paraître peu respectueuse, mais qui, à coup sûr, est l'expression d'un sincère amour et d'une confiance qui ne sait pas douter. En 1842, il s'opéra devant une de ces madones un miracle dont toute la ville fut témoin.

Un pauvre paralytique venait chaque jour demander à Marie sa guérison. Depuis plusieurs années, il venait ainsi fidèlement, et toujours sans succès. Fatigué d'une prière si persévérante et si persévéramment méprisée, il dit un jour à Marie :

« Voilà assez longtemps que je viens. Faites ce que vous voudrez, voici mes béquilles. Ou vous me rendrez mes jambes, ou je reste ici. »

Le cœur de Marie ne put résister à cette sommation : le pauvre perclus retrouva l'usage de ses membres, et sa guérison fut célébrée par un triduum solennel d'action de grâces.

A Rome il n'y a pas moins de soixante-six églises consacrées à la sainte Vierge, et presque toutes ont été érigées à la suite d'une manifestation de la puissance et de la bonté de Marie.

Aujourd'hui, mon cher ami, je me propose de faire avec vous une étude historique sur le culte de la sainte Vierge à Rome. Il me paraît sans intérêt d'interroger chaque siècle sur le tribut d'hommages qu'il a payé à Marie. Tous nous répondront en nous montrant un ou plusieurs sanctuaires qu'ils lui ont consacrés. Faisons donc à Rome notre pèlerinage en l'honneur de la sainte Vierge, à travers les siècles, et quand nous visiterons ces sanctuaires, nous saurons d'avance leur origine.

Sainte-Marie du Transtévère est la plus ancienne église de Rome. Elle fut consacrée par le pape saint Calixte, en 224, et dédiée à la Vierge-Mère.

Pendant les trois premiers siècles, les chrétiens ne furent pas toujours réduits à se cacher dans les catacombes ou dans les maisons des particuliers. La persécution n'était pas également active et générale. Il y eut des moments de paix dont les chrétiens profitèrent pour élever des églises publiques. Origène nous apprend que, sous Maximin, en 236, plusieurs églises furent brûlées par les persécuteurs. Sous Alexandre Sévère on en compta jusqu'à vingt-cinq. C'est sous le règne de cet empereur que Sainte-Marie du Transtévère fut construite, sur l'emplacement de la *Taberna meritoria,* qui était l'*hôtel des Invalides* de ce temps. Alexandre avait abandonné ce terrain aux chrétiens, et il répondit aux réclamations des maîtres d'hôtel et des cabaretiers qu'il aimait mieux voir Dieu honoré en ce lieu d'une manière quelconque que de le livrer aux marchands de vin.

Les chrétiens, d'ailleurs, tenaient beaucoup à ce lieu, qu'une ancienne tradition rendait cher à leur amour et à leur foi. Quand Jésus-Christ vint au monde, une source d'huile jaillit miraculeusement de terre en cet endroit, et coula pendant un jour entier avec une telle abondance que ses flots descendirent jusqu'au Tibre.

Les païens ne comprirent rien à ce prodige; mais les chrétiens l'ont toujours regardé comme annonçant la venue de Jésus-Christ, l'*Oint* du Seigneur. Cette huile qui coule est l'image de la miséricorde de Dieu qui va se répandre sur le monde par Jésus-Christ. Elle jaillit d'un lieu, rendez-vous commun des juifs et des païens, pour signifier que le salut et le pardon sont pour tous.

Les historiens ecclésiastiques ont interprété de cette façon ce miracle, qui est attesté par les historiens païens et chrétiens. Dans son traité sur les fêtes chrétiennes, Benoît XIV dit que *ce miracle est certain et n'admet aucun doute*[1].

Quand vous visiterez cette église, arrêtez-vous sur la belle place qui la précède, et admirez la mosaïque du xiii° siècle qui décore le frontispice. La basilique de Saint-Calixte fut reconstruite au ix° siècle et somptueusement réparée en 1149. L'intérieur est d'une grande richesse. C'est la même architecture, noble et gracieuse, que j'ai admirée à Sainte-Marie-Majeure. Vingt-six belles colonnes de granit, arrachées aux thermes et aux temples du paganisme, séparent les trois nefs. Le pavé, en *opus alexandrinum*, resplendit de l'éclat du porphyre et des marbres les plus rares. Le plafond, brillant de dorures et de peintures, est enrichi d'un chef-d'œuvre du Dominiquin : *l'Assomption de la bienheureuse Vierge Marie*. Le baldaquin du maître-autel est soutenu par quatre colonnes de porphyre, et l'abside est ornée de belles mosaïques. Sous la confession reposent les corps des saints Calixte, Corneille et Calépode.

A la naissance des marches de porphyre qui conduisent au sanctuaire, à droite dans le pavé, on voit une ouverture circulaire garnie d'une grille et dont l'orifice, revêtu de marbre blanc, peut avoir deux pieds de diamètre. Au-dessus on lit : *Fons olei*. Fontaine d'huile.

A droite :

Hinc oleum fluxit quum Christum Virgine luxit.

Ici coula une source d'huile lorsque le Christ naquit de la Vierge.

A gauche :

Nascitur hinc oleum, Deus ut de Virgine :
Utraque oleo sacrata est Roma terrarum caput.

L'huile coule de ce lieu quand Dieu naît de la Vierge :
Par cette double action Rome est sacrée reine du monde.

Telle est, mon cher ami, la première église consacrée à Marie. Qui pourrait dire combien d'autres l'ont suivie dans le monde entier? Dans quelle partie du monde Marie n'a-t-elle pas manifesté sa puissance, et dans quel siècle n'a-t-on pas ressenti les effets de sa miséricorde? Toutefois je me suis facilement persuadé que, dans ce premier temple élevé en son honneur, Marie devait se montrer plus propice à nos vœux. Aussi j'aime beaucoup l'église Sainte-Marie du Transtévère, et j'y ai prié de bon cœur.

De l'autre côté du Tibre, presque en face de Sainte-Marie du

---

[1] *De Nativ. Domini*, I, p. 46; édition Vivès.

Transtévère, on aperçoit le joli clocher byzantin de Sainte-Marie *in Cosmedin* (de κόσμος, ornement, gloire). Elle date aussi du III° siècle. Elle possède une madone apportée d'Orient pour la soustraire aux outrages des iconoclastes. On lit encore au bas son antique inscription, Mère de Dieu toujours Vierge, Θεοτόκος ἀειπάρθενος.

Ces lieux nous rappellent le souvenir de saint Augustin. C'est ici qu'encore enchaîné dans les erreurs du manichéisme, il enseignait la rhétorique à la jeunesse romaine.

Sous le portique de l'église est une large pierre en forme de disque sur laquelle on a sculpté une figure humaine, dont la bouche se referme, dit la tradition populaire, sur la main des menteurs. Ce qui mérita à la place qui entoure l'église le nom de *Bocca della Verità*.

A côté est le gracieux temple circulaire dit de Vesta, avec ses vingt colonnes cannelées, en marbre de Carrare. Maintenant on y honore Marie sous le nom de *Santa Maria del Sole*.

Au IV° siècle, s'élève la basilique de Sainte-Marie-Majeure[1].

Près du Panthéon, sur l'emplacement du temple de Juturne, au V° siècle, le pape saint Anastase fit construire la petite église de Sainte-Marie *in Aquiro*[2], appelée maintenant Sainte-Marie-des-Orphelins, en souvenir de l'hôpital que saint Ignace de Loyola fonda tout à côté pour les orphelins.

Au VI° siècle, un illustre général eut la faiblesse de devenir courtisan; pour plaire à l'impératrice Théodora, il s'empara de la personne du pape Silvère, qui refusait d'infirmer les actes du concile de Chalcédoine condamnant l'hérésie l'Eutychès. Le pontife fut déposé, et l'on fit élever à sa place le diacre Vigile, l'homme de confiance de Théodora. Pour Silvère, il fut relégué dans l'île de Palmaria, où il mourut de misère et de faim le 20 juillet 538. Bélisaire fut frappé lui-même par la Providence, qui ne laisse jamais impunis les attentats contre son vicaire. Il fut accusé de trahison, dépouillé de ses biens et jeté en prison. Il profita des châtiments de Dieu, et il a laissé à Rome des preuves de son repentir. Il fit construire à ses frais l'église consacrée à la sainte Vierge sous le nom de Sainte-Marie *in Fornica*, et située près de la fontaine de Trevi. Sur une table de marbre il fit graver cette inscription qu'on voit encore sur le mur extérieur : elle est plus glorieuse pour lui que ses victoires :

---

[1] Voir la lettre XIII.

[2] Ce nom lui vient des *Équiries*, ou courses de chevaux qui se faisaient sur le Champ de Mars en l'honneur du dieu de la guerre.

« Le patricien Bélisaire, ami de la ville, a fondé cette église pour obtenir le pardon de sa faute. O vous qui mettez le pied dans ce lieu saint, priez souvent Dieu pour qu'il ait pitié de lui[1]. »

Heureux âges! si la foi n'était pas exempte des faiblesses et à l'abri des orages du cœur humain, du moins elle savait pleurer ses fautes et les réparer noblement!

Au VIIe siècle, le pape Boniface IV descend dans les catacombes, les dépouille d'une partie de leur gloire et de leurs richesses en leur enlevant les ossements des martyrs, qu'il fait transporter au Panthéon, et il dédie ce temple païen à Marie, Reine des martyrs.

Le VIIIe siècle consacre à Marie une église qu'il élève à côté du temple de la Paix, au Forum, sous le nom de Sainte-Marie-la-Neuve, plus connue aujourd'hui sous le nom de Sainte-Françoise-Romaine.

Au IXe siècle, sous Léon IV, *Santa-Maria in Camposanto,* est construite au nord du Vatican.

Le Xe siècle vit le temple de Jupiter Capitolin se transformer en l'église de Sainte-Marie du Capitole, ou *Ara Cœli,* dont je vous ai dit les souvenirs, la gloire et les richesses[2].

Au XIe siècle, Paschal II fait bâtir Sainte-Marie-du-Peuple, sur l'emplacement du tombeau de Néron, et purifie ainsi ces lieux souillés par les cendres de ce monstre humain. Trois siècles plus tard, Grégoire XIII vint en ce lieu processionnellement, les pieds nus, avec tout le clergé, pour obtenir l'éloignement d'une peste qui menaçait Rome; et la prière du pontife fut exaucée.

L'église Sainte-Marie-du-Peuple est une des églises de Rome les plus remarquables par son architecture.

La voûte du chœur et plusieurs chapelles ont été décorées par Pinturicchio. La seconde chapelle à droite possède le beau tableau de *la Conception,* de Maratte. La seconde chapelle à gauche, qui appartient à la famille Chigi, est très renommée par ses peintures et ses statues. C'est Raphaël qui en fit les dessins. Sur le maître-autel on vénère une image de la sainte Vierge peinte par saint Luc.

Au XIIIe siècle, une tradition nous rapporte qu'une toile sur laquelle était peinte l'image de Marie étant tombée dans un puits, les eaux de ce puits crûrent tellement, qu'elles débordèrent, et l'on vit

---

[1] Hanc vir patricius Vilisarius Urbis amicus
Ob culpæ veniam condidit ecclesiam.
Hanc idcirco pedem qui sacram ponis in ædem,
Ut misereretur eum sæpe precare Deum.

[2] Voir page 34.

l'image de Marie surnager à la surface. Le cardinal Capocci, dont le palais était proche, s'émut de ce miracle et fit élever une église sur le lieu même. On la désigne sous le nom de Sainte-Marie *in Via*, et dans la seconde chapelle, à droite, on voit le puits miraculeux.

Le xiv° siècle vit restaurer et reconstruire presque entièrement Sainte-Marie-de-la-Minerve et bâtir une église, *Santa-Maria-di-Grotta-Pinta*, sur l'emplacement de l'ancien cirque de Flore. Ce siècle sanctifia, par le culte de la Vierge-Mère, ces lieux consacrés à deux divinités païennes et souillés par d'infâmes orgies.

A la même époque, près de la place Navone, les Allemands font construire l'église *Santa-Maria-dell' Anima*, dont l'architecture originale, capricieuse et unique dans son genre, a le mérite de faire paraître cette église plus grande qu'elle n'est. Le tableau du maître-autel, représentant la sainte Famille, est de Jules Romain.

Tout à côté, le xv° siècle nous a légué une œuvre élégante et gracieuse, Sainte-Marie-de-la-Paix. Voici ce qu'on raconte sur son origine :

Ce lieu était occupé autrefois par un oratoire dédié à saint André, dont le portique était orné d'une madone. Un soldat ivre, et venant de perdre au jeu une somme d'argent assez considérable, frappa d'un coup de poignard l'image de Marie, et aussitôt le sang jaillit de la blessure. Sixte IV ordonna une procession expiatoire, à laquelle il assista, et fit vœu de consacrer une église à Marie pour obtenir, par son intercession, la paix pour l'Europe et l'Église.

Sainte-Marie-de-la-Paix n'a qu'une nef au-dessus de laquelle s'élève une gracieuse coupole octogone. Dans la première chapelle en entrant, à droite, sont les belles fresques de Raphaël représentant les sibylles de Cumes, de Perse, de Phrygie et de Tivoli. La chapelle suivante, dessinée par Michel-Ange, possède une belle statue et des bas-reliefs remarquables. On vénère dans cette église les corps des saintes Basilisse et Anastasie, la mitre et les gants de saint Ubald.

Le même siècle vit aussi s'élever les églises de Sainte-Marie-de-la-Consolation et de Sainte-Marie *dell' Orto*. Cette dernière, bâtie aux frais des jardiniers, des fruitiers, des vendeurs de macaroni, etc., est plus riche en peintures que certaines chapelles royales.

Le xvi° siècle nous a donné Sainte-Marie-des-Anges.

Dioclétien fit construire des thermes splendides. Il employa pour cette œuvre les bras de quarante mille chrétiens, dont plusieurs milliers furent mis à mort après l'achèvement de leurs travaux. Ces thermes furent en partie détruits par le temps; toutefois, de ceux de Rome païenne, ce sont les seuls dont la ruine n'a pas été complète.

Il semblerait que la Providence eût épargné ce monument élevé pour la débauche, mais par des mains pures et chrétiennes. Sur ce sol arrosé par les sueurs et le sang des martyrs, avec les débris mêmes de ces thermes, s'élève le riche sanctuaire de la Reine des Anges. Pie IV, voulant consacrer un temple à Marie, chargea Michel-Ange de lui dresser un plan. Se promenant un jour au milieu des ruines de ces thermes, l'artiste remarqua une vaste salle dont les murs élevés et solides soutenaient une voûte immense et huit colonnes de granit encore debout portant de magnifiques arceaux en plein cintre.

Le projet de Michel-Ange fut vite conçu. Cette salle de bains de Dioclétien, appelée *pinacothèque,* deviendra l'église demandée par Pie IV. La pape approuva, et sans rien changer, sans rien détruire, Michel-Ange dota Rome d'une église remarquable.

Sur la place des thermes de Dioclétien une modeste porte vous introduit dans le sanctuaire de la Reine des Anges. Le vestibule, de forme circulaire, était une ancienne salle de bains. On y remarque les tombes de deux cardinaux, dont les inscriptions sont remarquables. Voici celle du cardinal Alciati :

> VIRTUTI VIXIT
> MEMORIA VIVIT
> GLORIA VIVET

Il est impossible de faire un plus bel éloge en si peu de mots.

Avant de pénétrer dans la grande nef, admirez, à votre droite, une belle statue de saint Bruno, faite par Houdon, artiste français. On dirait que le saint va sortir de sa niche et marcher.

« Il parlerait, disait Clément XIV, si la règle de son ordre ne le lui défendait pas. »

Nous voici dans la grande salle. Quel luxe et quelle grandeur les Romains déployaient dans la construction des édifices consacrés à leurs plaisirs! Cette salle a 308 pieds de longueur sur 74 de largeur et 84 de hauteur. C'est la plus grande voûte connue. Autrefois elle était sans doute ornée de statues, de marbres, de peintures.

Mais la piété des pontifes n'est point restée au-dessous de la magnificence impériale. Sainte-Marie-des-Anges est enrichie de marbres précieux, et ses murs sont ornés de tableaux de grands maîtres qui ornaient autrefois la basilique de Saint-Pierre et que Benoît XIV y fit placer. Vous admirerez successivement *le Martyre de saint Pierre,* par Ricciolini; *la Chute de Simon le Magicien,* par Vanni; *la Résurrection de Tabithe,* par François Mancini, et *la Présenta-*

tion au temple, par Romanelli, reproduites dans les mosaïques de Saint-Pierre ; la célèbre fresque du Dominiquin représentant le martyre de saint Sébastien. Je ne puis vous énumérer tous ces chefs-d'œuvre.

Je regrette qu'on n'ait pas scrupuleusement suivi le plan de Michel-Ange. Dans sa pensée, la grande salle devait seule composer l'église. Elle avait ainsi un caractère de grandeur et de majesté que l'abside qu'on a ajoutée, en la coupant par le milieu, lui a fait perdre.

Je vous engage à ne pas quitter ces lieux sans pénétrer dans l'intérieur du couvent, qui appartient aux chartreux, pour admirer leur cloître construit par Michel-Ange.

Santa-Maria-Transpontina, où vous pourrez vénérer deux colonnes auxquelles, selon la tradition, furent attachés et flagellés les bienheureux apôtres Pierre et Paul, fut aussi construite vers le milieu du xvie siècle. Cette église, bâtie dans le *Borgo Nuovo,* près de Saint-Pierre, n'offre rien de bien remarquable à la curiosité de l'artiste et de l'archéologue.

A quelques pas de Sainte-Marie-des-Anges, le xviie siècle a élevé l'église Sainte-Marie-de-la-Victoire. Il y a dans ce sanctuaire plusieurs œuvres d'art. La deuxième chapelle a été peinte par le Dominiquin, et la sixième possède de belles fresques du Guide. On y admire le chef-d'œuvre du Bernin, *la Transverbération du cœur de sainte Thérèse.* J'avoue cependant que cette œuvre ne me plaît pas : ce n'est pas une œuvre religieuse ; elle manque de naturel et de simplicité. C'est le défaut reproché au Bernin.

On vénère dans cette église une madone portée à la bataille de Prague, et l'on voit appendus aux murs du chœur les drapeaux pris sur les Turcs au siège de Vienne.

Le xviiie siècle vit s'élever l'église du Nom-de-Marie, sur la place de la colonne Trajane, bâtie par un Français. Elle est le siège d'une confrérie qui, chaque année, au dernier jour de l'Octave de la Nativité de la sainte Vierge, dote dix pauvres jeunes filles.

Le xixe siècle comptera parmi les siècles les plus dévots à Marie. Nous avons vu de nos jours des populations entières se lever et s'émouvoir au seul bruit des gloires de Marie. La France marchait à la victoire, protégée par son image, et le soldat en partant voulait avoir sur le cœur la médaille miraculeuse qui souvent le protégea contre la balle ennemie, et plus souvent encore lui obtint la grâce d'une mort chrétienne. La médaille miraculeuse sera regardée comme une des plus grandes grâces que Dieu a faite à notre siècle si corrompu, quoiqu'il porte en son sein des germes puissants de vie et de salut.

En 1842, un jeune juif, ami des plaisirs, et fortement attaché à sa religion, avait reçu par complaisance une médaille de la sainte Vierge. Il se trouvait à Rome dans le mois de janvier, et se disposait à entreprendre un long voyage. Une circonstance, qu'on pourrait appeler un hasard, le conduit dans l'église Saint-André *delle Fratte*. C'est là que Marie l'attendait.

Sainte-Marie-des-Anges.

Tout le monde connaît le récit de cette conversion que nous a donné M. Théodore de Bussières. Il tombe à genoux devant une image de la sainte Vierge, dans la chapelle de Saint-Michel, à gauche, et dans son émotion il ne sait comment rendre compte de sa vision.

« Je l'ai vue! je l'ai vue! s'écrie-t-il en montrant la médaille; elle ne m'a rien dit; mais j'ai tout compris. »

Chaque année, le 20 janvier, on célèbre très solennellement l'anniversaire de la conversion de M. Ratisbonne, à l'église *delle Fratte*. En 1870 j'ai eu la joie d'assister aux prières du *Triduo*, en l'honneur de la médaille miraculeuse, et le souvenir de cette pieuse et touchante réunion prendra place parmi mes meilleures impressions de Rome. La cérémonie a commencé par un sermon débité, avec beaucoup d'âme, par le général des religieux minimes. Il nous a présenté Marie comme la mère de la science et de la sagesse. Il a jeté un coup d'œil sur la société moderne, sur la famille, etc., et il a dit que la philosophie du siècle conduisait à l'abîme et à la mort. Je ne veux point vous faire l'analyse de ce sermon, dans lequel l'orateur a combattu la liberté de pensée, la liberté de la conscience, la liberté de la presse... Il a parlé du *povero* Ratisbonne, jouet de toutes les illusions de son siècle et terrassé sur le chemin de Rome, comme autrefois saint Paul sur la route de Damas. C'est, à peu de choses près, tout ce que j'ai pu comprendre de ce discours, que le nombreux auditoire écoutait avec un intérêt visible. L'orateur se promenait dans sa chaire; il termina par une invocation à la Vierge Marie, pendant laquelle toute la foule se mit à genoux.

L'église était très richement et très élégamment ornée; l'autel et la nef étaient splendidement illuminés, et le chant des litanies commença. De belles voix dans la tribune de l'orgue alternaient avec le peuple.

Après le chant des litanies, le cardinal Ferrieri donna la bénédiction du saint Sacrement. A Rome, on n'oublie point les grâces de Dieu, et le souvenir d'une conversion extraordinaire arrivée il y a déjà vingt-huit ans est l'objet d'une fête splendide : tous les fidèles bénéficent ainsi d'une grâce qui ne semblait destinée qu'à un seul.

Il me paraît bon de donner une courte description de l'église Saint-André *delle Fratte*. L'autel du transept de droite, dédié à saint François de Paule, est fort riche, décoré de marbres précieux et de bronzes dorés; il n'a pas coûté moins de quatre-vingt mille *scudi* (l'écu romain vaut 5 fr. 35). De chaque côté du chœur, Clément IX a fait placer les statues de deux anges en marbre portant les emblèmes de la Passion et qui furent sculptées par le Bernin. L'abside est ornée de tableaux représentant le martyre de saint André, titulaire de l'église. La chapelle Ratisbonne a été richement ornée par les pieux soins du prince Torlonia. Au-dessus de l'autel, une peinture représente l'Immaculée Conception, telle qu'on la grave sur les médailles miraculeuses. A droite, on a peint l'apparition de la sainte Vierge et, à gauche, le baptême de M. Ratisbonne. On lit en plusieurs endroits de l'église la belle devise de notre cher et bien-aimé saint François de Paule : *Charitas*. Saint André *delle Fratte*, sans être une des plus belles églises de Rome, occupe cependant un rang assez distingué parmi les églises du second ordre.

Et maintenant ne vous semble-t-il pas que l'église Saint-André *delle Fratte* doit être comprise dans un pèlerinage fait aux sanctuaires de Marie! Quand vous aurez prié avec ferveur et amour devant cette madone où Ratisbonne, comme un nouveau Saul, fut terrassé sur la voie des plaisirs et des joies mondaines, rendez-vous sur la place d'Espagne, à quelques pas de l'église Saint-André. Un magnifique monument, élevé en l'honneur de Marie immaculée, vous dira tout ce que le XIXe siècle a fait à Rome pour Marie. C'est le résumé des hommages de tous les siècles, et l'expression de toutes les gloires de Marie.

Le monde se souvient encore de cette journée du 8 décembre 1854, où Pie IX, entouré de cent trente évêques venus de toutes les parties du monde, proclama et définit que la conception immaculée de Marie, Mère de Dieu, était désormais un dogme de foi. La voix du pontife fut entendue du monde entier, et un concert de joie et d'actions de grâces répondit à sa parole. Les beaux siècles de foi parurent renaître, et l'Église entière tressaillit comme un seul homme. Pie IX a voulu qu'il restât un souvenir de ce fait mémorable, et il fit élever une colonne commémorative sur la place d'Espagne. Une magnifique statue de bronze de Marie immaculée est portée sur une colonne de marbre cipolin. Quatre prophètes, Moïse, Isaïe, David et Ézéchiel, en marbre blanc, décorent le soubassement et semblent porter tout le monument. Des lis et des feuilles d'olivier, symboles de la pureté et de la paix, décorent le chapiteau.

Vierge sainte, Pie IX, en vous élevant ce trône, ne semble-t-il pas vous dire : Avancez et régnez sur tout ce peuple qui m'est confié? Suivez, ô Reine, les désirs de ce roi, votre glorieux serviteur. Régnez... Terrassez toutes les hérésies modernes, qui s'attaquent à votre fils et voudraient effacer sa divinité, comme elles s'efforcent de ruiner le trône de son Vicaire. Écrasez l'erreur de votre pied virginal et puissant. Faites comprendre à ces politiques modernes que votre fils est encore pour quelque chose dans les affaires de ce monde. Protégez Rome! Défendez son pontife et son roi. Régnez aussi sur la France, la fille aînée de l'Église, et qui, après sa mère, ne connaît aucune nation qui vous soit plus dévouée et plus chère.

XV

LE CORSO

Ponte-Molle. — La place du Peuple. — Saint-Charles. — Saint-Marcel.
Saint-Marc. — Pie IX au Corso.

Mon cher ami,

Quand on arrive à Rome par la route de Florence, on rencontre, à quelques kilomètres avant la ville, le *Ponte-Molle*. Ce pont jeté sur le Tibre remonte au temps de la première république romaine, et fut bâti par Æmilius Scaurus; il est connu dans l'histoire sous le nom de *Pons Milvius*. Il est riche en souvenirs historiques : Cicéron y fit arrêter les complices de Catilina, et ce lieu fut témoin des exploits nocturnes de Néron. Ce gamin couronné, comme l'appelle M. de Champagny, se rendait la nuit au pont Milvius avec quelques affranchis, jetait les gens dans les égouts, brisait les boutiques, battait, était battu, insultait les femmes et souvent rentrait dans son palais roué de coups[1].

Mais d'autres souvenirs sanctifient ces lieux : c'est ici que Constantin défit Maxence, et que la croix triompha.

Nicolas V fit reconstruire ce pont en 1450, et le 11 avril 1462 le pape Pie II sortait de Rome en cavalcade par la porte Flaminienne, accompagné du sacré collège, des ambassadeurs et des princes romains, et se rendait au Ponte-Molle pour recevoir la tête de l'apôtre saint André, dont le roi de Péloponèse lui avait fait don. Une petite chapelle élevée à l'endroit même où ce précieux dépôt fut remis au pape perpétue le souvenir de ce fait.

En 1805, Pie VII fit restaurer le Ponte-Molle et le décora de belles statues : du côté qui regarde la campagne, il fit placer celles de Jé-

---

[1] Pons Milvius in eo tempore celebris nocturnis illecebris erat, ventitabatque illuc Nero, quo solutius, urbem extra, lasciviret. (Tac. XIII.)

sus-Christ et de saint Jean-Baptiste; celles de la Conception et de saint Jean Népomucène regardent la ville.

La route de Ponte-Molle à la porte du Peuple est belle, large et très fréquentée par les promeneurs. La porte du Peuple est ornée à l'extérieur des statues de saint Pierre et de saint Paul. C'était l'ancienne entrée de Rome quand on arrivait de Florence : les Maîtres de la Ville semblaient ainsi faire eux-mêmes bon accueil à ceux qui venaient visiter leurs tombeaux. Michel-Ange a dessiné cette porte; elle est digne de son génie. A peine en ai-je franchi le seuil que je suis vivement impressionné par l'aspect grandiose de la belle et gracieuse place du Peuple; elle est circulaire et possède trois belles fontaines. Celle qui se trouve au centre de l'hémicycle de droite est surmontée d'un groupe colossal représentant Rome entre le Tibre et l'Anio; celle de gauche, au bas du *monte Pincio,* est décorée de la statue de Neptune entre deux tritons. La troisième fontaine jaillit d'un magnifique obélisque, placé au centre de la place. Il n'a pas moins de 85 pieds de hauteur, et il nous dit lui-même que *l'empereur César, fils du divin César, souverain pontife, empereur douze fois, consul onze fois, tribun quatorze fois, ayant soumis l'Égypte à l'empire du peuple romain, a offert ce don au soleil.*

Sixte V le plaça en cet endroit, et y fit graver l'inscription suivante :

ANTE SACRAM
ILLIVS ÆDEM
AVGVSTIOR
LÆTIORQVE SVRGO
CVJVS EX VTERO
VIRGINALI
AVG. IMPERANTE
SOL JVSTITIÆ
EXORTVS EST

Je m'élève plus auguste et plus joyeux devant la demeure sacrée de celle dont le sein virginal fit éclore, sous le règne d'Auguste, le soleil de justice.

Ces paroles font allusion à l'église élevée en l'honneur de la sainte Vierge, à droite de la place du Peuple, en entrant, et connue sous le titre de Santa-Maria del Popolo [1]. Elle fut construite par le pape Paschal II sur l'emplacement du tombeau de Néron, de ce dieu qui se donna la mort dans la cave d'un de ses affranchis, sur la voie

---

[1] Nous avons déjà parlé de cette belle église.

Nomentane, non sans avoir fait beaucoup de façons : « Quel grand artiste, disait-il, le monde va perdre ! »

L'église est desservie par les pères augustins, dont le couvent est attenant à l'église. C'est là qu'habita Luther quand il vint à Rome. « Néron, Martin Luther, deux artistes jaloux de faire admirer la beauté de leurs voix, deux ouvriers de la même œuvre ! Puisque Luther venait à Rome, il y devait rencontrer Néron. Luther devait dire ses dernières messes où Néron reçut ses derniers honneurs et fut regretté, et peut-être pleuré [1]. »

De la place du peuple partent trois belles rues qui sont comme les trois grandes artères de la ville : au milieu la rue du Corso, à droite la rue Ripetta, qui longe le Tibre; à gauche la rue Babuino, qui aboutit à la place d'Espagne.

Deux jolies églises, de même grandeur, de même architecture, avec d'élégantes coupoles, ouvrent de chaque côté la rue du Corso et contribuent grandement à l'ornement de la place du Peuple. Toutes les deux, richement décorées, sont consacrées à la sainte Vierge.

La première église du Corso, à gauche, est celle de *Gesù-Maria*; presque en face, à droite, l'église Saint-Jacques, possède une œuvre assez remarquable de Legros, un groupe représentant saint François de Paule, qui demande à la sainte Vierge la guérison de quelques malades. Cette église dépend de l'hôpital Saint-Jacques, que je vous engage à visiter. C'est un des plus beaux de Rome. Il fut fondé en 1836 par le cardinal Pierre Colonna. Grégoire XVI et Pie IX viennent de le faire restaurer. Il peut recevoir trois cent quatre-vingt-quatre malades, et on admire avec raison la grande salle, qui a 340 pieds de long avec une largeur proportionnée.

Un peu plus haut, la riche église Saint-Charles, construite par les Milanais en 1612, avec son magnifique pavé de marbre et ses belles peintures, appelle votre visite et sollicite votre admiration : au-dessus du maître-autel, un des meilleurs tableaux de Maratte représente saint Charles conduit à Jésus-Christ par la sainte Vierge. On conserve dans cette église le cœur de saint Charles Borromée, et vous aimerez à faire une prière devant ce cœur qui a tant aimé l'Église et les pauvres.

Voici le palais Ruspoli, dont le style sévère rappelle les palais de Florence. Nous passons rapidement devant la place Colonne, et nous arrivons à l'église élevée en l'honneur du pape saint Marcel.

« Marcel, Romain, occupa le saint-siège depuis le temps de Con-

---

[1] Louis Veuillot, *le Parfum de Rome*.

stance et de Galère jusqu'à celui de Maxence... Il institua dans la ville vingt-cinq paroisses, afin que le baptême et la pénitence fussent administrés aux infidèles qui embrassaient la religion de Jésus-Christ. Maxence le sut, et en fut irrité ; il menaça Marcel des plus cruels supplices s'il ne déposait le pontificat et ne sacrifiait aux idoles.

« Marcel ayant dédaigné ces injonctions insensées, Maxence le fit emprisonner dans les écuries des bêtes destinées aux jeux publics. Il y vécut neuf mois, s'appliquant au jeûne et à la prière, visitant par ses lettres les paroisses qu'il ne pouvait plus visiter en personne. Délivré par les soins du clergé, il reçut l'hospitalité de la bienheureuse Lucine, *dans la maison de laquelle il dédia l'église qui porte aujourd'hui son nom*. Les chrétiens s'y réunissaient pour prier, et le bienheureux Marcel les instruisait.

« Maxence, en ayant été informé, fit transférer les bêtes dans cette église même, et condamna Marcel à les servir. Ce fut en ce lieu qu'affligé de cruelles infirmités, Marcel s'endormit dans le Seigneur. »

C'est ainsi que le Bréviaire romain nous raconte l'histoire de saint Marcel. Mais de semblables humiliations n'avilissent point les papes ; et cette humble maison de Lucine, consacrée d'abord en église, puis transformée en écurie, nous apparaît aujourd'hui d'autant plus vénérable et plus chère. Après s'être prosterné devant le corps du glorieux pontife, qui repose sous le maître-autel, le chrétien se relève plus fort et plus confiant dans les promesses divines : *et portæ inferi non prævalebunt*.

Sur la place de Venise, la belle église Saint-Marc, enclavée dans le palais de l'ambassadeur d'Autriche, est un riche sanctuaire que les ambassadeurs et les prélats vénitiens se plurent à orner de marbres précieux et de belles peintures.

Le palais de Venise, qui a donné son nom à la place, fut bâti avec les pierres du Colysée, et il fut longtemps la résidence d'été des papes.

Le pape saint Marc fit bâtir l'église en 336, et elle fut reconstruite, en 883, par Grégoire IV. Le maître-autel surtout, élevé sur les corps du pape saint Marc et des saints Abdon et Sennen, est d'une magnificence remarquable.

Abdon et Sennen étaient deux princes persans, que Dèce, alors général de l'armée romaine, fit prisonniers, et amena à Rome dans l'espérance de les détacher de la religion chrétienne. Ils vécurent longtemps en paix dans cette ville ; sous le règne de l'empereur Philippe, dont la bienveillance pour les chrétiens est connue.

Dèce, ayant été proclamé empereur par l'armée, n'oublia point ces deux illustres prisonniers, et il les somma de sacrifier au soleil, dont la statue avait remplacé celle de Néron devant l'amphithéâtre. Sur leur refus, il les condamna aux bêtes. Ils furent frappés de fouets armés de plomb, et conduits au Colisée. Deux lions et quatre ours, lancés sur eux, se précipitèrent en rugissant à leurs pieds, ne voulurent plus les quitter, et prirent leur défense. Transporté de colère, Valérien, le préfet de Rome, que Dèce avait envoyé pour présider aux jeux, les fit égorger par les gladiateurs. Leurs corps étaient depuis trois jours sans sépulture, lorsqu'ils furent recueillis par un sous-diacre, nommé Quirinus, et enfermés dans une châsse en plomb. Longtemps on ignora le lieu de leur repos : eux-mêmes se chargèrent de le faire connaître sous le règne de Constantin. Ils furent alors déposés dans le cimetière de Saint-Pontien, sous la colline du Janicule, où ils demeurèrent jusqu'à Grégoire IV, qui ordonna de les transporter dans l'église Saint-Marc.

Ici se termine la rue du Corso, ainsi appelée en souvenir des courses de chevaux qui s'y faisaient autrefois. Cette rue, la plus belle et la plus longue de Rome, est tracée, croit-on, sur l'emplacement de l'ancienne *Via Lata*, et il est regrettable qu'on ne l'ait pas continuée jusqu'au Capitole : le Capitole l'aurait terminée par une perspective plus imposante que celle du palais de Venise.

Le Corso est le centre de la vie de Rome commerçante, aristocratique et frivole ; c'est là que sont les riches magasins de la ville. Chaque soir, deux heures avant l'Avé Maria, cette rue présente une physionomie très animée. Le milieu de la rue est continuellement occupé par les brillants carrosses de la noblesse romaine, qui met tout son luxe dans de beaux équipages et de nombreux laquais ; sur les trottoirs circule une foule nombreuse, composée des éléments les plus divers et les plus variés : des prêtres romains en soutanelles, des moines de tous les costumes, des étudiants de toutes les couleurs, des soldats de tous les uniformes ; des promeneurs désœuvrés : Français, Espagnols, Anglais, Américains, fumant leurs cigares ; des dames avec leurs crinolines françaises et des paysannes de la Sabine en costume de madone. Tout ce monde se mêle, se croise dans tous les sens : on n'entend pas le moindre cri tumultueux, le moindre désordre. Tout cela compose un spectacle peut-être unique en son genre, et qui prouve une fois de plus que Rome est la ville du monde entier. Malgré la diversité du langage, la variété des costumes, la différence des habitudes, chacun ici se sent chez soi. Le souverain pontife, il y a quelques jours, dirigea sa promenade du côté du

Corso; il descendit de sa voiture, et le traversa à pied. Ce fut un enthousiasme que je ne saurais vous décrire : tout le long de la rue, une double haie vivante, à genoux, se découvrait et baissait la tête sous la main étendue qui appelait sur elle les bénédictions de Dieu : hommes, femmes, prêtres, militaires, riches, nobles, voyageurs et Romains, nul ne songeait à résister. A chaque instant la foule le dépassait pour le mieux voir; elle ne se lassait pas, et, après l'avoir vu ici, courait plus loin pour l'apercevoir encore. La joie et le bonheur s'épanouissaient sur l'auguste visage du pontife. Pie IX était heureux de se trouver au milieu de ses enfants, de recevoir leurs témoignages d'amour, et sa physionomie disait assez qu'il les payait de retour.

Quand il remonta dans sa voiture, des *evviva* joyeux s'échappèrent de toutes les poitrines et dans toutes les langues : *Vive Pie IX! Vive le Saint-Père!* Cris d'amour et d'espérance que répètent chaque jour des millions de voix : le Seigneur les exaucera.

XVI

LE CHAMP DE MARS

Le Panthéon. — Sa transformation. — Tombeau de Raphaël.

Vous chercheriez en vain, mon cher ami, dans la Rome moderne, l'ancien Champ de Mars, consacré au dieu de la guerre après l'expulsion des rois, et dont le nom revient si souvent dans l'histoire du peuple romain : il a complètement disparu. Il s'étendait du pied du Quirinal et du Capitole, entre le mont Pincio et le Tibre, jusqu'à la porte du Peuple ; aujourd'hui ce quartier de Rome est un des plus habités.

De tous les monuments remarquables dont l'empire l'avait orné, il ne reste plus que quelques débris. On y voyait autrefois des temples, des théâtres, le cirque agonal d'Alexandre Sévère, le Panthéon d'Agrippa, le mausolée d'Auguste, environné de bosquets que l'empereur avait destinés à l'agrément du peuple ; l'obélisque solaire, encore debout sur la place Monte-Citorio ; le temple de Marc-Aurèle, remplacé par le palais Chigi ; le portique des Argonautes, avec ses mille colonnes et ses mille statues, divisé au milieu par le temple de Neptune, dont les belles colonnes décorent la façade de la douane actuelle ; le Nymphée de Jupiter, ou grand établissement de bains publics, sur les ruines duquel s'élève aujourd'hui le palais Piombino ; entre tous ces monuments, de grands espaces libres couverts de gazon et de sable, où la jeunesse prenait ses ébats : voilà ce que c'était que le Champ de Mars.

Ce champ jouait un rôle important dans la vie du Romain. A Rome, il y avait trois lieux où la foule se réunissait de préférence et en plus grand nombre. Le matin, on se rendait au Forum pour traiter les affaires. A midi, chacun se rendait dans sa demeure pour prendre quelques instants de repos, et, après la sieste, la foule affluait au Champ de Mars. La jeunesse s'y livrait à ses jeux : elle luttait, lançait le javelot, jouait à la palestre. Les vieillards se promenaient en regardant, peut-être avec un œil d'envie, ces jeux que les années leur rendaient impossibles, et sous de riches portiques les matrones causaient.

Dans la soirée, toute cette foule se rendait aux bains, car à Rome le bain est tout à la fois affaire, remède et plaisir. Les jeunes gens, tout poudreux de la palestre, se jettent dans le Tibre, et le passent à la nage. Le pauvre va aux nymphées publics, où il se baigne pour la modique somme d'un quadrant (deux ou trois centimes), et souvent pour rien. Le patricien et le sénateur ont dans leurs palais des thermes où rien ne manque pour satisfaire leur luxe et flatter leur volupté. La journée se terminait par le souper, qui était presque l'unique repas du Romain.

La place Colonna, située vers le milieu du Corso, possède un ancien monument du Champ de Mars : la colonne élevée à Marc-Aurèle est consacrée aujourd'hui au souvenir de l'apôtre saint Paul. Cette place est loin de rappeler le bruit et les cris du Champ de Mars, et, sans la colonne Antonine, elle mériterait à peine de fixer l'attention. Au fond de la place est un beau palais avec un riche portique soutenu par douze colonnes de marbre blanc. En suivant la rue, à droite de ce palais, on arrive sur la place Monte-Citorio, où se dressent l'ancien obélisque solaire du Champ de Mars et le palais que le Bernin construisit pour servir de résidence au ministre de la justice. Il est également occupé par les tribunaux et les bureaux de la police : c'est là que les étrangers vont faire viser leurs passeports.

Dirigeons-nous vers le célèbre Panthéon d'Agrippa, encore debout : temple magnifique dont Auguste ne voulut point accepter la dédicace, et que son gendre consacra à tous les dieux.

Le portique présente l'aspect le plus majestueux : il est formé de seize grandes colonnes corinthiennes de granit, soutenant un fronton dont les proportions sont admirables de perfection.

L'intérieur du temple n'a pas moins d'élégance que de noblesse et de majesté. Il est circulaire : son élévation est égale à son diamètre, qui est de 132 pieds. Le plus bel éloge qu'on puisse décerner à ce temple, selon Mgr Gerbet, c'est la conception de Michel-Ange, qui *porta* le Panthéon *en l'air* pour en faire la coupole de la basilique de Saint-Pierre.

C'est le seul monument de l'antiquité païenne que le temps et la main des barbares aient respecté. Ce qu'était le Panthéon il y a dix-neuf siècles, il l'est encore aujourd'hui : l'ornementation et la destination seules ont changé. Même péristyle, même forme, mêmes murailles, mêmes colonnes de marbre; la lumière pénètre dans l'intérieur par le même œil de la coupole, toujours ouvert; et, pour contempler le ciel, le regard chrétien suit encore la même route que le regard païen. Et cependant tout est changé : le temple matériel est le même, il est vrai, mais ce n'est plus le même Dieu qu'on y adore. Les statues des saints ont remplacé celles des dieux, et la vérité et la vertu sont aimées là où le mensonge et le vice étaient honorés. Ce n'est pas toutefois sans une raison providentielle que ce temple païen a subsisté dans son intégrité.

« La capitale du paganisme était destinée à devenir celle du christianisme; et le temple qui, dans cette capitale, concentrait *toutes* les forces de l'idolâtrie, devait réunir *toutes* les lumières de la foi. *Tous les saints* à la place de *tous les dieux!* Quel sujet intarissable de profondes méditations philosophiques et religieuses! C'est dans le Panthéon que le paganisme est rectifié et ramené au système primitif, dont il n'était qu'une corruption visible. Le nom de DIEU, sans doute, est exclusif et incommunicable; cependant *il y a plusieurs* DIEUX *dans le ciel et sur la terre*[1]. Il y a des intelligences, *des natures meilleures*, des hommes divinisés. Les dieux du christianisme sont LES SAINTS. Autour de DIEU se rassemblent TOUS LES DIEUX, pour le servir à la place et dans l'ordre qui leur sont assignés[2]. »

Mais le Panthéon ne devait pas, sans transition, sans une espèce d'expiation, servir à glorifier le vrai Dieu. Au ve siècle, il fut fermé, comme tant d'autres temples de la Rome païenne : n'étant plus païen, il n'était pas encore chrétien.

« Semblable à un grand pécheur qui passe quelque temps dans la retraite et la pénitence avant d'aspirer au sacerdoce auquel Dieu l'a destiné, le Panthéon demeura pendant deux siècles dépouillé, solitaire, plein de deuil et de silence[3]. »

Lorsque Boniface IV résolut de consacrer à tous les saints Rome qui avait été dédiée à tous les démons, il demanda et obtint ce temple de l'empereur Phocas. Il descendit alors dans les catacombes, ravit à ces cimetières sacrés une grande partie de leurs trésors, les ossements des martyrs, et les fit porter au Panthéon, qu'il consacra à Marie et à tous les martyrs. Ceci se passait en 607, et, deux siècles plus tard (803), le pape Grégoire IV consacrait le Panthéon à tous

---

[1] I Cor. VIII, 5.
[2] Joseph de Maistre, *du Pape*.
[3] *Esquisse de Rome chrétienne*, II, p. 414.

les saints, et instituait en leur honneur la fête que l'Église universelle célèbre chaque année au 1ᵉʳ novembre.

« O spectacle merveilleux, digne de celui qui nous l'a préparé, et fait seulement pour ceux qui savent le contempler !

. . . .

« Je vois le CHRIST entrer dans le *Panthéon*, suivi de ses évangélistes, de ses apôtres, de ses docteurs, de ses martyrs, de ses confesseurs, comme un roi triomphateur entre, suivi des GRANDS de son empire, dans la capitale de son ennemi vaincu et détruit. A son aspect, tous ces *dieux-hommes* disparaissent devant L'HOMME-DIEU. Il sanctifie le *Panthéon* par sa présence, et l'inonde de sa majesté. C'en est fait; *toutes* les vertus ont pris la place de *tous* les vices. L'erreur aux cent têtes a fui devant l'invisible vérité : Dieu règne dans le *Panthéon*, comme il règne dans le ciel, au milieu de TOUS LES SAINTS [1]. »

Le corps de Raphaël repose au Panthéon, selon son désir, aux pieds de la sainte Vierge. Lui-même fit construire cette chapelle et fit les dessins de la statue: Ce *divin jeune homme* avait appris sur les genoux de sa pieuse mère à aimer Marie, et il est le peintre qui a cherché à reproduire le plus souvent son image. « Les madones, dit Mary Lafon, naissaient naturellement sous son pinceau comme les fleurs sur l'oranger. »

Sous le règne de Grégoire XVI le tombeau de l'artiste fut ouvert, et l'on trouva son squelette entièrement conservé quoiqu'un peu altéré par l'humidité. Le pontife remplaça le modeste *loculus* de pierre dans lequel il était renfermé par une belle urne de porphyre. On y laissa l'inscription un peu prétentieuse du cardinal Bembo :

> Ille hic est Raphael, timuit quo sospite vinci
> Rerum magna parens, et moriente mori.

---

[1] De Maistre, *Du Pape*.

XVII

L'ÉDUCATION POPULAIRE A ROME

Salles d'asile. — Écoles régionnaires. — Saint Joseph Calasanz. — Sainte Angèle de Mérici. — Écoles d'adultes. — Conférences. — Encouragements.

Je suis convaincu, mon cher ami, que beaucoup de gens attaquent Rome parce qu'ils ne la connaissent pas, ou qu'ils la connaissent mal. Rome est le centre du catholicisme et de la foi, et à ce titre elle est le foyer de toute lumière et le principal moteur de tout progrès moral et de toute vraie civilisation.

Je ne viens pas réfuter toutes les accusations portées contre la papauté ; avec vous je sais que c'est inutile ; vous aimez Rome, et vous pensez avec moi que la papauté a fait Rome et l'a empêchée de tomber dans l'oubli, comme tant de capitales illustres des royaumes antiques dont il ne reste pas pierre sur pierre. Toutefois, mon cher ami, il s'est établi dans l'opinion un tel courant sur la Rome des papes, que j'ai senti le besoin de voir, d'étudier et de pénétrer dans les mystères de la vie intime de cette ville, qui ne connaît point d'indifférents, et je vous assure que cette opinion est fondée sur l'ignorance et le mensonge.

Je me contenterai donc d'exposer ce qui existe, ce qui se pratique dans les États du saint-père, et cela peut suffire, je crois, pour dissiper de nombreux préjugés et pour éclairer des esprits qui s'en rapportent trop facilement aux appréciations de nos adversaires quand il s'agit de décrier la cour pontificale. Le soleil n'a qu'à paraître pour chasser les ténèbres de la nuit, et nous pensons que Rome n'a qu'à montrer ses richesses morales, ses œuvres de charité, sa vie intime et surnaturelle, pour gagner toutes les sympathies et réfuter tous les mensonges que l'impiété débite chaque jour.

Il en est un que nous avons souvent entendu émettre : le clergé, dit-on, est ennemi des lumières, et Rome ne fait rien pour propager l'instruction dans les classes populaires. Nous croyons tout le contraire, et nous ne craignons pas d'affirmer que, sous ce rapport comme sous bien d'autres, Rome pourrait servir d'exemple à plus d'un gouvernement.

Quand il s'agit d'éducation populaire, nos économistes et nos philanthropes se félicitent de leurs salles d'asile, de leurs écoles gratuites, de leurs cours d'adultes, et ils s'attribuent toute la gloire de ces institutions. Plus d'un sans doute serait bien étonné si nous leur disions que ces différentes œuvres existaient et fonctionnaient à Rome avant même qu'ils soupçonnassent la possibilité de semblables créations.

Ils nomment plusieurs personnages, tels que Robert Owen, le pasteur Oberlin, la marquise de Pastoret, auxquels ils attribuent l'honneur de la création des salles d'asile, et ils ignorent qu'elles existent à Rome depuis des siècles sous le nom d'écoles gardiennes.

Il y a dans cette ville, sous la surveillance du cardinal-vicaire, cent quatre-vingts écoles de ce genre, où l'on reçoit environ quatre mille enfants, depuis l'âge de deux ans jusqu'à cinq. Les maîtresses doivent être âgées de vingt et un ans au moins, et offrir toutes les garanties de moralité, de probité et d'instruction convenables. Elles gardent ces enfants toute la journée, excepté le temps du dîner, et elles leur apprennent leurs prières, les premiers éléments de la religion, l'alphabet et quelques petits ouvrages manuels.

Est-ce autre chose que nos salles d'asile? Eh bien! ces écoles existent à Rome depuis si longtemps qu'on ne saurait au juste préciser l'époque de leur fondation.

Pie IX vient de créer trois nouvelles écoles de ce genre. Les enfants y sont gardés tout le jour, et dînent aux frais de leurs bienfaiteurs.

A l'âge de cinq ans, ces enfants sont envoyés dans les écoles pour compléter leur instruction. Il y a à peu près cinquante écoles régionnaires pour les garçons. Leur origine remonte probablement à l'ancienne Rome, et leur nom vient de ce qu'il y avait une de ces écoles pour chacune des régions de la ville. Elles sont également sous la surveillance du cardinal-vicaire, qui nomme une commission chargée de les inspecter, et d'examiner les maîtres, auxquels elle délivre les diplômes de capacité. Les maîtres sont encouragés dans cette tâche difficile et laborieuse par l'espérance d'une pension de retraite, dont ils jouissent quand l'âge ou les infirmités ont rendu tout travail impossible. Les élèves ne donnent qu'une légère rétribution. Toutes les familles, sans doute, ne sont pas assez riches pour payer cette rétribution, si minime qu'elle soit; aussi il y a à Rome des écoles gratuites, et c'est même la première ville de l'Europe qui en ait possédé : elle les doit à saint Joseph Calasanz.

Ce saint prêtre, né dans le royaume d'Aragon, poussé par l'esprit de Dieu, vint à Rome vers l'an 1592. Dès sa jeunesse il aimait à instruire les enfants des vérités de la foi, et leur apprenait leurs prières. A Rome, rien ne put arrêter son zèle ; il se livra à toutes sortes d'œuvres de charité : il visitait les malades, consolait les prisonniers, et, pendant une horrible peste qui ravagea la ville, on le vit avec saint Camille de Lellis distribuer des secours aux malades, et porter sur ses épaules les cadavres des morts pour les ensevelir. Il s'associa plusieurs disciples, et fonda l'ordre des *Pauvres de la Mère de Dieu des écoles pieuses*, pour se livrer à l'éducation gratuite de la jeunesse. Ce fut en 1597 qu'il fonda sa première école. Les papes Clément VIII, Paul V et plusieurs autres approuvèrent et bénirent son œuvre. Dieu lui-même sembla l'approuver ostensiblement : peu de temps avant la mort de notre bienheureux, la sainte Vierge lui apparut avec l'enfant Jésus, qui le bénit, lui et tous ses disciples, pendant qu'ils étaient en prière.

Le corps de saint Joseph Calasanz repose dans l'église Saint-Pantaléon : il est exposé dans une belle urne de porphyre, au-dessus du maître-autel. Ses religieux continuent sa mission ; ils ont à Rome deux écoles gratuites : ils conduisent leurs enfants à la messe tous les jours, et, quand j'ai visité l'église Saint-Pantaléon, ils venaient d'assister au saint sacrifice, et rentraient dans leur classe avec un recueillement et un ordre parfaits.

Deux siècles plus tard, la France donna le jour à un digne émule de saint Joseph Calasanz, dans la personne du vénérable de la Salle, prêtre de Reims, dont les disciples sont connus et aimés dans toutes les parties du monde. Rome possède depuis un siècle et demi les bons Frères des Écoles chrétiennes, et ils donnent l'instruction à plus de deux mille enfants.

L'éducation des filles n'est pas plus négligée que celle des garçons ; elles ont aussi leurs écoles régionnaires payantes, au nombre de soixante-cinq, suivies par douze cents élèves. Sainte Angèle de Mérici, dès 1595, avait déjà recueilli les jeunes filles pauvres pour les instruire ; mais la première école gratuite pour les filles ne fut fondée qu'en 1655, par le pape Alexandre VII. Aujourd'hui Rome en compte dix-sept avec cinq cents élèves. Je ne parle pas des communautés religieuses qui ont des pensionnats ; j'aurai probablement occasion de parler plus tard de quelques-unes d'entre elles.

Quand l'enfant sort de l'école, son bagage d'instruction est souvent bien mince, sa science très superficielle, et il n'est pas rare, après quelques années, de trouver des jeunes gens ignorants comme s'ils n'avaient jamais reçu aucune instruction.

Afin d'obvier à ce résultat, on a établi en France des écoles ou cours d'adultes, où les jeunes ouvriers viennent, dans les longues soirées d'hiver, apprendre de nouveau ce qu'ils ont oublié, et compléter quelquefois une instruction insuffisante et imparfaite. Sous ce rapport, Rome encore nous a devancés.

Les écoles du soir, ou d'adultes, furent fondées à Rome, en 1817,

Saint Joseph Calasanz.

par un simple artisan, Jacques Cersoglio, graveur sur bois. Il fut aidé dans cette œuvre par Michel Gigli, jeune avocat, né en 1790, qui se fit l'ami et le défenseur des pauvres, et mourut en 1837, victime de son dévouement, à l'époque de l'invasion du choléra. Il réunissait chaque soir les jeunes ouvriers pendant deux heures, leur fournissait le papier et les livres nécessaires, et leur enseignait la doctrine chrétienne, la lecture, l'écriture, l'arithmétique, et aux plus avancés, la géométrie et le dessin linéaire. Les exercices se terminaient par la prière du soir, et, afin d'enlever à ces jeunes gens la tentation des promenades nocturnes, Gigli les ramenait chez eux ; la caravane se développait dans les rues de Rome, en répétant dans le silence de la nuit quelques-uns de ces graves et mélancoliques refrains que les Italiens aiment tant : de porte en porte, un anneau se détachait de la chaîne ; et, quand elle était épuisée, Gigli allait le dernier se reposer de ses pieuses fatigues, et faire les rêves d'or que Dieu envoie à ses amis[1].

La mort du fondateur n'a point nui à l'œuvre, et aujourd'hui ces écoles sont très florissantes.

Il y a quelques mois, le ministre de l'instruction publique, en France, recommandait d'ouvrir dans les villes des cours de lecture pour propager l'instruction parmi le peuple. Assurément la pensée était bonne, et pourrait être féconde en heureux résultats, si ces cours étaient faits par des hommes animés de l'esprit catholique et franchement chrétien. Mais ici je ne veux voir que l'institution en elle-même, et je suppose que M. le ministre serait fort étonné si nous lui disions qu'il y a trois siècles saint Philippe Néri mettait en pratique, dans la ville de Rome, ce qu'il se propose de faire dans nos villes de province. Tous les dimanches il réunissait les jeunes gens, et tout en ornant leur intelligence il sauvait leur âme; il savait entremêler ses instructions de délassements honnêtes, et encore aujourd'hui ces cours libres d'instruction et de moralisation sont très suivis.

Faut-il s'étonner que Rome soit ainsi en avance quand il s'agit de la moralisation et de l'instruction du peuple? Cette ville est le centre de la vérité, et par conséquent elle est comme le phare que toutes les nations devraient toujours fixer, pour ne jamais s'égarer et marcher constamment dans la voie du progrès. Les papes sont convaincus que l'instruction est nécessaire pour moraliser la classe ouvrière, cette partie si importante dans nos sociétés modernes. Benoît XIII, dans sa bulle d'approbation des Frères des Écoles chrétiennes, en 1724, disait ces paroles remarquables : « L'ignorance est l'origine de tous les maux, surtout parmi ceux qui sont livrés au travail manuel[2]. »

On voit que l'idée d'instruire la classe ouvrière ne date pas d'aujourd'hui seulement : nous venons de montrer que Rome a su répondre à cette nécessité, et qu'elle a depuis longtemps contribué à répandre et à perpétuer l'éducation populaire.

Il faut l'avouer cependant, l'instruction, quand elle est incomplète, c'est-à-dire quand elle est séparée de l'éducation proprement dite, devient un fléau et un malheur pour les sociétés. Le grand mal de notre époque, c'est que la science a tourné toute son énergie, dirigé toutes ses investigations vers le progrès matériel. Aussi s'occupe-

---

[1] *Des Établissements charitables de Rome*, par M. Lefebvre.
[2] Ignorantia, omnium origo malorum, præsertim in eis qui fabrili operæ dediti sunt.

t-on surtout de faire des industriels, des commerçants, des économistes, mais des hommes, presque jamais. L'instruction, la science, n'est pas tout pour l'homme. S'il est bon d'orner l'intelligence de l'enfant, il faut surtout corriger ses défauts et façonner son cœur à l'habitude du bien. Or les études littéraires et scientifiques seules, quoi qu'on en dise, ne pourront jamais donner au jugement la rectitude, au cœur l'énergie et la vigueur dont l'homme a besoin dans la pratique ordinaire de la vie.

Loin de moraliser, une telle science trop souvent enfle d'orgueil, fausse l'esprit et enfante le matérialisme le plus grossier. Il faut donc à l'instruction joindre l'éducation, et nous affirmons que, si la science de la religion n'est pas la première science enseignée à l'enfant, l'éducation n'existe pas, ou elle est mauvaise.

La base de l'instruction doit être un enseignement dogmatique précis, et il faut imprégner les jeunes générations d'une morale positive et sincèrement religieuse. Rien n'empêche en même temps de développer les facultés de l'enfant, et d'orner son intelligence des connaissances littéraires et scientifiques en rapport avec sa position et ses besoins.

C'est ce qui se pratique à Rome, où l'enseignement religieux est obligatoire.

On parle beaucoup de nos jours de l'enseignement obligatoire; et des gens qui menacent de la prison[1] ou de l'amende ceux qui refusent d'apprendre à lire ou à écrire, ne pardonnent pas au pape d'obliger ses sujets à connaître Dieu, à leur apprendre d'où ils viennent et où ils vont, et à s'instruire de leurs devoirs religieux et sociaux. Mais ces déclamations hypocrites et dénuées de sens n'empêcheront pas le vicaire de celui qui a dit : *Je suis la vérité*, de répandre partout l'enseignement religieux, de lui donner le premier rang à l'école, de le faire retentir dans les trois cent trente églises de Rome, et jusque sur les places publiques.

Grâce à cette sollicitude pour l'enseignement religieux, malgré le mélange continuel de tant de voyageurs incroyants, malgré le tra-

---

[1] Jules Simon écrivait il y a quelques mois : « Tout père dont l'enfant sera signalé comme ne fréquentant pas une école devra, sur l'avertissement du maire, se présenter devant la commission d'examen. Si l'ignorance est constatée, le père à la requête de la commission *pourra* être cité devant le juge de paix et condamné à la réprimande, le jugement *pourra* être affiché pendant un mois aux portes de la mairie. Si récidive il y a, le bonhomme sera traduit en police correctionnelle pour s'entendre infliger une amende de 10 à 100 francs et priver temporairement de ses droits électoraux. » En 1871, M. Jules Simon, ministre de l'instruction publique, a présenté à l'Assemblée nationale un projet de loi conforme à ces idées.

vail des révolutions, et les triomphes momentanés de l'anarchie, le peuple de Rome s'est conservé au fond admirablement catholique. Il est bien vrai que les démonstrations de sa foi, nécessairement en rapport avec la vivacité de son tempérament, sont quelquefois assez difficilement comprises par le sérieux, d'ailleurs fort respectable, de nos habitudes religieuses; mais il n'en est pas moins certain que les pensées de l'ordre surnaturel, si rares aujourd'hui parmi nous dans le commerce de la vie, règnent à Rome indistinctement et comme naturellement partout. Elles ne se montrent pas seulement dans les oblations spontanées pour les magnificences du culte divin, elles font partie des mœurs publiques comme de la vie privée; elles entrent dans toutes les conversations même familières et profanes, et toujours elles y sont comme dans leur domaine. Elles surnagent avec toute leur énergie dans le débordement des passions, et comme jamais elles ne sont contestées, elles entretiennent alors le remords et ramènent au repentir; enfin elles vivent surtout au sein des familles; elles y sont honorées comme dans un sanctuaire, et, alors même que la misère y a introduit quelques dégradations, alors encore elles rendent fréquents et habituels des sentiments héroïques et des paroles sublimes [1].

Maintenant disons quelques mots du programme littéraire, et retenons surtout qu'il s'agit des écoles gratuites et destinées exclusivement aux enfants de la classe populaire : on leur enseigne la lecture, l'écriture, les éléments du calcul et de la langue italienne. On ajoute au programme des filles l'apprentissage des travaux manuels.

Quand les enfants sont intelligents, on les initie aux premiers éléments de la langue latine, de l'histoire et de la géographie, de la géométrie et du dessin linéaire.

Ainsi, mon cher ami, vous voyez qu'à Rome l'instruction se donne au peuple avec autant et peut-être plus de générosité qu'ailleurs.

Il y a à Rome environ quatre cents écoles fréquentées par dix-sept mille élèves, et si nous comptons les enfants, au nombre d'environ six mille, élevés et instruits dans différents établissements charitables, on peut porter à vingt-trois mille le nombre des enfants qui reçoivent l'instruction primaire. C'est un assez beau résultat, si l'on songe surtout que la population de Rome ne s'élève guère qu'à deux cent mille habitants.

De nombreux et puissants encouragements sont donnés aux enfants. Sans parler des distributions de prix et autres récompenses, j'em-

[1] Mandement de Mgr Parisis, évêque d'Arras.

prunterai au journal *l'Univers* le récit d'une fête appelée fête de l'Empereur, qui se renouvelle chaque année. Celle qu'on nous raconte se passait en 1856.

Le nombre des concurrents était de quatre-vingt-dix-neuf, dont vingt-huit ont été jugés dignes de récompenses. Douze des triomphateurs appartenaient à l'école de Ripetta, fondée par la famille Borghèse, et parmi eux, le premier des premiers, celui qui a mérité le titre d'empereur.

Le prince Borghèse, absent de Rome, a été informé par le télégraphe de la victoire incomparable remportée par ses jeunes protégés : il a voulu que le nouveau monarque tînt sa réception de joyeux avènement dans l'école même. Un trône de velours cramoisi a été dressé, et toute la salle a reçu une riche décoration. Les réjouissances ont duré deux jours; des prélats, des membres du clergé, des amis de l'empereur et des princes sont venus offrir leurs félicitations, nous ne voulons pas dire présenter leurs hommages, au monarque entouré des autres dignitaires de sa cour éphémère. Des rafraîchissements étaient offerts, au nom de cet empereur et de ces princes d'un jour, par le maître d'hôtel du vénérable prince qui avait ordonné la fête.

L'empereur reçoit de la fondation établie dans l'église del Pianto une somme de deux cent soixante francs et une croix d'argent : les autres dignitaires reçoivent à proportion de leur mérite. Mais le plus beau privilège de toute cette jeune cour, c'est d'être présentée au saint-père et d'être conduite à l'audience dans une voiture de gala. Pie IX les accueille avec l'affectueuse bienveillance qu'on lui connaît, et il fait à l'empereur un cadeau de dix écus et d'une médaille d'argent renfermée dans un écrin, et ornée de son portrait d'un côté, et de l'autre d'une gravure représentant l'Immaculée Conception. Les autres dignitaires reçoivent également des présents déterminés par l'usage. C'est ainsi que les papes savent encourager l'enfance.

XVIII

MAISONS D'ÉDUCATION POUR LES ENFANTS PAUVRES

Orphelinat. — Tata Giovanni. — Saint-Michel a *Ripa-Grande*. — Sainte-Balbine.

La charité romaine est multiple dans ses œuvres, ingénieuse dans cette multiplicité même et surtout maternelle dans l'application qu'elle en fait aux indigents. Prendre le pauvre à sa naissance, le suivre dans sa vie tout entière, et le conduire jusqu'à la tombe, telle est, mon cher ami, la gloire de Rome.

Aujourd'hui je veux parcourir avec vous les différents établissements qu'elle a fondés en faveur de l'enfance : ils sont nombreux et variés, car à cet âge les besoins sont grands. Hâtons-nous de dire toutefois que ce ne sont pas seulement des asiles pour les recevoir, mais de véritables maisons d'éducation, où on leur donne un enseignement littéraire et professionnel, qui les met en état de gagner leur vie quand ils sont rendus à la liberté.

Nul n'est plus à plaindre que le pauvre orphelin à qui tous les soins et toutes les tendresses font défaut à un âge où ils lui sont le plus nécessaires. Leur sort dut naturellement éveiller la sollicitude de l'Église, et personne ne s'étonnera si nous disons que la première elle les recueillit et remplaça auprès d'eux le cœur d'une mère. Dès le IVe siècle, il est question de ces asiles nommés *Orphanotrophium*, où ces pauvres enfants étaient reçus, élevés et protégés dans leurs personnes et leurs biens.

Cependant le premier orphelinat qui fut régulièrement constitué, tel que nous en possédons maintenant, ne fut fondé qu'au XVIe siècle par saint Ignace de Loyola, à Sainte-Marie *in Aquiro*, près du Panthéon.

Aujourd'hui cet orphelinat, transformé en collège, ne reçoit que les jeunes orphelins de sept à douze ans, dont la famille était dans l'aisance. La pauvreté est plus dure à celui qui ne l'a point connue en naissant, et Rome tâche de lui en adoucir l'amertume en l'entourant de plus de soins et de plus d'égards. L'Église romaine a des délicatesses et des attentions pour les pauvres, qu'on ne saurait trouver ailleurs. Son cœur maternel comprend tout, et son instinct ne la trompe jamais.

Ces jeunes enfants sont plus spécialement destinés aux études littéraires et font leurs humanités complètes sous la direction des Pères Somasques. Ils sont environ cinquante; qui ne les a quelquefois rencontrés, aux jours de fêtes, avec leur soutanelle blanche et leur large chapeau blanc?

L'orphelinat pour les jeunes filles est au monastère des Quatre-Saints-Couronnés, sur le mont Cœlius.

Un autre grand orphelinat, élevé sur les ruines des Thermes de Dioclétien, à Sainte-Marie-des-Anges, reçoit les orphelins des deux sexes. On leur donne une éducation complète. Les garçons ne quittent l'établissement qu'à vingt et un ans, lorsqu'ils sont en état de gagner leur vie; les filles ne sortent que pour se marier ou entrer au couvent.

A son retour de Gaëte, Pie IX fonda un orphelinat pour recevoir tous les enfants dont les pères étaient morts pendant le siège de Rome. Il l'établit dans une vigne qui était sa propriété, destina ces enfants à l'agriculture. Il fit venir de France et d'Angleterre des charrues et des instruments aratoires perfectionnés, et l'orphelinat agricole de la *Vigna-Pia* est très florissant. Il compte en ce moment cent vingt-cinq jeunes gens. Dans les jours d'été Pie IX aime souvent à les visiter et à les encourager par sa présence.

Les orphelins ne sont pas les seuls enfants qui aient besoin d'intérêt et de protection. Qui n'a souvent remarqué dans nos villes ces enfants vagabonds et ignorants dont la famille ne s'occupe pas et qui grandissent ainsi dans l'oisiveté et le libertinage? A Rome, comme ailleurs, les regards étaient souvent attristés par ce spectacle. Dans le siècle dernier, un maçon nommé Jean Borgi, touché de l'état de ces enfants, espérant tromper la douleur qu'il ressentait de la mort de sa fille unique, et voulant utiliser une vie qui s'écoulerait désormais bien triste, sans l'affection et les tendresses qui en étaient toute la joie, recueillit quelques-uns de ces petits vagabonds pour les instruire et les élever. Les adoptions de Borgi se multiplièrent promptement; sa demeure devint trop petite, il fallut songer à obtenir des secours et à choisir un autre logement. A Rome, les bonnes œuvres trouvent toujours des cœurs généreux disposés à les soutenir de leur argent et de leur dévouement. Borgi eut bientôt le nécessaire, et aujourd'hui son œuvre, établie à Sainte-Marie-des-Menuisiers, est florissante.

Cet humble maçon, qui ne savait pas lire, conduisait admirablement ce petit troupeau, que les habitudes d'une vie errante et libre rendaient quelque peu ingouvernable. Il ne les perdait pas de vue un instant : le matin il les conduisait dans les ateliers où ils apprenaient un état; le soir il faisait la prière avec eux, et partageait le temps de la nuit entre la prière et la surveillance de cette chère famille. Sous l'écorce un peu rude du bonhomme, les enfants surent bientôt découvrir la tendresse et la bonté de son cœur; et ils l'appelaient *Tata Giovanni*, papa Jean; le nom est resté à l'œuvre.

Dans plus d'une circonstance, Pie VI montra à Jean Borgi qu'il savait apprécier son dévouement; il aimait à le recevoir avec ses chers pensionnaires, et toujours il leur distribuait quelques secours.

Un jour, après une de ces distributions, un des plus petits sortit des rangs, s'avança vers l'auguste pontife, et levant vers lui ses petits yeux noirs :

« Padre santo, dit-il, vous m'aviez donné un paul, et voilà que tata Giovanni me l'a repris. »

Et Pie VI, se retournant vers le vieux maçon et prenant un visage sévère :

« Eh bien ! maître Jean, qu'avez-vous à dire ? Pourquoi avez-vous fait cela ?

— Eh ! dit le vieillard, c'est pour leur payer une collation à Baldinotti.

— Eh bien ! reprit le pape, je payerai la collation, et rendez le paul au pauvre petit. »

Pie IX consacra les sept premières années de sa prêtrise à l'éducation des enfants de l'hospice de *Tata Giovanni*. Il habitait au milieu d'eux, et son séjour dans son établissement fut marqué par de nombreuses et importantes réformes. J'ai visité avec respect l'humble chambre qu'il habita, et celui qui m'accompagnait me racontait avec émotion les scènes attendrissantes auxquelles donna lieu le départ de l'abbé Mastaï, alors nommé auditeur de la nonciature du Chili. Les adieux furent touchants, tous pleuraient, et le futur pontife disait : « Je n'aurais pas cru que notre séparation dût être si cruelle ! »

L'hospice de Saint-Michel *a Ripa-Grande* semble résumer à lui seul toute la charité romaine.

On y voit réunies les deux extrémités de la vie, l'enfance et la vieillesse, également impuissantes et faibles.

Les commencements de cet établissement furent bien humbles et bien touchants. En 1580, un pauvre paysan de Salerne, Léonard Ceruso, avait fait vœu de se rendre à Lorette; il réalisa ses petites ressources et partit confiant dans la Providence. Arrivé à Rome, ses économies étaient épuisées, et il se trouva dans l'impossibilité de poursuivre son voyage. Il entra alors au service du cardinal de Médicis, et ne crut pas payer trop cher, en sacrifiant sa liberté, le bonheur d'accomplir son vœu. Pendant deux ans il travailla, et, ce temps expiré, il fut assez riche pour se remettre en route. A son retour, il revint à Rome. C'était au milieu d'un hiver rigoureux, la misère était grande, et de petits enfants à moitié nus, transis de froid, mourant de faim et mendiant dans les rues, émurent le cœur de Léonard. Il lui restait quelques épargnes, et, sans plus délibérer, il accueille quelques-uns de ces enfants. Peu à peu le nombre de ses pensionnaires augmente, et ses ressources diminuent. Alors Ceruso parcourt les rues de Rome, et tend la main pour ses jeunes protégés. Le peuple admire ce dévouement; il rit bien un peu de ce vieux professeur qui a toujours à la bouche quelques citations latines, il l'appelle en plaisantant *Letterato;* mais il n'en remplit pas moins son escarcelle. Léonard accoutume au travail ces enfants dès leur bas âge; il les emploie d'abord à balayer les rues de Rome, et, à mesure qu'ils grandissent, il leur fait apprendre des métiers qui les mettront en état de gagner leur vie. Le *Lettré,* on ne le connaissait plus que sous ce nom, se plut au milieu de cette nouvelle famille. Il oublia sa patrie, et mourut le 15 février 1595, laissant après lui un nom aimé et entouré de l'auréole de la sainteté.

Un siècle plus tard, un prince, Thomas Odescalchi, chanoine de Saint-Pierre, fonda également sur la rive droite du Tibre un asile pour les enfants, qui fut donné à sa mort, avec tous ses revenus, au pape Innocent XII. Ce pontife réunit à cette fondation celle du Lettré.

Sixte V avait créé un asile près de Saint-Jean-de-Latran pour recevoir les vieillards des deux sexes; Clément XI amena à Saint-Michel ces deux familles de vieillards, et ainsi fut définitivement constitué l'hospice de Saint-Michel, avec ses quatre familles, tel que nous l'admirons maintenant.

Sur la rive droite du Tibre, près de la porte Portèse, s'élève cet immense établissement dont les constructions et les dépendances n'occupent pas moins de 26,720 mètres. C'est une suite et une accumulation de vastes corps de logis, de cours, d'ateliers, de chapelles, d'églises. L'hospice se divise en quatre grandes communautés séparées qui gardent, nourrissent et entretiennent plus de huit cents individus de tout âge et de tout sexe. Ces communautés sont celles des jeunes garçons, des jeunes filles, des vieillards et des vieilles femmes.

Dans la communauté des vieillards, hommes ou femmes, on ne reçoit guère que des pauvres nés à Rome, ou au moins domiciliés dans la ville depuis cinq ans. Ils se divisent en deux classes : ceux qui sont encore capables de se livrer à quelques travaux sont employés à l'intérieur comme portiers, surveillants et gardiens. La seconde catégorie comprend les vieillards complètement invalides : ils sont exemptés de tout travail et traités avec une sollicitude toute maternelle. Ils habitent un rez-de-chaussée, de façon qu'ils puissent se rendre à l'église et au réfectoire de plain-pied et sous une rangée de portiques qui les dispense même de sortir à l'extérieur.

Des règlements particuliers fixent les heures de sortie qu'on permet aux valides, celles des repas, du lever et du coucher, ainsi que des exercices de piété.

La troisième communauté est destinée à recueillir les jeunes filles orphelines et abandonnées, que leur âge, leur sexe et leur misère exposent à tant de périls. Leur assurer les enseignements de la religion, leur apprendre un état qui leur permette de devenir d'industrieuses mères de familles ou des religieuses utiles : telle est la fin qu'accomplit l'hospice de Saint-Michel.

Elles ne quittent l'hospice que pour se marier ou entrer au couvent : en ces deux cas, elles reçoivent une dot de cent à deux cents scudi[1]. Celles qui veulent rester dans la maison y sont employées à divers offices.

La communauté la plus importante et celle qui peut nous offrir le plus d'intérêt, surtout en France, où nous avons quelques maisons de ce genre, est celle des garçons. Ils sont au nombre de deux cent cinquante, divisés en cinq chambrées, suivant leur âge. Ils sont admis avant onze ans, et restent dans l'établissement jusqu'à vingt ans et même vingt-deux ans, s'ils le méritent par leur habileté dans les arts libéraux. Ils ont un costume uniforme, de laine en hiver, et de coton en été.

L'enseignement qu'ils reçoivent se divise en enseignement littéraire et en enseignement professionnel. Je ne parle pas de l'enseignement religieux : vous comprendrez qu'il y doit occuper la première et la plus importante place.

---

[1] Le scudo romain vaut 5 francs 35 centimes de notre monnaie.

L'enseignement littéraire est celui d'une bonne école primaire. Il y a un cours spécial de comptabilité : ce sont les élèves qui tiennent presque tous les livres de la maison.

L'enseignement professionnel comprend tous les métiers, depuis celui d'imprimeur et de relieur jusqu'à ceux de tailleur, de cordonnier, de chapelier, de teinturier, d'ébéniste, de serrurier, de quincaillier, de fabricant et de blanchisseur de laine.

Les caractères de l'imprimerie se fondent et se gravent dans l'établissement même, et il est sorti des presses de Saint-Michel des œuvres qui feraient honneur à nos plus habiles typographes.

La fabrique de draps est peut-être la plus importante de l'établissement, et la qualité de ses produits, loin d'être inférieure, a mérité une médaille du jury à l'exposition universelle de Paris. Le gouvernement français a adopté ses draps garance pour l'habillement de nos soldats qui font partie de l'armée d'occupation.

On admira également à l'exposition universelle de Paris de belles tapisseries de haute lice, dessinées d'après l'antique, et exécutées à la façon des Gobelins.

L'enseignement artistique n'est point négligé : il y a des classes de sculpture, d'ornementation, de ciselure, de peinture. La gravure des médailles et la gravure sur cuivre, la taille des camées et les mosaïques ont été remises en honneur par Léon XII.

Un système, à la fois ferme et paternel, de récompenses et de châtiments maintient la discipline dans toute cette bruyante et vive population. Si le travail est obligatoire et assidu, on ne leur ménage pas les distractions et les jeux. Des promenades fréquentes, des fêtes nombreuses entretiennent une franche gaieté, et de temps à autre des représentations dramatiques, entièrement composées et exécutées dans la maison, et auxquelles est convié un public d'élite, témoignent du goût, de l'intelligence, des saines traditions qui président à l'enseignement tout entier.

A leur sortie de l'hospice, les jeunes gens recoivent une subvention de trente scudi.

« En quittant Saint-Michel, ils en emportent ce que nous, fils plus heureux, nous emportons de la maison de notre père : un souvenir qui charme et qui attire. Et c'est là la gloire de cette institution. Si l'enfant tombé de son giron ne devient qu'un modeste artisan du Transtévère, il reviendra le dimanche saluer ses maîtres; s'il devient un Mercuri ou un Calamatta, il enverra ses œuvres, comme un pieux hommage, à sa mère nourricière, et les étrangers s'arrêteront surpris et émus, dans les parloirs de Saint-Michel, devant les gravures signées de ces illustres et intéressants orphelins[1]. »

« Telle est, dit M. de Riancey[2], cette grande création du génie et de la charité de l'Église romaine, et où se trouvent rassemblés et fonctionnant avec un ordre admirable une école d'arts et métiers, une école de beaux-arts et de musique, une école polytechnique, un ouvroir de jeunes filles, deux asiles pour la vieillesse des deux sexes, et une maison de correction : prodigieux ensemble qui ne se rencontre nulle part ailleurs, qui a précédé d'un siècle les institutions des nations les plus fières de leurs progrès, et qui est vraiment une des merveilles de Rome et du monde. »

Sur l'une des pentes du mont Aventin, dans le voisinage des Thermes de Caracalla, le souverain pontife Pie IX a établi une colonie pénitentiaire ou maison de correction pour les enfants, et il l'a confiée aux frères de saint Joseph de Belgique. Elle est constituée dans des conditions à peu près analogues à celles qui règlent notre colonie de Mettray. Les jeunes détenus y sont appliqués à l'étude, au travail manuel, et à leur majorité ils sont rendus à la société à laquelle ils peuvent devenir utiles.

En quittant cet établissement, encore à son enfance, nous entrâmes dans l'église Sainte-Balbine qui est devenue la paroisse de cette jeunesse que la sollicitude du grand pape a arrachée à des dangers trop réels pour la conduire dans les sentiers de l'honneur et du bien. Simple et modeste comme une église de campagne, elle n'a rien qui soit de nature à intéresser le simple curieux et l'antiquaire : une fresque à l'abside, une niche en mosaïque avec un vieux siège, un bas-relief enlevé aux grottes vaticanes ; voilà tout ce qu'elle possède. Et néanmoins cette petite église est riche, elle renferme un vrai trésor : le corps de la vierge Balbine, fille d'un tribun militaire, repose ici au milieu d'une légion de martyrs ensevelis sur la voie Ardéatine, si célèbre dans les fastes de l'Église et voisine de ces lieux. Son père avait reçu la mission de garder le sénateur Hermès, converti à la foi chrétienne par le pape saint Alexandre, en l'an 132. Atteinte d'une grave maladie, Balbine s'était approchée un jour du prisonnier de Jésus-Christ, elle avait baisé ses chaînes avec respect et elle avait aussitôt recouvré la santé. Son père Quirinus, touché de ce miracle et de la douceur

---

[1] M. Lefebvre. — Ouvrage déjà cité et qui m'a fourni de précieux renseignements.
[2] *Ami de la Religion*, 7 octobre 1855.
M. de Riancey a publié dans ce journal plusieurs articles fort intéressants sur l'hospice de Saint-Michel, dans lesquels j'ai puisé une partie des détails que je viens de donner.

de son captif, embrassa le christianisme et mérita bientôt la palme du martyre. Balbine consacra le reste de sa vie aux devoirs d'une charité héroïque qui n'était pas alors sans péril; pleine de bonnes œuvres et de mérite, elle s'endormit dans la paix du Seigneur et elle fut ensevelie dans la catacombe qui depuis a porté son nom.

Nous prions la généreuse vierge dont l'église est jonchée de feuillages et le portique entouré de pauvres, d'infirmes qui sollicitent de la façon la plus humble et la plus pressante l'aumône des visiteurs. C'était le jour de la station du carême. Comment, en présence de cette tombe virginale, de cette sœur des pauvres, rester insensible à la prière de cet infortuné qui m'appelle déjà son bienfaiteur, *benefattore mio*, et qui me dit qu'en le secourant je me fais du bien à moi-même : *Fate ben per voi!*

XIX

L'ENSEIGNEMENT SUPÉRIEUR A ROME

La Sapience. — Le collège Romain. — Fête de saint Louis de Gonzague. — Sa chambre et celle du B. Berchmans. — L'Apollinaire.

Mon cher ami,

Je serais incomplet si, après vous avoir montré la papauté distribuant l'instruction aux enfants du peuple avec une générosité et une sollicitude incomparables, je ne vous disais pas ce qu'elle fait pour l'enseignement supérieur. Là, comme partout ailleurs, nous la trouvons souvent à la tête des autres nations, et toujours nous la voyons la plus empressée à profiter des découvertes scientifiques, à les mettre en lumière, et à placer ses universités à la hauteur des universités les plus célèbres de l'Europe. De plus, en créant son université, le gouvernement romain n'a jamais prétendu établir un monopole en sa faveur. Loin d'entraver les tentatives particulières, il les approuve, les encourage, et les regarde comme un stimulant puissant et efficace pour le progrès de la science : la concurrence que peuvent lui faire les institutions libres lui paraît le meilleur moyen de conserver toujours les études à un niveau élevé. C'est ainsi qu'à côté de la célèbre université de la Sapience nous voyons s'élever le collège Romain, qui est comme une seconde université indépendante de la première, mais conférant comme elle les grades universitaires.

Nous les visiterons donc toutes les deux ; c'est le meilleur moyen de les connaître et de les apprécier.

La Sapience est la principale université de Rome. Elle a son siège près de la place Navone, dans un vaste bâtiment qui a la forme d'un parallélogramme. Au milieu est une vaste cour, entourée sur trois côtés de beaux portiques ; le quatrième est formé par l'église. Le nom de Sapience lui vient du verset d'un psaume gravé sur le frontispice : Initium Sapientiæ timor Domini (la crainte de Dieu est le commencement de la sagesse).

Boniface VIII fut le fondateur de cette institution; mais tous les papes, après lui, n'ont cessé de s'y intéresser, de contribuer à son développement, et ils ont tout fait pour la maintenir toujours au niveau des progrès de la science. Ainsi nous voyons successivement Alexandre VI y établir six nouvelles chaires, parmi lesquelles celles de controverse et d'histoire ecclésiastique; Innocent XI, un cabinet d'anatomie; Clément XI, un jardin botanique; Benoît XIV, les chaires de chimie, de mathématiques pures; et un nouveau laboratoire pour les cours de physique et d'anatomie; Pie VI les chaires de chirurgie spéciale, d'obstétrique et de théologie élémentaire; Pie VII, les chaires d'histoire naturelle, de minéralogie, avec les cabinets spéciaux pour ces sciences, et un cours de médecine vétérinaire.

Léon XII était à peine monté sur la chaire de saint Pierre qu'un de ses premiers soins fut de rétablir cette université, dénaturée et presque anéantie pendant les années de l'exil de Pie VII. Il y créa trente-huit chaires. Grégoire XVI augmenta les précieuses collections qu'elle possédait, et enrichit la bibliothèque. L'immortel Pie IX a fait restaurer l'église, les portiques, le grand escalier, et il a créé une chaire d'agriculture, une de pathologie vétérinaire, et une troisième de haute philosophie. Les professeurs sont au nombre de cinquante, et ils sont payés par l'État.

Les musées et la bibliothèque de cet établissement ne le cèdent à ceux d'aucune capitale de l'Europe pour la variété et la valeur des collections. Les musées de minéralogie, de zoologie, d'anatomie comparée, et la collection d'oiseaux, méritent une mention particulière.

Je vous ai déjà dit, mon cher ami, que Rome ne sépare jamais les besoins de l'âme de ceux de l'intelligence dans l'éducation qu'elle donne à la jeunesse. Les sept à huit cents jeunes gens qui fréquentent l'université de la Sapience sont externes et libres; mais le dimanche, et à certaines époques de l'année, on les réunit dans l'église pour y entendre la messe, ou pour y suivre les exercices d'une retraite : excellent moyen pour entretenir la jeunesse dans les pratiques de la foi chrétienne, et l'aider à persévérer dans les sentiers du devoir et de la vertu.

Rendons-nous maintenant au collège Romain.

Sur la grande porte, je vois gravés en lettres d'or ces mots : *Religioni et bonis artibus,* qui m'indiquent aussitôt l'esprit et la nature de l'enseignement qu'on y donne.

Ce collège doit son origine à saint Ignace de Loyola; il a subi sans doute bien des modifications et des agrandissements; mais la pensée première du fondateur a été respectée, et on y donne toujours l'instruction gratuite. L'enseignement comprend l'étude de la grammaire, de la philosophie et de la théologie. Tout le monde est admis à suivre les cours : le pauvre et le riche, le jeune et le vieillard, l'étranger et le citoyen, y sont reçus indistinctement. Chacun vient comme il veut à l'heure du cours, et, quand il est achevé, c'est un curieux et beau spectacle de voir cette nuée d'écoliers de tout âge, de toute condition, reprendre avec joie le chemin de sa demeure.

Vingt-huit professeurs sont chargés des cours. En 1862, on comptait sept cents élèves pour les classes inférieures, c'est-à-dire depuis la huitième jusqu'à la rhétorique inclusivement; un peu plus de trois cents pour la philosophie, et environ deux cent quarante pour la théologie. Les divers séminaires établis dans les environs, entre autres le séminaire français, en suivent les cours.

Je recommande cette institution à nos libres penseurs amis de la jeunesse : elle est digne de fixer leur étude et d'appeler leur attention. Les jésuites, n'est-il pas vrai? ont une singulière manière d'entendre la liberté, et nos *libérâtres* modernes, à côté d'eux, ressemblent beaucoup à des *autocrates*. Dans leur collège l'instruction est libre. Elle est pour tous : vient qui veut; on entre, on sort, on n'est tenu à rien, pas même à un remerciement. Les maîtres sont comme des frères avec leurs élèves, et rien n'est plus touchant que de voir ces élèves, grands et petits, causer avec les bons pères à la sortie des cours. Dans nos collèges, l'instruction ne se donne guère qu'à des enfants de la même condition de fortune et de naissance; au collège Romain tous les rangs sont confondus : le fils du prince est assis à côté de l'artisan ou de l'orphelin, et c'est peut-être le fils de l'ouvrier, dont le travail du père suffit à peine pour payer les livres, qui deviendra un jour prince de l'Église romaine, pape peut-être!

Voilà pour l'organisation du collège; quant à l'instruction qui s'y donne, je crois inutile, mon cher ami, de vous dire qu'elle est la meilleure et la plus solide. Napoléon Ier disait :

« Depuis la suppression des jésuites, il n'y a plus d'éducation en Europe. »

Cette parole me dispense d'en dire davantage. D'ailleurs, pour vous convaincre que les jésuites ne sont en retard sur aucune branche de la science, il suffira de visiter leur bibliothèque, leur cabinet de physique, leur célèbre musée Kircher, leur observatoire : et, quand vous vous serez rappelé les noms des PP. Pérone, pour la théologie ; Liberatore et Tongiorgi, pour la philosophie ; Bresciani, pour la littérature; Secchi, pour l'astronomie; Panciani et Taparelli, pour l'érudition et la philologie; Patrizi, pour l'Écriture sainte; Garucci, pour l'archéologie, etc. etc., vous demeurerez convaincu qu'il n'y a aucune branche des sciences sacrées ou profanes qui n'ait dans la compagnie de Jésus un illustre représentant.

Quatre congrégations spirituelles réunissent les enfants du collège Romain les dimanches et fêtes. Ils ont, d'ailleurs, un puissant protecteur et un beau modèle dans saint Louis de Gonzague, qui a vécu et qui est mort au collège Romain.

Je veux vous rendre compte de la fête de ce jeune saint à laquelle j'ai assisté, dans l'église de Saint-Ignace où repose son corps, dans une magnifique urne de lapis-lazuli, ornée de fleurs de lis et de décorations en argent. En face est le corps du bienheureux Berchmans, jeune novice belge, dans une urne de même matière. Une foule immense remplissait l'église, un évêque officiait et des chants merveilleux se faisaient entendre. La belle chapelle dédiée à l'angélique jeune homme, qui parut plutôt naître pour le ciel que pour la terre, était resplendissante par ses tentures de soie, de velours, ses marbres et ses dorures. L'éclat de centaines de cierges allumés donnait à ces décorations un aspect réellement féerique. La belle statue de marbre de saint Louis semblait se détacher avec encore plus de grâce et de légèreté du bas-relief qui fait le fond de l'autel : c'était vraiment l'apothéose. Il y avait quelque chose de divin dans cet ensemble qui retenait le regard, élevait l'âme et remplissait l'être tout entier de je ne sais quel sentiment de douce paix et de félicité surhumaine. Longtemps je contemplai ce spectacle et les chants n'arrivaient plus à mon oreille que comme un écho des harmonies célestes qui sont le complément des joies du paradis. Ces fêtes sont déjà le ciel sur la terre : Dieu habite véritablement ici, près des restes de ses serviteurs et une vertu mystérieuse et puissante sort de ces tombeaux, moins précieux par le marbre et l'or qui les composent que par les ossements qu'ils renferment. Comme j'ai prié saint Louis de Gonzague, ce cher saint de ma jeunesse dont, au séminaire, nous célébrions avec tant de joie et d'entrain la fête !

A la messe, célébrée le matin par un cardinal, les jeunes gens du collège Romain s'approchent de la table sainte, puis après la messe ils apportent des bouquets pour orner la tombe de leur puissant protecteur et, sur des plateaux, de riches bourses d'autel dans lesquelles chacun d'eux avait mis son *memoriale* ou supplique à l'aimable saint; elles furent déposées autour de son tombeau.

Le jour de l'octave ces *memoriali* sont brûlés avec solennité dans la villa possédée par les Pères Jésuites, le *Macao*. Au centre du jardin, on dresse un autel, sur lequel on place un réchaud embrassé. Les élèves sont rangés tout autour comme une joyeuse et pure couronne; des fanfares, des chants se font entendre, et chaque enfant apporte au milieu des flammes sa supplique dont la fumée s'élève vers le ciel mêlée aux vapeurs de l'encens. Ainsi se trouve en quelque sorte justifiée la gracieuse suscription de la lettre : *Al santo giovane Luigi Gonzaga in paradiso*. « Au saint jeune homme, Louis de Gonzague, au paradis! »

La messe achevée, j'ai visité les chambres de saint Louis de Gonzague et du bienheureux Berchmans. Avant d'arriver à ces pieux sanctuaires on trouve une élégante chapelle ; sous l'autel repose le corps d'un jeune martyr extrait des catacombes. Les ossements sont recouverts d'un masque de cire et le jeune héros, vêtu d'une tunique de velours rouge et de brocard d'argent, est étendu comme sur un lit de repos devenu pour lui un lit de triomphe et de gloire.

Dans le grand vestibule, qui précède la chambre de saint Louis de Gonzague, plusieurs tableaux, peints sur les murs, rappellent les principaux traits de sa vie. La chambre du jeune prince, devenu jésuite et pauvre volontaire, est étincelante d'or et de soie. Son portrait domine l'autel : sur sa figure, longue, pâle, aux pommettes saillantes, au nez aquilin, on voit se refléter la force et la pureté de son âme. Cette physionomie douce et tranquille tout en conservant les grâces de la jeunesse, a un certain caractère de gravité qui frappe et saisit.

Dans la sacristie on vénère plusieurs de ses autographes et quelques-uns du bienheureux Berchmans. La chapelle ou chambre de ce bienheureux fait suite à la sacristie ; elle est également fort riche. Le portrait du saint jeune homme est aussi au-dessus de l'autel. Bonne figure, ronde, ouverte, sympathique, ayant conservé toutes les couleurs de la jeunesse et qui exhale en quelque sorte l'innocence et la candeur par tous les pores.

On comprend aisément quelle force la jeunesse chrétienne peut puiser auprès de tous ces souvenirs qui rappellent tant de nobles et grands exemples. On prie avec ferveur dans ces petits sanctuaires encore tout embaumés du parfum de leurs vertus. Saint Louis de Gonzague avait bien raison, c'est une folie de travailler pour la terre. C'est du temps perdu, les hommes sachant rarement reconnaître et récompenser le mérite, c'est en outre un amoindrissement de notre propre valeur. Qui travaille pour la terre ne saura jamais s'élever plus haut qu'elle! Et comme sont grands ces modestes et angéliques jeunes gens! Ils ont travaillé pour Dieu uniquement : toutes leurs pensées, toutes leurs affections, toutes leurs œuvres étaient pour lui, et aujourd'hui la terre qu'ils ont méprisée s'unit au ciel pour célébrer leurs grandeurs, redire leurs noms, vénérer leur poussière, et le monde s'agenouille devant ceux qui pendant leur vie ne lui semblaient pas dignes d'arrêter ses regards.

Près de ces chambres bénies, s'élève la riche et gracieuse chapelle de la congrégation du collège Romain. C'est là que les bons pères jésuites forment de saints jeunes gens, préparent de courageux pères de famille et des soutiens pour le trône pontifical et l'Église.

Nous pouvons affirmer, sans crainte d'être démenti, que nulle part on ne trouvera des jeunes gens animés d'un meilleur esprit que les élèves du collège Romain[1]. On conserve toujours à Rome le souvenir d'un fait qui est le plus grand éloge qu'on puisse faire des maîtres et des élèves. En 1831, à l'époque de la crise révolutionnaire qui mit les Romagnes en feu, dans tous les États romains les universités furent obligées de suspendre leurs cours. Seul le collège Romain continua paisiblement ses travaux, entouré de ses nombreux élèves, qui ne se laissèrent point un instant détourner de leurs devoirs par les idées d'indépendance et de liberté qui fermentaient alors dans toutes les jeunes têtes.

Nous ne pouvons, mon cher ami, nous occuper de l'enseignement supérieur à Rome sans faire une petite visite à l'Apollinaire, le séminaire diocésain de Rome. Pie IV en posa la première pierre en 1565, et saint Charles Borromée traça lui-même le règlement de cette sage et utile institution, si recommandée par le concile de Trente.

Les élèves y sont admis au concours; ils doivent être Romains de naissance, et âgés de douze ans au moins. Ce séminaire est entretenu au moyen de retenues faites sur les revenus de tous les bénéficiers de Rome.

Les cours auxquels assistent les séminaristes sont ouverts également à tous ceux qui désirent les suivre, laïques et ecclésiastiques. On y trouve les facultés de théologie, de droit canon et de philoso-

---

[1] Au moment où nous publions cette édition, les jésuites ont été chassés depuis longtemps du collège Romain par le gouvernement italien.

phie. En dehors des classes de rhétorique, d'humanité et de grammaire, il y a les chaires de langue grecque et de langue hébraïque.

Le nombre des séminaristes s'élève ordinairement à quatre-vingts; mais on peut bien évaluer à cinq cents le nombre de ceux qui suivent les cours.

L'Apollinaire est placé sous la direction du cardinal-vicaire, et son nom lui vient de l'église qui lui est annexée, et qui est dédiée à saint Apollinaire.

Et maintenant, mon cher ami, vous énumérerai-je tous les collèges et séminaires où l'on n'admet que les internes? Il n'y en a pas moins de quatorze. Il n'en faudrait pas davantage pour une ville d'un million d'habitants, et Rome n'a que 200,000 âmes. Remarquez que je ne comprends pas dans ce nombre toutes les institutions nationales, qui sont si nombreuses à Rome : je ne parle que des collèges et séminaires créés par des papes, ou par de pieux fidèles qui ont assuré la fondation de leurs œuvres par des legs considérables. C'est encore là un côté propre et spécial aux institutions romaines. La plupart sont dues à l'initiative de la charité privée et personnelle.

XX

LE PEUPLE ROMAIN

Son caractère religieux. — Ses dévotions. — Le *Caravita*. — Industries romaines. — Sobriété du Romain. — La loterie. — *Il Pasquino*. — La *vendetta*. — Le carnaval sanctifié. — Les confréries.

On a parlé du peuple romain avec une telle exagération que je m'empresse, mon cher ami, de vous dire la vérité sur les habitudes et le caractère de ce peuple, si calomnié et si méprisé par la plupart des voyageurs.

Le peuple à Rome est superstitieux : c'est ordinairement de cette façon qu'on méconnaît le caractère essentiellement religieux et chrétien du Romain. La superstition suppose l'ignorance. Je vous ai déjà dit tout ce que le gouvernement pontifical faisait pour l'instruction et l'éducation du peuple, et je puis vous assurer que ses efforts ne sont pas sans résultat. Vous trouverez des villageois qui vous citeront de longues tirades de leurs meilleurs poètes. Ils savent lire, et sont plus instruits qu'on ne l'est généralement en France dans la classe inférieure. L'ouvrier de Rome sait le catéchisme mieux que beaucoup de nos philosophes. Il sait également les prières liturgiques de l'Église, et il n'a pas honte de manifester hautement qu'il possède cette science. Un jour j'assistais à la neuvaine préparatoire à la fête de saint Pierre, dans la basilique Vaticane. L'assistance était composée en grande partie d'hommes et de femmes du peuple : je fus surpris autant qu'édifié de les entendre tous chanter les psaumes et les cantiques liturgiques, et répondre aux prières dites par le prêtre. Tous chantaient et priaient à haute voix : on sentait que les cœurs n'étaient pas plus étrangers que les voix à cette cérémonie religieuse.

Le peuple romain a une foi vive et ardente. Les manifestations, il est vrai, sont souvent extérieures et exagérées : cela tient à son caractère. Chez nous, peu de chrétiens, même des plus fervents, prennent part à la prière publique. Ils s'unissent assurément aux prières et au saint sacrifice; mais chacun s'isole et se concentre en soi-même. A Rome, c'est le contraire : la dévotion est expansive. Sans vouloir condamner ni blâmer l'attitude plus froide et presque cérémonieuse de notre piété, je me sens porté à donner la préférence à la pieuse et familière expansion du Romain avec le bon Dieu et les saints. Dieu est avant tout un père pour ce peuple : à l'église, il a la franche et cordiale familiarité du fils qui se sent à l'aise dans la maison paternelle. La hardiesse confiante et simple de ses demandes étonnerait, si elle ne prouvait l'existence d'une foi qui ne sait pas douter.

Disons quelques mots des dévotions les plus chères au peuple romain. La première de toutes est sa dévotion envers la très sainte Eucharistie. Dans chaque église il y a la chapelle du Saint-Sacrement. C'est toujours la plus riche, la mieux ornée et la plus fréquentée. Chaque jour de l'année, il y a dans une église de la ville les prières des Quarante Heures. Elles commencent le premier dimanche de l'Avent dans la chapelle Sixtine, et elles se continuent successivement dans tous les sanctuaires de la ville. A cette occasion les églises sont richement décorées de velours, de soie, de tentures magnifiques. Les Romains y viennent en foule adorer Jésus-Christ, et nuit et jour il y a de nombreux adorateurs.

Je vous ai parlé ailleurs de la dévotion du Romain envers la sainte Vierge; il en est une autre dont je ne vous ai rien dit encore, et qui prouve beaucoup en faveur de son caractère : c'est sa dévotion pour les morts.

Depuis une vingtaine d'années on enterre tous les morts hors la porte Tiburtine, dans le cimetière Saint-Laurent. La nuit du mardi au mercredi de chaque semaine de l'année une dévote phalange, récitant le rosaire, se rend à cette basilique si éloignée et si solitaire, pour assister aux trois messes qu'on y chante, depuis minuit jusqu'à l'aube, pour le repos des âmes de tous les morts inhumés dans le *Campo santo*. Ils y sont toujours en grand nombre, en hiver aussi bien qu'en été, par un temps de brouillard et de pluie. J'ai rencontré quelquefois des convois funèbres précédés d'une longue file de moines tenant un cierge à la main, et psalmodiant l'office des morts : le plus profond respect se montrait sur leur passage.

Le mendiant demande toujours l'aumône au nom des âmes du purgatoire : *Per l'amor di Dio, di Maria santissima, di Gesù sacramentato, delle anime del purgatorio.* « Pour l'amour de Dieu, de la très sainte Marie, de Jésus dans l'Eucharistie et des âmes du purgatoire. »

Je veux maintenant vous mener à l'oratoire du *Caravita*, situé au *Corso*, vis-à-vis le palais *Sciarra*. Nous irons le soir, à l'heure de l'*Ave Maria*, et vous serez témoin des exercices de piété et de pénitence auxquels se livrent les Romains. Avant la bénédiction du saint Sacrement, un père jésuite fait l'instruction sur un sujet de dogme et de morale, voire même d'histoire ecclésiastique. Mais l'Évangile n'est point une lettre morte pour ces bons Romains. Ils

Marchande de fruits.

n'ont point honte des préceptes de Jésus-Christ, et ils se font gloire de suivre publiquement ses conseils : ils aiment et pratiquent la mortification chrétienne. Le mardi et le vendredi on distribue des disciplines, et, quand les lampes sont éteintes, chacun s'en administre selon sa dévotion. La veille des fêtes et dans le carême, les confrères de *Caravita* accompagnent en sac les pères jésuites, qui vont sur les places publiques et dans les carrefours exhorter les fidèles à bien célébrer la fête.

Les étrangers rient et plaisantent, quelquefois avec assez d'esprit, de ces sacs grossiers sous lesquels se cachent les membres des confréries pour exercer leurs œuvres de charité. J'aime à croire que beaucoup ignorent que ces sacs sont un déguisement inventé par l'humilité chrétienne pour se dérober aux éloges et à la reconnaissance. Ils cachent souvent des hommes illustres par la naissance, la fortune et la science.

Cette confrérie fut fondée en 1711, par le père Caravita, de la compagnie de Jésus.

Tous ces heureux résultats sont dus à l'éducation franchement chrétienne donnée à l'enfance, et à l'influence du clergé, qui se fait sentir partout, comme elle est aussi recherchée et bénie de tous. La calomnie, la haine, ne sont point encore venues mettre une barrière de défiance entre le peuple et les prêtres. Soixante-dix paroisses partagent la ville de Rome, et chaque curé est véritablement le père et le tuteur de son troupeau. On le choisit souvent pour juge dans les discussions, et sa sentence est fidèlement suivie. Il connaît presque toutes les âmes confiées à sa garde, et rien n'égale le respect et l'affection du troupeau pour son pasteur. Quand ces bons prêtres entrent dans une maison, les enfants, garçons et filles, et même les grandes personnes, viennent leur baiser la main avec une respectueuse simplicité.

Je parlais un jour avec admiration des différentes pratiques de dévotion du peuple romain à un officier de l'armée d'occupation; il se contenta de faire un signe de mépris, et ajouta après un moment de réflexion : « Vos Romains !... c'est un affreux peuple ! Il se prosterne devant la madone, et se relève pour poignarder. — Que cela se soit vu quelquefois, je ne voudrais pas le nier, lui dis-je; mais d'un fait isolé qu'on voit se renouveler à des intervalles très éloignés, conclurez-vous à une habitude générale et universelle? — Je les connais : ce sont des gens superstitieux et méprisables. — Sans doute, mon cher Monsieur, il y a dans le peuple romain, comme partout, des exceptions déplorables : il y a des hommes ignorants, criminels et vindicatifs; mais, de grâce, pourquoi faire peser sur tout un peuple la responsabilité du crime de quelques-uns? Dites-moi un peu quelle est la société qui ne renferme pas dans son sein des hommes qui en sont la honte, et qui deviennent pour elle un véritable épouvantail? Je vous dis que le peuple romain est bon. Vous rencontrez des exemples d'immoralité, des dérèglements isolés et individuels : et où n'en voyez-vous pas? Mais je vous affirme qu'en somme ce peuple est franchement et sincèrement religieux. Au milieu de ses plus grands désordres, les principes de la foi surnagent toujours; à un moment donné ils se réveillent, et font naître de grands repentirs. L'autre jour un vénérable ecclésiastique, qui habite Rome depuis fort longtemps, m'assurait qu'il n'était pas rare de trouver un assez grand nombre de jeunes gens qui conservent jusqu'à leur mariage la fleur du baptême. N'est-ce pas une preuve que ce peuple est foncièrement chrétien? Je vous dis que le peuple romain est meilleur que vous ne le faites. Et M. About, que vous ne soupçonnez pas de partialité, a dit cette parole dans le *Moniteur* du 19 juin 1858 : « Cette classe d'hommes dégradés qu'on appelle la *canaille* est absolument inconnue ici : l'ignoble n'est pas une denrée romaine. » — Soit ! je le veux bien, monsieur l'abbé ; mais ce peuple, plutôt que de rester dans les églises et devant ces madones, ferait mieux de travailler et de développer son industrie. »

C'est encore un reproche, mon cher ami, qu'on adresse au peuple romain : *il est paresseux*. Ce peuple est avant tout religieux et artiste, et je reconnais volontiers avec vous que l'aptitude pour le commerce et l'industrie n'est pas chez lui dominante. Cependant il y a à Rome des industries, il y a du commerce. Il y a dans cette ville trente-neuf fabriques de tissus de laine qui occupent au delà de trois mille ouvriers ; quarante-sept fabriques de tissus de soie versent chaque année dans le commerce une valeur moyenne de 1,234,523 fr. La fabrication du tabac occupe beaucoup de bras, et on fait environ chaque année pour 60,000 francs de cigares. Les tanneries, au nombre de trente et une, produisent annuellement une valeur brute de 2,090,084 francs.

Je ne puis vous parler de toutes ces industries vulgaires en vigueur à Rome, telles que l'art des bâtisses, la confection des étoffes et vêtements, la carrosserie, etc., et la confection de toutes ces cordes d'instruments recherchées par toute l'Europe, et connues sous le nom de cordes de Naples. Il y a donc à Rome des industries et du commerce. Je veux bien cependant vous accorder que les Romains ne travaillent pas avec une grande activité ; mais, mon cher ami, il faut faire la part de tout en ce monde. Le climat est le plus grand coupable, et c'est lui que nous devrions accuser. Il amollit et énerve : aussi la sieste, c'est-à-dire le repos absolu au milieu du jour, est-il une nécessité dont on ne s'affranchit pas sans de graves inconvénients. Le peuple n'est pas paresseux ; il est lent, mou, parce que le climat l'a rendu tel. D'ailleurs pourquoi s'astreindrait-il à un travail pénible et assidu, si ses besoins sont modestes, et si la vie est à bon marché ? Le Romain est très sobre ; il se contente quelquefois d'une salade, de quelques légumes. Tous les objets de première consommation, le pain, la viande, s'y trouvent en abondance, et à des prix très modérés. Le café, dont l'usage est général, se donne pour rien. Voulez-vous savoir, mon cher ami, ce que nous coûte le progrès ? A Marseille, j'ai payé un café au lait 1 franc 50 ; à Rome, je le payais 20 centimes. Le reste est à peu près dans les mêmes proportions. Quant à la sobriété du Romain, j'aime à citer ce témoignage que lui rend M. Ampère : « Les Romains boivent, mais on ne les voit jamais ivres dans les rues. »

J'aimais beaucoup, le soir, dans les rues adjacentes à la place Navone, m'arrêter devant les boutiques des marchands de comestibles. Il s'y fait des fritures en plein vent, et moyennant quelques baïoques l'ouvrier vient y prendre son repas.

Sur les places, dans les rues même, on voit d'élégantes buvettes décorées avec des guirlandes d'oranges, de citrons et de feuillage toujours vert, et pour une baïoque, deux baïoques, on vous donnera une *bibite e limone*, excellente et fraîche boisson qui se fabrique devant vos yeux, et qui ne laisse pas que d'être très agréable et très saine sous ce climat brûlant. Aussi sont-elles très fréquentées indistinctement par tous, pauvres et riches, grands et petits.

Le Romain est passionné pour la *loterie*, et très souvent on rencontre ce que j'appellerais volontiers les magasins de la loterie : un étalage de chiffres, de billets, sollicite le passant à tenter si la fortune lui sera favorable, et il est rarement assez fort pour résister à la tentation.

D'abord approuvée par Innocent XIII, la loterie fut proscrite par Benoît XIII; mais son successeur, Benoît XIV, s'apercevant que son peuple était incorrigible, et qu'il satisfaisait cette passion clandestinement ou dans les pays limitrophes, autorisa de nouveau cette institution, à la condition toutefois que tous les bénéfices, déduction faite de tous les frais, seraient versés dans la caisse des pauvres.

Chaque année, en effet, la commission de la loterie fournit à celle des *subsides* environ trente mille écus (162,000 francs) avec lesquels on dote plusieurs jeunes filles.

Le Romain a la démarche lente, grave, molle même : vous diriez qu'il n'a nulle énergie dans la volonté, nulle vivacité dans l'esprit. Attendez : qu'un sentiment traverse son âme, ce sont des étincelles qui sortent de ses yeux vifs et noirs. Cette figure s'anime, elle passera de l'expression de la colère à l'expression de la sympathie, pour ainsi dire, sans transition, tant est mobile le jeu de sa physionomie. Ne l'insultez pas : sa tête se lève alors avec une fierté qui rappelle les anciens maîtres du monde. On le dit vindicatif : je le croirais volontiers; mais le plus souvent les vengeances se manifestent par une satire. A Rome, la liberté de langage et de critique est grande, et elle s'exerce très librement à l'endroit du gouvernement.

A l'angle que forment deux rues de Rome, au-dessus du palais Braschi, on voit encore *il Pasquino*, nom donné par le peuple à un des plus beaux restes de la sculpture antique. La statue de Ménélas a reçu ce grotesque baptême, parce qu'on y affichait les épigrammes attribuées à un tailleur du voisinage nommé *Pasquino*. Les particuliers et le gouvernement étaient indistinctement l'objet de ces épigrammes. La statue de *Marforio* se chargeait de répondre à Pasquino.

Aujourd'hui que la statue de *Marforio* est placée dans la cour d'entrée du musée Capitolin, Pasquin se charge seul de défrayer la gaieté romaine, et de satisfaire les vengeances au moyen de quel-

Petit berger romain.

ques épigrammes spirituelles et malignes. Telles sont les vengeances les plus habituelles du Romain.

Il faut rabattre de l'exagération qui nous représente le Romain toujours prêt à jouer du poignard pour les choses les plus insignifiantes. Avouons toutefois que les vengeances personnelles le conduisent quelquefois à des extrémités malheureuses et coupables; mais les assassinats sont rares à Rome, et le plus souvent ils sont commis par les affidés de la révolution. Ces gens ne pardonnent pas. Liés par un serment inflexible, ces malheureux sectaires ne peuvent reculer qu'au prix de leur vie. Le sort les eût-il désignés pour frapper leur père, l'hésitation ne leur serait pas permise! Mais il est bon de dire aussi que ces assassins n'appartiennent pas généralement à la population romaine. Ce sont des aventuriers qui viennent un peu de toutes les contrées de l'Europe, et qui se réunissent plutôt à Rome qu'ailleurs, parce que la révolution a plus d'intérêt à attaquer le gouvernement romain que tout autre. Là est le centre du christianisme, et Rome est la clef de voûte de l'édifice social.

Le trône pontifical renversé, qui pourrait dire tous ceux qu'il entraînerait dans sa chute? L'esprit révolutionnaire le comprend; et c'est ce qui explique pourquoi Rome est le théâtre privilégié de ses exécutions et de ses crimes.

Mais le peuple romain aime le gouvernement des papes, et il aime en particulier celui de l'auguste Pie IX. Les événements n'ont fait qu'accroître ce respect et cet amour, et un vénérable prélat me disait que, depuis quelques années surtout, cet amour avait pris un tel développement qu'il serait difficile de trouver dans l'histoire des peuples un souverain qui fût plus entouré d'admiration et de l'affection de ses sujets.

Les fêtes du carnaval sont célébrées à Rome avec beaucoup d'entrain et c'est dans ces circonstances surtout qu'il est permis de bien connaître les mœurs et le caractère des Romains. Le carnaval s'ouvre le samedi qui précède la Sexagésime. La cloche du Capitole annonce à la ville la solennité du *Santissimo Carnevale* et le sénateur de Rome, en grand manteau de soie brodé d'or, accompagné de gardes, de pages richement vêtus, descend de l'auguste colline dans une voiture étincelante sous l'éclat de l'or et des peintures; il traverse ainsi tout le *Corso*. Un coup de canon annonce sa rentrée au Capitole et alors la joie populaire n'a plus de frein, le carnaval est commencé. En un instant le *Corso* prend une physionomie des plus curieuses et des plus animées : tous les balcons sont richement tendus de velours et de soie, garnis de spectateurs qui lancent sur les équipages, parcourant sur deux files la rue, des confetti[1], des fleurs et des bonbons. Des voitures, on riposte avec un entrain pareil. Les trottoirs sont envahis par une foule compacte et pressée, et, au milieu des voitures qui défilent, des masques de toutes les couleurs courent et crient; des marchands présentent des bouquets étagés le long de grandes perches; des enfants vendent des morceaux de chocolat ou des dragées enveloppées dans du papier de toutes les couleurs ayant d'immenses queues chevelues, comme des comètes; ils se promènent lentement, offrant leur marchandise sur un ton strident aux balcons à la hauteur desquels atteignent leurs longs roseaux. Il se produit souvent des scènes du dernier comique et un fou rire s'empare des spectateurs.

[1] Espèce de bonbons en farine ou en plâtre.

Chaque jour quelques voitures remplies de masques offrent aux curieux une représentation nouvelle et des costumes différents. Les romains sont fous de ce spectacle; tous les soirs à deux heures il recommence; pendant dix jours consécutifs, ils se rendent au *Corso* et s'amusent comme s'ils le voyaient pour la première fois. Il n'y a interruption que le vendredi, en souvenir de la Passion du Sauveur et le dimanche, jour du Seigneur.

La journée se termine par la course des *Barberi*, chevaux sauvages qu'on laisse courir en liberté. Quelque temps avant l'*Ave Maria* un coup de canon se fait entendre; toutes les voitures quittent aussitôt le *Corso*, les piétons se rangent et deux piquets de dragons parcourent cette rue au galop. Cette partie du cérémonial carnavalesque appelée la *Mossa* est la plus imposante. Quand le *Corso* est libre, alors un second coup de canon annonce le départ des *Barberi*. Ces pauvres bêtes, ornées de rubans, couvertes de feuilles de papier et de molettes en fer dont le frottement les excite, partent avec la rapidité du vent et en un instant ils sont à la place de Venise où des dresseurs les arrêtent. Le premier arrivé reçoit une bannière triomphale. Le Romain est passionné pour cette course et il verrait de mauvais œil le souverain qui voudrait le priver de ce plaisir.

Un soir, je me suis rendu au Pincio pour juger de l'effet du carnaval sur la place du Peuple : je m'en applaudis et j'ai vraiment vu le carnaval dans son ensemble. Tous les carrosses, tous les chars, et ils sont nombreux, ornés et parés, avec des masques de toutes les formes et sous tous les costumes, défilent sur cette place pour sortir et rentrer au *Corso*. Une foule immense, au milieu de laquelle circulaient d'innombrables masques à pied, remplissait la place et les abords de la rue. La musique, le son des tambourins se mêlent aux cris des spectateurs, les costumes bariolés, les drapeaux qui ornent une enceinte réservée, tout cela produit l'effet le plus pittoresque, le plus original et le plus curieux qui se puisse imaginer. J'ai pu voir, mieux qu'au *Corso* le départ des *Barberi*, amenés par les palefreniers; ces pauvres animaux paraissent impatients de se délivrer des entraves qui les retiennent, et ils partent plus rapides que la foudre.

Le dernier jour du carnaval, la course des *Barberi* est suivie d'un autre amusement, celui des *Moccoletti*. Les *Moccoletti* sont de petites bougies que chacun tient à la main : on en compte des myriades depuis le pavé de la rue jusqu'au dernier étage et le *Corso* se trouve ainsi tout illuminé. Le plaisir consiste à éteindre la bougie de son voisin. Imaginez une troupe d'enfants livrés à cet innocent plaisir et vous aurez une idée du peuple romain. Il fait arme de tout pour arriver à ses fins : les bouquets, les *confetti*, les mouchoirs, les chapeaux, tout cela va, vient, est en mouvement pour essayer d'éteindre une malheureuse petite bougie; celui-ci la souffle sans façon au nez du porteur, celui-là grimpe derrière les voitures et d'un seul coup fait une *razzia* complète; mais pendant qu'il jouit de son triomphe un voisin lui rend la pareille. Ce sont alors des éclats de rire, des plaisanteries, pendant que les bougies s'allument de nouveau, pour être de nouveau éteintes en un instant. Cet amusement dure une demie-heure, un coup de canon en annonce la fin, toutes les lumières s'éteignent comme par enchantement et le *Corso*, après tout cet éclat, paraît plongé dans l'obscurité. Toutes ces fêtes ont lieu sans désordres, le peuple romain s'amuse avec la candeur et l'entrain de l'enfance.

Pendant le carnaval Pie IX va visiter les communautés religieuses et les hôpitaux, leur porter des paroles de consolation et de joie, leur donner des bénédictions abondantes. Les personnes pieuses fréquentent les églises, font le Chemin de la Croix au Colisée, gravissent les degrés de la *Scala Santa* et adorent le saint Sacrement exposé dans plusieurs églises. Les trois derniers jours du carnaval les prières des Quarante-Heures ont lieu dans l'église du Gesù avec une solennité extraordinaire.

Le dimanche de la Quinquagésime, il y a chapelle cardinalice ; les élèves du collège germanique, avec leurs soutanes rouges, servent à l'autel ; le collège des nobles assiste à la fête et porte des torches allumées devant le saint Sacrement; la statue d'argent de saint Ignace, ruisselante de pierres précieuses, est découverte ; l'église est éclairée de milliers de bougies; au-dessus de l'autel, le monogramme de Jésus-Christ, entouré d'une couronne de feu, rayonne et étincelle; une foule immense et recueillie remplit la vaste enceinte : c'est le spectacle le plus édifiant et le plus grandiose que j'aie jamais vû. Après la messe, a lieu la procession du Très-Saint-Sacrement dans l'intérieur de l'église, et ensuite la divine Eucharistie, placée sur l'autel, y reste jusqu'au mardi soir pour y recevoir les adorations et les prières des fidèles.

Tandis qu'au *Corso* tout retentit de cris et d'éclats de rire, que les *confetti* pleuvent sur les passants, que les carrosses chargés de masques et les balcons se livrent leurs joyeuses batailles, les confréries de pénitents revêtus de leurs longues robes blanches, grises, rouges ou noires, la tête cachée sous leur capuchon immobiles et plongés dans une adoration muette, remplissent la nef du Gesù. On les voit bientôt s'ébranler pour faire place à d'autres qui attendent leur tour au dehors de l'église.

Chaque confrérie s'avance successivement jusqu'à la grille du chœur, et vient, précédée du crucifix et de deux torches enflammées, adorer le saint Sacrement. A un signal donné, tous les pénitents se prosternent à terre, baisent la poussière du temple, puis se retirent lentement. Au sortir de l'église, ils regagnent processionnellement, en chantant les litanies, leurs églises particulières, dont quelques-unes sont d'une richesse et d'une beauté extraordinaires. Sous ces travestissements de la foi et de la pénitence, dont rient volontiers les commis voyageurs, se cachent souvent des princes romains, des prélats et des cardinaux. Véritable manière de conserver la liberté de faire le bien et de ne point en perdre le mérite par la vaine gloire ou l'orgueil.

Rien n'est plus vénérable que ces confréries de pénitents : elles font de la ville de la doctrine et de la foi, la ville des œuvres et de la charité. Plusieurs d'entre elles sont presque aussi anciennes que l'Église; les unes sont vouées à la prière et à l'expiation des folies du monde, les autres au soulagement spirituel ou corporel des misères humaines. Soin des malades, des pauvres, des enfants abandonnés, des sourds-muets ou des aveugles, dotation des jeunes filles pauvres, visite des prisonniers, des condamnés, sépulture des morts, elles étendent leurs sollicitudes à toutes les œuvres et elles suffisent à tout. Sujet de risée pour l'ignorant ou l'incrédule, on peut affirmer que ces confréries forment l'une des premières beautés morales de Rome.

XXI

LES HOPITAUX DE ROME

Ce que le paganisme faisait pour les pauvres. — Ce que fait Rome chrétienne pour ses malades. — Hôpital du Saint-Esprit. — Hôpital Saint-Roch. — Les sourds-muets. — Les aliénés.

Mon cher ami,

Le pauvre et le malade ont toujours été l'objet de la plus constante et de la plus tendre sollicitude de l'Église. Elle était à peine fondée que déjà les apôtres, absorbés par le ministère important de la parole, choisissaient des diacres pour les remplacer auprès des pauvres et pourvoir à leurs besoins. Ce n'était pas sans nécessité d'ailleurs : le paganisme ne s'occupait guère de cette portion si considérable de la société. Vous savez, en effet, qu'il regardait la pauvreté comme un châtiment des dieux, qu'il méprisait le pauvre, et ne le secourait que pour se débarrasser de son importunité, et peut-être aussi de ses menaces.

César pratiquait l'aumône sur une grande échelle : il nourrissait le peuple, parce que le peuple se révoltait si César ne faisait pas les distributions de blé accoutumées. Mais quand l'homme du peuple, le pauvre, tombait malade, quand la fièvre, si fréquente à Rome dans les chaleurs de l'été et à la suite des débordements du Tibre, lui faisait sentir ses atteintes, le mendiant n'avait plus de secours, et il était condamné à mourir misérablement dans l'île du Tibre, consacrée au dieu Esculape. César, qui nourrit le famélique, ne soigne pas le fiévreux. Il a du blé, des thermes, des théâtres et des cirques pour l'homme valide et robuste qui se révolte, et qu'il redoute; mais César n'a point d'hôpital pour recevoir le malade. Peut-il regretter que la maladie diminue le nombre de ces trois cent mille rentiers qui sont à sa charge, et qui lui coûtent chaque année 1,095 livres (164 fr. 30) de blé par tête! aussi le malade est sacrifié, moins heureux en cela que l'esclave, à la guérison duquel le maître est intéressé.

Tel était l'état du pauvre dans la société païenne, quand les apôtres vinrent à Rome : leur apparition changea la face de l'empire. Le christianisme diminua le nombre de ces mendiants en faisant de la loi du travail un devoir et un mérite; il améliora la condition du pauvre en l'aimant et en le secourant, malgré ses défauts et ses infirmités. Le pauvre est l'image de Jésus-Christ; il n'est donc plus un être méprisable et maudit, depuis que Jésus-Christ lui-même a voulu naître pauvre.

L'Église reçoit, nourrit et soigne ces déshérités de la fortune; elle leur rend le sentiment de leur propre dignité, en faisant asseoir à la même table, dans de fraternelles agapes, le riche et le pauvre, le patricien et l'artisan, le pontife et l'esclave.

A Rome, comme à Jérusalem, les diacres sont chargés de voir les pauvres, de les réunir, de leur annoncer Jésus-Christ, et de leur distribuer des aumônes. Ils envoient de pieuses femmes visiter et soulager les malades, et d'illustres veuves consacrent leurs loisirs à façonner et à tisser les vêtements des pauvres.

Ces soins et ces largesses ne coûtent aucune humiliation à ceux qui en sont l'objet : ceux qui les prodiguent sont plus heureux que ceux qui les reçoivent. Dans cette nouvelle société, d'ailleurs, tout est commun : les bourses, les cœurs et les âmes sont à tous et à chacun. Cette affection et ce dévouement mutuel des chrétiens les uns pour les autres offrent au paganisme un spectacle inouï qui l'étonne, le touche et le change : ses mœurs s'adoucissent à son insu, sa morale sociale subit l'influence du christianisme, et les Césars eux-mêmes portent des lois dans lesquelles on sent circuler l'esprit chrétien [1].

Ces considérations, mon cher ami, ne vous apprennent rien sur la féconde initiative de l'Église. Vous savez qu'on trouve toujours sa main dans ce qu'il y a de grand et de généreux au monde. La charité a été de tout temps un monopole qu'elle n'a point consenti à abdiquer. De nos jours on voudrait la dépouiller de cette auréole glorieuse, et presque partout l'État tend à se substituer à l'Église, et à remplacer son action maternelle et puissante auprès du pauvre. Mais nos économistes auront beau faire, la charité est d'origine divine, et elle ne peut encore croître et se développer que sous l'influence de l'amour divin. C'est à l'Église que Dieu a donné la mission de la

---

[1] Trajan fit plusieurs fondations pour assurer l'avenir des enfants pauvres.

conserver et de la perpétuer dans le monde. Soyez sûr, mon cher ami, que du jour où l'Église sera bannie des fondations charitables, et son influence méconnue, la bienfaisance ne sera plus qu'une pitoyable contrefaçon de la charité. Le paganisme, certes, ne manquait ni de grandeur ni de beaux caractères, et cependant il n'a pas songé à fonder un hôpital pour y recevoir les malades. Parmi tous les monuments qu'ils nous a légués, il n'en est pas un seul qui atteste sa sollicitude pour le pauvre. C'est qu'en effet, soulager le pauvre et l'aimer n'est point le fait d'une pensée humaine et d'un désir de l'homme. Le premier qui a dit : *Bienheureux les pauvres,* pouvait seul commander de les secourir et de les aimer, et il n'y a qu'un Dieu qui pouvait faire ces choses.

Vous ne serez donc point étonné, mon cher ami, si je vous dis que Rome est la ville du monde où le pauvre est le mieux secouru : elle possède un grand nombre d'hôpitaux, d'hospices, d'établissements de tous genres destinés au soulagement de toutes les misères, quels qu'en soient le caractère et le nombre.

Il existe à Rome vingt et une institutions charitables en faveur des malades, savoir : huit hôpitaux publics, onze hôpitaux particuliers, et deux œuvres consistant à porter aux infirmes des secours à domicile.

Nous parlerons seulement des plus importants de ces établissements.

Le plus ancien de tous est l'hôpital du Saint-Esprit-en-Saxe, bâti, en 728, sur les rives du Tibre, assez près du Vatican. Le pape Innocent III le fit reconstruire en 1198. Il renferme douze salles, dont quatre sont immenses; l'une d'elles a cent vingt-cinq mètres de longueur, sur quinze de largeur et autant de hauteur. De belles fresques, destinées à rappeler le souvenir de Sixte IV, son fondateur, décorent ses murs. Cet hôpital peut recevoir mille six cent seize malades, et il est spécialement destiné aux hommes [1].

L'hôpital Saint-Sauveur, fondé, en 1236, par le cardinal Jean Colonna, est en face de Saint-Jean-de-Latran, et se compose de vastes bâtiments séparés par la rue qui conduit au Colisée. Les salles, vastes, élevées d'étages, ornées de beaux marbres, contiennent quatre cent soixante-dix-huit lits spécialement réservés aux femmes.

L'hôpital Saint-Jacques, au Corso, où l'on traite les maladies chirurgicales, possède trois cent quatre lits.

L'hôpital Sainte-Marie-de-la-Consolation reçoit les blessés; il

---

[1] Pie IX l'a considérablement agrandi.

compte cent cinquante-sept lits, et est élevé au pied de la roche Tarpéienne.

Singulier rapprochement! le paganisme était sans entrailles pour la douleur d'autrui, et cet hôpital de la Consolation est admirablement placé dans ce lieu où l'on n'entendait que des cris sans espoir, où l'on ne voyait que des souffrances sans soulagement!

L'hôpital Saint-Gallican reçoit les malades atteints d'affections cutanées. Les enfants y sont admis et séparés des adultes. Les frères de Saint-Jean-de-Dieu s'occupent des garçons; les jeunes filles sont confiées aux soins et à la vigilance des sœurs de la Charité. Une belle église quadrangulaire sépare les deux salles des malades, et une belle cour, divisée en deux, sert de lieu de promenade.

L'hôpital Saint-Roch est destiné aux malheureuses qui ont perdu leur honneur et leur vertu. Quand elles viennent frapper à la porte, elles sont reçues avec bonté, personne ne les interroge : on ne leur demande ni leur nom, ni leur domicile, ni leur condition. Elles peuvent rester voilées tout le temps de leur séjour, et elles sont assurées d'une discrétion inviolable : nul ne pénètre dans cet asile, et la police elle-même ne saurait en franchir le seuil.

Disons toutefois, pour l'honneur des mœurs romaines, que cet hôpital, qui possède vingt lits, ne reçoit guère que cent soixante-cinq femmes par an[1].

Il vous semble peut-être, mon cher ami, que, le cercle des infirmités humaines étant parcouru, la charité n'a plus qu'à se reposer, et à jouir en paix des bienfaits qu'elle prodigue aux malades? Non, la charité romaine étend plus loin encore sa sollicitude. Le malade quitte l'hôpital; mais il ne jouit pas pour cela d'une santé vigoureuse; il a souvent besoin de mille petites douceurs, de mille soins que sa bourse et sa famille sont impuissants à lui fournir : le temps de la convalescence réclame quelquefois plus de précautions et de vigilance que la maladie elle-même; mais comment fera le pauvre ouvrier? La famille tout entière a supporté le contre-coup de sa maladie; il sort de l'hôpital faible, chancelant, et ses bras ne sont plus assez robustes pour gagner le pain de chaque jour. Saint Philippe Néri, dont le cœur était assez large pour compatir à toutes les misères, et l'âme assez généreuse pour entreprendre de les soulager toutes, fonda un établissement pour recevoir les convalescents : c'est

---

[1] Ce chiffre est bien minime, si on le compare seulement au nombre des naissances illégitimes d'une de nos villes de cinquante à soixante mille âmes, et surtout si l'on songe que les malheureuses reçues dans cet hôpital n'appartiennent pas toutes à la population romaine.

l'hôpital de la Trinité. Placé sur le bord du Tibre, il a de vastes jardins, de frais ombrages, et offre au malade tout le confortable et l'agrément que réclame son état. La nourriture est saine et fortifiante, et la discipline très douce et toute paternelle.

Cet hôpital reçoit aussi les pèlerins; il les loge et les nourrit pendant trois et même quatre jours, au temps de Pâques et à l'époque des jubilés.

Mais il est deux infirmités d'autant plus tristes que l'art est impuissant à en guérir les malheureuses victimes. Ce sont les sourds-muets et les aliénés. Rome ne les a point oubliés. Près de la fontaine *dell' aqua felice* s'élève l'hospice des sourds-muets, qui reçoit environ cinquante garçons instruits par trois prêtres. Les filles sont reçues à l'orphelinat Sainte-Marie-des-Anges, qui est tout auprès.

Nous sommes heureux de constater que l'initiative pour l'éducation des sourds-muets appartient à la France. Mais Rome fut la plus empressée à suivre les inspirations toujours ardentes et généreuses de sa fille aînée. La réputation de l'abbé de l'Épée était à peine connue dans cette ville, qu'un jeune prêtre était envoyé à Paris pour étudier sa méthode, et il revenait bientôt avec un diplôme de capacité délivré par son illustre maître.

L'hôpital de Sainte-Marie-de-la-Pitié-des-Pauvres-Fous s'élève près de l'hôpital du Saint-Esprit. Il peut loger quatre cent vingt pensionnaires. Les bouleversements politiques, si fréquents de nos jours, la démoralisation toujours croissante, tendent à multiplier le nombre de ces malheureux[1]. Pie IX, douloureusement frappé des progrès de la folie, songe, dit-on, à fonder un magnifique et vaste asile pour les aliénés, dans les environs de Tivoli, sur une riante colline, au milieu d'un riche paysage.

« Par une singulière moquerie du sort, le palais de la folie s'élèverait à côté de ces ruines où l'on croit entendre encore les derniers échos de la sagesse antique, et de pauvres fous débiteraient à des auditeurs insensés leurs inoffensives rêveries, sous les mêmes ombrages où Cicéron lisait ses immortelles Tusculanes à Atticus et à Hortensius[2]. »

Telles sont, mon cher ami, les nombreuses fondations de Rome, dont la plupart des voyageurs ne soupçonnent pas l'existence. Il en

---

[1] « Depuis quelques années (en France) le nombre des aliénés augmente d'une manière extraordinaire. Ainsi, en 1846, il était de dix mille cinq cent vingt-cinq dans les établissements départementaux; de vingt-six mille deux cent quatre-vingt-six en 1856; on en compte aujourd'hui plus de quarante mille. » (*Gazette de France*, 30 octobre 1864.)

[2] Lefebvre.

est peu, en effet, qui songent à visiter ces asiles de la pauvreté et de la souffrance; et, parce qu'ils ont rencontré quelques mendiants dans les rues de Rome, ils accusent les papes de négliger le pauvre. Ils ne sont jamais entrés dans un hôpital, et ils osent dire que ces établissements sont mal administrés et mal organisés. Cependant, « à Rome, la maison des pauvres est beaucoup mieux tenue que les palais. » Ce témoignage assurément ne paraîtra pas suspect quand nous dirons qu'il sort de la bouche d'un officier français qui a pris part à l'expédition de 1849 [1].

Les maisons des pauvres ont toujours été l'objet de la sollicitude des papes : ils les ont dotées de revenus abondants, et ils ont toujours accueilli avec empressement et avec joie les améliorations qui leur étaient proposées, et que les recherches de la science médicale tendent chaque jour à multiplier.

Pie IX aime particulièrement les hôpitaux; il en a agrandi et enrichi plusieurs; il se plaît à les visiter, et plus d'une fois vous avez sans doute été ému du compte rendu de ces visites, que nous donnaient les feuilles publiques. Un jour, il entre à l'hôpital du Saint-Esprit sans être annoncé : il s'approche du lit d'un moribond, s'agenouille près de sa couche et récite les prières des agonisants. Et quand cette âme a quitté la terre, le pontife se rend dans la salle des convalescents, les interroge, les console, s'informe si rien ne leur manque; puis il s'en va, laissant au cœur de ces pauvres déshérités la joie et l'espérance.

Une autre fois, il entre dans l'hôpital de Saint-Jean, pénètre dans la salle des cholériques et prépare à la mort une pauvre femme dont l'état était désespéré. Elle expire devant lui, au milieu d'horribles convulsions. Pie IX se prosterne et récite le *De profundis*.

Il ne faudrait pas croire, mon cher ami, que ces faits sont isolés : ils se répètent souvent dans la vie de Pie IX, et ce n'est pas sans raison que le peuple l'appelle quelquefois *l'homme de la charité : l'uomo della carità*.

[1] Journal d'un officier français faisant partie de l'armée expéditionnaire, 1849.

XXII

LES CONSERVATOIRES ET LES INSTITUTIONS DOTALES

Mon cher ami,

Le soulagement et la moralisation de la classe pauvre a toujours été une des plus grandes et des plus constantes préoccupations du gouvernement romain. Qui pourrait dire tout ce que les papes ont fait pendant le cours des siècles pour atteindre ce but? Institutions charitables, écoles gratuites, créations ingénieuses et délicates pour l'établissement desquelles on les trouva toujours prêts, soit à donner leur sanction et l'autorité de leurs encouragements, soit à fournir le secours de leurs subventions paternelles et princières.

On a dit souvent, et avec raison, que les femmes font les mœurs dans une société. Si elles sont pures et chrétiennes, l'atmosphère qui les environne s'imprègne de leurs vertus, et autour d'elles tout se ressent de leur influence vivifiante et salutaire. De là il résulte le devoir et la nécessité de donner à la femme une éducation chrétienne et sérieuse. La fille du peuple surtout en a besoin plus que les autres : son indigence et le rang inférieur qu'elle occupe dans la société l'exposent plus facilement aux dangers des séductions. Rome devait comprendre cela, et, plus que toute autre ville, elle a dû chercher les moyens de moraliser les jeunes filles de la classe pauvre et ouvrière. Vous savez ce qu'elle a fait pour les orphelines, mais combien d'autres jeunes filles ont besoin de protection, d'aide et d'affection! Rome a des abris pour toutes les misères et des soutiens pour toutes les faiblesses. Elle ne compte pas moins de dix-huit conservatoires ou asiles, destinés, comme l'indique leur nom, à conserver pures et pieuses les jeunes filles que la pauvreté, l'abandon des parents et mille autres causes exposent à la corruption. On les recueille dans tous ces conservatoires pour les élever chrétiennement, les instruire, les occuper à un travail proportionné à leur âge et en rapport avec la position qu'elles occuperont plus tard dans la société. Les unes se livrent aux travaux de lingerie et de couture; les autres travaillent la laine, le coton et la soie : toutes sont initiées aux travaux moins brillants, mais plus utiles, du ménage. Quand elles sortent de l'établissement, c'est ordinairement pour se marier ou entrer au couvent. Elles sont parfaitement libres d'embrasser la carrière qui leur sourit davantage; elles peuvent même quelquefois rester toute leur vie dans l'asile qui a nourri leur jeunesse.

Il me paraît inutile de vous faire la longue énumération de tous ces conservatoires : il suffira, me semble-t-il, de vous montrer qu'il y en a pour tous les besoins.

Si nous suivons dans les différentes phases de la vie les misérables victimes de la pauvreté et de la corruption, nous voyons toujours l'Église à leur côté, comme une mère vigilante et affectueuse, pour les préserver, les consoler et les relever.

Ce sont les filles abandonnées, les orphelines, les petites mendiantes, les vagabondes, auxquelles elle a ouvert les conservatoires *delle Projette,* des Petites-Mendiantes, des SS. Clément et Crescentius, de Sainte-Euphémie, de Vitalien-Borromée, de Palotta.

Un jour un saint prêtre, Joseph Barlari, et un pieux laïque, François Carvetti, se rencontraient dans une même pensée, et fondaient le conservatoire *delle Pericolenti.* Depuis longtemps déjà, leurs cœurs s'étaient unis dans une même prière, qui chaque jour s'élevait vers le ciel et demandait à Dieu de leur fournir l'occasion de travailler pour sa gloire. Le sort des jeunes filles que leur pauvreté et l'abandon exposent à la séduction les toucha, et ils songèrent, sous l'inspiration de Dieu, à leur créer un asile. Le pape Pie VI acheta le palais Vitelleschi, et le donna à ces pieux serviteurs de Dieu pour y abriter leurs protégées.

Il est un autre genre de danger presque inévitable qui attend les filles des femmes de mauvaise vie. L'exemple qu'elles ont sous les yeux est déjà un puissant entraînement, quand ces mères dénaturées ne lancent pas elles-mêmes leurs enfants dans cette voie de la honte et du déshonneur. A Rome, il est vrai, ce danger est moins grand qu'ailleurs : ces sortes de femmes n'étant ni autorisées ni même tolérées, ne peuvent se réunir sous le même toit pour leur honteuse industrie. Saint Ignace de Loyola et saint Philippe Néri formèrent dans la ville une association d'hommes charitables pour arracher à la corruption ces jeunes enfants. Un pieux cardinal, Cesi, leur donna l'église Sainte-Catherine, et aujourd'hui ce conservatoire est sous la direction de religieuses qui suivent la règle de Saint-Augustin. Il compte environ vingt pensionnaires, qui toutes ne sont pas tirées de la triste position qu'avaient en vue leurs saints fondateurs : on leur a réuni quelques orphelines et quelques pensionnaires payantes.

Malgré sa vigilance et sa tendresse, l'Église ne peut préserver tous ses enfants du vice et de la honte; mais alors elle offre un asile à celles qui se repentent : elle va même au-devant d'elles, et leur rend faciles les moyens de se réhabiliter. Le conservatoire de Sainte-Croix ou du Bon-Pasteur, à la Lungara, reçoit ces enfants prodigues. Elles sont sous la direction des religieuses de Notre-Dame de la Charité du Bon-Pasteur d'Angers.

S'agit-il d'une jeune fille protestante, juive, infidèle, qui désire entrer dans l'Église catholique, le conservatoire des Néophytes s'ouvre devant elle : on lui donne l'instruction religieuse, et le baptême si ses dispositions l'en rendent digne. Puis elle y est entrenue aux frais de la charité jusqu'à son mariage ou à son entrée dans un couvent.

Le conservatoire *delle Camerali*, près de Sainte-Marie-Majeure, reçoit de préférence les filles des employés du gouvernement.

Somme toute, ces maisons peuvent abriter environ deux mille jeunes filles. « Elles sont, au témoignage de M. de Tournon[1], administrées avec une rare économie par les mains d'une supérieure ou maîtresse, qui est presque l'unique personne soldée dans chacune d'elles. »

Tous ces conservatoires ont le même but, et ils l'atteignent presque par les mêmes moyens, en conservant toutefois leur orignalité et leur but spécial. Cette variété n'en fait que mieux ressortir la sollicitude intelligente et active de l'Église. En effet, il n'y a pas une misère qui échappe à son œil maternel, pas une faiblesse qu'elle ne protège, pas un danger qu'elle n'écarte, pas une honte qu'elle ne cherche à effacer, pas une faute qu'elle ne tente de réparer. Et il est à remarquer que si les papes et les cardinaux n'ont pas toujours été les instigateurs et les premiers fondateurs de ces œuvres, du moins ils les ont toujours protégées, et ce sont leurs dons qui les ont aidées à s'établir, à croître et à se développer.

Les institutions dotales viennent compléter l'œuvre des conservatoires. Vers la fin du dernier siècle, ces institutions disposaient d'une somme de 600,000 francs et dotaient environ 1,500 jeunes filles chaque année. Aujourd'hui, à cause de circonstances que le malheur

---

[1] De Tournon, *Études statistiques sur Rome*, 1810, t. II, p. 135.

des temps suffit pour expliquer, elles ne disposent plus que de 35,000 écus (189,000 fr.) par an. La dot qu'on promet aux jeunes Romaines n'est, pour ainsi dire, que le prétexte d'une espèce de patronage que des hommes graves et religieux exercent sur leurs années périlleuses. On veut qu'en fondant une nouvelle famille elles fournissent à la communauté la somme nécessaire aux premiers frais de leur établissement, « mais on veut surtout qu'elles apportent cette sainte pudeur et cet honneur immaculé qui sont à la fois la plus belle couronne et la plus sûre dot de la fiancée. »

Toutes ces institutions se ressemblent; et en faisant connaître la plus ancienne, l'archiconfrérie de l'Annonciation, nous aurons suffisamment fait comprendre l'importance et la beauté morales de pareilles œuvres [1].

L'archiconfrérie de l'Annonciation fut fondée en 1460 par le cardinal Torrecremata. Urbain VIII lui légua son patrimoine : elle compte aujourd'hui quarante membres, et est administrée par une commission nommée au scrutin parmi les associés. Elle dispose annuellement d'environ 26,000 écus, et donne des dots de 36 à 50 écus (de 162 à 172 fr.).

Tous les ans, le 25 mars, fête de l'Annonciation, on distribue les dots dans l'église de la Minerve, siège de l'archiconfrérie. Le souverain pontife s'y rend ordinairement, et assiste en habits pontificaux à la messe, qui est toujours célébrée par un cardinal. La messe achevée, le saint-père et les cardinaux présents donnent leur offrande pour contribuer à la dotation des jeunes filles.

Douze jeunes filles choisies parmi les élues, modestement vêtues de blanc, la tête couverte d'un long voile et ornée d'une couronne de fleurs, viennent se prosterner devant le saint-père et baiser ses pieds. La cérémonie se termine par la distribution des dots.

Cette année (1865), l'archiconfrérie de l'Annonciation a distribué sept cents dots. Cette dot, prise isolément, peut paraître bien minime; mais les mêmes jeunes filles peuvent obtenir d'autres dots de

---

[1] Voici le nom des confréries qui distribuent des dots : Archiconfréries de *l'Annonciation*, de *l'Immaculée-Conception*, de *Sainte-Apolline*, du *Saint-Sauveur*, de *la Trinité des Pèlerins*, des *Stigmates*, des *SS. Barthélemy et Alexandre*, de *la Madone de Lorette*, de *Sainte-Marie-de-la-Consolation*, de *la Décollation-de-Saint-Jean*, de *Saint-Jérôme-de-la-Charité*, de *Saint-Roch*, du *Suffrage*, du *Très-Saint-Sacrement*, du *Saint-Nom-de-Marie*, des *Saints-Anges-Gardiens*, du *Saint-Rosaire*. Plusieurs églises et chapitres dotent également les jeunes filles: le *Chapitre de Saint-Pierre*, l'église nationale *Saint-Louis des Français*, *Sainte-Marie du Montserrat des Espagnols*, *Saint-Antoine des Portugais*, *Saint-Jean des Florentins*, *Saint-Jean-de-Latran*, *Sainte-Marie-Majeure*, *Sainte-Marie-du-Peuple*, *Saint-Laurent* in Damaso, etc. etc.

différentes archiconfréries de la ville. Si elles ont été élevées dans les conservatoires, elles emportent toujours de ces asiles quelques économies provenant des travaux auxquels on les emploie, et dont le bénéfice leur est presque entièrement abandonné. Tout cela ne laisse pas d'augmenter leur dot et de lui donner une importance réelle. Toutefois ce côté matériel et financier n'est pas celui que l'Église a surtout envisagé en créant de semblables œuvres : c'est le côté moral qui l'a frappée, et sous ce rapport de semblables fondations ne sauraient mériter trop d'éloges.

Pour espérer une dot, les jeunes filles doivent être Romaines, nées d'un mariage légitime, et d'une conduite irréprochable. Dès l'âge de quinze ans elles doivent se faire inscrire sur les registres de l'archiconfrérie; et dès ce moment aussi commence pour elles le temps de l'épreuve. Jusqu'à l'âge de dix-huit ans elles sont l'objet d'un patronage continuel et éclairé. Des visiteurs choisis parmi les membres de la société vont les voir à domicile, se font rendre compte de leur conduite, et, si elles sont sorties victorieuses et honorées de ces trois années d'épreuves, elles reçoivent leur dot.

Cette tutelle, exercée par des personnages graves et appartenant à l'élite de la société, doit nécessairement avoir une influence salutaire et durable sur les mœurs publiques.

XXIII

SAINTE FRANÇOISE ROMAINE

Maison des pieux exercices. — *Tor de' specchi*. — *Santa Maria la Nuova*. — Le carême à Rome.

Sainte Françoise, grande dame romaine, fondatrice d'une congrégation religieuse connue sous le nom d'oblates de *Tor de' specchi*, est très vénérée à Rome. Le souvenir du bien qu'elle a fait, des pauvres qu'elle a secourus, des exemples admirables qu'elle a donnés est toujours vivant, et les siècles, en s'écoulant, n'ont nullement affaibli la vivacité et la tendresse de ce culte. Son souvenir se conserve surtout dans trois endroits, plus particulièrement visités au jour de sa fête, le 9 mars : au Transtevère, la maison des pieux exercices, près du *ponte Rotto;* au pied du Capitole, le couvent des Oblates, *via Tor de' specchi*, et enfin au Forum, à l'église de *Santa Maria la Nuova* qui porte aussi son nom.

J'ai commencé par me rendre aux pieux exercices : c'est l'ancien palais Ponziani qui appartenait au mari de sainte Françoise; aujourd'hui, c'est une maison où les hommes et les jeunes gens sont admis à suivre les exercices d'une retraite spirituelle. Il y avait grande fête, office pontifical : le cloître, les corridors, les escaliers étaient jonchés de rameaux de buis. Il y a plusieurs chapelles dans cette maison : l'une d'elles fut la chambre où la sainte, atteinte d'une maladie mortelle qu'elle avait prise près du lit de son fils expirant, rendit le dernier soupir. L'autel, les murs sont en quelque sorte tapissés de reliques et font de ce lieu un sanctuaire vénérable entre tous. En nous rendant à la chapelle principal nous traversons celle du Saint-Sacrement. Tout y est grave et sévère, et l'on voit appendus au mur, de chaque côté de l'autel, des couteaux, des poignards, des fusils qui furent des instruments de meurtre et que les coupables, touchés par la grâce, ont déposés là, comme un gage de leur repentir et de leurs bonnes résolutions. On prie avec ferveur dans ces petits sanctuaires habités autrefois par une sainte et aujourd'hui souvent témoins des miracles que la grâce opère dans les âmes flétries par le crime et qu'elle revêt d'une beauté remarquable.

Tout à côté de cet établissement, un autre du même genre se dresse pour recevoir les femmes. Il est sous le patronage de saint Paschal Baylon et dirigé par des religieuses qui portent le nom de ce saint.

On reconnaît dans ces différentes institutions l'esprit de Rome. C'est le cœur d'une mère, préoccupée de l'âme de ses enfants, qui leur ménage tous les moyens pour se conserver dans la vertu ou pour rentrer au bercail, si, dans un jour de faiblesse ou de folie, ils s'en sont éloignés. Si l'on pouvait multiplier partout ces œuvres admirables, la société changerait bientôt de face et nous ne verrions pas si souvent les malheureux rejetés de son sein, après un moment d'oubli, se livrer au désespoir et se précipiter, avec rage, dans la voie du crime et de la haine, parce que la porte de la miséricorde leur fut fermée.

La chapelle du couvent de *Tor de' specchi* était ouverte au public. C'est une haute salle, située au premier étage, à la voûte peinte et dorée, et dont les parois sont revêtues de damas rouge antique. Pour s'y rendre on traverse, au rez-de-chaussée, une série de salles peintes ; des fenêtres du corridor on voit les cours du couvent ornées de buis en guillochis, à la vieille mode. Cette habitation paraît noble et confortable, elle a toute l'apparence des vieux palais de la noblesse romaine. Les oblates de Sainte-Françoise appartiennent presque toutes à la noblesse : Pie IX y compte une de ses nièces.

Le corps de sainte Françoise Romaine repose sous le maître-autel de l'église qui lui est dédiée au Forum ; je vous l'ai déjà nommée. Ce sanctuaire, resplendissant sous l'éclat de la nouvelle parure dont Pie IX et les sœurs oblates viennent de le revêtir, est tout entier recouvert de vieilles et belles étoffes de satin jaune avec application de velours et de filets d'or. Le maître-autel est surmonté d'une antique image de la sainte Vierge apportée de la ville de Troie à Rome par Angelo Frangipani, en l'an 1100, à son retour des croisades. La voûte de l'abside a été enrichie d'une vieille mosaïque par le pape Nicolas Ier au IXe siècle. On monte au sanctuaire par un double escalier ; entre les deux rampes, un beau groupe en marbre, représentant sainte Françoise à genoux avec un ange près d'elle, fixe le regard et retient l'attention. Il fut exécuté par ordre et aux frais d'Angela Panfili, sœur du pape Innocent X.

Nous descendons dans la crypte, après avoir regardé le beau bas-relief qui rappelle la rentrée de Grégoire XI à Rome, qui mit fin à la trop longue résidence des papes à Avignon. Nous n'oublions pas de baiser les deux pierres enchâssées dans le mur, qui portent l'empreinte des genoux de saint Pierre et qui se trouvent sur notre passage.

Comme l'église, la crypte a été récemment restaurée, elle est illuminée. La sainte veuve est couchée dans son tombeau, et ses ossements sont revêtus de l'habit des oblates qu'elle a fondées : elle tient dans ses mains son livre d'heures, et sa tête complètement décharnée apparaît, d'une manière étrange, sous le voile blanc des vierges du Seigneur. Je l'avoue, ce squelette revêtu des habits d'une personne vivante produit une impression pénible et presque effrayante; mais en contemplant de près cette tombe, en priant celle qui y repose, en se rappelant les bonnes œuvres que cette tête a conçues et exécutées, cette vue perd son horreur, la vision s'adoucit, ce squelette semble s'animer et prendre une expression de douceur et de charité qui émeut l'âme profondément.

L'église de Sainte-Françoise est desservie par les religieux olivétains.

La fête de sainte Françoise se célèbre pendant le temps du Carême. Pendant ce temps destiné à la pénitence et à la prière, les papes ont établi de pieux et touchants usages bien propres à stimuler la piété et à toucher le cœur, ce sont les *Stations* dans les différentes églises de Rome. A certains jours, fixés depuis longtemps par la Liturgie sacrée, ces sanctuaires sont ouverts toute la journée, toutes les reliques sont exposées, les offices célébrés avec plus de solennité, le pavé et les abords de l'église sont jonchés de feuillages et de fleurs, et le peuple se rend en foule faire sa visite ou *station* près de la tombe des martyrs pour gagner les indulgences que les souverains pontifes y ont attachées.

Vous ne sauriez vous faire une idée, mon cher ami, du nombre considérable de reliques qui sont alors exposées, de tous les trésors d'orfèvrerie, de toutes les richesses artistiques qui sont offerts à tous les regards : les tableaux des grands maîtres sont découverts, les cryptes sont illuminées, les tombeaux des saints s'ouvrent pour laisser voir les dépouilles glorifiées des vierges, des martyrs et des pontifes. C'est vraiment le moment le plus favorable pour visiter les églises de Rome et se faire une idée de toutes leurs richesses spirituelles et artistiques.

Le second jour de Carême, j'ai visité l'église de Saint-Georges, soldat et martyr : située dans le Vélabre, près de la *Cloaca Maxima,* le grand égout central de la vieille Rome, à côté de l'arc de *Janus Quadrifons,* masse énorme en marbre blanc, à quatre ouvertures, et celui, plus riche par ses sculptures et ses ornements, mais plus petit par les dimensions, élevé par les banquiers et les orfèvres à l'empereur Septime-Sévère.

L'église de Saint-Georges remonte au vi° siècle. Elle n'a pas de grandes proportions; mais ses belles colonnes, son ciborium du maître-autel, ses mosaïques méritent par leur antiquité et leur beauté de fixer l'attention de l'archéologue. Je suis arrivé pour le chant des Vêpres, beaucoup de visiteurs sont venus pendant les quelques instants que j'ai passés à prier devant la lance, l'étendard et le crâne du jeune martyr.

Un autre jour, je me suis rendu à Sainte-Anastasie, à peu de distance de Saint-Georges. Cette église n'est ouverte que le jour de Noël pour la messe de l'Aurore, à laquelle on fait mémoire de la pieuse matrone, et le jour de la Station. On peut dire qu'elle est au milieu d'un désert : isolée, au pied du Palatin, l'herbe croît en liberté sur la grande place qui la précède. Il est regrettable qu'une église aussi grande, aussi gracieuse et aussi fraîche soit si rarement offerte à la curiosité de l'artiste et à la piété du pèlerin. Son origine est très ancienne, une inscription dit qu'on a perdu le souvenir de sa première consécration. Elle fut bâtie sur l'emplacement de la maison de la noble patricienne, l'illustre martyre Anastasie qu'on y vient prier : *Inclitæ Christi martyri Anastasiæ patriliæ romanæ*, lit-on au bas de sa belle statue de marbre blanc, étendue sous le tombeau du maître-autel.

Ses trois nefs sont séparées par des colonnes antiques, son pavé est en marbre; son plafond, en bois sculpté, a été refait par Grégoire XVI et Pie IX. Le cardinal Angelo Maï est enseveli dans cette église : il est représenté à genoux, ayant à ses pieds des manuscrits et des livres qui rappellent son immense érudition.

Dans une petite chapelle, sous un ciborium de la plus haute antiquité, est un autel sur lequel saint Jérôme célébrait la messe. J'y ai vénéré les reliques de la vraie Croix, un voile de la sainte Vierge et un morceau du manteau de saint Joseph. L'autre petite chapelle, du côté de l'épître, est dédiée à saint Charles Borromée et à saint Philippe Néri, deux grands saints contemporains et populaires à Rome.

Vous parlerai-je, mon cher ami, d'une autre église éloignée de celle que je viens de vous faire connaître, mais dont la visite m'a également impressionné; je l'ai visitée le jour où l'Église célèbre la fête de saint Jean-de-Dieu, c'est l'église de Saint-Jean-Calybite, située dans l'île, presque en face de Saint-Barthélemy, et desservie par les Frères de Saint-Jean-de-Dieu, appelés à Rome *bene fate fratelli*, paroles dont le saint se servait pour exciter ses disciples à toutes les œuvres de la plus héroïque vertu. Cette église est petite, mais gracieuse; elle possède le corps de saint Jean Calybite et ceux de sept martyrs.

Les jours de fête les couvents sont ouverts, nous avons donc visité celui des bons Frères ainsi que leur hôpital. Tout est simple et respire la pauvreté ; mais comme tous ces grands cloîtres, ces voûtes élevées des couvents de Rome ont quelque chose de grandiose et de majestueux, jusque dans leur pauvreté.

Les salles des malades sont propres, élégamment tenues et bien aérées. Chaque lit a des rideaux et un petit baldaquin dont les draperies font le tour de la salle et unissent tous les lits les uns aux autres. Un autel est dressé au fond de la salle et, sans quitter leur lit de douleur, les malades peuvent être consolés par l'auguste Victime, le salut des infirmes, qui daigne descendre au milieu d'eux. Une salle plus élevée fait suite à cet autel, et d'une fenêtre on voit couler le Tibre au pied de l'hôpital.

Saint Jean de Dieu aimait les pauvres d'un ardent amour, il quitta tout pour les soigner et, un jour, on le vit pénétrer au milieu des flammes pour arracher à la fureur d'un incendie les malades d'un hôpital qu'il avait fondé : il les prenait dans ses bras, les portait sur ses épaules et ainsi, à travers mille dangers et au prix de mille fatigues, il put sauver leur vie. Ces traits sont rappelés dans l'intérieur du couvent, dans l'église, dans les salles, et les Frères, qui ont sans cesse sous les yeux cet héroïque exemple, ont hérité du dévouement de leur fondateur et père. Je les ai vus à l'œuvre dans ces vastes salles, faire le lit des pauvres fiévreux et leur prodiguer les soins et les adoucissements les plus tendres.

Vous croyez sans doute, mon cher ami, que là s'arrête la charité des bons religieux. Tous les pauvres sont leurs amis et ils pensent à leurs besoins. En sortant du couvent, j'ai été effrayé de la nuée de mendiants qui attendait, à la porte de l'hôpital, le dîner du jour. Beaucoup étaient vieux, infirmes, incapables de gagner leur vie, et les moines représentent pour eux la douce et bonne Providence

> Aux petits des oiseaux *qui* donne la pâture...

J'ai suivi un de ces pauvres malheureux jusque sur la place voisine de Saint-Barthélemy. Il emportait avec joie son écuelle en fer-blanc ; il s'assit sur un degré du petit monument qui orne cette place, à l'ombre, puis je le vis manger, avec un appétit à faire envie, une soupe au vermicelle dans laquelle nageaient, fort à leur aise, quelques morceaux de viande. Il y trempait son pain avec avidité et ne semblait pas accoutumé à un semblable régal.

XXIV

LES MENDIANTS DE ROME

Mon cher ami,

Combien de fois n'avez-vous pas entendu dire que Rome était envahie par les mendiants, et que le voyageur était littéralement assiégé par leurs importunes requêtes! Que d'histoires fabriquées à plaisir! Que de romans ont illustré, nous pourrions dire immortalisé, le mendiant romain! Vous désirez savoir la vérité sur ce point : je viens aujourd'hui vous la dire tout entière.

La mendicité, il est vrai, n'est point interdite dans les États pontificaux : les papes n'ont pas cru devoir proscrire les mendiants, et sans doute ils ont raison. Ils se souviennent que Jésus-Christ a béni et exalté la pauvreté, et ils ne veulent pas la bannir : d'ailleurs ils pensent qu'il vaut mieux laisser mendier dans les rues et sur les places de leurs villes que de condamner les pauvres à mourir de faim, dans une infâme masure, comme cela ne se voit que trop souvent à Londres.

Il ne faut pas croire cependant que les papes encouragent la mendicité : ils savent trop bien quels en sont les abus, et plus d'une fois ils ont fait de sages règlements pour les réprimer. Léon XII permit de mendier dans Rome, à la condition que ceux qui voudraient user de cette permission se feraient inscrire sur les registres de la police, et porteraient au bras une plaque de cuivre avec cette inscription : *Questante in Roma.*

D'ailleurs les mendiants sont moins nombreux qu'on ne le dit; ils ne se tiennent guère qu'à certains endroits de la ville, au Forum, sur la place d'Espagne, où on les voit surtout en hiver, au moment où les étrangers viennent en plus grand nombre.

« En considérant les choses de près, on est amené à reconnaître que le nombre des mendiants, si exhorbitant à première vue, ne l'est peut-être pas autant qu'il le paraît. Ce qui multiplie les mendiants à l'œil, c'est qu'ils sont concentrés dans un seul quartier, dans celui qu'habitent ou traversent constamment les étrangers, au Corso, de la place d'Espagne à la place de Venise ou à la porte du Peuple. Partout ailleurs on n'en rencontre point, et puis, le plus souvent, ces pauvres viennent des pays voisins, des duchés de l'Italie septentrionale, de la Lombardie et surtout du royaume de Naples, voire même de Paris. Tous sont attirés à Rome par la multitude des voyageurs qui se rendent dans la ville pontificale, ce qui fait que la mendicité, seule occupation de ces fainéants, est devenue chez eux plutôt un art qu'un besoin.

« Cet art a pour effet de les faire se multiplier en apparence. Rien de plus avisé, de plus inventif que le mendiant italien. Tout à la fois protée et caméléon, il change en un clin d'œil de vêtements et de visage, selon les besoins de la situation et la qualité des personnes auxquelles il s'adresse. Il est doué pareillement d'une faculté de locomotion, d'une sorte d'ubiquité qui le rend présent ici, là, ailleurs, partout, dans le même moment. Tantôt boiteux, tantôt hydropique, tour à tour manchot, couvert de plaies, quelquefois voûté et courbé par l'âge, c'est un miroir à facettes qui éblouit les bonnes âmes et fait la terreur des gens craintifs. Un mendiant à Rome tient autant de place que dix individus. On les compte par milliers, et ils ne sont que quelques centaines [1]. »

Ce témoignage, sorti de la bouche d'un homme qui est loin d'être toujours indulgent pour le gouvernement pontifical, ne saurait paraître suspect. Pour moi, j'avouerai franchement que j'ai vu si peu de mendiants dans les rues de Rome, que je m'étonne grandement qu'on ait pu faire un crime à la papauté de les tolérer. Il est vrai qu'à cette époque de l'année, au mois de juillet, les étrangers ont pour la plupart quitté la Ville éternelle, et les mendiants ont regagné leur patrie. D'ailleurs, pourquoi s'étonner qu'il y ait des pauvres à Rome? « Le flot de la misère, dit M. Lefebvre [2], visite tous les rivages, même les plus fortunés, et jusqu'ici il ne s'est pas trouvé d'économiste dont le doigt ait été assez puissant pour lui tracer sa limite, dont la voix ait été assez autorisée pour lui dire : Tu n'iras pas plus loin. » Ne faut-il pas aussi que la parole de Jésus-Christ soit vraie jusqu'à la fin des temps : « Vous aurez toujours des pauvres parmi vous [3]? »

---

[1] Moreau-Christophe, *Annales de la charité*, 1861, p. 291.
[2] *Établissements charitables de Rome*.
[3] Matth. XXVI, 11.

Le mendiant, d'ailleurs, ne saurait accuser le gouvernement de Rome de le laisser dans la misère et l'abandon, puisqu'il y a des hôpitaux pour les malades et des hospices pour les infirmes et les vieillards. Mais ne voyons-nous pas souvent des pauvres préférer à l'asile que leur offre la charité un petit chez soi précaire et entouré de privations, où du moins ils jouissent de la liberté entière de leurs actions et de leurs instants. La même chose se voit à Rome : beaucoup jugent plus commode de conserver leur indépendance, parce qu'ils savent que la charité est inépuisable, et qu'ils sont toujours assurés de trouver le nécessaire en implorant la pitié publique ou en frappant à la porte des couvents.

Et ne vous imaginez pas, mon cher ami, que les mendiants sont plus nombreux à Rome qu'ils ne le seraient ailleurs, si on les tolérait. Supprimez pour un instant la loi qui interdit la mendicité en France, et vous verrez les mendiants sortir de leur retraite en si grand nombre que vous en serez justement effrayé.

Dans un rapport que M. Husson, directeur de l'assistance publique, adressait, il y a quelque temps, à l'Académie des sciences morales et politiques, le nombre des indigents secourus à Paris s'élève à cent un mille sept cent cinquante. Donnez à tous ces pauvres l'autorisation de mendier : malgré les secours qui leur sont distribués avec une générosité inépuisable, vous les verrez encore tendre la main.

Croyez-vous donc qu'à Rome les pauvres, en dehors des hôpitaux et des hospices, ne reçoivent aucun secours. La *commission des subsides,* présidée par un cardinal, distribue annuellement aux pauvres plus de 300,000 écus, environ 1,605,000 francs. En cas de disette, le trésor public achète du blé sur les marchés étrangers, le fait moudre à son compte, et vend le pain à la classe pauvre à un prix réduit. Le mendiant de Rome reçoit au moins deux ou trois soupes chaque jour à la porte des couvents, et le soir on lui accorde gratuitement, à l'hospice Sainte-Galle pour les hommes, et à l'hospice Saint-Louis-de-Gonzague pour les femmes, un lit pour passer la nuit.

Et quand ils ne sont pas trop invalides ou trop âgés, Rome leur distribue des travaux qu'elle sait proportionner à leurs forces et à leurs besoins.

En effet, on aurait tort de croire que le pauvre à Rome n'a qu'à se croiser les bras et à tendre la main. Les papes leur recommandent le travail; ils font plus, ils leur en donnent. Léon XII a organisé sur de nouvelles bases l'ancienne fondation de Sixte V, et chaque année des subsides sont votés dans le budget pontifical pour les travaux publics exécutés par les pauvres, les infirmes, et tous ceux qui pourraient difficilement trouver de l'ouvrage ailleurs. Une commission présidée par un cardinal, et composée de quatre ou cinq ingénieurs, est chargée de la direction de ces travaux. Heureuse pensée, qui chaque année fait sortir des ruines quelques vieux monuments, et crée des ressources à un nombre assez considérable d'indigents !

Ainsi, mon cher ami, vous le voyez, Rome tolère les mendiants, et, selon toute probabilité, elle les tolérera toujours ; mais aussi elle prend tous les moyens pour détruire les abus de la mendicité, et elle travaille chaque jour, par ses aumônes et ses fondations charitables, à en diminuer le nombre. Nulle ville au monde n'aime plus les pauvres que Rome, comme vous avez pu vous en convaincre par ce que je vous ai dit de sa charité : elle aime le pauvre pendant sa vie, elle le secourt, elle le console, le soigne avec une tendresse maternelle, elle n'attend pas qu'il vienne se plaindre, et deux confréries, celle des Saints-Apôtres et celle de la Divine-Miséricorde, recherchent les pauvres honteux, pour les aider et subvenir à leurs besoins. La charité n'abandonne pas le pauvre à la mort ; de même qu'elle a veillé près de sa couche, elle prend soin de sa dépouille mortelle et l'accompagne jusqu'à sa dernière demeure.

Il n'est pas rare de voir, au moment où sonne l'Avé Maria, défiler un long cortège de confrères, recouverts d'un sac, tenant un cierge à la main, et psalmodiant quelques chants sur un ton plaintif et lugubre. Et si vous demandez d'où vient ce cortège et où il va, on vous dira que c'est le convoi des pauvres qui sort de l'hôpital du Saint-Esprit, et que ces sacs, dont on rit si volontiers, cachent souvent un prince, un cardinal peut-être, qui font partie de la confrérie de l'Oraison et de la Mort, dont le but est de pourvoir à la sépulture des pauvres.

XXV

LES COUVENTS DE ROME

Mon cher ami,

Je tiens d'autant plus à vous parler des couvents de Rome que de nos jours les congrégations religieuses comptent de nombreux et puissants adversaires. Qui s'étonnerait d'ailleurs, dans un siècle où l'on tente de défigurer les préceptes de l'Évangile et d'altérer ses enseignements divins, de voir attaquer et condamner ces âmes dont la générosité et l'amour ne sauraient se contenter des préceptes communs de l'obéissance ordinaire, mais qui veulent encore accepter et suivre jusqu'aux conseils mêmes de l'Évangile? C'est là, en effet, toute la question quand il s'agit des ordres religieux. Les conseils de la perfection évangélique sont-ils une lettre morte, ou bien doit-il toujours y avoir sur la terre des cœurs assez purs pour les aimer et assez grands pour les embrasser? Pour les catholiques, la question n'est pas douteuse : les ordres religieux sont dans l'Église de Jésus-Christ ce que les astres sont au firmament. Vous comprenez, mon cher ami, que je ne parle ici ni de la forme ni des conditions de la vie monastique ; c'est à l'Église qu'il appartient de se prononcer sur la question d'opportunité des nouvelles fondations religieuses. Mais je dis que les ordres religieux en général sont la gloire de l'Église, comme ils sont aussi le complément nécessaire de la loi évangélique. Aussi voyons-nous souvent à chaque siècle les manifestations de l'esprit religieux répondre aux exigences de l'époque qui les a produites et se modifier avec les besoins, je pourrais presque dire avec les idées du moment, et en cela Dieu prouve au monde l'inépuisable fécondité et l'éternelle jeunesse de son Église.

Il y a à Rome 57 sociétés, congrégations ou ordres divers d'hommes menant la vie religieuse, dont quelques-unes comptent plusieurs maisons dans la ville même. D'après le recensement officiel de l'année 1864, 2,653 religieux sont partagés entre ces différents couvents.

Voici le tableau exact de cette répartition entre les différents couvents de la ville ; j'ai pensé qu'il pourrait intéresser.

Chanoines réguliers de Latran, 36 religieux; Clercs réguliers Théatins, 17; C. r. Barnabites, 29; C. r. Somasques, 51; C. r. de la Compagnie de Jésus, 368; C. r. Mineurs, 20; C. r. Ministres des malades, 51; C. r. de la Mère de Dieu, 23; C. r. des Écoles Pies, 48; Congrégation de l'Oratoire, 23; de Saint-Jérôme de la Charité, 9; des Doctrinaires, 40; de la Mission, 67; des Pieux Ouvriers, 7; du Précieux Sang, 16; des Passionistes, 91; du très saint Rédempteur, 41; des Saints-Cœurs, 11; de la Sainte-Croix, 33; des Frères des Écoles chrétiennes, 59; Instituts de la Charité, 71 ; Prêtres de la Résurrection, 21; Frères de Notre-Dame de la Miséricorde, 38; Ermites camaldules, 2; Moines basiliens, 2; M. bénédictins, 5; M. camaldules, 17; M. c. de Monte-Corona, 2; M. Sylvestrins, 20; M. Chartreux, 22; M. Ruthènes, 1; M. Antonins, 20; M. A. Maronites, 4; M. Arméniens, 1; Dominicains, 126; Mineurs observants, 194; M. réformés, 123; M. obs. de Saint-Bonaventure, 47; M. Conventuels, 97; M. Capucins, 202; Tiers ordre Franciscains, 23; Augustins, 78; A. déchaussés, 36; Carmes, 51; C. déchaussés, 87; Serviteurs de Marie, 54; Mercédaires, 7; Trinitaires, 14; T. déchaussés, 65; Minimes, 38; Religieux de Saint-Jérôme, 20; PP. de la Pénitence, 31; *Fate bene Fratelli*, 43; Société des Missions, 17.

Vous trouverez peut-être dans cette nomenclature quelques ordres religieux, tels que les trinitaires, les mercédaires, etc., qui n'ont plus aujourd'hui leur raison d'être ; mais l'Église les respecte comme de vieux serviteurs dont elle veut honorer la vieillesse ; elle les conserve, comme ces armures d'un autre âge que vous voyez appendues aux murs des manoirs, et qui ne doivent leur existence qu'aux souvenirs d'une gloire dont ils ont été les témoins.

Rome fut le berceau de la plupart des ordres religieux. C'est là qu'ils ont leurs maisons mères, leurs supérieurs généraux, les corps de leurs fondateurs et de leurs saints. Aussi, quand un religieux vient de quelque contrée éloignée ou étrangère, il trouve à Rome la maison paternelle, où on l'accueille avec joie et où se conservent toutes les traditions de la famille. Dans les cloîtres, dans l'église, de belles peintures lui rappellent les actions glorieuses de ses ancêtres. Il lui semble encore revivre au milieu d'eux, tant les usages qu'ils ont établis ont été rigoureusement respectés, et les exemples de leurs vertus fidèlement suivis. Quelquefois même ils retrouveront la chambre qu'ils habitaient, les meubles, les vêtements et les livres qui étaient à leur usage. Vie traditionnelle et de famille, telle est la vie du couvent.

On fait un crime à certains ordres religieux d'avoir leur chef à Rome. Il me semble, au contraire, qu'on devrait les en féliciter. C'est un gage de leur fidélité et de leur ferveur. Rome est le centre de la vie religieuse et évangélique, et le meilleur moyen de conserver la vie n'est-il pas d'avoir avec le cœur des communications directes et faciles?

Et puis, où les ordres religieux trouveraient-ils une protection plus assurée, une existence moins précaire? A la merci de tous les gouvernements qui se succèdent, hélas! si rapidement et si souvent dans notre Europe bouleversée, la bienveillance d'aujourd'hui pourrait-elle leur garantir celle du lendemain?

La papauté tient aussi à avoir près d'elle ces généreux et vaillants défenseurs de sa foi et de son autorité. Qui pourrait l'en blâmer? N'est-il pas naturel qu'un roi entoure le trône des illustrations et des gloires de la patrie, et le protège par la présence des plus habiles capitaines de ses armées?

Mais, mon cher ami, laissons toutes ces attaques, qui sont en réalité plus passionnées qu'équitables, et disons quelque chose des bons moines de Rome. J'avoue très simplement que Rome est une ville de couvents; je dirai plus : Rome est comme un grand couvent dont le pape est le supérieur. Pour faire connaissance avec les religieux, il n'est pas absolument nécessaire de pénétrer dans leurs monastères. Deux heures avant l'Avé Maria, dirigez-vous du côté du Colisée, dans les environs de Saint-Jean-de-Latran, dans la villa Borghèse, sur la voie Nomentane, dans le Corso, et vous verrez les religieux se promener au milieu de la foule aussi gravement et aussi à l'aise que dans les cloîtres de leur couvent. Leur présence dans ces lieux donne à ces promenades publiques une physionomie pittoresque et tout à part que j'aimais beaucoup à étudier.

Je sais que certains esprits superficiels et railleurs blâment et condamnent ces sorties des religieux, et ils les accusent de perdre ainsi l'esprit de leur état.

> Cette compassion part d'un bon naturel;
> Mais quittez ce souci.

Les religieux savent mieux que personne ce qui détruit le nerf de la vie religieuse, et ils ne pensent pas qu'une promenade dans les rues de Rome, où ils rencontrent à chaque pas la trace de leurs fon-

Jardin dans un couvent, à Rome.

dateurs et de leurs saints, puisse jamais les distraire des graves méditations de la vie ascétique.

Dailleurs ils continuent leurs œuvres et leurs bienfaits, et je trouve très édifiant de voir ces bons moines, à la démarche grave et modeste, au milieu de cette foule qui court à ses plaisirs et à ses fêtes, passer comme des témoins vivants de la mortification, de la chasteté et de la prière. C'est une prédication muette et vivante de l'Évangile. Quand je vois le bon père capucin avec sa robe de bure, ses pieds nus, tendre la main, je me rappelle involontairement ces paroles de Jésus-Christ : *Beati pauperes spiritu*. Il était riche peut-être dans le monde, il est bienheureux parce qu'il a choisi la pauvreté.

Le trinitaire, avec sa croix rouge et azur sur sa poitrine, me fait bénir l'Église d'avoir détruit l'esclavage, et me dit que la croix seule nous a donné la liberté des enfants de Dieu. Le barnabite, le religieux des Écoles Pies, le rabat blanc du frère des Écoles chrétiennes, sont une réfutation vivante de cette vieille calomnie qui accuse l'Église d'entretenir l'ignorance dans les classes populaires.

La robe blanche du dominicain, la robe noire du bénédictin et la soutane du jésuite éveillent en mon esprit mille souvenirs, et je salue en eux la triple et glorieuse personnification de l'artiste, du savant et de l'apôtre.

J'aime à voir tous ces religieux se mêler aux foules, leur inoculer, si je puis ainsi parler, l'esprit religieux et chrétien. Si l'Italie est restée profondément catholique, malgré tous les efforts tentés pour lui faire perdre sa foi, elle le doit à cette influence salutaire, à ce mélange journalier, à ce contact continuel des religieux avec le peuple.

A Rome, les religieux ne sont pas, comme dans la plupart de nos sociétés modernes, frappés d'ostracisme et d'incapacité. La société romaine est constituée chrétiennement, et les moines ont, comme tout le monde, leur place au soleil et à la liberté. Ils prennent part à la vie publique, et le peuple les voit sans défiance comme sans étonnement.

Il les aime, il s'incline sur leur passage, et il sait bien que ces hommes qui ont travaillé tout le jour pour la gloire de Dieu et pour le salut de leurs frères prennent un repos bien légitime, et que le climat de Rome d'ailleurs rend nécessaire.

Je compte bien, mon cher ami, ne pas me borner à cette étude superficielle, et, pour ainsi dire, à vol d'oiseau, sur les couvents et les religieux. Nous pénétrerons dans quelques-uns de leurs monastères, nous visiterons leurs plus belles églises.

Que de préjugés tomberaient, si on voulait étudier de près la vie religieuse, aller s'installer pour quelques jours dans un couvent, comme l'a fait pendant plusieurs mois un protestant anglican, M. Taylor! Cette étude a complètement dissipé ses préventions, et nous a valu un bon livre : *l'Intérieur des couvents en Italie*. Je crois que la meilleure réponse à faire aux ennemis des couvents et des moines est celle-ci : Allez passer quelques jours dans un couvent; examinez de près ces hommes dont vous redoutez l'influence et méconnaissez le mérite; suivez-les dans les différentes occupations de la journée; voyez-les dans leurs cellules, à l'église, au réfectoire, en récréation, nous vous permettrons ensuite de formuler un jugement. S'ils ne sont pas amenés à déclarer, comme le protestant Taylor, que les couvents sont l'asile de la sainteté, de la science, de la mortification et d'une franche et inaltérable gaieté, soyez convaincu qu'il y a là mauvaise foi ou travers d'esprit.

Cela ne veut pas dire, mon cher ami, que tout soit parfait dans les couvents. Je conviens sans peine avec vous que quelques ordres religieux n'ont peut-être pas conservé toute la ferveur primitive. Certains adoucissements à la règle, introduits avec le temps et les circonstances, contrastent peut-être avec la ferveur un peu austère de nos religieux français. Mais il faut tenir compte du climat, des mœurs, et surtout des habitudes plus faciles que les nôtres. Malgré cela, il est certain que, dans chaque couvent, l'esprit religieux est en général excellent, et qu'il s'y trouve des âmes élevées à un haut degré de perfection. Pie IX disait un jour que, dans un seul couvent de Rome, il ne serait pas embarrassé de trouver plusieurs saints dignes de la canonisation. Je ne crois pas qu'il y ait jamais eu d'éloge plus beau et mieux autorisé de la vie monastique.

XXVI

LES COUVENTS

Les Augustins. — Les Théatins. — Les Barnabites.

Mon cher ami,

Selon la promesse que je vous ai faite, nous allons visiter quelques-uns des nombreux couvents de Rome. Aujourd'hui je me propose de vous en faire connaître quelques-uns, qui d'ailleurs n'ont d'autre raison d'être réunis dans une même lettre que celle de leur voisinage. Je commencerai ma visite par l'église de Sainte-Marie-Madeleine où repose le corps de saint Camille de Lellis.

Ce saint fut d'abord soldat et ne fut pas le modèle de sa compagnie. Il devint joueur et joueur enragé. Licencié, il n'avait rapporté des camps que son équipement et sa malheureuse passion. Il ne tarda pas à mettre son sabre en jeu, il le perdit; son mousquet, il le perdit; sa giberne, il la perdit; sa capote, il la perdit; sa chemise, il la perdit. Dépouillé de tout, le nouveau prodigue rentra en lui-même et il revint à Dieu sérieusement. Il apporta à son service l'ardeur naturelle de son caractère, et, la grâce en doublant l'intensité et en relevant singulièrement le motif, il opéra des œuvres merveilleuses. Il se donna tout entier au soin des malades; il passait les jours et les nuits auprès d'eux, leur prodiguant les preuves du dévouement le plus tendre et le plus intelligent. Il fonda, pour l'aider dans cette œuvre, la Congrégation des Clercs ministres des Infirmes. Il leur donna comme signe distinctif une grande croix rouge qu'ils portent sur la poitrine.

Son corps repose sous le maître-autel de l'église, et ses fils desservent l'église et l'hôpital. Ils continuent les traditions de leur saint fondateur, et trouvent près de son tombeau et dans la chambre où il mourut un rajeunissement continuel à leur vie toute de charité et d'abnégation : un vœu spécial les enchaîne au chevet des pestiférés.

Saint Camille de Lellis est une preuve touchante des merveilles de la grâce divine qui sait rendre à l'âme pécheresse la vigueur et l'éclat de l'innocence. Et l'église elle-même est dédiée à celle qui, la première, entendit la parole de l'amour et du pardon, à celle dont le nom est redit avec louange partout où l'Évangile est annoncé, et à laquelle il a été beaucoup pardonné parce qu'elle a beaucoup aimé. A Dieu seul il appartient de créer des cœurs nouveaux et de relever les consciences coupables. Pour croire à la divinité de l'Église de Jésus-Christ, il me semble que les grands raisonnements sont inutiles, il suffit d'entrer dans l'église de Sainte-Marie-Madeleine et de voir ce qu'elle a fait de cette grande pécheresse et de ce grand joueur, et l'on peut dire : C'est vraiment l'œuvre de Dieu !

L'église de la Madeleine est étincelante de marbres et de dorures. Je suis forcé d'employer presque toujours les mêmes termes pour peindre les magnifiques églises romaines; pourtant, dans leur splendeur, elles ont chacune leurs différences originales et leurs nuances délicates, mais la plume ne peut les rendre comme le pinceau.

Dans la nef de Sainte-Madeleine, six statues de grandeur naturelle, en marbre blanc, placées dans des niches, représentent l'illustre pénitente dans les différentes phases de sa vie chrétienne : elle est là *humilis, verecunda, secreta, fidelis, simplex, lacrymabilis*. L'idée est excellente; mais le naturel manque à ces statues : leur expression est dramatique et exagérée.

Nous sommes assez près de l'église de Saint-Augustin, chef-lieu de l'ordre de ce nom, veuillez m'y accompagner.

Saint Augustin est regardé comme un des patriarches de la vie religieuse en Occident. Après sa conversion, il s'enferma dans une maison de Tagaste, sa ville natale, avec quelques amis, pour se livrer ensemble à la prière et à l'étude des saintes lettres. Devenu évêque d'Hippone, il ouvrit sa maison à son clergé, et façonna tous ses coopérateurs à la vie de communauté. La règle qu'il leur imposa n'était guère qu'un simple exposé des devoirs fondamentaux de la vie religieuse. Aucune forme de gouvernement n'y était tracée; aucune observance n'y était prescrite, sauf la communauté des biens, la prière, la frugalité, la vigilance des frères sur leurs sens, l'obéissance aux supérieurs du monastère, la correction fraternelle, et par-dessus tout, la charité. Un cadre aussi large fut accepté, agrandi ou restreint, par un grand nombre de communautés qui reconnurent toutes saint Augustin pour père. En 1256, le pape Alexandre IV réunit en un seul ordre, sous le titre d'Ermites de Saint-Augustin ou simplement des Augustins, cinq différentes congrégations d'ermites qui suivaient avec plus ou moins de modifications la règle du saint évêque.

L'église Saint-Augustin, située dans le voisinage de la place Navone, fut construite au xv⁰ siècle. Ce ravissant sanctuaire possède au troisième pilier, à gauche en entrant, une belle fresque de Raphaël, représentant le prophète Isaïe. C'était le commencement d'une décoration qu'une pieuse personne voulait faire exécuter; mais on raconte qu'ayant sans doute plus de bonne volonté que de savoir et d'argent, elle refusa de payer à Raphaël les cinquante écus qu'il réclamait. Elle fait venir Michel-Ange, résolue, disait-elle, de s'en rapporter à son arbitrage. Le vieil artiste, plus jaloux de dire la vérité que de plaire à son client, répondit brièvement : « Le genou seul du prophète vaut cinquante écus. » Comment fut accueillie cette sentence, nous l'ignorons; mais la décoration ne fut pas terminée.

Une belle madone en marbre et assise, œuvre remarquable de Sansovino, artiste célèbre du xvi⁰ siècle, est l'objet d'une grande dévotion : elle est couverte de pierreries et entourée de nombreux et riches ex-voto.

Le corps de la glorieuse et sainte mère de saint Augustin repose dans une riche chapelle somptueusement réparée, où les marbres les plus rares brillent d'un frais éclat, et où de belles et antiques inscriptions redisent les louanges de la sainte. Illustre veuve, que son fils a rendue plus illustre encore par sa piété filiale. « Je ne tairai point tout ce que mon âme engendre de pensées sur votre servante, dont la chair m'a engendré au temps, et le cœur à l'éternité... » Qui a pu lire sans être ému les admirables pages que le fils consacre à sa mère, et qui ne les a pas confondus dans un même sentiment d'amour et d'admiration !

L'église Saint-Augustin est devenue le centre de l'archiconfrérie des Mères chrétiennes. Quel plus illustre modèle à proposer aux mères que sainte Monique, qui pria dix-sept ans pour la conversion d'Augustin ! Mais aussi quelle protection efficace ne sont-elles pas en droit d'attendre d'une telle mère, dont la prière a donné à Jésus-Christ et à l'Église un tel fils !

Le couvent des moines augustins est assez vaste, et il possède une belle bibliothèque qui ne compte pas moins de 84,819 volumes et 2,900 manuscrits.

En quittant ce couvent je longe la *piazza Madama*, et je parcours la *via della Sediola* pour me rendre à Saint-André *della Valle*, résidence des Théatins, fondés, en 1524, par saint Gaëtan de Thienne.

Saint Gaëtan, que le peuple disait être un séraphin à l'autel et un apôtre en chaire, touché des désordres qui s'étaient introduits dans le clergé et dans le peuple, résolut de fonder un ordre religieux pour réveiller le peuple par les saintes ardeurs du zèle apostolique, et pour faire revivre parmi le clergé la pratique des vertus sacerdotales.

Pierre Caraffa, évêque de Théate, avait déjà conçu le même désir lorsqu'il devina le projet de Gaëtan. Il vint donc lui demander de

Saint Gaëtan.

l'accepter au nombre de ses disciples. Gaëtan refuse d'abord. Pierre Caraffa insiste, et le saint fondateur ne voulant pas céder à ses instances, le pieux évêque se jette à ses genoux, et lui dit : « Eh bien, au jour du jugement je vous demanderai compte de mon âme devant Jésus-Christ, si vous ne consentez dès maintenant à me recevoir à la vie religieuse. »

Étonné d'une pareille constance, Gaëtan ne put retenir son émotion; il se jette au cou du saint évêque, l'embrasse tendrement, et ne peut articuler que ces paroles : « Oh! seigneur, je ne vous abandonnerai jamais! »

Admirable lutte, que le renoncement chrétien peut seul susciter!

Tels furent les commencements de l'ordre des théatins. Saint Gaëtan voulut que sa congrégation ne possédât aucuns biens ou revenus, et remit au soin de la Providence la nourriture de chaque jour, qu'*elle ne manquera pas,* disait-il, *de nous envoyer par la main des fidèles.*

Les fins principales que se proposèrent les théatins furent d'instruire le peuple, d'assister les malades, de combattre les erreurs contraires à la foi, de faire revivre parmi les laïques l'usage fréquent des sacrements, et dans le clergé l'esprit de désintéressement, de ferveur, l'amour de l'étude, et le respect des choses saintes.

Pierre Caraffa, évêque démissionnaire de Théate, en fut le premier supérieur, et le peuple éternisa le souvenir de son abnégation en donnant à ses nouveaux religieux le nom de théatins, emprunté à son siège épiscopal.

Il devint pape plus tard sous le nom de Paul IV. Deux autres gloires de l'ordre sont saint Gaëtan et saint André d'Avellino, dont j'ai vénéré les corps dans l'église Saint-Paul-Majeur, à Naples. Le père Ventura appartenait à cet ordre illustre, et ses cendres reposent dans le couvent de Saint-André.

Que vous dirai-je maintenant de la magnifique église des bons pères? Saint-André *della Valle,* bâtie sur l'emplacement de la *curia* de Pompée, où fut tué César, est très remarquable. Sa façade, que les Romains estiment une des plus belles de leur ville, est imposante et gracieuse. Les ordres composite et corinthien y sont superposés, et on admire les six belles statues qui la décorent.

Quand vous aurez franchi le seuil, vous serez agréablement impressionné par la vaste et large nef, et par la coupole élégante et hardie, la plus grande, dit-on, après celle de Saint-Pierre. Les marbres les plus précieux enrichissent le pavé et les chapelles; mais surtout d'inimitables peintures appellent et fixent l'attention. Ce sont d'abord les quatre évangélistes, peints par le Dominiquin à la naissance de la coupole : j'ai longtemps admiré la grâce naïve de deux enfants s'embrassant aux pieds de l'apôtre saint Jean, qui s'élève vers le ciel porté sur les ailes d'un aigle. Le sommet de la coupole est l'œuvre de Lanfranc, et lui a demandé quatre ans de travail. Marie, entourée des anges, fait son entrée au ciel, et s'avance vers le Père éternel, dont le trône est placé dans une sphère plus élevée, et tout éclatante de lumière. Jésus-Christ, au milieu, attend sa mère, dont les anges célèbrent la venue par d'harmonieux concerts. Cette œuvre, malgré la confusion qu'on pourrait lui reprocher, est suave comme harmonie des couleurs, et très savante dans la gradation des tons.

Dans l'abside, nous retrouvons des fresques du Dominiquin représentant divers traits de la vie de saint André.

Cette église est très belle, et quand vous l'aurez visitée une fois vous serez tenté d'y retourner.

En sortant de Saint-André *della Valle*, nous prendrons la rue *del monte della Farina*, pour nous rendre sur la place *Catinari*[1], qui est assez proche, et où nous avons le collège des barnabites et l'église Saint-Charles à visiter.

L'ordre des barnabites fut fondé, en 1530, par trois gentilshommes, Antoine-Marie Zacharie, qui naquit à Crémone, et deux Milanais, Barthélemi Ferrari et Antoine Morigia. On raconte d'Antoine Zacharie qu'étant encore enfant il donna un jour son habit à un mendiant; mais, craignant d'avoir mal agi, le pauvre petit vint en tremblant s'en accuser à sa mère, et lui demander une punition s'il avait commis une faute. On devine aisément la réponse de la mère. De si heureuses dispositions présageaient de grandes vertus pour l'avenir. Ce fut lui qui fut le centre et le lien de la communauté naissante des clercs réguliers de Saint-Paul, fondée à Milan, et connus sous le nom de barnabites, en souvenir de leur église, qui était dédiée à saint Barnabé. Le but de l'ordre est surtout la direction des séminaires. Les bons pères se livrent aussi à la prédication, et à l'œuvre si importante des missions. Saint Charles Borromée avait les barnabites en grande estime, il fut même chargé par le pape d'écrire leur constitution définitive, et ces religieux l'honorent presque à l'égal du vénérable Zacharie. Leur belle église Saint-Charles ai. *Catinari* est très remarquable par la richesse de ses marbres et de ses peintures. C'est une croix grecque surmontée d'une large et gracieuse coupole. Le Dominiquin y a laissé un beau souvenir de son talent dans quatre fresques de la coupole, représentant les quatre vertus cardinales.

Derrière le maître-autel on conserve précieusement une fresque du Guide qui est, dit-on, un véritable portrait de saint Charles.

J'ai eu le bonheur de toucher et de vénérer une mitre ayant appartenu à ce grand évêque, et une partie de la corde qui entourait son cou lors de la procession qu'il fit, pieds nus, pendant la peste de Milan.

A quelque distance de cette église nous trouvons encore un souvenir de ce saint cardinal, c'est le *Mont-de-Piété*. Les monts-de-piété furent établis à Pérouse, vers le milieu du xve siècle, par le P. Barnabé de Terni, de l'ordre des Frères mineurs. Ce saint Charles

---

[1] Cette place est ainsi nommée en souvenir des marchands de poteries et de vases appelés *catini*, qui se tenaient en ce lieu.

se déclara le protecteur de cette œuvre naissante, il l'accueillit dans son palais de Rome et en rédigea les statuts.

J'ai visité avec intérêt cet établissement, sa gracieuse chapelle pleine de marbres et de statues, et ses vastes salles, bazar immense, sorte d'exposition universelle de la misère, où sont rangés dans un ordre merveilleux, quoique bizarre, les objets les plus divers, depuis l'humble dépouille de la femme du peuple jusqu'aux bijoux de quelque signora tombée dans la détresse.

Ne trouvez-vous pas, mon cher ami, qu'on ne peut faire un pas dans Rome sans rencontrer quelques vieux souvenirs de la foi et quelques institutions charitables? Rome, c'est le catholicisme tout entier, avec ses gloires, avec ses enseignements, et avec sa charité inépuisable et immense comme Dieu lui-même, d'où elle découle.

XXVII

LE MONT COELIUS

Saint-Clément. — Arc de Constantin. — Les Camaldules. — Les Passionnistes. — Saint-Étienne-le-Rond.

Le mont Cœlius était autrefois couvert de chênes, et, suivant l'opinion de Tacite, il fut compris dans l'enceinte de Rome sous le règne de Tarquin l'Ancien. Il commence vers le Colysée, et s'étend au levant jusqu'à Sainte-Croix de Jérusalem. Le Cœlius est aujourd'hui presque solitaire; mais de belles églises et plusieurs couvents peuplent et animent sa solitude : Saint-Jean-de-Latran, Saint-Clément, les couvents des camaldules et des passionnistes.

Nous avons déjà visité la basilique de Saint-Jean-de-Latran; rendons-nous à l'église Saint-Clément, située en face du monastère fortifié des quatre Martyrs couronnés, au pied du mont Cœlius. Bien des souvenirs nous appellent en ce lieu vénérable.

Élevée sur les ruines de la maison même de saint Clément, pape et martyr, vicaire de saint Pierre et l'un de ses successeurs, cette église est le type le plus parfait des anciennes basiliques catholiques. Nous nous y arrêterons peu cependant, quoiqu'elle soit admirable par des dispositions antiques et par les belles mosaïques qu'elle renferme; car j'ai hâte de vous conduire dans l'ancienne basilique Constantinienne, découverte en 1857. Depuis mille ans elle était enfouie sous terre; elle vient enfin de réapparaître, encore toute parfumée des souvenirs les plus augustes et les plus saints. Les reliques des saints martyrs Clément, pape, Clément, consul, et Ignace d'Antioche, la sanctifiaient : les restes des saints confesseurs Servulus[1]

---

[1] Servulus était un paralytique qui se faisait porter chaque jour, sur un pauvre grabat, sous le parvis de l'église Saint-Clément. Ses infirmités lui attiraient de nombreuses aumônes, qu'il distribuait à son tour. Sa douceur, sa patience, lui concilièrent tous les cœurs. Il vivait au VI° siècle. En mourant il proféra ces paroles : « Faites silence, frères, faites silence; n'entendez-vous pas cette douce mélodie? »

de Rome et Cyrille d'Esclavonie l'enrichissaient. Elle a été témoin de la condamnation de l'Écossais pélagien Celestius, sous le pape Zosime. Saint Grégoire le Grand la fit retentir de son éloquente parole, et un grand nombre de papes se plurent à l'embellir. C'est donc dans cette illustre basilique, dont parlait saint Jérôme, que je vais me prosterner et prier. C'est avec un saint saisissement que j'ai foulé ce pavé de mosaïque sur lequel tant de saints s'agenouillèrent.

J'ai eu la bonne fortune de visiter cette basilique avec le R. P. Mullooly, prieur des dominicains irlandais qui la desservent, et sous la direction duquel toutes les fouilles ont été entreprises. Il nous a expliqué les belles peintures, encore toutes fraîches, qui ornent les murs; il nous a conduits, sous l'abside de la basilique du IVe siècle, dans la chambre même qui faisait partie de la demeure de saint Clément, et qui fut, de son vivant, transformée en église.

Cette chambre forme un carré un peu plus large que long. Elle « était toute enduite de stucs blancs avec de petits caissons ornés de rosettes, et des carrés contenant divers groupes de figures : travail d'art romain, qui paraît de l'âge environ des Antonins... Les stucs sont si détériorés qu'on ne distingue presque rien des figures des carrés [1] ».

Ce qui, à un autre point de vue, a un grand intérêt, ce sont des murs dont la construction correspond aux différentes époques de l'histoire de Rome : l'empire, la république, les rois.

Je ne saurais vous dire quelle impression profonde cette visite a laissée dans mon esprit et dans mon cœur : de nombreux Anglais, nos compagnons, paraissaient également très émus de tout ce qu'ils voyaient et entendaient.

Quelques fresques ont particulièrement attiré mon attention et sont restées gravées dans ma mémoire. Dans la nef du milieu, sur un pilastre voisin du maître-autel, saint Pierre est représenté introni-

---

[1] *Bulletins* de M. de Rossi, 1870, pp. 131 et 132. Voici la description de cette chambre ou plutôt de cet oratoire de saint Clément, faite par M. de Rossi en 1863. « Dans la périphérie de l'abside (de la basilique) les anciens chrétiens avaient enclavé deux chambres de grandeur moyenne. La première était voûtée, et la voûte était toute revêtue de stuc blanc, avec des caissons ornés de rosaces et de tableaux représentant des sujets ordinaires aux païens. Le style de ce monument de l'art romain accuse le second siècle de notre ère ou la fin du premier. Il m'est impossible de décrire et d'expliquer d'une manière suffisante l'ornementation de cette voûte... Nous trouvons les restes d'une maison sous le sanctuaire de la basilique. Cette maison est à peu près de l'époque de saint Clément. Les anciens chrétiens en ont conservé deux chambres précisément sous l'autel, peut-être à la manière d'une crypte. Et c'est ici que les indications historiques nous avaient déjà fait comprendre qu'une maison romaine, habitée par saint Clément ou par une famille chrétienne de son temps, avait dû préexister à la basilique. »

Intérieur d'un couvent de Camaldules.

sant saint Clément et le revêtant du *pallium*, symbole de la juridiction universelle, tandis que saint Lin et saint Clet sont debout de chaque côté du trône, mais sur des degrés inférieurs à celui de saint Pierre et de saint Clément, qui sont sur le même degré. Cette peinture n'autorise-t-elle pas le sentiment de ceux qui croient que saint Pierre associa saint Clément à son autorité souveraine, en l'établissant son vicaire?

Voici maintenant la charmante légende de saint Alexis qui se déroule sur ces vieux murs et que je vous raconterai bientôt. Plus loin, c'est la plus ancienne peinture murale que l'on connaisse du crucifiement de Notre-Seigneur : Marie et Jean, tenant le rouleau des Évangiles, sont au pied de la croix.

Ici, c'est le mystère de la Résurrection : les deux Maries se rendent au sépulcre, qu'elles trouvent vide; un ange les avertit qu'il est ressuscité. Le Christ, au centre, entouré d'un nimbe d'azur, pénètre dans les limbes et relève Adam, qu'il tient par la main, tandis qu'Ève, d'un air suppliant, étend vers lui les bras.

Une autre peinture, également intéressante parce qu'elle est la plus ancienne qu'on connaisse, représente le mystère de l'Assomption de la Mère de Dieu. Le style de cette peinture ne serait point indigne de fra Angelico.

En général toutes ces peintures sont fort remarquables et fort précieuses au point de vue de l'art et de l'histoire. Après celles des catacombes on n'en connaît ni de plus anciennes ni plus importantes.

En quittant ces lieux vénérables, je passai près du Colisée, ce grand champ de bataille de nos martyrs, cet illustre témoin de leurs triomphes... Comme tous ces lieux sont vivants et toutes les idées qu'ils font naître inspirent l'amour, la force et l'action de grâces!

Pour nous rendre à l'église Saint-Grégoire, nous passerons sous l'arc de triomphe que le *sénat et le peuple romain* firent élever au premier empereur chrétien, en souvenir de la victoire qu'il remporta sur Maxence. Ses trois arcades élevées et élégantes lui donnent un aspect majestueux et imposant. Mais à cette époque l'arc était en décadence : tout n'est donc pas parfait dans les sculptures; et les plus beaux bas-reliefs, les statues les plus remarquables furent enlevés à la colonne Trajane pour orner l'arc de Constantin.

L'église Saint-Grégoire appartient aux religieux camaldules.

Saint Romuald était âgé de cent douze ans lorsqu'il fonda cet ordre religieux. S'étant un jour endormi près d'une fontaine, dans un lieu situé au milieu des plus rudes montagnes de l'Apennin, dans le diocèse d'Arezzo, il vit en songe une échelle mystérieuse dont l'extrémité touchait à la terre et le sommet au ciel : des religieux vêtus d'habits blancs en gravissaient les degrés. Dieu fit comprendre à son serviteur que cette vision deviendrait une réalité, et qu'il l'avait choisi pour être le fondateur d'un nouvel institut religieux.

Romuald ne résista pas à la voix de Dieu, et il alla demander au seigneur de la terre où il reposait de lui abandonner ce terrain pour s'y établir, lui et ceux qui viendraient pour y servir Dieu. Le seigneur de ces lieux, nommé Maldule, qui avait eu la même vision que notre saint, acquiesça avec empressement à sa demande. Dans la suite ce lieu fut appelé *Camaldule* (*Camaldoli*), champ de Maldule, et ce nom devint celui des religieux eux-mêmes. Le saint fondateur mourut âgé de cent vingt ans, le 19 juin 1027.

Ce sont ces bons religieux de saint Romuald que nous allons visiter.

Ils suivent la règle de Saint-Benoît, avec quelques observances particulières. Après le chant de psaumes, la prière et les méditations, saint Romuald prescrivit à ses religieux le travail manuel : l'été dans les champs et l'hiver dans la maison, où ils se livraient à la confection de divers objets à leur usage.

Ils portent un vêtement blanc et un chapeau de la même couleur.

L'ordre des camaldules a donné à l'Église deux papes dans ces derniers temps : Pie VII et Grégoire XVI. Une inscription, gravée au-dessus d'une humble et modeste cellule, rappelle qu'elle fut la demeure de ce dernier pape.

Bien des souvenirs et plusieurs œuvres d'art me retinrent dans ces lieux. Dans la belle église du couvent, dédiée à saint Grégoire, la première chapelle, à droite en entrant, est bâtie sur l'emplacement de l'oratoire de cet illustre pontife, qui se cachait dans la caverne d'une forêt pour échapper aux honneurs du souverain pontificat. Mais Dieu se chargea lui-même de le découvrir, en faisant descendre une colonne lumineuse sur le lieu de sa retraite. Que demander à Dieu dans cette petite chapelle d'où se sont élevées vers lui tant de prières ferventes, et dans laquelle il se manifesta plus d'une fois à son grand serviteur?

Qu'il nous donne toujours d'aimer la vérité, et de ne jamais cesser de la défendre par nos paroles et par nos œuvres.

A côté de la chapelle du Saint-Sacrement, une porte conduit dans un petit oratoire où l'on vénère une image de Marie qui a parlé à saint Grégoire le Grand.

Dans le jardin du couvent, trois petites chapelles méritent l'attention. Dans la première, dédiée à sainte Silvie, mère de saint Grégoire, j'ai admiré la noble et gracieuse pose de la statue de la sainte, commencée, dit-on, par Michel-Ange, et achevée par Cordieri. La voûte est ornée de fresques du Guide.

La seconde chapelle, consacrée à saint André, conserve sur ses murs les glorieuses traces d'une lutte célèbre dans l'histoire des beaux-arts.

Le Dominiquin et le Guide ont écrit sur ces murs chacun une page glorieuse, et la victoire est encore indécise, quoiqu'elle semble incliner vers le Dominiquin, depuis surtout que le Poussin lui a décerné la palme.

Le tableau du Guide représente saint André allant au martyre. Le saint aperçoit de loin l'instrument de son supplice, la croix, et il se jette à genoux pour remercier Dieu. Il me semble l'entendre articuler ces admirables paroles que la liturgie lui met dans la bouche : *O bona crux, diu desiderata, et jam concupiscenti animo præparata, securus et gaudens venio ad te.* « O bonne croix, si longtemps désirée et si impatiemment attendue, je viens vers toi l'âme joyeuse et tranquille !... » Mais les bourreaux contraignent brusquement le saint à se relever et à continuer sa route.

Le Dominiquin a peint la flagellation de saint André. La tête du saint est très belle; la figure du juge qui préside à l'exécution est ignoble; les bourreaux occupés, l'un à lier les pieds du martyr, l'autre à le frapper de verges, sont peut-être les personnages les mieux rendus : à moins que l'on ne préfère l'épisode d'un petit enfant effrayé du supplice infligé à saint André, et qui se cache la tête dans les bras de sa mère.

Ces deux fresques sont admirables : si les artistes donnent la préférence à celle du Dominiquin, celle du Guide me paraît plus pieuse et plus suave.

Dans la troisième chapelle, dédiée à sainte Barbe, j'ai vénéré la table de marbre autour de laquelle saint Grégoire réunissait douze pauvres, et leur donnait chaque jour à manger. Or il se trouva un jour que ce nombre fut augmenté : un ange s'était assis au milieu d'eux : et depuis ce temps Grégoire en admit toujours un treizième.

BIS SENOS HIC GREGORIVS PASCEBAT EGENOS
ANGELVS ET DECIMVS TERTIVS ACCVBVIT

Quelques pas seulement nous séparent du couvent des passionnistes, fondés par saint Paul de la Croix vers la fin du xviii° siècle.

Paul de la Croix pria beaucoup pour la conversion de l'Angleterre, et il prédit que ses disciples pénétreraient dans cette île pour y annoncer l'Évangile. On l'entendit un jour s'écrier dans une extase : « Je vois de belles choses en Angleterre! Oui, oui, j'ai vu mes enfants en Angleterre! » La vision du bienheureux s'est réalisée depuis. Une première maison de passionnistes s'établit à Aston-Hall, dans le comté de Stafford, en 1842; beaucoup d'autres ont été fondées depuis cette époque.

Chose singulière! il semble que c'est du Cœlius que doivent partir les envoyés de Dieu pour éclairer et sauver l'Angleterre. C'est saint Grégoire qui envoya le premier apôtre aux Saxons, le moine saint Augustin; et aujourd'hui que Dieu semble vouloir rendre à l'île des saints son ancienne splendeur et sa foi antique, c'est du Cœlius encore que partent les apôtres de cette glorieuse régénération.

Les passionnistes portent la soutane noire, un chapelet à la ceinture, et un cœur blanc sur la poitrine avec ces paroles : *Jesu Christi passio*.

Leur église est consacrée à deux illustres martyrs, saint Jean et saint Paul, officiers de l'armée de Julien l'Apostat. Ne pouvant triompher de leur foi, cet empereur les fit étouffer secrètement dans leur propre maison, afin d'éviter l'éclat, et de les priver des honneurs et de la gloire dont les chrétiens entouraient leurs martyrs.

Cette église possède un des plus curieux pavés de mosaïque que j'ai vus : il est composé de pierres précieuses et variées.

Les corps des saints martyrs reposent dans une urne de porphyre, sous le maître-autel; et je me suis prosterné avec émotion à l'endroit même où ils subirent leur supplice. Il est indiqué par une table de marbre sur laquelle je lis ces mots :

LOCVS MARTYRII
SS. JOANNIS ET PAVLI
IN ÆDIBVS PROPRIIS

Lieu du martyre des saints Jean et Paul dans leur propre maison.

Avant de quitter le couvent, n'oubliez pas de visiter le jardin des bons pères : on y jouit d'une vue magnifique et justement vantée.

A quelques pas de l'église des passionnistes nous rencontrons Saint-Étienne-le-Rond, l'une des plus curieuses églises de Rome. Temple païen, consacré tour à tour à *Jupiter étranger,* à Bacchus et à Claude, salle de bains selon d'autres archéologues, cet édifice fut dédié à saint Étienne, premier martyr, par le pape saint Simplicien, en 468.

Cette église a la forme singulière d'une rotonde à deux enceintes circulaires, surmontées d'une coupole antique soutenue par cinquante-huit colonnes. Mais ce qui la rend surtout intéressante, ce sont les peintures murales, qui sont, selon l'expression de Mgr Gaume, comme l'*histoire sanglante du christianisme*, et cette histoire est tracée sur des parois d'origine païenne. Elles représentent, en effet, tous les supplices, si variés et si nombreux, que les empereurs païens ont fait subir à nos martyrs.

Vous ne sauriez vous imaginer, mon cher ami, combien ce spectacle est saisissant : c'est à la fois ce qu'il y a de plus horrible et de plus consolant. Voici les chevalets, les haches, les tenailles, les peignes et les ongles de fer, les bûchers, les roues, les chaudières d'huile bouillante, en un mot, tous les instruments de supplice que l'imagination la plus farouche ait pu rêver ; voici maintenant les victimes sciées, broyées, déchirées, brûlées sous l'effort de ces barbares instruments ; et à côté les bourreaux, avec une figure satanique, semblent ajouter encore à l'horreur de la scène.

Mais ne sentez-vous pas, mon cher ami, combien cette horreur même est consolante ! Oui, malgré tout cet attirail de la mort, les Césars, maîtres du monde, n'ont pu faire fléchir la faiblesse de pauvres enfants, de timides vierges et d'humbles chrétiens. On sent d'une manière sensible la divinité de *Celui qui triomphait dans nos martyrs*, et en présence de ces horribles et saisissantes peintures on se rappelle ce mot profond de Pascal : « L'on croit volontiers des témoins qui se laissent égorger. »

XXVIII

LE MONT AVENTIN

Saint-Boniface. — Saint-Alexis. — Les Somasques. — Saint-Prisque.

Le mont Aventin, dont le nom revient souvent dans l'histoire de Rome, touche au mont Cœlius. Comme ce dernier, il est solitaire et dépeuplé. Ses églises éparses s'élèvent parmi des vignes solitaires et de grands espaces remplis de roseaux. Aujourd'hui nous irons visiter le sanctuaire de Saint-Alexis, situé sur les rives du Tibre, là où s'élevait le temple fameux d'Hercule vainqueur. Cette église fut primitivement dédiée au martyr saint Boniface; mais son nom fut éclipsé par celui de saint Alexis.

Une noble matrone romaine, nommée Aglaé, possédait en cet endroit un immense palais. Au milieu du faste et des grandeurs, elle avait plus souvent sacrifié aux plaisirs criminels de ce monde, qu'au Dieu de la Crèche. Mais un jour, touchée de la grâce, elle résolut d'élever une église au Dieu vivant et véritable, et elle chargea Boniface, son intendant et le complice de ses divertissements coupables, d'aller en Orient recueillir les reliques des martyrs, pour leur donner une place d'honneur dans le temple qu'elle voulait construire. Boniface, en la quittant, lui dit, le sourire sur les lèvres : « Et si l'on vous rapportait mes propres reliques ! »

Cette plaisanterie devint une réalité. Arrivé à Tarse, Boniface fut tellement impressionné du courage et de la générosité des martyrs qu'il sentit sa foi se réveiller et, se prosternant aux pieds des confesseurs du Christ, il les suppliait de rester fidèles à Dieu et de mépriser les idoles mensongères du paganisme. Les bourreaux, irrités de cette audace, s'emparèrent de sa personne et, après l'avoir horriblement tourmenté, ils lui tranchèrent la tête.

Ses compagnons de voyage voulurent reporter son corps à Rome, et ils en obtinrent la permission en payant aux bourreaux la somme de cinq cents écus.

Au moment de son martyre, un ange était apparu à Aglaé et lui avait annoncé que son esclave était devenu le compagnon de leur gloire : « Recevez son corps avec respect, lui dit-il; en considération de ses mérites, le Seigneur vous pardonnera toutes vos fautes. »

Aglaé obéit; elle reçut avec vénération le corps du généreux martyr, et elle consacra à sa mémoire l'église dans laquelle on vénère encore ses dépouilles sacrées, placées sous le maître-autel.

Un siècle plus tard, à côté de ce temple, s'élevait le palais d'un très noble et très riche Romain : il n'avait pas moins de trois mille serviteurs, vêtus d'or et de soie. Il faisait de ses richesses un noble usage, et chaque jour il nourrissait un grand nombre de pauvres qu'il servait lui-même de ses propres mains. Euphémien était son nom, et sa femme Aglaïs était digne de lui par sa vertu et son amour des pauvres. Dieu leur avait donné un fils dans leur vieillesse pour récompenser leurs prières et leurs bonnes œuvres; mais ils ne devaient pas jouir longtemps de sa présence. Conduit par l'Esprit de Dieu, qui souffle où il veut et comme il veut, Alexis quitta sa famille le soir même de ses noces, et s'enfuit en Orient pour visiter les pèlerinages les plus célèbres. Ses parents le firent chercher inutilement, et ils n'entendirent plus jamais parler de lui. Il resta dix ans en Orient, vivant d'aumônes; et probablement il y serait mort, si une image de Marie n'eût révélé que ce jeune mendiant, qu'on voyait sans cesse sous le portique de son temple, était le fils d'un sénateur romain. Se voyant découvert, Alexis retourne à Rome, va frapper à la porte du palais d'Euphémien, et demande un asile dans quelque coin de la maison, promettant en retour les bénédictions du Ciel.

Sous ces haillons, Euphémien ne saurait reconnaître son fils; il accueille ce pauvre avec bonté, et il lui permet de s'abriter sous l'escalier de son palais. Pendant dix-sept ans Alexis vécut dans cet humble réduit, inconnu, recevant chaque jour le pain de la charité, et maltraité par tous les serviteurs et les esclaves de son père. A sa mort une voix retentit dans toutes les églises, et elle disait : « Le saint est mort. » La maison d'Euphémien fut désignée par la même voix comme étant le séjour de cet ami de Dieu. Le pape Innocent Ier se rendit aussitôt dans le palais du sénateur; le mendiant était mort, et il tenait à la main un papier dans lequel il se faisait connaître. Inutile de dire quelles furent tout à la fois la douleur et la joie d'Euphémien et d'Aglaïs. Ils retrouvaient leur fils, qui n'était déjà plus; mais ils le retrouvaient couronné de l'auréole de la sainteté!

Dans la suite, l'église dédiée à saint Boniface, à côté de la maison du sénateur, fut consacrée également à saint Alexis : c'est elle, reconstruite plusieurs fois, que je vous engage à visiter. Ici les souvenirs de la piété et de la foi ne sont point troublés par les merveilles de l'art. L'église Saint-Alexis est d'une simplicité noble et gracieuse ; mais le corps de son glorieux patron et quelques degrés de l'escalier sous lequel il vécut suffisent pour l'illustrer et appeler le pieux pèlerin. A l'autel de la sainte Vierge, on vénère l'image mi-

Saint Alexis.

raculeuse d'Édesse, devant laquelle pria le saint : elle fut apportée à Rome, au xe siècle, par Sergius Damascène.

La maison d'Euphémien devint dans la suite une abbaye célèbre par ses richesses et par le nombre des saints personnages qui vinrent y chercher un refuge contre la haine de leurs persécuteurs.

Aujourd'hui l'église Saint-Alexis appartient aux pères somasques, qui furent fondés, vers le milieu du xvie siècle, par saint Jérôme Émiliani, dans la ville de Somasque, située entre Milan et Bergame. Cette ville leur donna son nom.

Saint Jérôme Émilien naquit à Venise, en 1481, d'une noble famille qui donna à l'Église plusieurs prélats, et à la république vénitienne des sénateurs et de grands capitaines. Émilien lui-même s'illustra dans la carrière des armes, et le sénat de Venise lui confia la défense de Castelnuovo à l'époque où la république était menacée de perdre son indépendance par la ligue de Cambrai. Pris par les ennemis, jeté dans un cachot les pieds et les mains chargés de chaînes, il fut délivré miraculeusement par la sainte Vierge, et renonça à la carrière des armes et à la vie dissolue qu'il avait menée dans les camps. Une peste générale ayant ravagé l'Italie, Émilien réunit, instruisit et nourrit tous les orphelins, que le fléau avait multipliés. Toute la ville de Venise aimait à voir le jeune troupeau du saint, avec leur vêtement blanc, parcourant les rues, les jours de fête, en chantant les litanies de la sainte Vierge. C'était plus que de l'admiration qu'on ressentait pour ce noble sénateur, cet illustre capitaine, vêtu des livrées de la pauvreté, et devenu le père des orphelins. Plusieurs personnages d'une haute naissance et d'une grande fortune se joignirent à lui après avoir distribué leurs richesses aux pauvres. Ils fondèrent une congrégation religieuse que saint Pie V approuva en 1571, et dont le but est l'éducation de la jeunesse, plus spécialement la direction des séminaires et collèges ecclésiastiques.

Le saint fondateur prescrivit la plus austère pauvreté dans la nourriture et les vêtements. Tous les membres de cette communauté naissante étaient animés d'une sainte émulation pour la pratique de la vertu et de la mortification; mais Émilien les surpassait tous par sa ferveur et son humilité. Il mourut à l'âge de cinquante-six ans, le 8 février 1537.

La congrégation des somasques n'a de maisons qu'en Italie et dans les cantons suisses demeurés fidèles à la religion catholique. A Rome ils ont quelques établissements, parmi lesquels nous citerons l'orphelinat Sainte-Marie *in Aquiro,* et le couvent de Saint-Alexis, que nous allons visiter.

Avant de quitter le mont Aventin, le pieux pèlerin aime à visiter l'église dédiée à sainte Prisque, fille spirituelle de saint Pierre et la première martyre de l'Occident.

Prisque, noble vierge romaine, était âgée de treize ans lorsque, dénoncée comme chrétienne, elle fut conduite, par l'ordre de l'empereur Claude, au temple d'Apollon pour y offrir un sacrifice. Elle fut souffletée et enfermée dans un cachot, parce qu'elle avait manifesté toute son horreur pour cette action idolâtre.

On la fit sortir de prison; mais Prisque affirma sa foi avec plus de constance encore. Frappée de nouveau, on la mit une seconde fois en prison, après avoir versé sur elle de l'huile bouillante. Trois jours après, les bourreaux la conduisirent à l'amphithéâtre, afin qu'elle fût dévorée par les bêtes; mais le lion lancé sur elle semble oublier sa cruauté naturelle, et il vient humblement se coucher aux pieds de la jeune enfant.

Furieux, et ne sachant comment se venger, les païens l'enfermèrent pendant trois jours dans une prison destinée aux esclaves, sans lui donner aucune nourriture. Après ce temps, ils la lièrent à un chevalet, déchirèrent sa chair avec des ongles de fer, et ils la jetèrent ensuite au milieu des flammes ardentes. Mais Prisque passe miraculeusement par tous ces supplices sans ressentir aucun mal. Les bourreaux la traînèrent alors hors de la ville, et ils lui tranchèrent la tête, lui donnant ainsi du même coup la couronne de la virginité et les palmes du martyre.

C'est sur l'emplacement même de sa demeure que sainte Prisque est honorée. C'est là qu'elle reçut souvent, comme nous l'avons dit, l'apôtre saint Pierre, et qu'elle eut l'honneur et la joie de recevoir le saint baptême. On montre encore dans la crypte de cette église le vase qui servait à l'apôtre pour baptiser les premiers chrétiens.

L'église de Sainte-Prisque est assez riche de ces suaves et fortifiants souvenirs. Le cœur du chrétien peut, dans ce lieu solitaire, prier et méditer en paix : sa prière ne sera point troublée par le bruit du monde ni son esprit distrait par des œuvres d'art.

L'église de Sainte-Prisque possède quelques peintures peu remarquables; et, à l'exception du baptistère, dont on fait remonter l'usage à saint Pierre, l'archéologue s'y intéressera peu.

XXIX

LES FRÈRES MINEURS

Franciscains. — Cordeliers. — Capucins.

Mon cher ami,

La nombreuse famille de saint François d'Assise se divisa, comme il l'avait prédit, en plusieurs branches, qui ont toutes des représentants à Rome. Ce sont les Franciscains, ou Mineurs observantins, dont nous avons visité le principal couvent à l'*Ara Cœli;* les Franciscains réformés; les Conventuels ou Cordeliers; enfin les Capucins, la dernière réforme établie en 1525 par Matthieu Baschi, d'Urbin. Si vous le voulez, mon cher ami, nous visiterons quelques-uns de ces enfants du séraphique François d'Assise. Ce grand saint doit nous être cher, à nous Français. Vous savez, en effet, que Jean Bernadone, le fils d'un marchand d'Assise, fut nommé François à cause de son amour pour la France, et parce qu'il parlait plus volontiers notre langue que sa langue maternelle. Plus tard, lorsqu'il envoya ses enfants dans les différentes parties de l'Europe, il se réserva la France, « qui n'a pas oublié le mendiant d'Assise, et dont le peuple donne encore son nom à la moitié de ses enfants, comme s'il savait d'instinct qu'entre saint François et nous il y a une mystérieuse filiation[1] ! »

Nous pouvons suivre à Rome les traces de cet illustre amant de la pauvreté; il y vint plusieurs fois, et on raconte que, le jour de son arrivée dans cette ville, il échangea ses riches vêtements contre les haillons d'un pauvre qui mendiait sous le portique de Saint-Pierre.

Quand il y revint pour établir un couvent de ses religieux, il ha-

[1] F. Morin, *Saint François et les Franciscains.*

bita l'hôpital San-Biagio, que Grégoire IX lui concéda plus tard en entier, et qui aujourd'hui est devenu l'église du couvent de San-Francesco *a Ripa*. Il est habité par les Franciscains réformés. L'église possède une belle statue en bois, portrait véritable de saint François d'Assise, sculptée par un frère laïque des Mineurs observantins, et la chambre habitée par le saint fut transformée en chapelle; elle est devenue un des sanctuaires les plus saints de Rome. Nous y avons vénéré son portrait peint de son vivant par le bienheureux Jacques de Settesoli.

Rien n'est salutaire et doux pour l'âme comme la visite de ces lieux où les saints ont vécu. On y prie mieux, et je puis dire qu'ils laissent un souvenir qui fortifie dans les luttes de la vie et en adoucit singulièrement l'amertume.

Le saint-père est du tiers ordre de Saint-François d'Assise.

Le 2 du mois d'août de cette année, fête de Notre-Dame-des-Anges, pour satisfaire sa piété, le saint-père s'était rendu à San-Francesco *a Ripa*, église des Franciscains, pour y gagner l'indulgence dite de la *Portioncule*. Il y entendit la sainte messe, et quand, après cette messe, le père gardien vint demander si Sa Sainteté daignerait admettre la communauté au baisement du pied dans la sacristie, Pie IX dit : « Mais n'est-ce point l'heure du chœur?

— Oui, très Saint-Père.

— Eh bien! reprit-il, allons d'abord au chœur. » Et il alla avec les religieux réciter l'office. On présenta au pape un diurnal en assez mauvais état; aussi quand il vit dans la sacristie les disciples de saint François autour de lui, il demanda au père gardien, en s'efforçant de paraître sérieux : « Est-ce que vous n'avez pas un autre diurnal à présenter au pape quand il vient?

— Très Saint-Père, répondit le gardien, les novices ont perdu la tête, et ont apporté ce livre à Votre Sainteté.

— Ah! ce sont les novices! Eh bien! ils vont avoir affaire à moi. »

Et chaque fois qu'un novice s'agenouillait pour baiser son pied, Pie IX, qui cédait à la bonne humeur de se trouver en si douce compagnie, le frappait tendrement sur la joue, en disant à l'un : « *Ah! fraticello mio*, c'est là votre façon de traiter le pape! » et à l'autre : « Comment! vous lui offrez ce que vous avez de plus laid dans le couvent! » Et ainsi de suite. On riait de ce sourire que donne la paix de l'âme; et, à peine revenu au Vatican, le saint-père daignait envoyer aux Franciscains de San-Francesco *a Ripa* un très beau livre d'office sur lequel il a écrit de sa main : *Ad usum Papæ*.

Rendons-nous à l'église des Saints-Apôtres, qui appartient aux

Mineurs conventuels, ou, comme nous les appelons en France, aux cordeliers.

L'église des Saints-Apôtres, située à côté du palais Colonna, résidence de l'ambassadeur de France, est vaste, belle et ornée de remarquables peintures. Canova a sculpté le tombeau de Clément XIV, qui était cordelier, et dont le corps repose dans cette église. Le pontife est représenté au milieu de deux statues : la Tempérance et la Clémence. C'est un des meilleurs ouvrages de Canova.

Sous le maître-autel reposent les corps de saint Philippe et de saint Jacques le Mineur. Beaucoup d'autres reliques enrichissent le trésor de cette basilique.

Visitons maintenant les bons capucins de la place Barberini ; mais, avant d'entrer dans leur couvent, nous payerons un tribut d'admiration à une œuvre du Bernin : à sa fontaine du Triton. Quatre dauphins soutiennent une grande coquille, au milieu de laquelle un triton souffle avec force dans une conque marine, qui ne donne d'autre son que le bruit d'une belle gerbe d'eau retombant en poussière dans le bassin.

Le couvent des capucins est situé sur cette place, à l'extrémité d'une petite allée d'arbres. Un bon père à la barbe grisonnante, et d'une vivacité toute juvénile, nous conduisit dans l'église et dans le cimetière.

L'église des capucins est très simple ; mais elle renferme des œuvres d'art très remarquables. Au-dessus de la porte d'entrée est une copie de la célèbre mosaïque de la *Navicella* de saint Pierre. La première chapelle à droite possède le *saint Michel* du Guide, remarquable par la majesté de l'attitude, la beauté de la couleur et la liberté grandiose et correcte du dessin. Dans la troisième chapelle est un *saint François en extase*, du Dominiquin; dans la cinquième, des peintures d'André Sacchi. Dans la dernière chapelle à gauche, le tableau qui représente Ananie rendant la vue à saint Paul est un des meilleurs de Pierre de Cortone.

L'église est pavée de pierres tumulaires, sur lesquelles on lit des épitaphes souvent sublimes. Voici la tombe du cardinal Barberini, frère d'Urbain VIII, capucin et grand bienfaiteur du couvent.

HIC JACET
PVLVIS
CINIS ET NIHIL

Ci-gît de la poussière, de la cendre, rien !

Le bon père avait une autre merveille à nous montrer. Sa figure s'illumine de bonheur ; il allume deux flambeaux, nous conduit dans une des petites chapelles qui sont à droite, ôte le devant mobile de l'autel, tire un rideau et ouvre une tombe de bois. Nous allions être témoins d'un miracle qui se continue depuis plus d'un siècle. Sous nos yeux était couché, la tête couverte de ses cheveux blanchis par les ans, les yeux entr'ouverts, la bouche souriante, les mains et les pieds en chair et en os, un pauvre capucin mort en 1750. C'est le bienheureux Crispino de Viterbe. « Capucino ! » nous disait avec un accent de fierté le bon moine qui nous conduisait. Le frère Crispino de Viterbe fut béatifié par Pie VII en 1806. Il exerçait l'humble emploi de cuisinier ou de quêteur, se faisait aimer partout, et apportait toujours au couvent d'abondantes aumônes. Plusieurs fois ses supérieurs voulurent le changer de résidence ; mais les habitants d'Orvieto s'y opposèrent toujours. Une fois cependant les supérieurs tinrent bon, et Crispino quitta la ville. Mais le peuple refusa ses aumônes, et, pour ne pas mourir de faim, les bons pères rappelèrent leur quêteur. Il ne sortit plus d'Orvieto que pour aller mourir à Rome, à l'âge de quatre-vingt-deux ans.

On raconte de lui plusieurs traits d'une pieuse et aimable naïveté qui rappelle saint François d'Assise.

Il avait une dévotion particulière pour la sainte Vierge. Il lui avait élevé une petite chapelle dans sa cuisine, où chaque soir il récitait avec deux de ses frères les litanies de Lorette. Il avait l'habitude de l'orner de fleurs fraîchement cueillies et toutes parfumées : or un jour on lui en offre de très rares, dont il s'empresse de faire hommage à Marie. Mais le soir elles ont disparu, et l'autel est dépouillé de ses richesses et de ses parfums.

Le lendemain le pape, se trouvant dans le voisinage, lui envoie deux beaux cierges pour son autel. Notre bienheureux s'éloigne un instant, et les cierges disparaissent.

« Hier les fleurs, s'écrie-t-il, aujourd'hui les cierges. Vraiment, ma Mère, vous êtes trop bonne. Vous verrez qu'ils vous prendront votre fils dans vos bras, et vous ne direz rien. »

Marie fut touchée des remontrances de son vieux serviteur : elle lui rendit et ses fleurs et ses cierges.

Chaque matin il répandait sous la fenêtre de sa cuisine quelques graines, et les oiseaux venaient les manger en faisant entendre leurs joyeuses chansons.

« Ma bonne Mère, disait-il à la sainte Vierge, ce sont les seuls musiciens que je puisse payer pour chanter vos louanges. »

Descendons maintenant dans le cimetière des bons pères.

Il est formé avec de la terre de Palestine, qui a la propriété de dévorer en fort peu de temps les chairs et qui laisse les ossements intacts. On dit qu'un bandit, réfugié dans l'église pour échapper à la justice, fut l'auteur de la lugubre et effrayante décoration que nous avons sous les yeux. Ce sont des arabesques, des rosaces, des lampes, des lustres, des pyramides de tibias, de crânes, d'omoplates, de côtes, d'épines dorsales. Au milieu de tout cela sont des squelettes revêtus de leurs robes de bure, agenouillés, debout ou assis dans des niches creusées dans ces murailles d'ossements humains. Ce cimetière est quelque chose d'horrible; et, comme le dit Louis Veuillot, il prouve parfaitement que le squelette est fait pour être enterré.

Le bon capucin qui nous accompagnait nous montra la tombe encore fraîche du dernier de ses frères emportés par la mort :

« C'était mon confesseur, nous dit-il. Pauvre Isidore ! »

Et une larme vint mouiller sa paupière.

Nous sortîmes du couvent en traversant une longue galerie dont les murs sont ornés, de chaque côté, par les portraits des plus illustres religieux de l'ordre. Notre excellent cicerone avait soin de nous désigner ceux que l'Église a inscrits sur le catalogue des saints et des bienheureux. Ils sont nombreux; et je suis sorti convaincu que cet humble et pauvre couvent renfermait encore bien des richesses qui ne sont connues que de Dieu et des anges.

XXX

LES DOMINICAINS A ROME

Saint-Dominique. — Saint-Sixte. — Le P. Besson. — Sainte-Sabine. — Oranger de saint Dominique. — Sainte-Marie-sur-Minerve. — Le *Beato Angelico da Fiesole*.

Mon cher ami,

L'ordre des Frères prêcheurs compte plusieurs maisons à Rome, toutes intéressantes par les souvenirs qui s'y rattachent et par les richesses qu'elles renferment. Nous commencerons notre visite chez les bons pères en suivant les traces de leur saint fondateur.

Saint Dominique vint à Rome plusieurs fois avant d'y établir son ordre religieux. Ce fut en France, à Notre-Dame de Prouille, près de Toulouse, qu'il en jeta les premiers fondements.

C'est une remarque faite plusieurs fois, que la plupart des grands ordres religieux ont eu pour berceau la France, quoique leurs fondateurs appartinssent quelquefois à une nation étrangère. Saint Dominique n'avait encore que seize compagnons, qu'il comptait déjà parmi eux huit Français : la France catholique et guerrière est toujours au premier rang dans les grandes et nobles entreprises.

Mais notre but n'est point de redire les commencements de l'ordre de Saint-Dominique, ni d'énumérer ses nombreuses gloires : rendons-nous à Rome, à l'église Saint-Sixte II, au pied méridional du mont Cœlius, le long de la voie Appienne ; c'est là que nous trouvons saint Dominique en l'année 1217.

Le pape Honorius III lui avait donné ce couvent, et en peu de temps Dominique vit ses enfants se multiplier d'une manière étonnante. Mais il ne le garda pas longtemps, et il y établit des religieuses par ordre du pape Honorius III, qui lui donna l'église et le couvent de Sainte-Sabine. Plus tard, la fièvre ayant contraint les religieuses à abandonner ce monastère, des religieux dominicains irlandais vinrent s'y établir et y chercher un refuge contre les persécutions de la reine Élisabeth.

Aujourd'hui Saint-Sixte est désert; ses cloîtres, rebâtis au xviie siècle, sont silencieux. Toutefois, mon cher ami, ces lieux parlent bien doucement à l'âme chrétienne. La grande salle du chapitre, contemporaine de saint Dominique, existe encore, et c'est dans cette salle qu'il ressuscita trois morts. Ces souvenirs suffisent pour y amener le pèlerin. L'artiste y trouvera aussi de douces jouissances.

Le R. P. Besson, « la miniature d'Angelico da Fiesole, une âme incroyablement pure, bonne, simple, et une foi de grand saint[1], » a décoré cette salle de belles et gracieuses peintures.

Nous signalerons à l'attention, parmi toutes ces peintures, *l'Embrassement de saint Dominique et de saint François*. C'est une belle traduction des charmantes pages du P. Lacordaire. Les deux saints fondateurs se rencontrent dans une église; ils se reconnaissent mutuellement, sans s'être jamais vus autrement que dans une vision que Dieu leur avait envoyée; ils s'agenouillent l'un devant l'autre, et se donnent un baiser « qui s'est transmis de génération en génération sur les lèvres de leur postérité[2] ».

Le principal et le plus important tableau traité par le P. Besson est la résurrection du jeune Napoléon, neveu du cardinal Étienne de Fosseneuve, qui s'était tué en tombant de cheval.

En lisant la relation touchante que nous a laissée la sœur Cécile, on croit assister au miracle qu'elle raconte avec une foi si naïve et si vraie. Le P. Besson fait revivre le miracle et le récit dans sa savante et pieuse peinture. A droite sont les religieuses dominicaines; à gauche, les cardinaux, parmi lesquels l'oncle du jeune Napoléon, qui sont témoins du miracle; au centre, saint Dominique, entouré de ses religieux, est élevé de terre, les bras étendus, les yeux au ciel, et il commande au jeune homme de se lever. Cette scène est si saisissante, qu'on croit voir la vie revenir dans le corps de ce jeune homme qui se soulève.

Voici le jugement qu'en porte M. Cartier, le digne ami du religieux et de l'artiste :

« Cette composition est bien certainement son œuvre capitale. Elle suffirait à sa réputation; car il égale les grands maîtres par l'unité du sujet, les dispositions des groupes, l'intensité des expressions, la

---

[1] Le R. P. Lacordaire, *Lettres à Mme Swetchine*.
[2] *Vie de saint Dominique*, ch. vii.

justesse des mouvements, le choix des draperies, la solidité de la peinture, la richesse et l'harmonie des couleurs. Jamais il n'a plus heureusement uni au style noble de fra Bartolommeo les saintes inspirations du peintre de Fiesole[1]. »

Le P. Besson fut un des premiers disciples du P. Lacordaire, et

Embrassement de saint Dominique et de saint François.

il mourut quelques mois avant lui, en Orient, où il laissa des souvenirs ineffaçables de vertu et de sainteté.

Pie IX aimait particulièrement le P. Besson, dont la douceur et l'aménité lui plaisaient. Il l'appelait en riant *la monachella,* la petite religieuse. Il se rendit un jour à Saint-Sixte pendant que le P. Besson le décorait. Le pontife ne s'était point fait annoncer, et ce fut du haut de son échafaudage, le tablier devant lui, la palette et les pinceaux à la main, que l'artiste reçut Pie IX.

[1] *Un Religieux dominicain,* ch. XII.

Commençons par le couvent de Sainte-Sabine.

Ce couvent, placé sur le mont Aventin, au-dessus de l'étroit rivage où le Tibre murmure en fuyant de Rome, s'élève sur l'emplacement du palais d'une illustre veuve qui eut la gloire de répandre son sang pour Jésus-Christ sous le règne de l'empereur Adrien.

On peut dire que Sainte-Sabine est le berceau de la nombreuse famille dominicaine. C'est, en effet, la première maison où l'ordre des Frères prêcheurs s'est définitivement constitué, et ces lieux sont encore tout embaumés des vertus et des miracles de leur bienheureux père.

Des fenêtres du couvent « l'œil plongeait sur l'intérieur de Rome, et s'arrêtait aux collines du Vatican. Deux rampes sinueuses conduisaient à la ville : l'une tombant sur le Tibre, l'autre à un des angles du mont Palatin, près de l'église Sainte-Anastasie. C'était cette voie que suivait Dominique pour aller de Sainte-Sabine à Saint-Sixte. Nul sentier, sur la terre, ne conserve davantage la trace de ses pas. Presque chaque jour, pendant plus de six mois, il en descendit ou en remonta la pente, portant d'un couvent à l'autre l'ardeur de sa charité[2]. »

L'église Sainte-Sabine est partagée en trois nefs par de belles colonnes de marbre, et son toit est sans déguisement, c'est-à-dire qu'aucune voûte et aucun plafond n'en cachent les charpentes. Elle fut élevée, au ve siècle, par un prêtre dont une inscription a conservé l'éloge :

PAVPERIBVS LOCVPLES
SIBI PAVPER
QVI BONA VITÆ PRÆSENTIS
FVGIENS
MERVIT SPERARE FVTVRAM

Saint Hyacinthe reçut le saint habit dans cette église avec son compagnon Ceslas Odrowas. Une belle fresque antique, dans une chapelle latérale, représente les deux jeunes Polonais aux pieds de saint Dominique, qui les revêt de la blanche tunique des Frères prêcheurs.

Que de saints ont foulé ce sol depuis six siècles ! Vous pourrez pénétrer dans les cellules de saint Dominique, de saint Raymond de Pennafort, de saint Thomas d'Aquin, de saint Pie V.

---

[1] *Vie de saint Dominique*, ch. XII.

Dans le jardin, vous pourrez cueillir quelques pommes d'or ou quelques feuillages sur cet oranger que saint Dominique planta de ses mains, et qui a poussé un nouveau rejeton le jour où le P. Lacordaire vint à Sainte-Sabine commencer son noviciat. Touchante et prophétique image de cette renaissance de l'ordre de Saint-Dominique, dont nos jeunes Français ont été les principaux instigateurs !

Les lieux mêmes où se développa ce grand ordre devaient aussi le voir renaître et voir refleurir les vertus de son enfance. Sur une table de marbre, je lis le nom d'un de ces jeunes gens qui s'attachèrent au P. Lacordaire :

<pre>
            HIC DOMINVM EXPECTANS
            FR. PETRVS REQVEDAT
               ORDINIS PRÆDICAT.
         PIISSIME MEMORIÆ JVVENIS
                  QVEM MORS
            ANNO SALVTIS MDCCCXL
              INSTAVRATIONI SANCTI
                DOMINICI IN GALLIA
               IMMATVRATE RAPVIT
               VT NVNTIVS OPERIS
          ASCENDERET ET PRIMITIÆ
                   ET NVMEN
</pre>

La ferveur de tous ces jeunes novices était admirable, et le frère Requedat, le premier disciple du P. Lacordaire, mourait comme un ange en couvrant le crucifix de ses baisers. La vie de ces premiers dominicains français est touchante. Les vivants racontent la mort de leurs frères avec une tendresse et une foi qui ressemblent à celles des saints. M. Cartier, dans le livre dont nous avons déjà parlé, nous cite quelques-unes de ces lettres admirables qui font aimer les hommes et l'œuvre qu'ils ont entrepris de reconstruire.

Visitons maintenant l'église de la Minerve et son vaste couvent, où réside le général de l'ordre, le P. Jandel, lui aussi disciple du P. Lacordaire.

Ce fut en 1273, sous le pontificat de Grégoire X, que le général des dominicains vint y fixer sa résidence. Sainte-Marie-sur-Minerve a été construite sur l'emplacement d'un temple consacré à Minerve. Aujourd'hui c'est une des plus belles et des plus riches églises de Rome. C'est la seule dont l'architecture soit gothique à l'intérieur et dont les fenêtres soient enrichies de vitraux en couleurs. Les chapelles sont ornées de belles fresques, et l'église est entièrement peinte[1].

Sous le maître-autel repose le corps de sainte Catherine de Sienne, une des gloires si nombreuses de l'ordre de Saint-Dominique. Devant le pilastre, à gauche du maître-autel, arrêtez-vous devant *le Christ triomphant* de Michel-Ange.

A gauche du chœur, dans un large couloir qui mène à la porte de sortie, une simple pierre enchâssée verticalement dans le mur recouvre les cendres du bienheureux fra Angelico de Fiesole. Le peintre y est représenté avec son habit de dominicain dans une sculpture assez grossière. Il mourut à l'âge de soixante-huit ans. Le pape Nicolas V voulut lui-même faire son épitaphe :

> Non mihi sit laudi, quod eram velut alter Apelles,
> Sed quod lucra tuis omnia, Christe, dabam :
> Altera nam terris opera exstant, altera cœlo.
> Urbs me Joannem flos tulit Ætruriæ.

Qu'on ne me loue pas de ce que j'ai peint comme un autre Apelles, mais de ce que j'ai donné tout ce que je gagnais à tes pauvres, ô Christ! J'ai travaillé pour le ciel en même temps que pour la terre. Je m'appelais Jean ; la ville qui est la fleur de l'Étrurie fut ma patrie.

Qui a vu les peintures de fra Angelico et est demeuré insensible en présence de ces saints, de ces anges dont l'expression céleste et divine faisait dire à Michel-Ange : « Un homme n'a pu faire ces figures-là qu'après les avoir vues dans le ciel ! »

« Depuis que ces tableaux existent, combien d'âmes y ont trouvé des joies pures et des désirs du ciel ! La vérité y apparaît avec une beauté victorieuse de toute hésitation, de toute faiblesse ; et des protestants ont déclaré que Dieu s'était servi de ce moyen pour déterminer leur conversion. Plusieurs ont fait exécuter à Florence des copies de ces chefs-d'œuvre, afin de les emporter dans leur patrie comme des arguments en faveur de l'Église, seule capable d'inspirer et de réaliser de semblables créations[2]. »

J'ai eu le bonheur de voir un grand nombre de peintures, de fresques du *Beato* à Rome et à Florence, et je ne suis nullement surpris du jugement qu'en porte M. Cartier. Si le bienheureux peignait toujours à genoux les images de Jésus-Christ et de sa sainte Mère, j'avoue qu'on se mettrait volontiers à genoux devant elles, tant elles inspirent la prière.

---

[1] Cette église a été entièrement et admirablement restaurée en 1867 et 1868.
[2] E. Cartier, *Vie de fra Angelico*, ch. XIV.

Après avoir payé notre tribut d'hommages et de vénération aux saints de l'ordre de Saint-Dominique, pénétrons dans le cloître des religieux, et jetons un coup d'œil sur ses belles peintures, que nos soldats ont encore moins ménagées que le temps.

Les dominicains possèdent une des plus belles bibliothèques de Rome. Elle leur fut donnée par le cardinal Casanate, en 1700, à la

Église de la Minerve.

condition qu'elle serait ouverte au public presque toute la journée. Elle contient à peu près 120,000 volumes.

Les dominicains furent en tout temps l'honneur de la théologie. N'auraient-ils que leur illustre docteur, l'angélique Thomas d'Aquin, qu'il suffirait à la gloire de tout l'ordre; mais de grands théologiens ont surgi à son école. Le P. Lacordaire dit que l'ordre de Saint-Dominique compte de quatre à cinq mille docteurs et écrivains de mérite.

De tous les ordres religieux, c'est celui qui réunit dans son sein les gloires les plus nombreuses et les plus variées. Que d'artistes n'a-t-il pas produits, depuis fra Angelico jusqu'au P. Besson, en passant par fra Bartolommeo et fra Benedetto ! Il a fourni à l'Église, dans l'espace de six cents ans, soixante-dix cardinaux, quatre cent soixante archevêques, deux mille cent trente-cinq évêques et quatre papes : Innocent V, Benoît XI, saint Pie V et Benoît XII.

« De siècle en siècle il a grossi d'une foule de noms la liste vénérable des hommes que la voix du peuple et celle de l'Église ont proclamés, dès cette terre, les citoyens du ciel. »

Rien ne ressemble plus au génie français que le génie dominicain, a dit le P. Lacordaire. C'est de la France qu'est partie la réforme de Saint-Dominique : espérons que cet ordre aura encore de beaux jours dignes de l'aurore qui l'a vu renaître.

XXXI

LES JÉSUITES A ROME

Le *Gesù*. — Église Saint-Ignace. — Le noviciat. — Église Saint-André
in monte Cavallo.

Aujourd'hui, mon cher ami, je vous propose une promenade intéressante et instructive; il s'agit de voir de près des hommes redoutés, décriés, et calomniés partout par les révolutionnaires et les impies : nous allons visiter les jésuites.

Vous savez parfaitement que les jésuites sont de saints et savants religieux, disciples de saint Ignace de Loyola, gentilhomme espagnol, qu'un boulet français arrêta au milieu de sa course ambitieuse vers les honneurs et la gloire militaire. La compagnie de Jésus prit naissance à Paris, et les premiers jésuites firent leurs premiers vœux en 1528 dans cette ville, qui leur doit plus d'une de ses gloires et qui les compte encore aujourd'hui parmi ses meilleurs instituteurs et ses plus saints prêtres. De tout temps les jésuites ont été les défenseurs intrépides de l'Église et les fermes soutiens de la vérité. Nés à une époque de luttes religieuses, au moment où l'unité de l'Église était battue en brèche par les attaques du protestantisme, ils se sont constitués les soldats de la morale évangélique foulée aux pieds et de la foi catholique défigurée par l'hérésie. Les papes ont accueilli avec amour ces auxiliaires dévoués et soumis : c'en était assez pour susciter des haines qui ne sont point encore éteintes, pour préparer des vengeances que le temps n'a pu assouvir. Aujourd'hui encore, quand l'erreur veut frapper l'Église, elle s'attaque aux jésuites : il lui semble que le succès sera plus certain si ces généreux athlètes ont disparu. Notre grande révolution fut précédée de la destruction de cet ordre. Tous les philosophes du xviii° siècle avaient dirigé leurs efforts et leur haine contre ces troupes régulières du saint-siège, comme les appelait Voltaire, qui disait que, les jésuites une fois détruits, la raison triompherait à bon marché. Charles X chassa les jésuites du territoire français, et quelques mois après il prenait lui-même le chemin de l'exil.

Je m'arrête ici, mon cher ami. Je ne prétends point faire en ce moment l'apologie des jésuites; allons les visiter, ce sera le meilleur moyen de les connaître. Rendons-nous d'abord au *Gesù*, où réside le R. P. Beckx, général de la compagnie.

Nous commencerons par visiter l'église, une des plus riches et des plus belles de Rome, que le cardinal Farnèse fit bâtir en 1575, pour leur en faire hommage. Le pavé est de marbre; de belles fresques décorent la coupole, l'abside et toutes les voûtes. La chapelle de saint Ignace de Loyola est d'une richesse inouïe : des marbres brillants, des agates, des cristaux de roche, des pierreries de toutes sortes, des bronzes dorés y sont répandus avec profusion. Le corps de saint Ignace repose dans une urne de bronze doré, enrichie de pierres précieuses; la statue du saint, ornée de pierreries, est en argent et de grandeur naturelle. Au milieu du fronton, un groupe en marbre représente l'adorable Trinité. Le globe, soutenu par le Père Éternel, est formé du plus beau et du plus gros morceau de lapis-lazuli qui soit connu.

De chaque côté de l'autel, deux groupes en marbre représentent : l'un la Foi adorée par les nations barbares, l'autre l'Hérésie terrassée par la Religion. Ce dernier, œuvre de le Gros, est le plus remarquable. L'Hérésie, représentée sous les emblèmes d'un homme tenant un serpent et d'une femme décrépite, est culbutée par la Religion tenant la croix à la main : dans cette chute sont entraînés les ouvrages de Luther et de Calvin, et un ange achève de déchirer les mauvais livres. Ce groupe est bien fouillé, les caractères en sont variés, les tapisseries bien ajustées; il est pur de dessin et plein de vérité.

Vis-à-vis la chapelle de Saint-Ignace, celle dédiée à saint François Xavier possède le bras de l'apôtre des Indes.

L'église du Gesù est l'une des plus fréquentées de la ville. Le jour de la fête de saint Ignace, les fidèles s'y rendent en foule pour jouir de la plus belle musique qu'on puisse entendre ici-bas. C'est une ancienne tradition dans la compagnie de Jésus; et les bons pères, qui sont si austères et si économes quand il s'agit de leurs personnes, n'épargnent rien pour la gloire de Dieu et l'honneur de ses saints. Aussi le peuple appelle-t-il l'église des Jésuites *l'antichambre du paradis*.

Maintenant nous allons visiter le couvent et pénétrer dans cette *retraite mystérieuse où se fabriquent les décrets de l'absolutisme le plus redoutable, et où se rendent les oracles devant lesquels l'humanité et la papauté elle-même s'inclinent en tremblant.* Je suis convaincu que ceux qui écrivent de pareilles sottises ne sont jamais entrés dans une maison de jésuites. Rien ne ressemble moins à un arsenal politique et militaire que le couvent du Gesù : tout y respire le silence et le recueillement, et je ne sais quel parfum de sainteté s'exhale de ces murs trois fois séculaires. Voulez-vous connaître la chambre d'un jésuite ? entrez : voici quatre murs blancs, deux ou trois pauvres chaises, une table, un crucifix, quelques livres et un modeste lit. C'est la demeure de ces hommes qui, dit-on, gouvernent le monde. Je vous assure qu'ils songent bien plus à gouverner leurs âmes qu'à conquérir des villes.

Le bon père de Villefort daigna m'accompagner dans la chambre où vécut et mourut saint Ignace de Loyola : c'est maintenant une riche chapelle, et j'eus le bonheur d'y célébrer la sainte messe sur l'autel même où la disait le pieux et saint fondateur.

Faut-il entreprendre, mon cher ami, de vous dépeindre mes impressions dans cette chambre où vécurent et moururent Ignace de Loyola et François de Borgia ? Ici sont venus converser avec eux les Philippe de Néri, les Camille de Lellis, les Joseph Calasanz ; sur cet autel, saint Charles Borromée a dit sa seconde messe, saint François de Sales y célébra plusieurs fois ; et qui pourrait compter tous les saints qui depuis y sont venus prier et aimer ! Dieu seul peut en connaître le nombre.

Dans cette chambre saint Ignace a écrit ses immortelles constitutions, que l'impiété a défigurées, ridiculisées, et qui n'en resteront pas moins le code le plus parfait d'une bonne, sage et forte administration. Voici l'acte original, signé de la main d'Ignace, de Lainez, de Xavier, de Lefebvre, etc. etc., par lequel ces premiers jésuites se vouèrent à la pauvreté, à l'obéissance et au service de l'Église.

A côté, on conserve plusieurs objets qui ont appartenu au cardinal Bellarmin, qui honora la compagnie autant que la pourpre, et que l'Église placera sans doute un jour sur ses autels. Parmi ceux qui accusent les jésuites d'ambition, il en est plus d'un qui aurait fait moins de façons que Bellarmin, lorsque Clément VIII lui offrit la pourpre, et le pontife n'eût point été forcé de donner des ordres pour vaincre leurs scrupules.

Si vous voulez, cher ami, voir les jésuites à l'œuvre, rappelez-vous ce que je vous ai dit en vous conduisant au collège Romain. Nous y retournerons aujourd'hui, si vous le voulez, pour visiter la riche et somptueuse église de Saint-Ignace, donnée à la compagnie de Jésus par le cardinal Ludovisi, qui la fit contruire soixante-dix ans après la mort de son saint fondateur. Un jésuite, le P. Grossi, en fit les dessins, et un autre jésuite, le P. Pozzi, décora la voûte de belles peintures qui produisent un effet de perspective des plus étonnants. La chapelle de Saint-Louis-de-Gonzague est ornée de beaux marbres; on y admire un bas-relief de le Gros, représentant le saint enlevé au ciel par les anges.

Le noviciat des jésuites est situé à Saint-André *in monte Cavallo*, près du Quirinal. Le corps de saint Stanislas Kostka repose dans cette charmante église, dans une belle urne de lapis-lazuli.

Le 11 janvier 1815, Charles-Emmanuel IV, roi de Sardaigne et de Piémont, vivant à Rome depuis plusieurs années dans une sainte et paisible retraite, venait frapper à la porte du noviciat de Saint-André et demandait l'habit religieux de la compagnie de Jésus. Il vécut quatre ans au milieu de ses nouveaux frères, et mourut entre leurs bras le 7 octobre 1819. Son corps repose près de celui de saint Stanislas [1].

En 1838, le cardinal Odescalchi échangeait la pourpre contre l'humble vêtement du novice de la compagnie de Jésus, et, après avoir vécu comme un ange, il mourut en saint le 17 août 1841.

L'intérieur du couvent possède une élégante et riche chapelle qui fut autrefois la chambre de saint Stanislas. La statue du saint, placée à l'endroit même où il rendit le dernier soupir, est un riche et bel ouvrage de le Gros. Le saint jeune homme, doucement étendu sur un lit de marbre jaune, la tête appuyée sur un oreiller, tenant dans ses mains le crucifix et un chapelet, paraît légèrement endormi, et il semble que le moindre bruit va l'éveiller.

La tête, les mains et les pieds sont en marbre blanc du plus beau grain, et la soutane en marbre noir. Le père qui m'accompagnait me dit que le Gros, qui était protestant, embrassa le catholicisme quand il eut achevé cette œuvre.

Au-dessus de l'angélique jeune homme, un tableau représente la Mère de Dieu venant recevoir son âme. « Ce dialogue de la peinture et de la sculpture n'est pas heureux, parce qu'il est en deux langues. Otez la statue, le tableau n'a plus de sens [2]. »

Cette petite chapelle, une des plus aimables de Rome, est un de ces lieux où la prière naît spontanément dans le cœur et s'en échappe

---

[1] Sur le monument qu'on lui a élevé à Turin, on a inscrit tous ses titres souverains, et l'on a omis celui de jésuite, qu'il estimait sans doute plus que tous les autres.
[2] *Le Parfum de Rome.*

comme par un cours naturel. J'y ai célébré la sainte messe avec bonheur, et j'ai visité ensuite les chambres voisines, qui sont comme une sorte de musée sacré dans lequel se trouvent les portraits de saint Stanislas, de saint Léonard de Port-Maurice, de saint Ignace de Loyola, de saint Louis de Gonzague, etc.; des autographes de plusieurs saints, et, parmi ceux-ci, une lettre du bienheureux Canisius recommandant au général trois jeunes gens, parmi lesquels il nomme Stanislas Kostka.

En parcourant les longs et silencieux corridors du noviciat, je me disais : C'est ici que les jésuites sont formés à l'obéissance et qu'ils deviennent entre les mains de leurs supérieurs, *comme des cadavres* qui n'opposent aucune résistance et n'ont plus aucune volonté. Je suis convaincu que ces bons pères ne sont nullement reconnaissants envers ceux qui, dans un accès de fausse pitié, regrettent pour eux le sacrifice de leur liberté : ils regardent, en effet, leur obéissance comme le principe de leur joie et de leur gloire. Pourquoi, d'ailleurs, le sort du soldat n'émeut-il pas également ces cœurs tendres? « Soldat, tu iras te placer à la tête de ce pont, tu y resteras, tu mourras, et nous passerons. — Oui, mon général. » — « Missionnaire, demain vous partirez pour la Chine; la persécution vous y attend, peut-être le martyre. — Oui, mon père. »

Voilà le jésuite. Pourquoi lui refuser la gloire et le mérite qu'on accorde au soldat? Son dévouement ne sert-il pas une cause honorable et pure? Pour moi, mon cher ami, j'estime très heureux ceux que Dieu appelle à cette vie de sublime renoncement et de glorieuse abnégation.

XXXII

SAINT PHILIPPE NÉRI

Chiesa-Nuova. — Baronius. — Palais Massimi.

Aujourd'hui, mon cher ami, nous visiterons l'église et le couvent des Oratoriens, fondés par saint Philippe Néri, un des saints les plus aimables dont Rome ait gardé le souvenir. Il fut l'ami des jeunes gens, le père des pauvres et le grand confesseur de Rome. Aussi cette ville le regarde-t-elle comme son patron et un de ses meilleurs amis auprès de Dieu.

Saint Philippe Néri naquit à Florence le 22 juillet 1515, et, dès l'âge de cinq ans, il donnait des preuves d'un ardent amour pour Dieu. Agé de dix-huit ans quand il vint à Rome, sa réputation de sainteté se répandit bien vite dans toute la ville. Il s'employait à toutes sortes de bonnes œuvres : elles semblaient croître et se multiplier à l'infini entre ses mains. Plus d'une fois nous avons eu l'occasion de rencontrer son nom et son souvenir en visitant les œuvres charitables de Rome. Au milieu d'une vie remplie des fatigues d'un apostolat qui ne connaissait ni repos ni trêve, Dieu le combla de douceurs si ineffables, qu'on l'entendit souvent le prier d'en tempérer l'ardeur.

Pendant dix ans il passa ses nuits en prière dans les catacombes de Saint-Sébastien. Dieu lui inspira le dessein de fonder une congrégation dans le but de travailler à la conversion des pécheurs. On la nomma la congrégation de l'Oratoire, parce qu'à certaines heures du matin et du soir ils appelaient les fidèles à l'église. Le peuple les nomme aussi *Filippini*, du nom de leur fondateur.

La congrégation de l'Oratoire se compose de prêtres séculiers qui vivent en communauté. Ils ne sont liés par aucun vœu. La charité et la ferveur parurent à Philippe des liens assez forts pour ne former d'eux tous qu'un cœur et qu'une âme. Ils se dévouent à l'instruction de la jeunesse et aux fonctions laborieuses du saint ministère. Les oratoriens de France, qui ont à peu près le même but, ne font pas partie de la même congrégation : ils ont été fondés par le cardinal de Bérulle, en 1611.

Le pape Grégoire XIII donna à saint Philippe l'église de la Valicella, située au centre de la ville, et chaque soir il y faisait des instructions religieuses. Rendons-nous à cette église, reconstruite avec beaucoup de richesse depuis la mort du saint fondateur et connue sous le nom de *Chiesa-Nuova*.

La première fois que je l'ai visitée, j'ai été frappé du recueillement des fidèles qui se tenaient en foule du côté d'une petite chapelle située au fond de la nef de gauche. Je me dirigeai instinctivement de ce côté, et je me trouvai devant le corps de saint Philippe, qui repose dans une châsse d'or et d'argent placée sous l'autel. Au-dessus une belle copie en mosaïque, d'un tableau du Guide, représente le saint debout et en chasuble.

Je m'associai de tout cœur à la prière des bons Romains prosternés devant le corps de leur glorieux bienfaiteur. Saint Philippe Néri est le Vincent de Paul de Rome : on l'appelait de son vivant le *Père des âmes et des corps*.

Je ne vous dirai rien de l'église : comme toutes celles de Rome, elle est décorée de riches et belles peintures, et ornée de marbre précieux. Toutefois je recommande à votre attention les peintures de la voûte et de la coupole. Elles sont l'œuvre de Pierre de Cortone : la première représente saint Philippe Néri à genoux devant la sainte Vierge, qui soutient le mur de l'Église menaçant de tomber en ruines; la seconde nous montre Jésus-Christ intercédant pour nous; et, pour rendre sa prière plus efficace, il présente à son Père tous les instruments de sa passion portés par les anges. Autour du maître-autel on admire trois tableaux de Rubens : celui du milieu représente la sainte Vierge entourée d'anges.

Mais nous avons d'autres richesses à contempler et des souvenirs plus précieux à recueillir. Je ne vous dis rien de la belle et large sacristie du couvent, avec la noble statue de saint Philippe sculptée par l'Algardi; j'ai hâte de vous conduire dans la petite cellule où vécut et mourut notre aimable saint. C'est là que je vais dire aujourd'hui ma messe, sur l'autel même où saint Philippe célébrait; c'est la même petite clochette dont il se servait pour appeler les fidèles qui annoncera que Jésus-Christ est descendu sur l'autel.

Comment vous dire, mon cher ami, l'émotion qui s'empare de l'âme, émotion indéfinissable qui ne ressemble à aucune des émotions terrestres ! Il semble que nous entrons en communication avec les saints, en voyant, en touchant tous ces objets qui furent à leur usage, et l'on éprouve quelque chose de ce que devaient ressentir ceux qui vivaient avec eux. C'est un mélange de joie et de crainte, de respect et d'amour : je ne sais quel sentiment enfin domine toutes les pensées. On comprend alors plus vivement que les saints appartenaient à l'humanité, qu'ils ont parcouru la même route que nous; il nous semble les voir, les entendre; et la vue de ces objets qui leur ont servi pour l'usage ordinaire de la vie donne à notre émotion quelque chose de plus intime et de plus doux. C'est du moins le sentiment que j'éprouvai en visitant la petite chambre meublée presque entièrement des différents objets qui ont appartenu ou servi à saint Philippe Néri. C'est d'abord son confessionnal, en vieilles planches de sapin à moitié vermoulues, avec sa petite feuille de tôle percée de trous et servant de grille. Combien se sont prosternés ici couverts d'iniquités, et se sont relevés avec l'amour et la confiance dans le cœur! De ce modeste *pulpito*, il annonçait la parole de Dieu. Sur ce pauvre lit, il prenait quelques instants de repos. Les religieux de l'Oratoire possèdent une grande quantité d'objets qui ont appartenu à leur père. Entre autres, « ils ont conservé les restes du dernier morceau de pain qu'a mangé cet homme, dont la bienfaisance toujours subsistante est encore la mère nourricière de tant de familles. C'est un assez bon emblème d'une charité qui ne finit pas, qu'une croûte de pain séculaire [1]. »

Au milieu de cette petite chambre, le portrait du saint, par le Guide, dont j'ai admiré la reproduction en mosaïque dans la chapelle, fixa mon attention. Cette peinture est vivante : on lit sur les traits expressifs de cette suave figure l'amour dont son cœur est tellement empli que sa poitrine est devenue trop étroite pour le contenir. Il fallut que Dieu, par un miracle, élargit son sein en brisant deux côtes pour rendre plus faciles les battements de ce cœur brûlant d'un feu céleste.

La bibliothèque des bons pères mérite une visite : elle est importante et possède plusieurs manuscrits du savant cardinal Baronius, un des premiers disciples de saint Philippe Néri.

Les saints sont faits pour se comprendre et s'aimer : aussi Philippe Néri avait-il pour son cher disciple une affection pleine de tendresse; et Baronius était pour son supérieur l'ami le plus dévoué et le fils le plus soumis. C'est à saint Philippe que nous devons les

---

[1] *Esquisse de Rome chrétienne.*

Annales ecclésiastiques de Baronius. L'humilité du religieux nous eût privés de cet ouvrage remarquable, si l'obéissance ne l'eût forcé de prendre la plume.

En effet, cet homme, qui devait illustrer l'Église et la pourpre, et dont la science était admirée de tous, écrivait en gros caractères sur la cheminée de la cuisine : *Baronius, cuisinier perpétuel*.

La vie des saints se compose d'un mélange d'œuvres sublimes et d'humbles actions. Pendant que Baronius écrit cet ouvrage qui fera vivre son nom sur la terre, Philippe Néri l'envoie à la cuisine, lui

Saint Philippe Néri.

fait porter la croix à l'enterrement des pauvres, et, pendant neuf ans, il veut qu'il aille chaque matin à l'hôpital pour servir les malades. Souvent Baronius partait avec la fièvre, et il revenait guéri. Un jour, Philippe, vaincu par la violence du mal, est obligé de suspendre ses travaux : son pieux disciple veille au chevet de son lit, et le soigne avec un tel dévouement que lui-même, épuisé de fatigue, tombe malade. Philippe lui envoie dire alors : « Je ne veux pas que vous soyez malade; dites à la fièvre de s'en aller. » Baronius, avec la simplicité d'un enfant, obéit à la voix de son père. « O fièvre, dit-il, je te le commande au nom de Philippe, va-t'en ! » Et à l'heure même la fièvre le quitta.

En sortant du couvent des Pères de l'Oratoire, nous nous rendrons au palais Massimi, où nous trouverons encore un souvenir de saint Philippe Néri. Le palais Massimi est remarquable comme architecture: admirez les riches ornements du portique et le beau dessin de la cour, avec sa gracieuse fontaine; mais surtout demandez à visiter la petite chapelle du palais[1]. C'est la chambre d'un fils de cette illustre famille, et dans cette chambre saint Philippe Néri opéra un grand miracle. Paul Massimi étant à l'agonie, le prince son père députa un courrier vers Philippe, le priant de venir immédiatement auprès du jeune malade; mais le saint était à l'autel, il ne put se rendre aux désirs de l'infortuné prince qu'une heure après.

Il était trop tard, Paul Massimi venait de mourir. Philippe entre dans la chambre du mort, se prosterne près de sa couche, prend de l'eau bénite et en asperge le corps du défunt; puis il se lève et appelle à haute voix le jeune homme : « Paul! Paul! » Et à l'instant même, aux yeux de tous, le jeune homme se lève, ouvre les yeux et répond d'une voix claire et sonore au saint qui l'interroge. L'entretien durait depuis une demi-heure, lorsque Philippe demande au jeune homme : « Verrais-tu volontiers venir la mort? — Oui, » répondit Paul. Et après avoir réitéré la même demande, Philippe reprit la parole : « Va, dit-il, sois béni et prie Dieu pour moi. » Et le jeune prince s'endormit de nouveau pour ne s'éveiller qu'au ciel où il désirait retrouver sa mère et sa sœur.

On s'imagine aisément la joie de cette famille éplorée; elle ne chercha point à pénétrer le mystère de cette résurrection d'une heure; mais sa vénération pour saint Philippe ne fit que s'accroître davantage. Le témoignage de sa reconnaissance a traversé les siècles, et chaque année, le 16 mars, le palais Massimi célèbre avec pompe l'anniversaire de ce miracle. Le peuple s'associe avec empressement à cette reconnaissance séculaire, et se rend en foule dans cette humble chapelle.

---

[1] J'ai vénéré dans cette chapelle une côte de saint Philippe Néri, ses lunettes et son rosaire.

XXXIII

LES CARDINAUX

Mon cher ami,

Les cardinaux forment le sénat du saint-père; ils composent son conseil; et saint Bernard, écrivant au pape Eugène, les appelait les compagnons de ses peines et ses coadjuteurs. La dignité cardinalice est *la première après la suprême*, les cardinaux sont à Rome ce que sont ailleurs les princes du sang, et celui qui attenterait à leur vie serait condamné comme coupable de lèse-majesté. En France, notre constitution leur donne rang, autour du trône, immédiatement après les princes du sang.

Les cardinaux sont, dit-on, les successeurs des anciens curés de Rome, qui, dans les premiers siècles, composaient naturellement le conseil du saint-père. Longtemps le nombre des cardinaux fut laissé à la volonté du pape; mais, depuis Sixte V, il est irrévocablement fixé à soixante-dix, en souvenir, dit le pontife, des soixante-dix vieillards dont Moïse s'entoura pour profiter de leurs conseils et de leur expérience dans le gouvernement du peuple de Dieu.

Le sacré collège se divise en cardinaux-évêques, cardinaux-prêtres, cardinaux-diacres.

Les cardinaux-évêques, au nombre de six, occupent les six sièges les plus proches de Rome : d'Ostie, de Porto, de Frascati, d'Albano, de Sainte-Sabine et de Préneste. Le plus ancien de ces cardinaux est le doyen du sacré collège; et c'est ordinairement l'évêque d'Ostie. Il tient toujours le premier rang après le souverain pontife; c'est à lui que les ambassadeurs font les premières visites, à lui que les cardinaux nouvellement créés doivent offrir les premiers hommages. Il a le droit de consacrer le souverain pontife, s'il n'est pas évêque au moment où il est élevé sur la chaire de saint Pierre, et ce droit lui confère le privilège de porter le *pallium*.

Les cardinaux-prêtres, au nombre de cinquante-six, reçoivent un titre au moment de leur promotion. Ce titre n'est autre que celui d'une de ces églises dont les anciens *cardinaux* ou curés étaient autrefois simples titulaires, dont ils deviennent aujourd'hui les protecteurs.

Il y avait aussi dans les premiers siècles de l'Église, à Rome comme à Jérusalem, sept diacres chargés d'assister l'évêque dans ses fonctions, et auxquels le soin des pauvres et des veuves était plus spécialement confié. Les églises où ils exerçaient le plus ordinairement leurs fonctions furent appelées des diaconies. Le plus illustre de ces diacres, à Rome, fut saint Laurent. En souvenir de cette institution, l'Église a établi quatorze diaconies, dont le titre est porté par des cardinaux-diacres. Le cardinal Antonelli, secrétaire d'État, appartient à ce dernier ordre.

Les cardinaux peuvent être choisis dans le clergé séculier et régulier appartenant à toutes les nations.

Toutefois, comme ce sénat doit être le plus recommandable de tous par ses vertus, par sa science et par son désintéressement, certaines conditions ont été déterminées par les souverains pontifes pour l'élection de ses membres. Pour conserver dans son sein une sage et ferme indépendance, l'esprit de famille doit en être banni, et les deux frères, les deux cousins, l'oncle et le neveu ne peuvent en même temps siéger dans cette auguste assemblée. Afin de le préserver de l'influence trop directe des puissances, on ne doit pas revêtir de la pourpre, facilement et en grand nombre, les parents des rois et des princes. La science y compte toujours d'illustres représentants : il doit y avoir dans le sacré collège plusieurs docteurs en théologie. Sixte V recommande d'y faire entrer plusieurs religieux, et de les choisir de préférence parmi les ordres mendiants.

Toutes ces précautions se comprennent et s'expliquent par la haute dignité dont ils sont revêtus : ils composent la cour du saint-père, ils administrent l'Église pendant la vacance du saint-siège, et enfin c'est dans leur sein qu'on choisit le chef de l'Église universelle.

Il y a toujours un certain nombre de cardinaux résidant à Rome : d'après le dernier recensement, ce nombre s'élève à trente-quatre. J'ai pu les voir presque tous à la fête de saint Pierre et dans d'autres solennités religieuses, et j'ai été frappé de l'air de distinction, de la noble et douce gravité de leur personne.

Il n'entre point dans ma pensée de vous dire le rôle que les membres du sacré collège ont joué, à toutes les époques, dans les grands événements de la vie chrétienne et sociale des peuples. Il faudrait vous retracer toute l'histoire de l'Église. Nous les voyons, en effet, partout où il y a quelque grand intérêt à défendre ou à soutenir. On les retrouve à chaque page de l'histoire de l'Église et du monde. Ils président les conciles, deviennent ambassadeurs auprès des rois; et souvent la paix, en Orient comme en Occident, est le fruit de leur puissante et sage intervention. Ils sont à la tête des congrégations auxquelles le saint-père a recours pour la solution et la prompte expédition des nombreuses affaires que lui apporte chaque jour la sollicitude de toutes les Églises.

Parmi les fonctions que remplissent les cardinaux, il en est de particulières sur lesquelles vous serez bien aise, me semble-t-il, d'avoir quelques notions.

Le cardinal-vicaire est celui qui remplace le pape comme évêque de Rome. Sa juridiction est celle d'un évêque dans son diocèse : il convoque les synodes, approuve les confesseurs, tant séculiers que réguliers, administre le sacrement de confirmation, fait les ordinations aux quatre-temps. Tous les délits ecclésiastiques relèvent de sa juridiction, et il a soin de veiller à la moralité publique. Cette charge est occupée aujourd'hui par son Éminence le cardinal Patrizzi[1].

Le cardinal-camerlingue est chargé de l'administration des biens temporels du saint-siège; il préside la chambre apostolique; il constate et annonce la mort du pape. Quand le pontife est décédé, il s'approche de son corps, frappe trois fois sa tête avec un marteau d'argent, et l'appelle trois fois par son nom; il se tourne alors vers les assistants, et dit : « Le pape est réellement mort. »

La mort du pape, loin de diminuer ses privilèges, les augmente et les multiplie, et le pouvoir gouvernemental passe entièrement entre ses mains : le sacré collège nomme trois de ses membres pour l'assister. Il donne des ordres, règle tout ce qui concerne la justice, la politique, les finances, l'armée; il fait battre monnaie aux armes de sa maison, sous le signe de la vacance du saint-siège (deux clefs en croix sous le gonfanon), et cela aussi longtemps que le siège est vacant.

Presque tous les cardinaux ont quelques fonctions importantes à remplir auprès du pape, soit dans le gouvernement spirituel de l'Église, soit dans l'administration temporelle des États romains. Aussi l'Église n'a pas hésité à relever leur dignité en les entourant de privilèges et d'honneurs. Elle a réglé, nous pourrions dire avec minutie, tout ce qui regarde leur vêtement, le cérémonial de leur

---

[1] Les ecclésiastiques qui viennent à Rome doivent se rendre au Vicariat, place Saint-Augustin, pour y faire approuver leur *celebret*.

réception, les honneurs auxquels ils ont droit; et les papes tiennent essentiellement à l'exécution de ces règlements.

Un de leurs plus beaux privilèges est celui d'accorder la grâce d'un criminel condamné à mort si, le jour de l'exécution, le lugubre cortège rencontre un cardinal.

Il est défendu aux cardinaux de jamais sortir à pied dans les rues de Rome; et l'on raconte que le cardinal de Rohan, archevêque de Besançon, ne put jamais obtenir de Grégoire XVI l'autorisation de de se rendre à pied à la Trinité des Monts pour y dire sa messe, malgré la proximité de sa demeure.

Les cardinaux sont revêtus d'une soutane quand il remplissent quelque fonction religieuse; ce qu'on appelle leur habit de ville se compose d'une soutanelle noire ou bronze, doublée et liserée de rouge, de bas rouges, d'un chapeau ecclésiastique noir à glands d'or, et quelquefois d'un manteau rouge galonné d'or.

Les jours de fête, ils sortent dans de riches carrosses dorés, sur lesquels sont montés plusieurs laquais en livrée et aux armes du cardinal. Ces carrosses, il est vrai, ont souvent plusieurs années d'existence, et la plupart des laquais qui les escortent sont loués pour ces jours-là.

Sous ce luxe princier se cachent bien des vertus, et une profonde humilité est souvent heureuse de se cacher sous ce faste obligatoire et en rapport, d'ailleurs, avec la dignité dont ils sont revêtus. Ils sont affables et d'un accès facile, et en les approchant on sent plutôt l'influence de leurs vertus que l'autorité de leur grandeur. Ils sont les pères des pauvres, les soutiens des œuvres charitables, les protecteurs éclairés des églises, qu'ils enrichissent de leurs dons, qu'ils réparent et qu'ils font quelquefois reconstruire entièrement.

Lorsqu'on visite les hôpitaux, les sanctuaires et les couvents de Rome, on rencontre presque toujours quelque inscription à la louange des cardinaux bienfaiteurs ou restaurateurs de ces monuments. Les arts les comptent au nombre de leurs plus intelligents et de leurs plus généreux protecteurs. La science leur doit de nombreuses lumières : ils savent encourager l'étude par leurs exemples et par la création d'immenses et précieuses bibliothèques.

On serait tenté de croire, à la multiplicité de leurs bienfaits, qu'ils jouissent d'une fortune immense; et cependant, pour la plupart, ils ne possèdent que le traitement attaché à leur dignité. Les cardinaux reçoivent du gouvernement pontifical la somme de 18,000 francs par an, et bien certainement l'Église et les pauvres ont la meilleure part de ces modestes honoraires.

XXXIV

CONGRÉGATIONS ROMAINES

Inquisition. — Congrégations — du Concile, — de l'Index, — de la Propagande, — des Rites, — des Indulgences et des saintes Reliques.

Mon cher ami,

Les souverains pontifes ont la sollicitude de toutes les Églises : de tous côtés on vient à la chaire de Pierre demander conseil, force et pardon. Pierre, en effet, a été constitué par Jésus-Christ lui-même chef de l'Église, et il lui a donné, à lui seul, le droit et le devoir de confirmer ses frères dans la foi. Pasteur universel, il a le soin des brebis et des agneaux; car tous ont été confiés à sa vigilance pastorale.

Comme chef de l'Église, il a le devoir de conserver et de propager la foi; et que de travaux ce seul devoir emporte avec lui! Il lui appartient de faire des règlements disciplinaires, de veiller à leur exécution, et de connaître ce qui, dans certains cas, nécessite la suspension de ces lois. Il a droit d'inspection, et, comme conséquence de ce droit, l'obligation de prémunir son troupeau contre les mauvais pâturages, et d'éclairer les fidèles sur les écrits et les discours qui pourraient compromettre leur foi. Enfin, c'est à lui de prononcer en dernier ressort sur toutes les questions litigieuses et difficiles : il doit lier et délier sur la terre, avant que Dieu dans le ciel absolve ou condamne. Les réhabilitations et les condamnations sont également de son domaine.

Mais comment le pape tout seul pourrait-il lui-même, et de sa personne, connaître et juger toutes ces choses? S'il prononce un jugement, il ne peut lui-même en faire l'instruction minutieuse et détaillée. Sans doute il devra connaître la cause; mais il devra donner à d'autres le soin de l'étudier dans ses précédents, avec les circonstances qui l'accompagnent et les conséquences qui découleront du jugement.

C'est pour cela que le pape a établi des tribunaux, ou congrégations, qu'il a chargés de le remplacer dans toutes les informations; et, après avoir pris connaissance des motifs qui les ont déterminés, il se réserve de sanctionner toutes les décisions de son autorité suprême et irréformable.

Ce sont ces congrégations, mon cher ami, que je viens vous faire connaître : elles sont attaquées par beaucoup de gens qui ne les connaissent point, et qui ne se donnent même pas le loisir de les étudier avant de les décrier. Le succès de la calomnie est toujours chose facile, surtout quand il s'agit de l'Église : il y a tant de passions et de préjugés qui sont heureux de pouvoir abriter leur mauvaise foi derrière un sophisme, que, sans examen et sur une simple affirmation, on accueille la première accusation, quelles que soient d'ailleurs l'honorabilité plus ou moins reconnue, et la position plus ou moins élevée de celui qui insulte. Il semble que tout le monde a le droit d'attaquer l'Église, et que nul n'a celui de demander raison de la conduite de ceux qui l'attaquent et des outrages dont ils l'accablent. Je ne prétends nullement, mon cher ami, réfuter les erreurs et les mensonges débités chaque jour contre les congrégations romaines : exposer la pensée qui les a créées, dire le but qu'elles poursuivent, celui qu'elles atteignent, montrer comment elles procèdent, cela me semble la meilleure réponse à faire à l'erreur et le moyen le plus loyal d'éclairer ceux qui vraiment désirent la lumière.

La première congrégation qui se trouve sur notre route, à cause de son importance, est la congrégation du *Saint-Office* ou de *l'Inquisition*.

Il y a des gens, mon cher ami, qui seraient bien étonnés si nous leur disions que l'Inquisition existe encore, et qu'elle n'a rien changé de ses règlements et de ses coutumes depuis 1542, époque où elle fut approuvée et constituée par le pape Paul III.

Oui, le tribunal de l'Inquisition fonctionne encore en plein xixe siècle, et il est tel encore qu'avant 89. Dire que l'Inquisition romaine n'a pas fait répandre une seule goutte de sang depuis sa création, c'est affronter tous les sarcasmes et les sourires incrédules des érudits du *Siècle* et des *Débats*; et pourtant, mon cher ami, rien n'est plus vrai.

« C'est une chose vraiment remarquable, dit l'illustre Balmès, que l'on n'ait jamais vu l'Inquisition de Rome prononcer l'exécution d'une peine capitale, quoique le siège apostolique ait été occupé pendant tout ce temps-là par des papes d'une rigidité et d'une sévérité extrêmes sur tout ce qui avait rapport à l'administration civile. On trouve sur tous les points de l'Europe des échafauds dressés pour punir des crimes contre la religion ; partout on est témoin de scènes qui contristent l'âme : et Rome fait exception à cette règle, Rome qu'on nous a voulu peindre comme un monstre d'intolérance et de cruauté. Il est vrai que les papes n'ont pas prêché, comme les protestants, la tolérance universelle. Les papes, armés d'un tribunal d'intolérance, n'ont pas versé une goutte de sang ; les protestants et les philosophes en ont répandu par torrents. Qu'importe à la victime d'entendre ses bourreaux proclamer la tolérance ? C'est ajouter au supplice le fiel du sarcasme. La conduite de Rome, dans l'usage qu'elle a fait de l'Inquisition, est la meilleure apologie du catholicisme contre ceux qui s'acharnent à le flétrir comme barbare et sanguinaire [1]. »

A ce témoignage nous pouvons ajouter celui du président de Brosses ; on ne le récusera pas sous le prétexte de partialité en faveur de l'Église :

« La liberté en matière de religion, et quelquefois même de parler, est au moins aussi grande à Rome qu'en aucune ville que je connaisse. Il ne faut pas croire que le Saint-Office soit aussi diable qu'il est noir : je n'ai ouï parler d'aucune aventure de gens mis à l'Inquisition ou par elle traités avec rigueur. »

Si le bon président avait vu le plus léger abus et la plus chétive punition corporelle, il eût crié bien fort.

Quant à l'Inquisition espagnole, je ne me charge pas de la défendre : elle a été calomniée sans doute ; mais l'Église ne saurait être responsable d'égarements qu'elle a blâmés et de sévérités qu'elle a condamnées plus d'une fois. On doit se souvenir, d'ailleurs, que l'Inquisition espagnole est tombée dans les mains du pouvoir civil aussitôt après son institution.

La congrégation du Saint-Office ou de l'Inquisition a pour but de veiller sur la pureté et l'intégrité de la foi. Elle a le droit de citer à sa barre, de juger, de condamner et de prononcer quand il y a hérésie, schisme, apostasie, magie, sortilèges, abus des sacrements. Le souverain pontife s'est réservé la présidence de cette congrégation, et Sixte V a statué qu'elle se composerait toujours de douze cardinaux. Un grand nombre de prélats et de religieux, remarquables par leur savoir et leurs vertus, sont adjoints aux cardinaux comme consulteurs.

La congrégation du *Concile* a été établie par Pie IV, en 1564, pour l'exécution et l'interprétation du concile de Trente.

[1] *Le Protestantisme comparé au Catholicisme*, t. II, ch. xxxvi, p. 234.

Voici ce qui est du ressort de cette congrégation :

La résidence des évêques; le rapport qu'ils doivent faire sur l'état de leur diocèse, au temps marqué par la visite *ad limina apostolorum;* la résidence des bénéficiers et des curés aux lieux de leurs bénéfices et de leur paroisse; tout ce qui regarde les établissements de bienfaisance, comme les hôpitaux, les monts-de-piété, les séminaires, les chapitres, etc. La revision des conciles provinciaux, des synodes diocésains, les dispenses d'irrégularité, sont également du ressort de cette congrégation.

La congrégation du Concile prononce sur le contentieux, et en général sur toutes les causes qui dépendent des canons et des décrets du concile de Trente. Les parties en litige prennent des avocats et des défenseurs dont les écrits sont imprimés.

Les causes matrimoniales, en particulier, quand il s'agit de nullité, s'y traitent avec toutes les solennités prescrites par les constitutions des souverains pontifes.

Ce simple exposé suffit pour vous donner une haute idée de l'importance et de l'utilité de cette congrégation.

La congrégation de l'*Index,* constituée par saint Pie V en 1571, est comme le complément de l'Inquisition; elle a pour but d'examiner les livres suspects ou dangereux, pour en permettre ou en interdire l'usage. Qui serait assez osé pour refuser ce droit à l'Église? Gardienne de la foi, elle doit proscrire tout ce qui pourrait l'altérer ou la fausser. Elle a le droit et le devoir du père de famille, qui éloigne ses enfants de ceux qui pourraient les perdre, et qui écarte tout ce qui leur serait nuisible ou dangereux. Les sociétés civiles, les gouvernements eux-mêmes usent de ce droit, et nul ne songe à les en blâmer.

« Mais, dira-t-on avec un sénateur devenu célèbre[1], rien de plus déplorable qu'un tribunal qui juge des prévenus sans les entendre, sans motiver ses décisions, sans règles certaines d'informations, qui peut ainsi flétrir prêtres et laïques, ruiner moralement hommes et doctrine, et tout cela en vertu d'un pouvoir abusif que, pour mon compte, je repousse de toute la force de ma raison. »

Soit, la raison de M. le sénateur ne comprend rien au pouvoir dont l'Église use, pour le moins, aussi légitimement que l'État; mais la raison de M. le sénateur devrait savoir que condamner une société sans connaître les règlements qui la régissent et la manière dont elle rend ses jugements, c'est s'assurer l'humiliation d'une défaite.

[1] M. Rouland, session de 1865.

D'abord, ce ne sont pas des prévenus que l'Index doit juger : ce sont des livres souvent anonymes ou pseudonymes. Mais quand l'auteur est connu, on ne le censure pas personnellement et on ne condamne souvent son livre qu'après l'avoir interrogé ou informé de la sentence qui le menace.

Mais est-il toujours possible d'interpeller l'écrivain?

« Quelle gracieuse réponse, dit Mgr Nardi, nous auraient faite Eugène Sue, ou Ernest Renan, ou Joseph Mazzini, si nous les eussions interrogés! »

D'ailleurs, le livre est là pour se défendre, et c'est lui qu'on interroge et qu'on écoute.

Où M. le sénateur a-t-il vu que l'Index ne motivait pas ses décisions? Sans doute la congrégation ne le fait pas toujours publiquement, parce que ces motifs sont souvent pris du caractère obscène, injurieux, blasphématoire et calomniateur de l'ouvrage, et les publier ce serait donner plus de retentissement au scandale. Mais l'auteur peut toujours connaître les motifs de sa condamnation, et plus d'une fois des ouvrages ont été complètement corrigés et réformés sur les observations de l'Index. Quelquefois ces motifs sont publiés, quand les écrits sont très pernicieux et pourraient engendrer des écoles d'erreur et des sectes hétérodoxes.

Ce tribunal, d'ailleurs, est composé des hommes les plus éminents et les plus instruits, pris non seulement à Rome, mais dans tous les pays catholiques. Le saint-père les choisit avec toute la prudence qu'exige l'importance d'une semblable mission, et avec ce discernement qui paraît être un des caractères inséparables du souverain pontificat.

Avant de rendre son jugement, la congrégation de l'Index prend toutes les informations les plus scrupuleuses pour ne point errer. Les livres suspects sont remis entre les mains de savants théologiens, appelés consulteurs, qui doivent les examiner consciencieusement et motiver leur jugement.

Le concile de Trente, Clément VIII, Alexandre VIII, et surtout Benoît XIV, ont établi des règles dont ils ne doivent jamais s'écarter. Elles sont empreintes d'une sagesse qu'on ne trouve que dans l'Église, et je me fais un devoir de vous les transmettre ici :

1° Les consulteurs ne doivent pas s'ingénier à faire condamner l'ouvrage coûte que coûte; mais leur devoir est de présenter attentivement et tranquillement à la congrégation leurs observations et les raisons véritables pour lesquelles ils jugent à propos que l'ouvrage soit proscrit, corrigé ou laissé sans aucune censure ;

2° Dans le cas où un consulteur reconnaîtrait que les connaissances nécessaires lui manquent, le devoir est imposé à sa conscience de se récuser et d'avertir immédiatement le secrétaire. Dans ce cas, ajoute le grand pontife, on le louera pour sa modestie et sa sincérité, au lieu de l'humilier;

3° En pesant les opinions et les maximes, il faut tenir son esprit à l'abri de tout préjugé de nationalité, de famille, d'école, de parti, et n'avoir devant les yeux que les dogmes de l'Église, les décrets des conciles et des papes, le consentement des Pères orthodoxes et des docteurs. On doit se souvenir que bon nombre d'opinions chères à une école ou à un institut, et certaines à ses yeux, sont cependant adoptées ou rejetées par des catholiques sans que la foi catholique en souffre en rien; que le saint-siège connaît et permet ces divergences, et laisse à chaque opinion son degré de probabilité;

4° On ne peut juger un auteur si l'on n'a lu ou examiné tout son livre, comparé les choses dites en divers passages, examiné le but de l'écrivain sans séparer les propositions de leur contexte; car il peut se faire que telle chose exprimée en termes obscurs ou douteux en tel endroit, se trouve clairement et correctement expliquée ailleurs;

5° Les choses ambiguës, surtout dans un auteur qui a une bonne réputation, doivent toujours se prendre en bonne part.

Les consulteurs font le serment de suivre fidèlement ces règles. Quand ils ont achevé l'examen du livre, ils envoient au secrétaire leur appréciation motivée et toujours appuyée sur des citations de l'auteur. Le secrétaire fait imprimer le jugement des consulteurs-censeurs, et l'adresse à tous les autres consulteurs, qui sont convoqués à une réunion générale où chacun exprime librement sa pensée sur l'ouvrage examiné et sur le rapport du consulteur. S'il y a doute parmi les juges, un second examen commence et de nouveaux juges sont nommés.

Mais cette réunion n'est qu'une commission préparatoire. Les cardinaux, qui sont au nombre de vingt-deux, se réunissent à leur tour. Ils ont entre les mains l'ouvrage, le *votum* des censeurs, le vœu de chaque consulteur et les conclusions de la commission préparatoire, et alors ils portent un jugement qui lui-même n'est pas encore définitif; car il faut que l'autorité du saint-père intervienne. Lui seul juge en dernier ressort, et la sentence n'a de valeur qu'autant qu'il l'a revêtue de sa sanction.

Je ne pense pas, mon cher ami, qu'avec de telles règles, après de si longues et si minutieuses informations, il soit permis d'accuser la congrégation de l'Index d'arbitraire et de la condamner à la légère.

La pape n'a pas seulement le devoir de conserver la foi, il a aussi celui de la propager et d'étendre le royaume de Jésus-Christ. La congrégation de la Propagande, fondée par Grégoire XIV en 1622, aide le pape dans cette mission. Tout ce qui regarde la conservation et la propagation de la foi dans les pays infidèles et hérétiques est de son ressort. C'est elle qui envoie des missionnaires dans les différentes parties du monde, qui assigne les missions aux diverses corporations religieuses. Elle présente au saint-père les sujets pour l'épiscopat, les vicariats et les préfectures apostoliques; elle est chargée, en un mot, du temporel et du spirituel des missions, et elle résout toutes les controverses, tous les doutes qui pourraient s'élever sur les juridictions ou sur tout autre point litigieux.

L'importance de cette congrégation n'échappera à personne, et le bien qu'elle fait est incalculable. Elle tient séance le premier lundi de chaque mois devant le saint-père; mais elle se réunit plus souvent au collège de la Propagande, sur la place d'Espagne.

Ce collège, fondé par Urbain VIII en 1527, admet les jeunes gens des pays étrangers et infidèles qui, ayant reçu la foi, se préparent à l'état ecclésiastique. Ils sont ordinairement envoyés par les missionnaires : leur voyage, aller et retour, leur entretien, leur éducation, sont entièrement aux frais de la charité apostolique. Cette année, ce collège entretient 150 élèves. Je les ai rencontrés plus d'une fois sur les promenades de Rome, et ils sont facilement reconnaissables avec leur soutane noire à boutons rouges et leur ceinture de la même couleur. Tous les trésors de la science et de la piété sont ouverts devant eux, et ils peuvent y puiser en toute liberté : une riche bibliothèque et un beau musée sont à leur disposition.

L'imprimerie de la Propagande est unique au monde : elle possède les caractères de toutes les langues, et elle imprime les missels, bibles, catéchismes et autres livres nécessaires pour les idolâtres nouvellement convertis.

D'après une constitution d'Alexandre VII, chaque élève, en entrant au collège de la Propagande, doit faire le serment de n'entrer dans aucun ordre religieux sans la permission du saint-siège, d'accepter les ordres sacrés sur l'avis de la congrégation, et enfin de prêcher l'Évangile dans son propre pays.

Plus on étudie Rome dans ses institutions et ses œuvres, plus on est étonné de la sagesse, de la prudence et de l'intelligence dont elle fait preuve dans les règlements auxquels elle les soumet. Quelles ressources n'offre pas pour les pays infidèles le collège de la Propagande ! Il forme des hommes vraiment apostoliques, doués d'une doctrine saine, puisée aux sources mêmes de la vérité. Et ces jeunes apôtres quittent Rome l'amour dans le cœur pour la mère qui les a nourris et élevés, et ils redisent à tous les peuples les splendeurs, les gloires, les dévouements et l'amour de l'Église. Plus d'un a puisé près de la chaire de Pierre la soif du martyre, et près de la tombe de Paul le zèle et l'amour d'un apôtre.

La congrégation des Rites a été établie par Sixte V en 1587; elle a pour but de régler tout ce qui concerne la liturgie sacrée et la canonisation des saints.

L'Église ne veut point laisser à chacun le soin de régler les cérémonies et les différents rites qui accompagnent l'office divin; elle a voulu elle-même en préciser tous les détails. Cette question, en effet, a une importance réelle. La liturgie sacrée a une influence considérable pour la conservation de la foi, et il est à remarquer que les hérétiques ont souvent changé leurs livres liturgiques avant leur symbole, afin d'inoculer ainsi plus sûrement, et sans discussion, leurs erreurs à la multitude. Si les livres liturgiques sont l'expression même de la foi d'une nation, ils en sont avant tout et surtout la source; et Rome s'est réservé, avec justice et sagesse, le droit de changer, de modifier les prières et les offices de la liturgie sacrée.

Avec non moins de justice, elle a le droit de régler ce qui regarde l'administration des sacrements, les prières et les cérémonies qui l'accompagnent. Tout cela ne doit point être laissé à l'arbitraire. Que deviendrait cette unité qui fait la beauté et la force de l'Église? Sans doute, dans cette unité, il y aura quelques variétés nécessitées par les lieux et les temps; mais ce ne sera jamais qu'une différence accessoire et raisonnable, sanctionnée d'ailleurs par l'autorité suprême. L'unité, en effet, ne saurait être compromise ni blessée, lorsqu'un peuple célèbre par une fête plus éclatante et une prière plus spéciale le souvenir de ses ancêtres dans la foi. C'est un tribut bien légitime de la reconnaissance et de l'amour.

Des doutes peuvent s'élever, de nouvelles difficultés surgir, des usages peuvent s'introduire dans la célébration des saints mystères, dans l'administration des sacrements et dans les nombreuses et importantes cérémonies du culte religieux : c'est à la congrégation des Rites qu'il faut s'adresser pour dissiper ces doutes, aplanir ces difficultés et légitimer ces usages.

Les différents décrets rendus par la congrégation des Rites viennent d'être imprimés à la Propagande : ils ne comprennent pas moins de quatre volumes.

Le second objet de la congrégation des Rites regarde la canonisation des saints.

Dans les premiers siècles de l'Église, c'était la voix du peuple qui élevait des autels aux serviteurs de Dieu, et leur décernait l'auréole de la sainteté.

On comprend aisément que quelques abus et quelques erreurs se soient glissés dans ces canonisations populaires et souvent spontanées. L'Église a promptement remédié à cet abus, et elle s'est réservé le droit de déclarer saints et dignes des honneurs religieux les fidèles dont la vie, sur la terre, avait été conforme à la perfection évangélique. De nos jours elle fait précéder la canonisation de tant d'informations, qu'un cardinal présentant un jour le dossier d'un procès de canonisation à un protestant, celui-ci demeura confondu et stupéfait en voyant avec quelle minutieuse sévérité la congrégation des Rites prenait des informations.

« Si tous vos saints, s'écria-t-il, ont subi de telles épreuves avant d'être admis sur votre martyrologe, j'avoue qu'ils sont tous des héros.

— Eh bien! reprit le cardinal, la congrégation des Rites n'a pas jugé assez puissantes les preuves apportées en faveur de cette canonisation, et la cause a été rejetée. »

Vous savez, je n'en doute pas, comment l'Église procède pour canoniser un saint. Quand un fidèle est mort en odeur de sainteté, il appartient à l'évêque du diocèse où il est mort de recueillir tous les faits qui le concernent, et d'en adresser le procès à la congrégation des Rites.

La première question qui se présente est celle-ci : La cause de la sainteté peut-elle être introduite, et faut-il nommer une commission? La congrégation examine, juge, pèse les motifs déterminants, et le tout est soumis au saint-père, qui prononce s'il y a lieu de poursuivre.

A la suite de ce jugement, s'il est affirmatif, le serviteur de Dieu reçoit le titre de Vénérable. Ensuite il faut prouver qu'il n'a jamais été honoré d'aucun culte public, et on procède à l'examen des vertus qu'il a pratiquées sur la terre.

Pour arriver à une solution, il y a de longues et minutieuses informations qui donnent lieu à de véritables débats judiciaires : il y a le défenseur de la cause ; mais il y a aussi celui qui présente les difficultés, l'*avocat du diable,* comme on l'appelle vulgairement.

Souvent ces débats sont longs et laborieux. Il y a de nombreux témoins à entendre, tous les écrits du saint à connaître, et, quand la conviction s'est faite sur ce point, et qu'il est reconnu que le serviteur de Dieu a pratiqué les vertus à un degré héroïque, la cause n'est point finie pour cela. La question des miracles se présente avec toutes ses difficultés et ses obscurités. Les hommes de l'art sont interrogés sur les rapports adressés à la congrégation des Rites touchant les guérisons miraculeuses attribuées au serviteur de Dieu. Il faut des attestations nombreuses, des témoins oculaires. On accueille avec bienveillance toutes les objections, et l'on y fait droit quand elles sont fondées.

Quand la question des miracles a enfin reçu une solution satisfaisante, le saint-père déclare qu'il y a lieu de décréter la *béatification*, et, après avoir invoqué l'assistance des saints apôtres Pierre et Paul, il déclare Bienheureux le serviteur de Dieu, et permet de célébrer sa fête dans le diocèse de sa naissance.

Cependant le Bienheureux n'a point encore droit au culte de l'Église universelle; il faut de nouvelles preuves de sainteté avant de mériter cet honneur. Deux miracles importants et éclatants, opérés par le Bienheureux depuis sa béatification, et régulièrement constatés, lui donnent place dans l'assemblée des saints, et l'associent aux triomphes et aux honneurs que leur décerne l'Église de la terre.

Cette prudence et cette sagesse de l'Église sont trop souvent méconnues, et j'aime à croire que c'est à l'ignorance qu'il faut souvent attribuer les railleries qu'on lui prodigue quand elle propose à notre vénération et à nos exemples quelques-uns de ces hommes extraordinaires qui ont passé dans le monde en le sanctifiant et en l'éclairant.

Si tous les héros et les grands hommes que le monde célèbre avaient subi les épreuves par lesquelles l'Église fait passer ses saints avant de mériter les honneurs qu'elle leur rend, plus d'une de nos places publiques serait veuve de ses statues.

Pour nous, mon cher ami, nous croirions encore à la vertu des saints et à leur existence, alors même que l'Église n'userait point de toutes les précautions que réclame la prudence humaine. Il suffit qu'elle proclame un serviteur de Dieu digne de nos hommages, pour que nous l'honorions et le respections. Nous croyons, nous catholiques, que l'Esprit-Saint assiste l'Église, et qu'elle ne placera jamais sur les autels un homme qui en serait indigne.

La congrégation *des Indulgences et des saintes Reliques*, instituée par Clément IX en 1669, a pour but de résoudre les difficultés et d'aplanir les doutes relatifs aux unes et aux autres. Elle a pour devoir de conserver précieusement tous les brefs, rescrits ou autres actes émanant du saint-père, et ayant pour but la promulgation des indulgences.

Elle a aussi le devoir de reconnaître l'authenticité des reliques, et de veiller à ce que tout se passe dignement et pieusement dans leur distribution. Ce n'est point elle cependant qui accorde les reliques ; on peut les obtenir dans trois endroits différents : à la custode du cardinal-vicaire, à celle de Monseigneur sacriste et à celle de Monseigneur vice-gérant, qui n'est autre que le prélat qui aide et remplace le cardinal-vicaire dans ses nombreuses attributions.

Il y a beaucoup d'autres congrégations qu'il me paraît inutile d'énumérer ici ; toutes ont pour but le gouvernement spirituel de l'Église : les unes, comme celles *des évêques et des réguliers, de l'examen des évêques, de la résidence des évêques*, ont pour but de tracer aux évêques leurs obligations, de régler leur juridiction et de les aider dans leurs doutes et leurs difficultés ; les autres, comme celles *de Notre-Dame-de-Lorette, de la fabrique de Saint-Pierre, de la réédification de la basilique de Saint-Paul*, ont pour mission de s'occuper du temporel de ces différents sanctuaires.

L'auguste Pie IX, dont le zèle ne connaît pas le repos, et dont le cœur est assez vaste pour embrasser d'un même amour tous les fidèles et tous les intérêts confiés à sa sollicitude, a établi deux nouvelles congrégations.

Frappé, dès son avènement au souverain pontificat, du mal que l'esprit révolutionnaire faisait en Italie parmi les religieux, il voulut au moins opposer une digue au relâchement qui s'introduisait dans les communautés religieuses, et consolider des vocations battues en brèche par tant et de si puissants ennemis.

Il porta donc un premier décret qui réglait la condition de la réception des novices, qu'on ne pourrait recevoir sans des lettres testimoniales de leur évêque. Le second décret règle les admissions des novices à la profession religieuse.

Mais, comme ces décrets pouvaient donner lieu à des difficultés, à des interprétations fausses, il institua la congrégation *de l'état des réguliers*, qui, outre ce but, a celui de poursuivre avec ardeur tout ce qui peut tendre à améliorer et à réformer les religieux.

En 1857, le souverain pontife adressa à tous les généraux d'ordres religieux une lettre circulaire qui prescrit de n'admettre à la profession des vœux solennels que trois ans après la profession des vœux simples. D'après cette mesure, le noviciat, qui dans la plupart des ordres religieux n'est que d'un an, se trouve en quelque sorte prolongé de trois nouvelles années, puisque, ces trois années avec les vœux simples étant achevées, le religieux peut reprendre sa liberté.

Cet acte du saint-père a été accueilli avec le respect et l'admiration que méritent les actions de Pie IX, marquées toujours au coin de la sagesse et de l'opportunité.

Depuis quelques années, les affaires d'Orient devenaient de plus en plus compliquées, à cause des nombreuses conversions opérées par nos religieux et nos religieuses; la congrégation de la Propagande, de son côté, ne pouvait suffire : le saint-père crut donc que l'Orient et les autres pays infidèles ne pourraient qu'y gagner en divisant en deux la congrégation de la Propagande, et il institua, en 1862, la congrégation de la Propagande *pour les affaires du rite oriental*.

Telles sont, mon cher ami, ces congrégations qu'on ne craint pas d'accuser : on les transforme en agents politiques qui compliquent les événements, et qui, par leurs résistances aveugles et opiniâtres, arrêtent le saint-père dans ses bons désirs de conciliation et de paix.

En vous disant ce qu'elles sont, ce qu'elles font, j'ai répondu à ces accusations, qui ne peuvent s'expliquer que par une insigne mauvaise foi ou une profonde ignorance [1].

---

[1] C'est encore l'ignorance ou la mauvaise foi qui s'obstine à faire un crime au gouvernement du saint-père d'admettre dans ses conseils et dans ses tribunaux des ecclésiastiques. On demande à grands cris la sécularisation du gouvernement pontifical, alors même qu'on est certain que l'élément laïque prédomine. Voici à cet égard les renseignements que nous fournissent les statistiques les plus exactes. « Les différentes branches de l'administration publique comprennent 7,157 employés, dont 303 sont ecclésiastiques. Pourrait-on destituer tous ces *intrus* en l'honneur de la sécularisation? Le Piémont lui-même ne le voudrait point ; car parmi ces fonctionnaires se trouvent cent-soixante-dix-neuf aumôniers ou chapelains, et dix autres prêtres pourvus d'emploi d'un caractère éminemment clérical. Le nombre des ecclésiastiques occupant des fonctions qui pourraient être remplacés par des laïques se réduit donc à cent quatorze. Cela ne semblera excessif à aucun esprit droit. Le pape réunissant la souveraineté religieuse et politique, l'organisation du gouvernement romain doit refléter partout ce double caractère. Les prêtres n'ont pas tous les avantages de cette situation. Trois cent dix-sept laïques appartiennent à diverses congrégations ou administrations exclusivement chargées d'intérêts de l'ordre religieux. En somme, d'après les chiffres fournis en 1856 par notre ambassadeur à Rome, M. de Rayneval, on compte parmi les fonctionnaires des États romains soixante laïques contre un ecclésiastique. Si du nombre de ces fonctionnaires nous passons au total des traitements, nous voyons que les laïques touchent 8,053,500 francs 35 centimes, et les ecclésiastiques 670,984 francs 39 centimes. Néanmoins il restera convenu longtemps encore que les revenus des États pontificaux sont dévorés par les prêtres. » (*Univers*, 1859.)

XXXV

LES TRIBUNAUX ROMAINS

La Pénitencerie. — La Daterie. — La Rote. — La Chancellerie. — Tribunaux civils. — Droit canonique. — Prisons. — Régime cellulaire.

Le dogme et la discipline sont généralement du ressort des congrégations romaines; la morale relève plus directement des tribunaux.

La *Pénitencerie* est le plus ancien tribunal de Rome. Il lui appartient d'absoudre des cas réservés, des censures et des irrégularités, de commuer les vœux, de dispenser des empêchements occultes de mariage, de les réhabiliter; en un mot, toutes les difficultés *morales* peuvent lui être soumises : elle a mission et autorité pour les résoudre.

Benoît XIV a réglé ce qui regarde ce tribunal. Tout le monde peut avoir recours à la Pénitencerie, prêtres ou laïques, pour se faire absoudre des cas réservés ou pour faire lever des empêchements canoniques secrets. Il suffit de s'adresser au cardinal grand pénitencier et d'exposer l'affaire avec une grande clarté.

Toutes les décisions de ce tribunal sont gratuites. Le cardinal grand pénitencier se rend le dimanche des Rameaux à l'église Saint-Jean-de-Latran; le mercredi saint, à Sainte-Marie-Majeure; le jeudi et le vendredi saints, à Saint-Pierre, pour entendre la confession des fidèles. Il est placé sur un siège élevé et découvert, et, quoique l'accusation des péchés soit secrète, tout se passe en public. Il y a toutefois une certaine limite qu'il n'est point permis aux simples spectateurs de franchir.

Une année l'ambassadeur de France se trouvait à Saint-Pierre avec un grand personnage anglais et protestant. Ils s'arrêtèrent par curiosité devant le siège du grand pénitencier, lorsqu'un homme à la physionomie sinistre et farouche, les vêtements en désordre, une longue barbe mal soignée, franchit l'enceinte et monte s'agenouiller aux pieds du grand pénitencier. L'entretien fut long et sérieux. Quand il fut terminé, le brigand descend les quelques gradins du confessionnal; sa figure, grave et recueillie, annonçait qu'il s'était passé en lui de grandes choses. Quelques instants après, on le vit revenir et monter de nouveau. Second entretien, que le cardinal écoute avec patience et bonté. Le protestant ému, dit à l'ambassadeur : « Si c'est une comédie, elle est bien touchante. »

Je vous ai déjà parlé des pénitenciers qui entendent les confessions chaque jour à Saint-Pierre et dans les basiliques patriarcales de Rome. Ils sont sous la juridiction du cardinal pénitencier, et appartiennent à plusieurs ordres religieux : aux Conventuels pour Saint-Jean-de-Latran, aux Mineurs réformés de Saint-François pour Saint-Pierre, et aux Dominicains pour Sainte-Marie-Majeure.

Le grand pénitencier a le droit de dire la messe le mercredi des Cendres dans la chapelle Sixtine, et de donner les cendres au saint-père. C'est lui aussi qui l'assiste dans ses derniers moments, lui donne l'extrême-onction et lui applique l'indulgence *in articulo mortis*. Pendant la vacance du saint-siège, il conserve ses pouvoirs, et, s'il vient lui-même à mourir, le sacré collège lui élit un successeur qui prend le nom de *pro-pénitencier*, et dont les pouvoirs expirent à l'élection du nouveau pape.

Le tribunal de la *Daterie* a pour attribution de conférer les bénéfices réservés au saint-siège, d'assigner des pensions sur les bénéfices ecclésiastiques, etc. etc. Nous ne recourons guère, en France, à ce tribunal que pour obtenir des dispenses d'empêchements publics de mariage, et quelquefois pour des dispenses d'irrégularités publiques.

Ces dispenses sont évidemment des faveurs que l'Église accorde; mais, si elle consent dans certains cas à suspendre ses lois, elle a bien le droit d'imposer, en retour de cette faveur, une bonne œuvre, qui sera comme une compensation de la dispense. C'est ainsi qu'elle impose ordinairement une aumône. Généralement on interprète mal ces aumônes exigées par l'Église pour les dispenses qu'elle accorde, et on les assimile trop à une espèce de commerce qui serait indigne de l'Église et contraire à la loi évangélique.

La *componende* exigée pour les dispenses est véritablement une aumône, et elle ne tourne jamais au profit et à l'avantage de celui qui dispense. Cet argent, dans les diocèses, est employé aux bonnes œuvres, au soutien des séminaires, etc. etc.

Les *componendes* versées au tribunal de la Daterie sont employées d'abord à payer les employés, et le surplus est à la disposition du saint-père : il en fait usage pour secourir les corporations religieuses qui sont dans le besoin; pour donner des honoraires aux pénitenciers de Saint-Pierre, de Saint-Jean-de-Latran, de Sainte-Marie-Majeure; pour venir en aide aux ecclésiastiques de l'Église orientale; pour faire des pensions aux familles nécessiteuses des employés et des expéditionnaires de la Daterie, pour creuser les catacombes afin d'y découvrir des corps saints; pour donner des pensions aux évêques, prélats, ecclésiastiques et laïques qui ont bien mérité de la religion et du saint-siège. Telles sont les différentes œuvres auxquelles sont destinés les revenus de la Daterie. Ces sommes, qui viennent de toutes les parties du monde catholique, ont un emploi qui ne leur fait rien perdre de leur caractère religieux, et tous les catholiques en bénéficient.

Combien de choses dans l'Église que le monde juge à un point de vue mesquin et quelquefois odieux! Je le sais, cela tient souvent à l'ignorance et à la légèreté. On juge avant de connaître, et le blâme et le rire n'attendent jamais la réflexion avant de se produire. Je ne crains pas de l'affirmer, si on étudiait les lois et les usages de l'Église avant de les décrier, on se ménagerait de véritables jouissances pour l'esprit et pour le cœur. Un grand esprit de justice et de miséricorde a présidé à l'établissement de toutes ses lois, et leur donne un cachet qu'on ne retrouve dans aucune de nos législations, qui se ressentent en général beaucoup trop du moment et de l'effervescence qui les ont produites. Aussi jamais on n'a vu tant de lois que de nos jours : à chaque instant il en surgit de nouvelles, et les esprits sérieux s'effrayent avec raison pour l'avenir d'un peuple chez lequel les lois, en se multipliant, ne rendent pas les hommes meilleurs et plus respectueux pour l'autorité. L'Église a des lois générales qui sont de tous les temps et de tous les lieux; car la justice et la vérité sont de tous les âges et de toutes les nations. Si, par miséricorde et condescendance, elle relâche quelquefois le nerf de sa discipline, ce n'est qu'une exception légitimement motivée et qui n'infirme en rien la loi générale et universelle. Elle remplace l'obligation commune par une autre plus facile et moins lourde : ce qu'on ne saurait attribuer à la faiblesse, mais à une sage et tendre sollicitude pour les intérêts de ses enfants.

Le tribunal de *Rote* est très ancien. Il fut établi primitivement pour aider les papes dans le jugement des affaires qui, n'étant point consistoriales, se traitaient dans l'intérieur du sacré palais, en présence du pape.

Aujourd'hui ce tribunal juge toutes les causes bénéficiales et profanes; c'est en même temps la chambre d'appel et la cour de cassation de Rome. Ce tribunal renferme des juges de plusieurs pays : il se compose de douze auditeurs ou juges, dont un Espagnol, un Français, un Autrichien, un Toscan, trois Romains et quatre appartenant aux différentes provinces pontificales. Ils sont inamovibles, présentés par le gouvernement qu'ils représentent, et toujours institués par le pape.

Chaque auditeur de Rote se fait aider par quatre clercs, ou notaires, qu'il a sous lui, et toutes les questions sont d'abord examinées dans l'étude de chaque auditeur. Ils se réunissent dans le palais qu'habite le pape, et décident toutes les causes à la majorité des voix. Ils n'admettent ni avocats ni procureurs dans la salle des délibérations. Ceux-ci ont été admis chez les auditeurs à donner toutes les explications nécessaires, toutes raisons en faveur de leurs clients, par écrit et même de vive voix. Il n'y a donc point, comme chez nous, de débats publics et solennels, qui n'ont pas seulement l'inconvénient de perdre beaucoup de temps, mais souvent celui de passionner l'affaire. Quand les auditeurs de Rote se réunissent, ils connaissent la cause sous toutes ses faces, et, après une discussion sérieuse, ils rendent leurs arrêts.

Les auteurs ne sont pas d'accord sur l'origine du nom porté par ce tribunal. Les uns disent qu'il vient de ce que le pavé de la chambre où ils se réunissaient était de porphyre et taillé en forme de roue; d'autres, de ce que les affaires s'y traitent successivement, ou de ce que les juges y servent tour à tour. Quoi qu'il en soit, la chose en elle-même est peu importante.

Le tribunal de la *Chancellerie* est en quelque sorte le ministère des affaires étrangères de l'Église et le secrétariat général de Sa Sainteté. C'est lui qui expédie les actes de toutes les faveurs accordées par le pape en consistoire, et en particulier les bulles des archevêchés, évêchés, abbayes et autres bénéfices consistoriaux.

Le cardinal qui est à la tête de ce tribunal prend le nom de vice-chancelier, parce que le pape est considéré lui-même comme le chancelier de Dieu.

La législation civile de États pontificaux repose sur le droit romain et le droit canonique. Tout le monde est d'accord pour admirer l'ancien droit romain, et presque toutes nos législations modernes sont appuyées sur cette base. Mais tous n'admettent pas également que l'autorité du droit canon marche sur le même pied que le droit romain. A cet égard, je n'ai rien de mieux à faire que de vous citer les réflexions de César Cantu : « Le droit canon, dit-il, fut un grand progrès dans la législation, un plus grand encore dans la condition des peuples. Il n'y avait aucune raison pour que les prêtres, dans les conciles, fissent des lois iniques en ce qui concerne l'ordre des successions, les mariages et les autres articles de droit. Ces conciles, composés d'évêques de tous les pays, exempts des préjugés et des haines féodales, formaient encore un aréopage dont les membres avaient l'avantage d'être, pour ainsi dire, étrangers aux peuples pour lesquels ils faisaient des lois. C'était la morale plutôt que la politique qui était la base des délibérations, et par conséquent les dispositions adoptées étaient conformes au fond naturel de la justice universelle; très rarement, d'ailleurs, les canons sont promulgués pour un seul pays... Les juridictions seigneuriales, sous le régime féodal, étaient moins vexatoires dans la main des abbés et des évêques que dans celles des comtes et des barons, parce que le prêtre pratiquait des vertus dont les autres se regardaient comme dispensés. La pénalité du droit canon est plus douce; elle abolit le supplice de la croix et la marque sur le visage, afin de ne pas défigurer l'image de Dieu; elle ne prononce jamais le peine de mort, et souvent elle envoie le coupable dans les cloîtres, pour y faire pénitence et revenir à de meilleurs sentiments [1] ».

Telle est, mon cher ami, la supériorité du droit canon sur le droit civil. Beaucoup d'écrivains le condamnent, à cause de son immobilité, disent-ils, le confondant ainsi avec le dogme, qui, de sa nature, est, en effet, immuable et indivisible. Le droit canon, au contraire, varie selon les temps, les circonstances et même les nations. Il se modifie avec les mœurs et les exigences des sociétés. Ce serait une grande erreur de croire qu'il n'a subi aucune transformation depuis l'établissement du christianisme, et je mets en fait qu'il n'a pas été identique pendant deux siècles consécutifs. S'il se modifie dans son application, il est vrai de dire qu'il ne varie jamais dans ses principes, qui sont, comme je vous l'ai dit, ceux de la justice éternelle.

Mais il ne suffit pas de savoir, mon cher ami, que les lois de l'Église sont bonnes : vous n'en sauriez douter. Comment sont-elles appliquées ? c'est ce qu'il me reste à vous dire :

« Les causes qui demandent à être jugées promptement, comme celles qui concernent les salaires, la possession sommaire, etc., et celles qui n'excèdent pas une valeur de 200 écus (1,060 fr.), sont confiées à des juges particuliers laïques, dont le nombre, sans

---

[1] Cantu, *Histoire universelle*, t. XI, p. 589.

y comprendre ceux de la capitale, est de cent quatre-vingts, répandus dans les principales communes et chefs-lieux de province. On emploie encore des méthodes plus promptes pour les affaires de minime importance, et spécialement pour celles qui ne dépassent pas cinq écus. Dans ce cas, les chefs des magistratures communales, ou les délégués des conseils municipaux remplacent les juges dans les localités où il n'y en a pas. Les causes dont l'importance dépasse la somme de 200 écus sont jugées par les tribunaux civils, qui se composent de magistrats laïques, et qui sont établis dans chaque chef-lieu de province. On en compte dix-huit, non compris ceux de la capitale. Ces tribunaux sont, en outre, les tribunaux d'appel pour les affaires jugées en première instance par les gouverneurs ou juges particuliers. Il y a de plus, dans les États pontificaux, trois tribunaux d'appel composés aussi de laïques, à l'exception du président et du vice président de celui de Rome [1]. »

Il me semble, mon cher ami, que ces divers degrés de juridictions ressemblent de fort près à nos justices de paix, tribunaux de première instance et cours impériales.

Sur ce point, comme sur beaucoup d'autres, on fait le gouvernement des papes beaucoup moins bon qu'il n'est en réalité. La justice romaine, pas plus que celles des autres nations, n'est exempte d'erreurs ici-bas. Les choses, en ce monde, sont nécessairement imparfaites et faillibles. On ne peut donc demander aux gouvernements et aux hommes qui les dirigent que la perfection humaine, qui consiste plutôt à prendre tous les moyens pour ne point errer qu'à se préserver absolument de toutes fautes. Or je puis dire, sans exagérer, que la plupart des gouvernements ont emprunté à Rome ce qu'ils ont de bon et de paternel dans leurs lois, tout cela généralement vient d'elle, ou, du moins, Rome a la première mis en pratique ces institutions et ces pensées. Ainsi nous sommes fiers, en France, d'avoir tout récemment inventé, au profit des pauvres, l'*assistance judiciaire*, et la ville de Rome vit naître, au XVIe siècle, l'archiconfrérie de Saint-Yves, dont le but est de défendre et de prendre, devant les tribunaux, les intérêts des pauvres. Non seulement elle fournit des avocats; mais elle se charge des poursuites et des frais du procès. Ses revenus s'élèvent à 650 écus (3,445 fr.), et elle s'assemble chaque dimanche dans l'église Saint-Charles, où elle a son oratoire particulier.

---

[1] Margotti, *les Victoires de l'Église pendant les dix premières années du pontificat de Pie IX*.

Une autre confrérie, *de la Charité des prisonniers*, a son siège dans la belle et riche église Saint-Jérôme, bâtie sur l'emplacement même de la maison de sainte Paule, cette illustre veuve formée à l'école du saint docteur. Cette archiconfrérie se charge aussi de la défense gratuite des pauvres, et surtout des veuves. Mais l'œuvre par excellence des confrères, c'est la visite des prisonniers : ils les consolent, les instruisent, goûtent leur nourriture, et ont le droit de réclamer s'ils la trouvent insuffisante ou mauvaise ; enfin ils se chargent des intérêts que la réclusion leur ferait négliger.

J'ai encore ici, mon cher ami, en parlant des prisonniers, une erreur à relever et une justice à rendre au gouvernement romain. Vous avez entendu mille fois répéter que le système cellulaire appliqué à nos pénitenciers moderne est d'invention américaine. Vous l'avez cru peut-être sur une simple affirmation, et vous serez surpris sans doute d'apprendre que le système cellulaire a pris naissance dans les anciens monastères chrétiens. Il n'était pas rare, en effet, dans les premiers siècles de l'ère chrétienne, au VIe siècle par exemple, de le voir appliqué aux religieux infidèles à leurs vœux, qu'on reléguait seuls, dans une petite cellule éloignée du monastère commun. Dix siècles plus tard, en 1703, Clément XI, annexant à l'hospice Saint-Michel une maison de correction pour les jeunes détenus au-dessous de vingt ans, y établissait le système cellulaire.

Un protestant, Georges Smith, Américain, reconnaît, en 1833, que *c'est à Rome qu'on doit la première grande réforme de la discipline pénitentiaire*. M. Cerfbeer, israélite, chargé, en 1839, d'inspecter les prisons de la péninsule par M. de Montalivet, ministre de l'intérieur en France, dit dans son rapport ces paroles remarquables : « Je n'hésite pas à croire que la réforme pénitentaire est partie de l'Italie, du centre même de cette contrée, de Rome, où un pape, Clément XI, fit construire, en 1703, une vaste maison de correction pour les jeunes détenus... Le système correctionnel est chrétien, il est catholique ; il a pris naissance avec les monastères. Un pape l'a baptisé au moment où il le fit entrer dans le monde. L'Amérique ne l'a pas trouvé, l'Amérique ne l'a pas perfectionné... C'est un pape qui, de sa main, a écrit les premiers règlements d'une maison de correction [1]. »

Et si maintenant, mon cher ami, vous voulez visiter quelques-unes des prisons de Rome, *la maison de Sainte-Balbine* pour les jeunes délinquants, *la prison de Termini* destinée aux femmes, *la*

---

[1] *Rapport sur les prisons de la péninsule*, 1839.

prison politique de Saint-Michel et les prisons Innocentiennes, vous sortirez de là convaincu que, tout en punissant, les papes n'oublient point qu'ils sont pères. Au point de vue hygiénique, elles laissent fort peu de chose à désirer. Les prisons cellulaires sont vastes, sèches, bien aérées. Chaque jour les prisonniers sont conduits ou dans un préau ou dans une galerie à l'italienne, largement aérée, et dont plusieurs jouissent d'une vue magnifique.

« A Rome, le système cellulaire appelle la religion à son aide, ou, pour parler plus exactement, c'est la religion qui, pour corriger le coupable, s'aide du système cellulaire. A Rome, le prisonnier n'est isolé que du mal; il est en contact permanent avec le bien, c'est-à-dire avec la religion, avec la science, avec la vertu, avec l'amitié, qui viennent sous tous les costumes frapper à la porte de sa cellule : tantôt c'est le médecin qui apporte ses consolations avec ses remèdes; tantôt c'est un membre de la confrérie de Saint-Jérôme qui vient instruire et moraliser; d'autres fois c'est quelque prêtre au cœur miséricordieux, comme il y en a tant à Rome, comme il y en tant partout, qui apporte des paroles de pardon et d'espérance...

« Enfin le souverain pontife stimule le zèle de tous par son exemple. Il n'est pas une seule des prisons de Rome qu'il n'ait visitée dans ses plus grands détails, depuis la cellule des condamnés jusqu'à la cuisine où l'on prépare leurs repas et les magasins où l'on conserve leurs provisions [1]. »

J'avoue, mon cher ami, que plus j'étudie Rome, plus je l'aime. Heureuse ville, qui est devenue la reine de l'univers, en recevant le dépôt sacré de la foi dans la personne de Pierre, et qui, par ses œuvres et ses paroles, épanouissement divin d'une charité toujours jeune et féconde, brille comme le soleil pour échauffer les intelligences et les cœurs, comme un phare pour les guider et les précéder dans tout ce qu'il y a de noble, de grand et de généreux ici-bas!

---

[1] M. Lefebvre, *des Établissements charitables de Rome,* p. 255.

XXXVI

LE DIACRE SAINT LAURENT

Saint Sixte et saint Laurent. — Martyre de saint Laurent. — Basilique de Saint-Laurent-hors-les-Murs. — *Campo-Santo*. — Saint Laurent *in Lucina*. — Tête de saint Laurent.

Saint Laurent est une des gloires de Rome, et Rome a élevé sept églises en l'honneur de son saint diacre. Vous savez, mon cher ami, quel désir il avait du martyr. Lorsque le pape saint Sixte fut conduit à la mort, il se plaignit au pontife de ce qu'il ne l'associait point à son combat.

« Où allez-vous, lui disait-il, mon père, sans votre fils? Vous n'avez point coutume, prêtre du Seigneur, d'offrir un sacrifice sans votre diacre. En quoi vous ai-je déplu? Éprouvez si je suis digne du choix que vous avez fait de moi pour distribuer le sang de Jésus-Christ.

— Mon fils, répondait le pontife, je ne t'abandonne pas, et de plus grands combats t'attendent. On nous ménage à cause de notre vieillesse; mais tu me suivras dans trois jours. »

Le lendemain, le préfet de Rome fait venir Laurent, et lui demande toutes les richesses de son Église.

« Vous recevez, lui dit-il, dans des coupes d'or et d'argent le sang de vos victimes; pour éclairer vos sacrifices nocturnes vous avez des chandeliers d'or. Je vous demande toutes ces richesses pour le trésor de l'empereur. Je n'exige rien d'injuste. Votre doctrine ne dit-elle pas qu'il faut rendre à César ce qui est à César? Or l'empereur reconnaît pour sienne la monnaie qui porte son image. Rendez-lui donc ce qui lui appartient, et je vous laisserai la vie sauve. D'ailleurs votre maître condamne ce luxe : il n'a point battu monnaie, il est né et a vécu dans la pauvreté. Il n'a donné au monde que des paroles; donnez-nous l'argent, et soyez riches en paroles. »

Les persécuteurs sont toujours et partout les mêmes : les sophismes ne leur font jamais défaut!

Laurent répondit : « J'avoue que notre Église est riche, et je vous demande trois jours pour rassembler ses trésors. »

Ce délai fut accordé.

Laurent parcourut la ville, et réunit tous les pauvres, tous les malades et tous les infirmes que l'Église nourrissait. Il distribuait ordinairement ses aumônes dans la maison d'une sainte veuve nommée Cyriaque, située sur le mont Cœlius, à l'endroit où s'élève aujourd'hui l'église Sainte-Marie *in Dominica,* et c'est là probablement qu'il les conduisit tous.

Le délai expiré, le saint diacre va chercher le préfet, et lui présente cette réunion d'infirmes et de mendiants. « Voilà, lui dit-il, les trésors de l'Église de Jésus-Christ. »

Le préfet entre en fureur ; mais Laurent ne se laisse point émouvoir : « De quoi vous plaignez-vous ? L'or que vous convoitez n'est qu'un vil métal arraché aux entrailles de la terre, et qui enfante bien des crimes; la vraie richesse, c'est la vérité, dont ces pauvres sont les disciples. Voilà les trésors que je vous ai promis.

— C'est ainsi, s'écrie le préfet, que tu insultes à la majesté des faisceaux romains! Tu désires la mort, tu l'auras ; mais je prolongerai tes tortures. »

Aussitôt Laurent est chargé de chaînes, et confié à la garde d'un chevalier romain, Hippolyte, qui le conduit dans sa demeure, située sur le mont Viminal. Le saint lévite convertit son geôlier; il touche de son doigt le sol de sa prison, et il en jaillit une source d'eau limpide avec laquelle il le baptise. On voit encore cette source couler dans le souterrain de l'église Saint-Laurent *in Fonte.*

A quelques pas de là on a construit l'église Saint-Laurent *in Panisperna,* sur le lieu même où le saint diacre subit son martyre. Il fut étendu sur un gril, sous lequel on avait mis des charbons ardents. Au milieu de ce supplice, rayonnant de joie, il chante les louanges du Seigneur, et avertit ses bourreaux de le changer de côté. « Je suis assez cuit, leur dit-il, vous pouvez manger. » Il expire en bénissant Dieu et en priant pour la conversion de Rome. Une belle fresque qui s'étend sur tout le mur de l'abside redit cette scène héroïque. Sous le maître-autel, dans la crypte, on nous montre l'endroit où il fut placé sur des charbons ardents.

Son corps fut déposé dans le terrain appartenant à sainte Cyriaque, sur la route de Tibur. Plus tard, Constantin fit élever une basilique sur le corps de ce glorieux martyr.

Pie IX y a fait exécuter d'importantes restaurations. Un monolithe de granit rouge oriental, de dix mètres de hauteur et de plus d'un mètre de diamètre, érigé par son ordre entre la basilique et la voie Tiburtine, porte une magnifique statue en bronze qui représente saint Laurent distribuant aux pauvres les trésors de l'Église. Sur le piédestal, qui est en beau marbre de Carrare, on a gravé l'inscription suivante :

IN HONOREM
LAVRENTII MARTYRIS
PIVS IX PONT. MAX.
EREXIT
PONTIFICATVS A. XIX

Le frontispice de la basilique est orné de fresques sur fond d'or, genre mosaïque, qui présentent divers groupes. Dans les uns on voit saint Laurent, saint Justin et sainte Cyrille; saint Étienne, saint Hippolyte et sainte Cyriaque, dont les corps reposent dans la basilique. Les autres groupes retracent l'histoire des transformations que la basilique a subies : l'empereur Constantin, qui la construisit d'abord; le pape Pélage II, qui l'agrandit et l'exhaussa; les papes Sixte III et Adrien Ier, à qui l'on attribue la construction de la seconde basilique; le pape Honorius III, qui réunit les deux édifices, et en exhaussa le niveau des deux tiers pour obvier à l'humidité; enfin l'auguste Pie IX, soutenant des deux mains, selon le style des anciennes mosaïques, le monument dont on lui doit l'entière et somptueuse restauration. Des arabesques et des méandres sur fond d'or, et dans le style des mosaïques de la première moitié du XIIIe siècle, complètent la décoration du frontispice.

Le pavé et les peintures du portique ont été également restaurés. L'intérieur a subi une réparation complète. J'ai admiré surtout les douze riches colonnes du chœur, en marbre violet cannelées et faisant partie de la basilique primitive, qui ont été entièrement découvertes jusqu'à leurs bases, longtemps enfouies dans le sol.

Le corps de saint Étienne fut apporté de Constantinople vers le VIe siècle, et le pape Pélage II voulut qu'il reposât près du corps de saint Laurent, afin qu'une même tombe réunît ces deux illustres diacres, la gloire des Églises de Rome et de Jérusalem. On vénère aussi dans cette église une table de marbre sur laquelle une pieuse tradition veut qu'ait été déposé le corps de saint Laurent après son héroïque martyre.

Après avoir vénéré les corps de saint Laurent et de saint Étienne, j'ai parcouru le grand cimetière qui entoure la basilique. Pie IX y a fait construire une gracieuse et riche chapelle, et de magnifiques cloîtres enrichis de peintures murales. En lisant les belles inscriptions des tombes, j'ai pu me convaincre de la foi des vivants. Elles sont presque toutes latines, et expriment souvent des choses sublimes en termes très simples : on sent que c'est le langage du cœur et de la foi. D'ailleurs cette terre est bénie entre toutes. Là furent ensevelis les corps des martyrs, des vierges et des pontifes, dans les premiers siècles de l'Église, et nous trouvons souvent le nom du cimetière de Sainte-Cyriaque dans le Martyrologe.

Pie IX a voulu perpétuer en ce lieu le souvenir des jeunes héros qui prirent sa cause en main et versèrent leur sang pour défendre le trône de saint Pierre, *pro sede Petri*. Un magnifique monument aux proportions colossales s'élève dans la partie du cimetière appelée par le peuple *Pincietto*. Sur sept des huit faces on a gravé les noms, avec l'indication de la patrie, des militaires morts à Mentana. Sur la huitième face on peut lire une noble inscription tout à la gloire des *très vaillants soldats, indigènes et étrangers* qui ont soutenu le *bon combat contre des troupes parricides*. Cette partie du monument est surmontée d'une autre de forme ronde et portant ces mots :

ACCIPE. SANCTUM. GLADIUM. MUNUS. A. DEO.
IN. QUO. DEJICIES. ADVERSARIOS.
POPULI. MEI. ISRAEL.

Ces paroles, empruntées au livre des Machabées, expliquent le groupe gigantesque qui couronne le monument. Le prince des Apôtres, saint Pierre, le visage inspiré, l'attitude grave et majestueuse, lève une main qui serre les clefs symboliques, et de l'autre, il tend une épée à un jeune guerrier, portant le casque et la cuirasse, recevant d'une main l'épée et de l'autre portant un drapeau sur les plis duquel on lit : *Orbis catholicus*, l'Univers catholique.

Cette idée a été aussi heureusement conçue qu'habilement exécutée : ce monument est digne de la valeur de ceux qu'il honore et de la grande âme de Pie IX qui l'a fait élever.

Heureux les morts dont la poussière est mêlée à celle des saints!

L'église Saint-Laurent *in Lucina*, bâtie par sainte Lucine, et située vers le milieu du *Corso*, possède le gril sur lequel expira le glorieux martyr. J'ai eu le bonheur de le voir et de le vénérer. Il peut avoir deux mètres de longueur sur un mètre de largeur : il est porté par six pieds d'environ vingt centimètres de hauteur.

Ne quittez pas cette église sans admirer le tableau du maître-autel, représentant Jésus-Christ en croix. C'est un chef-d'œuvre du Guide. On dit que c'est le plus beau Christ de Rome, et je le crois volontiers. J'avoue que de toutes les peintures que j'ai admirées dans l'Italie, c'est une de celles dont la vue m'a le plus doucement impressionné, et dont le souvenir m'est encore présent.

Saint-Laurent *in Damaso*, incorporée au palais de la chancellerie, est la sixième église de Rome dédiée aux glorieux diacre. Sa fonda-

Saint Laurent.

tion remonte à la plus haute antiquité : le pape saint Damase, étant encore prêtre, la fit restaurer en 370. Elle fut construite avec le marbre et les colonnes provenant des théâtres des portiques et des temples qui ornaient le Champ de Flore, situé en cet endroit.

Le corps de saint Damase repose sous le maître-autel, où on l'a transporté en 1736. Il avait d'abord été enseveli, selon son désir, dans les catacombes des saints Marc et Marcellin, au milieu des apôtres et des martyrs dont il avait restauré et orné les tombes. Sa mère et sa sœur Irène, placées près de lui, y dorment aussi en paix, en attendant l'heure de la résurrection.

Le comte Pellegrino Rossi, ministre de IX, assassiné sur les marches du palais de la chancellerie par les révolutionnaires de 1848, a été inhumé dans cette église. Le pape lui a fait élever un tombeau de marbre blanc, surmonté de son buste, œuvre remarquable du sculpteur Tenerani. Averti cinq fois du danger qui le menaçait, le comte ne se rendit pas moins à la chambre des députés, en disant au prêtre qui lui donnait un dernier avertissement : « *Causam optimam assumpsi, miserebitur Deus.* J'ai pris en main la défense d'une bonne cause, Dieu aura pitié de moi. »

Ces belles paroles sont gravées sur le marbre qui recouvre le corps du glorieux serviteur de Pie IX.

L'église Saint-Laurent *in Damaso* offre à la vénération des fidèles de la chair de saint Laurent et des charbons qui furent placés sous son gril. Comme œuvre d'art, on y admire un tableau de Zuccari peint sur ardoise, et placé au maître-autel.

Dans la chapelle particulière de Mgr Sacriste [1], au palais du Quirinal, on conserve le chef de saint Laurent. La tête du glorieux martyr est très bien conservée. La peau la recouvre encore entièrement; la bouche contractée, par l'effet d'une violente douleur, est entr'ouverte, et laisse voir deux rangées de dents d'une blancheur éclatante. La vue de cette précieuse relique m'a vivement impressionné; elle porte avec elle la moitié de son authenticité : en la voyant, on ne peut douter qu'elle n'ait appartenu à un martyr qui a été brûlé.

Il y a quelques mois, M. le comte de Nedonchel-Choiseul a fait don au pape d'un reliquaire pour remplacer celui d'argent qui renfermait autrefois ce riche trésor. C'est l'architecte de Saint-Paul, Poletti, qui en a fait le dessin. Il a la forme d'un petit temple gothique pyramidal et octogone; les ornements qui le décorent appartiennent à tous les styles, et forment un ensemble des plus gracieux. Il est en bronze doré, et sa hauteur est de 1^{m}30. A la naissance du pinacle, sur la galerie qui fait le tour du reliquaire, à chaque coin, sont d'élégantes statuettes exécutées avec une rare perfection; sur le sommet saint Laurent se tient debout, appuyé sur son gril, des émeraudes, des améthystes, des topazes, plus de cent cinquante pierres précieuses le décorent, et le pinacle lui-même est une mosaïque de pierres précieuses. L'intérieur est orné de riches peintures. Rien n'a été négligé pour rendre ce reliquaire digne de la gloire de saint Laurent. On a mis à contribution l'art du bronzier, du statuaire, du peintre, du mosaïste et du lapidaire. Il a coûté 4,500 écus romains, c'est-à-dire près de 24,000 francs.

L'apparition de ce reliquaire fut un événement à Rome, et il fut exposé avec la tête de saint Laurent, pendant toute l'octave de la fête du saint, dans l'église Saint-Laurent *in Damaso*.

---

[1] On appelle ainsi l'évêque qui a la garde de la chapelle du saint-père. Il est toujours choisi parmi les religieux de Saint-Augustin.

La *Correspondance* de Rome racontait alors que les chanoines de cette basilique étaient allés trouver le saint-père pour lui demander le chef de saint Laurent afin d'en enrichir leur trésor. Le saint-père répondit à la députation : « Soit, je le veux bien, Mgr Sacriste fera porter à Saint-Laurent *in Damaso* le précieux reliquaire... » Et les bons chanoines tombent à genoux, et remercient Sa Sainteté de sa bienveillance et de sa bonté... « Attendez, attendez, dit le saint-père en les relevant. Il le fera porter, mais pour huit jours seulement. Ce temps expiré, on replacera la châsse au Quirinal, d'où elle ne sortira plus. »

Il fut fait ainsi, et la tête de saint Laurent se conserve au Quirinal, dans la chapelle privée de Mgr Sacriste, où l'on peut facilement obtenir la permission de la vénérer.

XXXVII

SAINTE AGNÈS

Fontaine du Bernin. — Martyre de sainte Agnès. — Son église de la place Navone. — Basilique de Sainte-Agnès-hors-les-Murs. — Pie IX restaure la basilique.

Mon cher ami,

Nous voici sur la place Navone, la plus grande de Rome après celle de Saint-Pierre; c'est l'ancien cirque agonal créé par Alexandre Sévère, dont elle a conservé les dimensions et la forme. Sa destination a bien changé : c'est là que se tient aujourd'hui le marché de la ville. Cependant, mon cher ami, de pieux souvenirs et des œuvres d'art nous invitent à nous y arrêter quelque temps.

Admirez d'abord ces trois belles fontaines, et surtout celle du milieu. Lorsqu'il s'agit d'orner la place Navone, le Bernin fut exclu du concours par la jalousie de ses rivaux. Un de ses amis et protecteurs, le prince Ludovisi, voyant avec peine sa détermination de s'ensevelir dans une stérile retraite, alla le trouver, et le supplia d'entrer fièrement dans la lice. Longtemps le Bernin résista; mais le désir de vaincre ses rivaux l'emporta, et il fit le projet demandé par le prince.

Heureux de sa victoire, Ludovisi porte dans le palais du pape le plan du Bernin, et l'expose dans une salle où il devait nécessairement attirer les regards du pontife. Quand Innocent X le vit, il ne put retenir un cri d'admiration : la cause du Bernin était gagnée. L'impatience du pontife ne souffrant aucun délai, on se mit tout de suite à l'œuvre, et il en sortit la magnifique fontaine que voici. Au milieu d'un vaste bassin de marbre s'élève un rocher qui laisse l'eau s'échapper par quatre ouvertures; il est surmonté d'un obélisque trouvé dans le cirque de Romulus. Dans les angles du rocher sont assis quatre géants en marbre blanc représentant le Gange, le

Nil, le Danube et la Plata. Un cheval marin et un superbe lion sortent des antres du rocher pour venir s'abreuver.

Le monument était achevé lorsque Innocent X vint le visiter; mais les eaux ne venaient point encore. Le pontife demanda à l'artiste quand elles animeraient son œuvre.

« Bientôt, répondit le Bernin; il faut du temps pour tracer leur route. »

Le pape lui donne sa bénédiction, et se retire. A peine avait-il fait quelques pas, que le bruit des eaux jaillissantes fit retentir les échos de la place. Innocent ne put retenir l'élan de sa joie :

« Bernin, s'écrie-t-il, vous êtes toujours le même : avec votre joyeuse surprise vous m'avez donné dix ans de vie. »

La fontaine placée à l'extrémité méridionale de la place est aussi l'œuvre du Bernin; elle est ornée d'un triton qui tient un dauphin par la queue.

Malgré le beau spectacle que présente cette place lorsque, par une belle matinée du mois d'août, elle se transforme en un lac, que les Romains viennent s'y divertir en canot, s'y promener en équipages et jouir des joyeuses symphonies qui se font entendre du haut des galeries improvisées, je sais en lieu quelque chose de plus émouvant et de plus beau, que je ne me fatigue point à regarder : c'est l'église Sainte-Agnès.

En l'année 304, il se passa sur la place de Navone un fait qui occupe une belle page dans les annales de l'Église. Une jeune fille de treize ans venait d'être jetée au lupanar du cirque agonal. Chrétienne et vierge, Agnès avait refusé la main du fils de Symphronius, préfet de Rome. Les menaces et les promesses n'ayant pu ébranler la constance de cette enfant, pour la vaincre on l'avait jetée dans cette infâme maison. Ils savaient bien, selon la pensée de Tertullien, que la jeter dans ce gouffre plutôt qu'à la gueule des lions, c'était pour elle un plus grand châtiment : la virginité est plus chère aux chrétiens que la vie. Aussi c'était le cri du paganisme : *Christiani ad leones, virgines ad lenones.*

Mais Dieu prend soin des siens. Les cheveux de la jeune fille crûrent soudain, de manière à lui servir de vêtement, et une lumière céleste l'environna. Dieu pouvait bien, dit Mgr Darboy, donner à des sens qui lui étaient consacrés par un libre esprit et un cœur généreux ce vêtement d'une splendeur éblouissante qu'il donne tous les jours, pour réjouir le firmament et mûrir nos moissons, à un aveugle et muet soleil qui ne sait ni comprendre ni aimer.

A ce spectacle, tous les assistants sont frappés de terreur. Le fils du préfet néanmoins veut s'approcher de la sainte, et à l'instant il est frappé de mort. Agnès le ressuscite à la prière du malheureux père, dont les yeux ne sont point encore ouverts par ce miracle éclatant. Le peuple, excité par les aruspices et les prêtres, fait entendre des cris de rage et de mort contre la *magicienne*. Symphronius, heureux de voir son fils rendu à la vie, n'ose condamner la sainte. Toutefois la fureur du peuple l'effraye; trop faible pour refuser ce qu'il demande, trop juste cependant pour sacrifier celle qui lui a rendu son fils, il s'éloigne en remettant le soin de l'affaire à Aspasius, son vicaire, et, comme Pilate, il laisse faire. Aspasius ordonne de la jeter au feu. Les flammes la respectent, lui caressent les pieds, et voltigent autour d'elle comme une brise légère. Quand elles ont suffisamment témoigné à leur manière de la pureté et de la puissance de la servante de Jésus-Christ, elles s'éteignent. Aspasius fit alors venir le bourreau, et Agnès eut la tête tranchée.

C'est sur la place Navone que ce drame s'accomplit. En face de la belle fontaine du Bernin, à l'ouest, s'élève la gracieuse église Sainte-Agnès. Entrez-y avec amour. Elle a la forme d'une croix grecque, et est toute revêtue à l'intérieur de marbre blanc. Admirez les belles colonnes de marbre vert antique, les incrustations d'albâtre du maître-autel, les bas-reliefs des autres, et surtout la statue de la sainte au milieu des flammes, œuvre remarquable de Ferrata; mais descendez dans l'église souterraine, et parcourez ces chambres qui appartenaient au lupanar du cirque. Ici, où vous voyez ce bas-relief de l'Algardi, Dieu a protégé son épouse : prosternez-vous, et la prière qui convient dans un tel lieu viendra d'elle-même sur vos lèvres.

Je vous assure, mon cher ami, que ces souvenirs réjouissent et fortifient l'âme contre ses propres combats et contre ceux du monde. Mais n'abandonnons point cette jeune et noble martyre de la virginité.

Les parents d'Agnès possédaient une villa sur la voie Nomentane, et c'est là qu'ils déposèrent avec joie le corps de la glorieuse enfant. Les fidèles venaient de rendre les honneurs funèbres à Agnès, lorsqu'ils furent assaillis par un groupe de païens. A leur vue tous prirent la fuite; la petite Émérentienne, sœur de lait d'Agnès, resta seule, et leur reprocha leur impiété. Ces furieux se jetèrent sur elle, et la courageuse enfant expira sous la grêle de pierres qu'ils lui lancèrent. Elle n'était encore que catéchumène, et elle fut ainsi baptisée dans son sang. Le lendemain, on recueillit son cadavre, on l'ensevelit près de sa sœur Agnès; et ainsi furent à tout jamais réunies, et dans le ciel et sur la terre, celles qu'un même lait avait nourries.

De la place Navone à la voie Nomentane la distance est grande. Mais, après avoir visité les lieux sanctifiés par le martyre d'Agnès, il m'est impossible de ne pas aller sur sa tombe vénérer son corps virginal. Pour vous, mon cher ami, la fatigue sera légère, un effort de l'imagination vous suffira : ainsi donc, suivez-moi. Nous sortons par la porte Pie, et nous arrivons à la basilique de Sainte-Agnès. La fille de Constantin, Constance, guérie miraculeusement de la lèpre par l'intercession de sainte Agnès, fit élever cette église, et voulut que son corps reposât près de celui de la sainte. Elle-même

Place Navone.

fit construire son mausolée, sous la forme d'un petit temple rond, qu'on voit encore près de la basilique de Sainte-Agnès.

Quelque temps après sa mort, Constance fut canonisée : son corps fut retiré de la tombe de porphyre où il reposait; on le plaça sous un autel érigé au milieu du mausolée, qui devint ainsi un temple consacré à Dieu en l'honneur de sainte Constance.

Le monument remonte à l'époque même de Constantin. La maçonnerie des murs est en briques, et vingt-quatre colonnes de granit soutiennent la coupole. Les mosaïques de la voûte, qui représentent des raisins, des branches de vigne, firent penser à quelques antiquaires que ce petit édifice était primitivement consacré à Bacchus. Ils oubliaient sans doute que, dans le style chrétien, la vigne est la figure de Jésus-Christ, et le raisin le symbole de son sacrifice.

Le mur voisin, qui enclôt un espace assez étendu, n'est point un débris de l'hippodrome de Constantin, comme on l'a cru longtemps; des fouilles récentes ont démontré qu'il appartenait à un cimetière chrétien.

Mais revenons à la basilique de Sainte-Agnès, que Pie IX vient de faire réparer entièrement.

En 1855, on découvrit à Cavazzo, à sept milles de la voie Nomentane, la catacombe du pape saint Alexandre. Lorsque les travaux de déblaiement furent achevés, le souverain pontife voulut visiter cette catacombe, remarquable par ses monuments chrétiens de la plus haute antiquité et par ses riches peintures. Il se rendit sur les lieux le 12 avril 1855, accompagné de plusieurs cardinaux, d'évêques, et d'un grand nombre de Romains et d'étrangers de distinction. Après avoir vénéré le souvenir de son saint prédécesseur Alexandre Ier et de ses compagnons, il excita les assistants par d'émouvantes paroles à suivre leurs exemples, et il se rendit à la basilique de Sainte-Agnès. Il visita le sépulcre de l'illustre martyre, prit un repas dans la grande salle du chapitre avec tous les invités, et se rendit dans une chambre voisine pour admettre au baisement des pieds les élèves de la Propagande.

Pie IX était à peine assis que la poutre principale se rompit, le plancher croula, et toute l'assistance fut précipitée dans l'étage inférieur, au milieu d'un nuage de poussière qui les suffoquait. Après quelques instants d'un lugubre silence, le souverain pontife, avec les personnes de sa suite, sortit sain et sauf du milieu des décombres. Aucun des assistants ne fut blessé grièvement.

Pie IX se rendit à la basilique, et entonna le cantique de l'action de grâces. En reconnaissance de cette préservation miraculeuse, il résolut de restaurer complètement la basilique de Sainte-Agnès, à laquelle il attribua cette faveur.

Le cardinal Antonelli, secrétaire d'État, fit redorer la statue de la sainte, et plaça sur sa tête une couronne d'or enrichie de pierreries. De belles inscriptions sont destinées à rappeler la protection visible de Dieu sur le pontife, et la généreuse et royale reconnaissance de Pie IX.

Mais il est un souvenir, mon cher ami, qui s'attache à ma visite à Sainte-Agnès de la voie Nomentane que je regretterais de passer sous silence. Il me rend ces lieux plus chers.

Je venais à peine de franchir la porte Pie, lorsque je rencontrai le souverain pontife faisant sa promenade accoutumée avec quelques-uns de ses camériers. Descendre de voiture fut l'affaire d'un instant;

je hâtai le pas, et je me joignis aux quelques fidèles qui suivaient, heureux aussi, sans doute, de ce bonheur inattendu. Pie IX marchait d'un pas vigoureux et ferme. Nous le suivîmes jusqu'au moment où il s'arrêta pour monter en voiture et retourner au Vatican. Deux fois nous nous sommes prosternés sous sa main bénissante, et j'ai repris ma course avec plus de joie.

XXXVIII

FÊTE DE SAINTE-AGNÈS

Sainte-Agnès de la voie Nomentane. — Catacombes de Sainte-Agnès. — Bénédiction des agneaux.

Aujourd'hui, 21 janvier, Rome a célébré la fête de sa douce martyre et de sa courageuse vierge sainte Agnès. Je vais vous mener de nouveau à la voie Nomentane, mon cher ami, et vous me pardonnerez ce second voyage; car je ne fais qu'imiter l'Église, qui deux fois, dans sa liturgie, à quelques jours de distance, nous fait célébrer la mémoire de l'illustre vierge.

Je vous ai dit que le corps de la jeune enfant ne resta pas longtemps sans honneur; que l'empereur Constantin, en 324, fit élever une basilique sur sa tombe, et que sa fille Constance voulut reposer après sa mort près de la sainte. C'est à cette basilique de Constantin que je veux vous mener : elle a conservé sa forme primitive; mais elle a été tour à tour restaurée, réédifiée et ornée par différents papes. Pie IX, je vous l'ai dit, occupe une place à part parmi les souverains pontifes qui se sont le plus distingués par leur dévotion pour la sainte, et il a fait restaurer entièrement l'église, aujourd'hui resplendissante d'or, de marbres et de peintures. Elle a trois nefs, séparées par seize colonnes antiques d'ordre corinthien; quelques-unes sont d'un marbre très rare. Un second rang de colonnes supporte la voûte et forme une galerie supérieure. Entre les fenêtres qui dominent cette galerie, Pie IX a fait peindre les vierges chrétiennes qui ont versé leur sang pour Jésus-Christ : elles sont là au nombre de quatorze dans le temple d'Agnès, autour de sa tombe glorifiée, comme pour lui composer une cour d'honneur. Elles sont représentées avec les instruments de leur supplice. Le plafond, orné des statues en relief de sainte Cécile, de sainte Agnès et de sainte Susanne, est d'une richesse extrême. La voûte de l'abside est décorée d'une mosaïque fort ancienne qui représente sainte Agnès vêtue d'un riche costume grec, debout, la tête couronnée d'émeraudes; elle presse le livre des Évangiles contre son cœur, et sous ses pieds elle foule un glaive; de chaque côté, des flammes s'échappent pour rappeler les circonstances de son martyre. A droite est le pape Honorius, et à gauche, le pape Symmaque, qui tous les deux travaillèrent à reconstruire et à orner la basilique. La décoration de l'arc triomphal représente le martyre de la sainte, et au-dessous de cette peinture on lit l'inscription suivante : *O Virgo felix! O nova gloria! Cœlestis arcis nobilis incola.*

Sainte Agnès.

Toute la matinée la basilique fut remplie de pieux pèlerins, et on célébra des messes à tous les autels jusqu'à une heure fort avancée. A dix heures, le cardinal Barili chanta solennellement la messe.

La pompe des cérémonies romaines, la richesse des ornements, l'éclat des décorations et la beauté des chants sont autant de choses qu'il faut renoncer à décrire. A Sainte-Agnès, l'office s'est célébré avec la pompe la plus majestueuse et au milieu d'une foule très considérable. Après la messe, le clergé de Sainte-Agnès est sorti de la sacristie pour se rendre au sanctuaire, et, dans ses rangs, deux prêtres tenaient chacun sur les bras un beau coussin de damas rouge sur lequel reposait doucement un jeune agneau, blanc comme la neige, la tête couronnée de roses et tout le corps parsemé de rosettes de ruban rouge. Ces deux agneaux, avec les coussins, furent placés de chaque côté de l'autel, et le cardinal officiant, ayant à ses côtés l'abbé du monastère, mitré et en chape, les bénit solennellement. Les belles prières de cette bénédiction sont presque toutes à la louange de sainte Agnès. Après avoir sanctifié les agneaux par l'aspersion de l'eau sainte et les avoir embaumés des parfums de l'encens, le cardinal les a remis au clergé de la basilique. Ces agneaux sont ensuite offerts au chapitre de Saint-Jean-de-Latran, qui les porte au saint-père. Le pape les bénit de nouveau lui-même et les confie à un couvent de religieuses, avec la mission de les nourrir et de les élever. Plus tard ils seront tondus, et leur laine servira à faire des palliums. Le *pallium* est une espèce de petite écharpe de laine blanche ornée de six croix noires, que le pape, les patriarches et les archevêques passent à leur cou et sur leurs épaules quand ils remplissent certaines fonctions adhérentes à leur charge, ou qu'ils officient pontificalement.

Il est temps maintenant que je vous parle de ma visite aux catacombes Ostriennes, situées à quelques minutes de la basilique. Elles sont ouvertes aujourd'hui, et tout le monde peut y descendre, pourvu que l'on soit accompagné d'un guide, sans lequel on se perdrait aisément à travers les mille circuits de cet immense dédale. Nous étions vingt environ : quelques prêtres français, des moines et quelques laïques. Nous voici au milieu des tombeaux où reposèrent nos frères aînés dans la foi, et qui les premiers nous ont précédés dans la voie du renoncement et du sacrifice. Leurs tombes sont vides ou ne renferment plus que quelques débris sans aucune forme distincte. Voici les petites cryptes ou chapelles où l'on célébrait les saints mystères : elles sont ornées de peintures. On voit dans les *arcosolia* l'image de la sainte Vierge, les trois enfants dans la fournaise, Jonas, Jésus au milieu de ses disciples, des Orantes, etc. etc. Je ne sais quel saisissement et quelle émotion s'emparent de l'âme quand on parcourt ces longues galeries qui formèrent les premiers cimetières et les premières églises de nos pères; mais l'émotion ne fit que croître lorsqu'une voix entonna le *Magnificat,* qui fut aussitôt poursuivi avec âme par les pèlerins tenant un cierge à la main et défilant, un à un, à travers ces longs corridors. Il était facile alors à l'imagination de se transporter au temps des premiers chrétiens, et l'on put croire un instant à une apparition de la primitive Église. Mais ces tombes dépouillées rappelaient à la réalité, réalité glorieuse et triomphante. En chantant ce verset du *Magnificat : Deposuit potentes de sede, et exaltavit humiles,* je montrais ces tombes vides à mon voisin. Les humbles étaient là, ils n'y sont plus, Dieu les a exaltés; et les grands et les puissants, où sont-ils? Ils ont peuplé de martyrs ces souterrains; mais Dieu les a vraiment déposés. Leur puissance est anéantie : le souvenir de Néron fuyant et se retirant dans une caverne voisine de ces catacombes, sur cette même voie Nomentane, a péri plus vite que la mémoire des esclaves et des pauvres ensevelis ici. Les empereurs païens ont tous, les uns après les autres, humilié, brûlé, crucifié, décapité les enfants du Christ, et les enfants du Christ ont des autels plus solides que leurs trônes et des temples plus illustres que leurs palais. *Deposuit potentes de sede, et exaltavit humiles.* Les maîtres du monde voulaient en être les dieux; mais le seul vrai Dieu s'est souvenu de sa miséricorde : il a, par son Christ, affranchi le monde de l'orgueilleuse tyrannie de ces puissants, il a regardé la faiblesse de ses serviteurs, et avec eux, par eux et en eux, il a fait de grandes choses.

Après le *Magnificat,* c'est le chant du *Credo* qui s'est échappé spontanément de toutes les poitrines. Oh! oui, il fait bon de faire sa profession de foi dans ce lieu où les premiers chrétiens étaient initiés, en cachette, par saint Pierre lui-même[1], aux mystères de cette même foi qui rayonne aujourd'hui dans sa plénitude et dans tout son éclat d'un bout du monde à l'autre.

Cette journée si bien commencée s'est terminée par une seconde visite à la gracieuse et riche église Sainte-Agnès sur la place Navone. J'assistais aux vêpres chantées en musique; un grand nombre d'évêques étaient présents, et le peuple, si avide à Rome des chants sacrés, s'y était rendu en foule. Ce qui me touchait davantage, c'était de pouvoir visiter de nouveau les lieux où le préfet de Rome, Symphronius, fit exposer la jeune vierge, dans l'espérance de vaincre sa résistance et de lui faire perdre sa virginité. Il fait bon dans cette crypte, loin du bruit des curieux et à distance de ces chants, très beaux, il est vrai, mais pas assez religieux : au silence et au recueillement s'ajoute je ne sais quel charme qui retient comme malgré soi, qui émeut et qui captive. La prière monte naturellement du cœur aux lèvres, et l'âme se sent dans une atmosphère si pure et si suave qu'elle oublie un instant toutes les préoccupations de la terre.

---

[1] Ce cimetière de Sainte-Agnès est désigné dans plusieurs Actes sous ce titre : *Cœmeterium S. Agnetis idem est cœmeterium fontis S. Petri.* Et ailleurs : *Via Nomentana ad nymphas, ubi Petrus baptizabat.* On comprend qu'une émotion profonde remplisse l'âme en visitant ces galeries funéraires du berceau du christianisme. On a retrouvé, il y a quelques années, la chambre même où était placée la chaire de saint Pierre, devant laquelle les fidèles faisaient brûler constamment plusieurs lampes (1884).

XXXIX

SAINT SÉBASTIEN

Son martyre. — Sa basilique. — Les catacombes. — Les cirques. — Cæcilia Metella. — Voie Appienne.

Mon cher ami,

Sébastien, d'origine gauloise par son père, naquit à Milan, et entra de bonne heure dans la milice impériale. Devenu le favori de Dioclétien, qui le nomma capitaine dans ses armées, il se servit de son crédit pour faire connaître Jésus-Christ, et se montra encore plus soucieux de le servir que de se glorifier des faveurs impériales. Il présenta un jour soixante-huit néophytes au baptême, et on le vit souvent, par ses conseils, encourager les martyrs au milieu de leurs tourments.

Dénoncé à Dioclétien comme faisant partie de la *secte* chrétienne, il reçut l'ordre de sacrifier aux idoles. Sébastien refusa. L'empereur épuisa tous les moyens de persuasion pour le décider à renier Jésus-Christ; mais, ne pouvant ébranler sa foi, il ordonna à ses gardes de le percer de flèches. Dioclétien fut obéi : le généreux disciple de Jésus-Christ fut attaché à un poteau, et percé de flèches dans le palais même de l'empereur, à l'endroit où s'élève maintenant, sur le mont Palatin, l'église Saint-Sébastien *alla Polveriera,* et les satellites le laissèrent pour mort. Une pieuse femme, nommée Irène, vint pendant la nuit recueillir le cadavre du martyr, et le porta dans sa demeure, afin de le soustraire à la profanation des infidèles. Elle reconnut bientôt qu'il n'était point mort : elle lui prodigua ses soins, et saint Sébastien ne tarda pas à revenir à la vie.

Le glorieux athlète semblait regretter de n'être point mort pour Jésus-Christ. Un jour il se présenta sur le passage de Dioclétien, et lui reprocha avec une sainte audace sa cruauté envers les chrétiens,

L'empereur, étonné de cette apparition inattendue, crut que ses ordres n'avaient point été exécutés.

« Jésus-Christ, lui dit Sébastien, m'a conservé la vie afin que je puisse vous reprocher votre impiété. »

Dioclétien, furieux, ordonna de le frapper de verges sur-le-champ, jusqu'à ce qu'il eût rendu le dernier soupir.

Sébastien expira en louant Jésus-Christ, et son corps fut jeté dans un égout, afin de le dérober à la vénération des chrétiens. Mais pen-

Saint Sébastien.

dant la nuit il apparut à une sainte femme nommée Lucine, et lui révéla le lieu de sa sépulture.

On conserve encore dans l'église Saint-André *della Valle* les chaînes du martyr, et l'on montre l'égout d'où son corps fut retiré pour être enseveli dans l'église Saint-Calliste, sur la voie Appienne.

Constantin fit bâtir une basilique sur la tombe de ce glorieux martyr. Restaurée en 367 par saint Damase, réédifiée par le cardinal Scipion Borghèse en 1661, elle n'offre rien de remarquable à la curiosité de l'artiste et de l'archéologue. On admire la statue de marbre de saint Sébastien, dessinée par le Bernin et sculptée par Antoine Giorgetti, un de ses meilleurs élèves. Mais de précieux souvenirs attirent le fidèle dans ce sanctuaire : les corps des saints apôtres Pierre et Paul y reposèrent dans un souterrain qu'on voit encore, et connu sous le nom de *Platonia* ou *locus ad catacumbas*. La tradition rapporte qu'au premier siècle, des chrétiens d'Orient, se prévalant des droits qu'ils croyaient avoir sur les corps de ces apôtres, enfants de l'Orient comme eux, les enlevèrent furtivement. Mais un violent orage arrêta leur fuite, et, craignant d'être découverts, ils cachèrent ce précieux dépôt dans ce souterrain, où il resta peu de temps. Une inscription du pape saint Damase, gravée sur une pierre de cette catacombe, fait allusion à ce fait :

« Vous qui cherchez les noms de Pierre et de Paul, vous devez savoir que ces saints sont anciennement demeurés ici. Ils sont, nous l'avouons volontiers, les enfants de l'Orient, qui nous les a envoyés : à la suite du Christ, et par le mérite de leur martyre, ils sont arrivés au poste céleste et dans le royaume des justes. Mais Rome a dû défendre ceux qui étaient devenus ses concitoyens[1]. »

A l'entrée de ces catacombes on a gravé le passage suivant des révélations de sainte Brigitte. C'est Jésus-Christ qui parle à la sainte :

« Maintenant tu peux demander si ces corps bienheureux (Pierre et Paul) jouissaient de quelques honneurs pendant qu'ils étaient gisants dans le puits. Je te réponds que mes anges les gardaient et les honoraient. De même qu'on cultive avec soin le lieu où des roses et des plantes doivent être semées, de même ce lieu, appelé Catacombes, était honoré et préparé longtemps d'avance pour devenir la joie des anges et des hommes. Je te déclare donc qu'il y a dans le monde beaucoup de lieux où les corps des saints reposent; mais ils ne sont pas semblables à celui-ci. Si l'on pouvait compter les saints dont les corps y ont été déposés, on le croirait à peine. C'est pourquoi, de même que l'homme infirme est réconforté par les parfums et la nourriture, ainsi ceux qui viennent ici avec une âme sincère sont spirituellement ranimés : ils reçoivent une vraie rémission de leurs péchés chacun selon sa vie et sa foi. »

Ces dernières paroles font allusion à la catacombe située sous la basilique, et dont l'entrée est dans l'église. Ce cimetière, où l'on

---

[1] Nous croyons devoir citer le texte latin de ces vers, dont la légende du Bréviaire romain fait mention au 11 décembre, fête de saint Damase :

Hic habitasse prius sanctos cognoscere debes,
Nomina quisque Petri pariter Paulique requiris.
Discipulos Oriens misit, quod sponte fatemur :
Sanguinis ob meritum Christumque per astra secuti,
Æthereos petiere sinus regna piorum.
Roma suos potius meruit defendere cives.

peut entrer sans une autorisation spéciale, est peut-être la partie la plus visitée des catacombes romaines. Vous comprendrez facilement mon émotion lorsqu'un bon frère franciscain alluma des torches pour me conduire dans ces lieux où se réunissaient nos pères pour prier et célébrer les saints mystères. C'est le christianisme des premiers âges qui va se dérouler devant moi, avec son symbolisme mystérieux, avec sa foi généreuse et ardente. Ces catacombes étaient à la fois le palais des papes, l'église des fidèles et le cimetière des martyrs. A l'entrée, on montre la chambre où les premiers papes se reposaient et se préparaient à la lutte par la prière et le travail. Ce sol a été foulé par les saints : les infidèles, les catéchumènes eux-mêmes, n'étaient point admis dans ces retraites solitaires. Des pauvres disséminés çà et là sur la voie Appienne, comme nous le voyons dans les Actes de sainte Cécile, conduisaient les néophytes au pontife pour être instruits et recevoir le baptême. Ils étaient les premiers gardiens et les premiers familiers de la maison du pape. Ils furent les introducteurs du jeune époux de sainte Cécile[1], Valérien, auprès de saint Urbain.

Me voici dans ces galeries innombrables qui fuient en zigzags de tous côtés. A droite et à gauche sont des tombes superposées, vides maintenant. L'Église a ravi à ces sépulcres leurs dépouilles pour les placer sur de riches autels, dans de somptueux sanctuaires ; et ceux qui étaient regardés autrefois *comme les balayures de ce monde* sont devenus les astres de l'Église.

Je regrette cependant qu'on ait entièrement dépouillé ces tombes, et j'imagine aisément l'émotion profonde qui s'emparerait de l'âme en parcourant ces longs souterrains, si leurs hôtes illustres étaient encore là.

Une inscription rappelle que saint Philippe Néri vint ici, pendant dix ans, presque chaque nuit prier Dieu. C'est sans doute dans ces catacombes qu'il entretenait cette inépuisable charité dont Rome a recueilli les fruits. Il trouvait dans ces oraisons prolongées de telles joies que souvent il demanda à Dieu d'en tempérer la douceur.

« Son cœur était sans doute une urne trop petite pour contenir

---

[1] A l'angle de deux galeries, en face d'un tombeau s'enfonçant perpendiculairement dans le tuf, le bon père franciscain me montra une inscription marquant la prétendue place du tombeau de sainte Cécile. M. de Rossi a parfaitement prouvé l'inexactitude de cette inscription, et il a lui-même découvert la tombe de la sainte au cimetière de Saint-Calliste. Cette inscription, gravée sur une plaque de marbre, y fut placée par Guillaume, archevêque de Bourges, en 1409. A cette époque tous les autres cimetières de Rome étaient perdus. C'est ce qui explique l'importance que l'on donnait alors à la catacombe de Saint-Sébastien.

cet océan, et c'est pourtant de cette urne que mille fleuves sont sortis[1]. »

En quittant ces illustres cimetières, je me rendis au cirque de Romulus, dont on voit les ruines à quelques pas de Saint-Sébastien, en remontant la voie Appienne. Peut-être que plusieurs des glorieux morts dont nous venons de vénérer les tombes ont expiré dans cette arène. Les cirques ne servaient pas seulement aux courses de chars, il y avait aussi des combats comme au Colisée, et on y organisait des chasses dans lesquelles étaient épuisées toutes les variétés de la lutte des animaux entre eux et avec l'homme.

Nous savons que plusieurs chrétiens subirent le martyre dans ces lieux, où le peuple romain se rendait en foule. Ce peuple vivait de plaisirs, et quinze cirques dans Rome n'étaient pas de trop pour satisfaire sa passion. Quand l'empereur voulait lui être agréable, il donnait des représentations et des fêtes au Cirque. Un père de l'Église stigmatise en peu de mots ces réjouissances des Romains :

« Infamie du cirque, impudicité du théâtre, cruautés de l'amphithéâtre, atrocité de l'arène, folie des jeux. »

Ainsi parlait saint Isidore ; mais le témoignage de Sénèque, disant que ces jeux étaient une école d'immoralité, semblera moins suspect[2].

Les ruines du cirque de Romulus sont assez bien conservées pour donner une idée de ce qu'il était autrefois. Il formait un long parallélogramme séparé au milieu par *l'Épine,* espèce de petit mur sur lequel étaient placées les statues des dieux et des césars. C'est dans ce cirque qu'était l'obélisque qu'Innocent XI fit transporter sur la place Navone. De chaque côté on voyait de magnifiques portiques, sous lesquels s'étalaient les boutiques des marchands et se trouvaient les lieux de débauche.

En remontant la voie Appienne, nous rencontrons le tombeau de Cæcilia Metella, un des monuments les mieux conservés de l'ancienne Rome. C'est une tour ronde, bâtie avec d'énormes blocs de travertin, dont le diamètre est de quatre-vingt-neuf pieds, et reposant sur un soubassement quadrangulaire. A son sommet, une frise ornée de têtes de bœufs et de guirlandes, d'un bon dessin et d'une bonne exécution, lui a fait donner le nom de *Capo di bove*. L'intérieur

---

[1] Parva satis, nimiumque licet sit pectoris urna,
Hæc tamen ex urna flumina mille fluent.
(Martha Marchina.)

[2] Nil tam damnosum moribus quam in spectaculo desidere.

La voie Appienne.

était juste assez large pour recevoir l'urne cinéraire, en beau marbre, transportée depuis dans la cour du palais Farnèse.

Qu'était-ce que cette Cæcilia? L'inscription nous dit qu'elle était fille de Metellus Creticus, et femme du triumvir Crassus. Son tombeau l'a illustrée, et à cause de cela son nom vivra longtemps sur la terre. Mais combien j'aime mieux l'humble tombeau de cette autre Cécile, dont le corps reposait à quelques pas d'ici, dans le cimetière de Saint-Calliste! Son nom était déjà illustre et vénéré dans le monde entier, et sa tombe était encore ignorée. Sa mort fut aussi le principe de sa gloire; mais cette mort fut le couronnement glorieux d'une vie plus glorieuse encore, et son nom nous redit ses vertus, son courage et son martyre. Le nom de Cæcilia Metella arrive à nous comme une preuve de la vanité païenne, et sa gloire est vide et stérile comme le tombeau qui l'a donnée.

C'était l'usage, dans l'antiquité, d'ensevelir les morts aux approches des villes et sur les routes; aussi la voie Appienne est-elle riche en ruines de toutes sortes. Depuis le Colisée que nous avons côtoyé, en quittant Rome, jusqu'à *Casale rotondo*, sur la voie Appienne, que de ruines! Le Palatin, les thermes de Caracalla, les tombeaux des Scipions, les aqueducs, les palais, les tombeaux, ce ne sont plus, s'il est permis de s'exprimer ainsi, que des squelettes de monuments autrefois splendides, amoncelés les uns sur les autres. Du haut de *Casale rotondo*, je les contemple tous au milieu d'une campagne immense, dépouillée d'arbres et de maisons : rien que des ruines qui se dressent comme dans un désert. Et cependant, par un heureux rapprochement, ces ruines sont entourées de la vie. Les Apennins, les monts de la Sabine les encadrent; les jolis villages de Tivoli, de Frascati et tant d'autres, éclairés des dernières lueurs du soleil qui fait étinceler leurs blanches villas, établissent un contraste saisissant et donnent à ces lieux une solennité majestueuse et mélancolique.

En rentrant à Rome, et en foulant ce vieux pavé de deux mille ans qui retentit autrefois sous les pas des légions romaines, et qui porte encore l'empreinte des pieds des apôtres, mille pensées et mille souvenirs assiègent mon esprit. Toutes ces légions victorieuses dont Rome était si fière ont préparé le triomphe de Jésus-Christ; et les hommes qui passaient inaperçus sur cette voie, avec les livrées de la pauvreté et de l'humilité, ont vaincu ceux qui faisaient trembler la terre. Et cette victoire n'est point éphémère. Ces sépulcres ruinés du paganisme, et les souvenirs vivants de la foi chrétienne qu'on rencontre à chaque pas, côte à côte, remplissent l'âme d'une espérance inébranlable. La gloire romaine s'est éteinte au tombeau ; mais la gloire des enfants de Dieu, des frères de Jésus-Christ, vivra sur la terre autant que le monde.

Le touriste, le philosophe, le savant, admirent le *columbarium* de Pomponius Hylas, avec ses petites niches, en forme de colombier, qui recevaient la cendre des morts ; ils s'enthousiasment devant le tombeau des Scipions, et c'est tout. Mais devant les cendres des nombreux martyrs du cimetière de Saint-Calliste, sur cette terre arrosée du sang des soldats du Christ, le chrétien se prosternera, priera, aimera, et cela aussi longtemps que le nom de Jésus-Christ vivra sur la terre.

XL

SAINTE CÉCILE

Le Transtévère. — Mariage de sainte Cécile. — Son martyre. — Sa basilique. — Les Transtévérins.

Le Transtévère comprend toute la partie de Rome située sur la rive droite du Tibre. Il se divise en deux régions : la cité Léonine, qui comprend le Vatican et tout ce qui l'entoure; et le Transtévère proprement dit, situé autour du Janicule.

Ce quartier est le plus pauvre de Rome; ce qui ne l'empêche pas de posséder plusieurs églises d'une grande richesse et des monuments importants et remarquables par leur magnificence.

Je vous ai déjà parlé de Saint-Pierre-in-Montorio, de Sainte-Marie du Transtévère et du magnifique hospice de Saint-Michel. Aujourd'hui, mon cher ami, je veux vous mener à Sainte-Cécile, ce sanctuaire témoin des vertus, de l'apostolat et de la mort d'une des plus illustres vierges romaines.

La famille de Cécile était illustre dans les annales du peuple romain, et elle comptait parmi ses aïeux la femme de Tarquin l'Ancien.

Pure et candide comme le lis des champs et le premier rayon de l'aurore, Cécile s'éprit de bonne heure pour la beauté sublime et poétique de la morale évangélique. Déjà elle avait promis à Jésus-Christ de le prendre pour époux, lorsque ses parents, encore païens, la fiancèrent à un jeune Romain, d'une noble et opulente famille, nommé Valérien. La jeune fille ne put s'opposer à leur volonté, et, le jour du mariage étant arrivé, elle mit dans la main d'un époux terrestre sa main ornée de l'anneau invisible des épouses du Christ. Pendant le festin nuptial, de joyeuses symphonies égayaient les convives; mais Cécile entendait au fond de son cœur un concert divin et angélique, et elle faisait à Dieu cette prière : « Seigneur, conservez mon cœur et mon corps purs et immaculés. » Sous des vêtements d'or et de soie, la vierge du Seigneur portait un rude cilice.

Le repas étant achevé, Cécile, fortifiée par la grâce de Dieu, dit à son époux : « Jeune et tendre ami, j'ai un secret à te confier; mais jure-moi que tu sauras le respecter. »

Valérien promet tout.

« Écoute, reprend la vierge, j'ai pour ami un ange de Dieu qui veille sur moi avec sollicitude. Si tu respectes ma virginité, il t'aimera comme il m'aime.

— Cécile, si tu veux que je croie à ta parole, fais-moi voir cet ange.

— Si tu veux croire au Dieu vivant, unique et véritable, et si tu consens à être régénéré dans les eaux du baptême, ton œil alors pourra voir l'ange qui veille à ma garde. »

Valérien, troublé et déjà subjugué par la grâce de Dieu, consent à tout et demande ce qu'il faut faire pour être purifié. Cécile l'envoie vers l'évêque Urbain, caché alors dans les catacombes de la voie Appienne. « Va, lui dit-elle, jusqu'à la troisième colonne milliaire. Là tu trouveras des pauvres qui demandent l'aumône, et qui sont l'objet de ma constante sollicitude. Tu leur diras : Cécile m'envoie vers vous, afin que vous me fassiez voir le saint vieillard Urbain; j'ai un message secret à lui confier. Arrivé en présence du vieillard, tu lui rediras mes paroles; il te purifiera, et à ton retour tu verras l'ange du Seigneur. »

Nous pouvons suivre par la pensée ce jeune Romain à travers la voie Appienne, et pénétrer avec lui dans ces obscurs souterrains que je vous ai déjà fait parcourir. Valérien raconte au pontife l'entretien de la chambre nuptiale, qui pouvait seul lui expliquer sa présence. Le saint vieillard pleure de joie, il tombe à genoux, et rend grâces au Ciel. Il instruisit le jeune néophyte des principaux mystères de la foi, et, la grâce de Dieu lui facilitant cette tâche, il lui donna le baptême.

A son retour, Valérien trouva Cécile en prière, et l'ange du Seigneur se tenait à ses côtés. Il s'agenouille; l'ange, tenant à la main deux couronnes de roses et de lis apportées du jardin céleste, les plaça sur leurs têtes, et toute la maison fut remplie du parfum qui s'en exhala.

Je ne puis, mon cher ami, vous redire toutes les conversions opérées par cette glorieuse vierge, devenue un véritable apôtre. C'est Tiburce, le frère de Valérien, qu'elle instruit et gagne à Jésus-

Christ; c'est Maxime, le greffier du juge Amachius [1], avec toute sa famille, qui embrassent la religion chrétienne, et sont baptisés par le prêtre que Cécile amena. Son époux et son frère sont arrêtés et condamnés à mort comme chrétiens. Elle-même est bientôt conduite devant le tribunal d'Amachius, qui, ne pouvant ni vaincre sa constance ni ébranler sa foi, la condamne à être étouffée dans la salle de ses bains appelée *sudatorium* [2].

Cécile était donc reconduite dans son palais : par ordre du préfet, on élève le foyer du calorifère à un si haut degré de chaleur que la sainte devait être étouffée dans l'espace de quelques heures. Mais Amachius comptait sans Celui qui soutient les martyrs. Le lendemain on pénètre dans la salle des bains, et Cécile apparaît pleine de vie et chantant les louanges du Seigneur.

Amachius ordonne de la décapiter. Trois fois le bourreau la frappe; trois fois la hache est impuissante : Cécile est toujours vivante.

La loi défendait d'achever la victime que le bourreau avait manquée trois fois. Elle est donc abandonnée, et pendant trois jours, à moitié décapitée, étendue sur les dalles de sa salle de bains, elle continue son apostolat.

Les chrétiens et les païens viennent la voir en grand nombre; elle convertit les uns, édifie et console les autres. Quand l'affluence eut un peu diminué, l'évêque Urbain vint la visiter : elle lui confie ses pauvres, lui donne tous ses biens, lui demande de changer sa demeure en église; elle reçoit la dernière bénédiction du pontife, et part pour le ciel [3].

Urbain voulut présider aux funérailles de l'illustre vierge, et il ordonna que son corps fût déposé au cimetière de Saint-Calliste. Sa demeure fut érigée en église, et le pape saint Paschal, au IXe siècle, fit reconstruire l'ancienne basilique, dont les murs menaçaient de tomber en ruine. Ce pape eut surtout à cœur de découvrir le corps de la glorieuse martyre, dont on ignorait le lieu de la sépulture. Déjà il avait fait fouiller le cimetière de Saint-Calliste sans pouvoir

---

[1] Nous établissons l'orthographe de ce nom d'après M. de Rossi.

[2] On appelait ainsi la salle où l'on prenait des bains de vapeur.

[3] M. de Rossi place le martyre de sainte Cécile au IIe siècle, sous les empereurs Marc-Aurèle et Commode. Les preuves qu'il apporte à l'appui de son assertion nous paraissent très péremptoires. (Voir le tome II de *Roma sotteranea*, pp. 154, 155.) Le pontife Urbain, dont il est question dans les Actes de la sainte, ne serait point le pape Urbain Ier, mais un autre saint de ce nom, vivant au IIe siècle. Il est certain qu'au Ve siècle deux saints du nom d'Urbain étaient vénérés sur la voie Appienne : le corps de l'un reposait dans le cimetière de Prétextat, et l'autre était déposé au cimetière de Saint-Calliste. (Voir *Roma sotteranea*.)

le découvrir, et il avait perdu l'espoir de le retrouver, lorsque la sainte vint elle-même aider ses recherches. Il nous raconte qu'un dimanche matin il assistait à l'office divin, dans la basilique de Saint-Pierre, près de la Confession. Pendant que les clercs chantaient, il tomba dans un assoupissement occasioné par de longues veilles. Déjà ses oreilles et ses pensées n'étaient plus attentives au chant sacré, lorsqu'une vierge richement parée lui apparaît soudain, et lui adresse ces paroles :

« Nous avons des actions de grâces à te rendre. Tu as abandonné bien légèrement les recherches que tu faisais pour me retrouver : il y eut cependant un moment où tu t'es rencontré si près de moi que nous aurions pu discourir.

— Mais, reprit le pontife, qui es-tu donc pour me parler avec tant de hardiesse?

— Je suis Cécile, dit la vierge, la servante du Christ. »

Le saint pontife l'interrogea alors sur le lieu de sa sépulture, et, selon les indications de la sainte, il descendit de nouveau dans les catacombes, et il eut le bonheur de découvrir son corps. Paschal le fit transporter dans la basilique qu'il venait de faire restaurer, et il y réunit ainsi les corps glorieux de Cécile, de Valérien, de Tiburce et de Maxime. Il ne voulut pas séparer de sa glorieuse conquête saint Urbain, et il ordonna que son corps, qu'il avait fait déposer à Sainte-Praxède, reposerait désormais dans la basilique de Sainte-Cécile.

Vers la fin du xvie siècle, le cardinal Sfondrate, du titre de Sainte-Cécile, entreprit une restauration générale de la basilique. Il ne changea rien au caractère de l'édifice; mais il voulut l'orner avec une splendeur qui fût digne de la gloire de Cécile et de sa dévotion pour elle. Avant tout, il voulut trouver le corps de la sainte, et il fit percer l'épais mur sur lequel reposait l'autel. Ses recherches furent couronnées de succès, et il éprouva une grande joie en voyant cette illustre vierge dans la même attitude qu'elle avait en mourant. Revêtue encore de sa robe brochée d'or, elle était étendue sur le côté droit, les bras affaissés en avant du corps; le cou portait encore les traces du glaive qui l'avait frappé, et la tête, par une inflexion mystérieuse et touchante, était retournée vers le fond du cercueil.

Cette attitude a été religieusement conservée dans la gracieuse statue de marbre, placée sous l'autel, qu'Étienne Maderne exécuta par ordre du cardinal Sfondrate. Le pape Clément VIII ordonna de déposer le corps de la sainte dans une châsse d'argent, qui fut enfermée dans un sépulcre en marbre blanc.

Le corps de Cécile repose toujours sous le maître-autel : le pèlerin descend avec joie dans la petite crypte où il est déposé, ainsi que ceux de Valérien, de Tiburce, de Maxime et de l'évêque Urbain.

Le cardinal Sfondrate fit aussi restaurer la salle de bains; il fit faire des fouilles sous le pavé, et l'on découvrit encore une des chaudières, avec les restes des tuyaux de plomb par lesquels la vapeur montait dans le sudatorium.

Je me suis prosterné avec émotion dans ce petit oratoire, théâtre du combat de Cécile; j'ai vu, sous une grille en fer, cette chaudière épargnée par le temps, et j'ai touché le tuyau de plomb et ceux en terre cuite qui conduisaient le vapeur dans la salle de bains.

La basilique de Sainte-Cécile est une de celles qu'on visite toujours avec bonheur : il s'exhale de ses murs je ne sais quel parfum de pureté et de courage qui fait croire que les paroles de l'ange se sont réalisées, lorsque, déposant des couronnes de lis et de roses sur la tête des jeunes époux, il leur dit : « Ces fleurs ne se faneront jamais, leur parfum sera toujours pur. »

En sortant de la basilique, je vous engage à jeter les yeux sur un magnifique vase de marbre placé dans la cour, à gauche, appelé *Canthari*, et qui servit, dit-on, de fontaine pour les ablutions des premiers fidèles.

Pendant que nous sommes dans le Transtévère, n'oublions pas, mon cher ami, d'observer un peu les habitants de ce quartier : c'est un type à part. Ils sont plus vigoureux et plus énergiques que les Romains de l'autre rive du Tibre, et ils passent généralement pour avoir la tête chaude et la main prompte. Le Transtévérin se fait gloire d'être issu du vieux sang romain, et même troyen; et un sénateur du temps de Caton n'eût pas dit avec plus d'orgueil et de fierté qu'un Transtévérin : *Civis Romanus sum*, je suis citoyen romain.

Ce peuple est bon cependant, et très dévoué au saint-père : ce sont eux qui en 1849 ouvrirent le passage à l'armée française.

Un jour, le bruit se répand dans le Transtévère que Pie IX est malade. Grand émoi dans tout le quartier : vite une députation est nommée, et envoyée au Quirinal pour avoir des nouvelles du pape.

Ils arrivent et demandent à voir Pie IX. Ce n'était pas jour d'audience, on refusa de les recevoir. Ce refus les excite davantage : c'est, disent-ils, une preuve incontestable que le pape est très malade, et qu'on veut nous cacher la vérité. « Nous voulons voir le pape, s'écrient-ils : nous sommes députés du Transtévère ; il est malade, on nous le cache, nous voulons le voir : dites-lui que nous attendons... »

Pie IX, informé de ce qui se passe, ordonne de les introduire.

« Eh bien ! mes enfants, leur dit-il, qu'y a-t-il donc? Que désirez-vous? — Rien, saint-père ; nous voulions seulement vous voir. Le bruit court dans le Transtévère que vous êtes malade, et nous sommes venus nous assurer si cela est vrai. »

Le pape les remercia en souriant, et les tranquillisa sur son état.

« Vous direz partout que je me porte très bien, et que vous m'avez trouvé travaillant. »

Puis il leur donna sa bénédiction.

« *Santo Padre,* que Votre Sainteté sache bien que si jamais elle a besoin de nous, nous sommes là. »

XLI

LES PALAIS ET LES VILLAS DE ROME

Le Quirinal. — La fontaine de Trevi. — Palais Borghèse. — Palais Farnèse.
— Les villas Panfili, Borghèse et Mattei.

Mon cher ami,

En sortant de la délicieuse église Saint-André, je suis entré dans le palais d'été des souverains pontifes. Construit en 1574 par Grégoire XIII, au sommet du mont Quirinal, il prit le nom de cette colline, et il offrit aux papes une habitation plus saine que le palais du Vatican.

Le mont Quirinal est appelé aujourd'hui *Monte Cavallo*, à cause du groupe qui entoure le magnifique obélisque élevé par Sixte V au milieu de la belle place qui précède le palais. Ce groupe représente deux chevaux conduits par deux jeunes gens, et, s'il fallait en croire l'inscription, ces chevaux seraient l'œuvre de Phidias et de Praxitèle. Il est généralement admis qu'ils sont d'un ciseau moins habile, et qu'ils servaient probablement d'ornement aux thermes de Constantin construit dans les environs. Pie VII fit placer au bas de l'obélisque un magnifique bassin de granit oriental, pour recevoir les eaux d'une belle et limpide fontaine. On jouit, de ce lieu élevé, d'une imposante perspective.

Les jardins du Quirinal sont bien entretenus, mais n'offrent rien de remarquable. Dans une grotte ornée de statue, une grande fontaine fait entendre des sons harmonieux produits par le jeu de seaux. Pendant que nous étions attentifs à cette musique d'un nouveau genre, de petits filets d'eau jaillissant de terre et des côtés de ce rocher factice vinrent nous rafraîchir d'une manière inattendue. Ce fut un sauve-qui-peut général. Cette surprise, une des grandes jouissances des Italiens, nous divertit, et nous rîmes d'assez bonne grâce de cette plaisanterie que le soleil, en nous séchant, nous fit vite oublier.

Le palais du Quirinal est simple et modeste; les salles sont grandes, ornées de peintures et de tableaux.

C'est dans ce palais qu'habitait Pie IX lorsque la révolution le força de quitter Rome, le 24 novembre 1848. Abandonné de son peuple, qui, la veille encore, lui exprimait son amour par des élans enthousiastes qui réjouissaient tous les cœurs catholiques, entouré de quelques serviteurs demeurés fidèles, Pie IX venait d'apprendre l'assassinat de son fidèle ministre, le comte Rossi. La plupart des cardinaux, menacés par la tourmente, avaient fui ou s'étaient cachés; chaque jour l'émeute devenait plus redoutable et plus terrible. Les ambassadeurs des puissances catholiques entouraient le pontife et le pressaient de fuir. Pie IX hésitait toujours, lorsqu'il reçut une lettre et un présent de l'évêque de Valence qui le décidèrent. C'était la pyxide dans laquelle Pie VI, lui aussi fugitif, avait emporté sur son cœur la divine Eucharistie. Pie IX vit dans ce don, arrivant à cette heure, un avertissement du ciel, et, de concert avec l'ambassadeur de France, le duc d'Harcourt, et le comte de Spaur, ambassadeur de Bavière, il partit pour Gaëte. Nous avons visité la chambre où Pie IX passa les dernières heures, et revêtit une soutane noire pour se dérober plus aisément aux poursuites des ennemis de l'ordre et de la religion.

En sortant du Quirinal, nous avons fait visite à Mgr Sacriste pour obtenir de lui quelques parcelles des reliques dont il est le gardien. Nous fûmes assez heureux pour être exaucé. Nous avons jeté un regard sur les petites cellules qui servent d'habitations aux cardinaux pendant les conclaves.

En sortant du Quirinal, je descendis par la *via della Dataria* pour rejoindre le *Corso,* et je passai devant la célèbre fontaine de Trevi, dont la source est à huit milles de Rome. Elle fut découverte sous le règne de l'empereur Auguste par une jeune fille, d'où lui est venu le nom d'*Acqua-Vergine :* elle est amenée à Rome par des conduits souterrains. L'eau sort en abondance d'un amas de rochers, et se répand dans un vaste bassin de marbre. Au milieu, la statue de l'Océan, debout sur un char, est traînée par des chevaux marins que deux tritons conduisent. Dans les niches latérales sont les statues de l'Abondance et de la Salubrité.

Aucune ville ne possède de plus belles et de plus nombreuses fontaines que Rome, et elles fournissent toujours une eau pure, limpide et fraîche. Les anciens Romains avaient construit de nombreux et gigantesques aqueducs pour amener dans leur ville l'eau pure des montagnes ; les papes n'ont point rompu ces traditions : quand la chose était possible, ils ont réparé les travaux des anciens, et ils ne reculent point devant les dépenses exigées pour la création de nouvelles fontaines. L'eau arrive toujours abondante : tantôt elle jaillit en cascades dans d'immenses bassins ; tantôt elle coule doucement des flancs d'un rocher, au milieu de tout un peuple de statues et de monstres marins. J'aimais à voir toutes ces fontaines, sous ce climat brûlant, offrir au voyageur la fraîcheur et le bienfait de leurs eaux, image de la grâce, qui coule sans cesse et invite à se désaltérer. Où la grâce coule-t-elle plus abondamment, et où peut-on la trouver plus facilement qu'à Rome, la ville des saints ?

Visitons maintenant quelques-uns des nombreux palais de Rome. Plusieurs ont été bâtis pas les familles des papes. Le palais Borghèse est un des plus riches et des plus beaux. On l'appelle à Rome *Cembalo Borghese*, à cause de sa forme semblable à celle d'un piano à queue. La cour d'entrée, ornée de belles statues, de colonnes et de fontaines, présente un aspect princier.

La noblesse romaine met sa gloire à collectionner les tableaux des maîtres : il n'est guère de palais à Rome qui ne possèdent quelques peintures remarquables ; mais les possesseurs ne jouissent point seuls de leurs richesses, et ils sont heureux d'admettre les visiteurs à partager leur admiration. Le musée du palais Borghèse est riche, et vous pourrez y voir *la Fornarina* de Raphaël, *les Quatre Saisons* de l'Albane, de splendides Rubens, quelques portraits par Titien et Jules Romain, et *la Chasse de Diane*, par le Dominiquin.

Le palais Barberini, près des Capucins de la Conception, construit en partie des pierres du Colisée, possède un musée dans lequel on admire *la Béatrix Cenci* et *la Farnesnia* de Raphaël, une riche bibliothèque et d'admirables fresques de Pierre de Cortone, auxquelles on pourrait reprocher un mélange trop prononcé des souvenirs mythologiques avec les grands souvenirs de la foi chrétienne.

Le palais Farnèse est l'œuvre de Michel-Ange. Une cour magnifique et carrée, avec trois étages de colonnes superposées, une grande salle ornée de fresques monumentales d'Annibal Carrache, qui sont son chef-d'œuvre, en font le plus beau de tous les palais de Rome. On y admirait autrefois de précieux tableaux et de belles statues ; mais les rois de Naples, héritiers des Farnèse, en ont enrichi le musée de leur capitale. Il est aujourd'hui la demeure de François II, cet infortuné monarque trahi par la fortune, par ses amis, par sa famille.

Villa Panfili.

Le palais Doria, au Corso, est l'un des plus riches en œuvres d'art de tout genre.

Le palais Farnesina, de l'autre côté du Tibre et à l'autre extrémité de Rome, possède de belles fresques de Raphaël représentant les épisodes de la fable de Psyché et le triomphe de Galathée. Le palais Corsini offre aux amateurs une riche collection de tableaux et une bibliothèque des plus précieuses.

Outre ces palais, un grand nombre de villas appartenant à ces mêmes princes deviennent des lieux de promenade ouverts à tout le monde. A ses jours et à ses heures, la villa Doria Panfili, la villa Mattei ou Celimontana, les villas Ludovisi et la villa Borghèse, demeures dignes des rois, sont littéralement envahies par la multitude. Rien n'est plus agréable que la villa Borghèse avec ses immenses parcs et jardins, ses nombreuses allées, ses belles fontaines, ses grands arbres, ses pelouses sans fin, et, au milieu de toutes ces richesses d'une nature riche et féconde, des statues, des portiques et des ruines d'une beauté remarquable. Un riche musée offre une collection de marbres, de mosaïques, de statues antiques ou modernes, romaines, grecques, égyptiennes, des peintures et des fresques; et tout cela en si grande quantité, et tellement beau, que vous serez surpris d'admiration. Il y a cinquante ans à peine que ce musée est commencé. La famille Borghèse possédait, avant cette époque, un des plus riches musées de Rome; mais, sur les désirs de son impérial beau-frère, Napoléon 1er, le prince Camille Borghèse le lui avait cédé pour la somme de huit millions.

La villa Panfili est située sur le Janicule. Son étendue, son lac, son élégant *Casino*, ses frais gazons émaillés d'anémones, ses belles allées qu'une voûte épaisse, formée par l'union des rameaux touffus de chênes verts séculaires, met à l'abri des rayons du soleil, ses grottes, ses jardins, ses statues et ses débris antiques en font l'une des plus agréables promenades de Rome. On y jouit d'une ravissante perspective sur Saint-Pierre et les montagnes qui font ici le cadre nécessaire et varié de tout paysage. Le mont Soracte élève au milieu de la plaine son front couvert de neige :

En sortant de la villa Panfili, à gauche, se trouve une rue dont le nom, assez bizarre, m'a paru cependant plein de sens et de vérité : *via Tiradiavoli*, chemin de la lutte du diable. Elle fut ainsi baptisée assurément par un vrai prophète : ici, de vrais démons livrèrent bataille à l'Église de Jésus-Christ, lorsqu'en 1849 les Français vinrent pour rétablir le pape sur son trône d'où la révolution l'avait chassé. Les sacrilèges des garibaldiens, dépouillant l'église de Saint-

Pancrace, volant jusqu'aux serrures des portes, jetant à l'entrée des Catacombes les corps de vils animaux déjà en putréfaction, leurs ignobles blasphèmes, leur haine féroce et froide, tout cela indique clairement l'action de Satan. Leurs bras étaient réellement au service de sa cause.

Le prince Doria-Panfili a fait élever dans sa villa un gracieux monument à nos soldats morts, en cette circonstance, pour les droits du saint siège. Il est en marbre blanc et décoré d'une belle statue de la sainte Vierge. Sur les gradins sont gravés les noms des morts et sur l'une des faces on lit l'inscription suivante :

ICI REPOSENT LES DÉPOUILLES MORTELLES

DES FRANÇAIS

QUI ONT SUCCOMBÉ SUR CE SOL PENDANT LA

GUERRE DE M DCCC IL

PHILIPPE ANDRÉ PRINCE DE PANFILI

PAR UN SENTIMENT DE PIÉTÉ CHRÉTIENNE

LEUR A ÉLEVÉ CE MONUMENT

L'AN DE GRACE M DCCC LI

LE SIXIÈME DU PONTIFICAT DE PIE IX

La villa Mattei ou Cœlimontana, comme ce nom l'indique, s'élève sur le mont Cœlius : c'est l'une des plus pittoresques et des plus agréables de Rome. A l'extrémité du jardin supérieur, sous une petite tonnelle, à l'endroit où saint Philippe Néri aimait à venir se reposer avec ses disciples, en s'entretenant de Dieu et des choses saintes, l'on peut s'asseoir et jouir d'une vue unique au monde. En face, l'œil plonge à travers les ruines de la voie Appienne jusqu'à Albano ; à droite, les églises de l'Aventin, la pyramide de Caius Sextius, la porte et la basilique de Saint-Paul et, au loin, la mer formant un panorama plein de charmes ; à gauche, les murs de la vieille Rome, la basilique de Saint-Jean-de-Latran, les monts Albins, ceux de la Sabine avec leurs sommets couverts de neige, Castel-Gandolfo, Marino, Bocca di Papa, Frascati et Tivoli, etc., apparaissant au milieu de la verdure, retiennent longtemps le regard, remplissent l'esprit de mille souvenirs : on ne se fatigue pas à contempler ce pays, à interroger ces monuments qui font revivre le passé, redisent les grandeurs des vieux Romains et publient les merveilles et la puissance de la Rome chrétienne.

Le soleil, se jouant à travers cette atmosphère transparente et lumineuse, imprime à ces montagnes et à toute cette campagne des tons divers et des nuances à l'infini. On a toujours sous les yeux le même spectacle grandiose, mais le jeu de la lumière varie selon l'heure ou la place qu'on occupe. Au lever du soleil tout éclate et resplendit, l'on dirait un amas de pierres précieuses et de diamants. Aux derniers rayons du crépuscule, les montagnes prennent des teintes roses, bleues, vertes, amarantes d'une grande douceur. L'âme se laisse ici facilement envahir par une méditation pleine de charmes et de mélancolie.

J'admire assurément toutes ces richesses et toutes ces splendeurs; mais je trouve encore plus admirable la noble et royale générosité des hôtes de ces illustres demeures, qui les ouvrent à tous et ne gardent point, comme on le fait ailleurs, avec un soin jaloux et égoïste les trésors de leurs musées et les beautés de leurs agréables et joyeuses villas.

Ce ne sont pas les seuls bienfaits qui distinguent la noblesse romaine : combien d'églises, de chapelles, ont éprouvé les effets de leur générosité et de leur amour de l'art! Les pauvres les entourent de vénération et d'amour; s'ils trouvent un asile pour leur vieillesse, un secours dans leurs maladies, une école pour leurs enfants, c'est à la noblesse romaine restée fidèle et chrétienne qu'ils le doivent. Elle est toujours la première à répondre à la voix du pontife, et plusieurs de ses membres se sont chargés seuls des frais de fondations charitables et importantes. Si la cour se régit d'ordinaire d'après le roi, on peut voir que les princes de Rome reflètent heureusement les nobles, les généreuses et les paternelles qualités du grand pontife qui est leur roi et le père de tous les fidèles.

XLII

FLANERIES DANS ROME

Souvenirs de la vieille Rome. — Chemin de la croix au Colisée. — Le Colisée au clair de lune, — illuminé aux feux de Bengale. — L'*Ave Maria*.

Je ne saurais vous exprimer, mon cher ami, combien de fois par jour je regrette votre absence : je me désole de ne pouvoir vous faire partager mes jouissances et, comme un égoïste, de me promener, au milieu de tant de souvenirs et de richesses sans vous. Vous ne sauriez vous imaginer combien Rome m'est devenue chère : elle est si belle cette ville, on y est si bien qu'on ne peut songer au moment où il faudra la quitter. Il est des jours où la beauté seule de son climat suffit au bonheur; par exemple, aujourd'hui, j'ai joui du bonheur de vivre en parcourant lentement le Forum et ses environs. Un beau soleil d'avril, riant et chaud, illuminait ces ruines célèbres. Tous ces lieux sont de nature à éveiller les souvenirs les plus intéressants comme les plus variés. Il n'est rien dans cette ville qui n'avertisse la pensée; et partout où l'on met le pied, disait déjà Cicéron, on marche pour ainsi dire sur quelque histoire mémorable : *Quocumque enim ingredimur, in aliquem historiam ponimus.* Le vieux Montaigne commentait ainsi ces paroles : « Il me plaist de considérer leur visage, leur port et leurs vêtements : je remasche ces grands noms entre les dents, et les fais retentir à mes aureilles : *Ego illos veneror, et tantis nominibus semper assurgo.* Des choses qui sont en quelque partie grandes et admirables, j'en admire les parties mesmes communes : je les veisse volontiers deviser, promener et souper. Ce serait ingratitude de mespriser les reliques et images de tant d'honnestes hommes et si valeureux, lesquels j'ay veu vivre et mourir, et qui nous donnent tant et bonnes instructions par leur exemple, si nous les sçavions suyvre.

« Et puis, cette mesme Rome que nous veoyons, mérite qu'on

l'aime : Confédérée de si longtemps, et par tant de titres à nostre couronne; seule ville commune et universelle : le magistrat souverain qui y commande est recogneu pareillement ailleurs : c'est la ville métropolitaine de toutes les nations chrestiennes : l'Espaignol et le François, chascun y est chez soy; pour estre des princes de cet estat, il ne fault qu'estre de chrestienté, où qu'elle soit. Il n'est lieu, ça bas que le ciel ayt embrassé avecques telle influence de faveur, et telle constance; sa ruyne mesme est glorieuse et enflée :

Laudandis pretiosior ruinis :

encore retient-elle, au tombeau, des marques et images d'empire. »

Je trouve admirables ces quelques lignes de Montaigne; je serais tenté de lui pardonner bien des choses parce qu'il a su comprendre et aimer Rome.

Donc, mon cher ami, dans l'espace de quelques demi-heures on peut dans le Forum, du Capitole au Colisée, faire revivre l'histoire entière de la Rome antique, avec ses grandeurs et ses décadences, ses gloires et ses infamies, ses victoires et ses défaites, ses temples et ses palais. Je ne saurais vous dire combien j'aime à flâner sur cette voie sacrée, sur ces collines, au milieu de ces ruines, comme Horace, marchant où la fantaisie me pousse :

*Quacumque libido est
Incedo solus.*

Si, du temps du vieil épicurien, Rome avait déjà tant d'attraits, elle en a d'autres aujourd'hui, d'une nature différente, plus réels et plus nombreux encore. Sur cette terre vénérable se trouvent réunis les monuments du christianisme et ceux de l'antiquité païenne. Le cœur et l'esprit peuvent s'y repaître à loisir des plus saints comme des plus grands souvenirs. De cette multiplicité de monuments, de cette variété « d'histoires mémorables » naissent des impressions infinies et des émotions toujours renaissantes, nobles et diverses. Là, est vraiment le charme particulier de Rome; là, réside sa vraie supériorité. Le christianisme, malgré la beauté de ses fêtes et la majesté de son pontife, semble puiser une nouvelle grandeur et un plus vif éclat dans le cortège de ces monuments antiques qu'il domine, du reste, comme la colonne de Phocas domine les édifices ruinés du Forum romain.

J'arrivais ainsi, absorbé par mes réflexions, jusqu'au Colisée, c'était l'heure où les fils de saint François, accompagnés des membres de la Confrérie des amants de Jésus et de Marie, revêtus de leurs sacs gris, venaient faire le Chemin de la Croix. Je m'unis à eux. Je ne saurais vous dire, mon cher ami, les impressions qu'on éprouve en s'agenouillant sur cette terre arrosée du sang des martyrs, en face de cette simple croix de bois, dans ce lieu où les empereurs et le peuple-roi assistaient à des fêtes aussi splendides qu'insensées. Ces souvenirs profanes excitaient encore ma piété, rendaient mon émotion plus vive. Ce sont des spectacles que la plume ne saurait rendre et quand on a éprouvé ces joies de l'âme, rien ne saurait les faire oublier.

Le Colisée a pour moi un attrait tout particulier. C'est un des endroits de Rome que j'aime le plus à visiter : l'esprit trouve des jouissances et des lumières dans les souvenirs qui le peuplent en quelque sorte et le cœur de fortifiantes consolations, en songeant aux martyrs du passé et aux menaces de l'avenir.

Que de matinées heureuses j'ai passées au Colisée, perdu dans quelque coin de ces ruines immenses, au milieu des grandes herbes et des plantes qui en font comme une corbeille de fleurs! Des étages supérieurs, on voit, en bas, dans l'arène, et l'œil en mesure avec effroi l'étendue : d'autres fois, le regard, franchissant l'enceinte du vaste amphithéâtre, va plonger au loin dans la campagne romaine jusqu'aux montagnes de la Sabine ou la vaste plaine qui conduit à la mer. D'un côté, le Palatin apparaît en ruine et tout à l'entour de joyeux campaniles semblent redire la victoire remportée, ici, au Colisée, par ces chrétiens qui savaient mourir. La basilique de Saint-Paul apparaît sur les rives du Tibre : souvent renversée, pillée, dévastée, elle s'est toujours relevée brillante de jeunesse et d'éclat, elle ne sera jamais détruite. Et ce Colisée! il vivra aussi[1], mais comme une ruine éloquente qui rend hommage à la parole de l'Apôtre : Dieu a choisi ce qui n'était rien pour détruire ce qui était tout !

Il faut être seul dans le Colisée : toute parole est indiscrète, tout pas qui retentit sous ces voûtes sonores trouble la méditation et fait disparaître le charme.

Il faut aussi voir le Colisée, le soir, quand la lune l'éclaire de sa douce et pâle lumière. Cet immense amphithéâtre est peut-être plus beau aujourd'hui qu'il tombe en ruines qu'il ne le fut jamais dans toute sa splendeur. « Les barbares, dit Mgr Gerbet, qui le démantelèrent ont été des artistes malgré eux ; il doit aux crevasses qu'ils lui

---

[1] Une vieille prophétie assure que le Colisée durera autant que Rome. *Quandiu stabit Coliseus, stabit et Roma; quando cadet Coliseus, cadet et Roma; quando cadet Roma, cadet et mundus.* Cité par Bède.

ont faites des effets de lumière admirables, quand la lune, le soleil des ruines, lui distribue un demi-jour inanimé, qui est la décadence, comme la ruine d'une autre lumière. »

J'ai vu le Colisée éclairé aux feux de Bengale : on ne peut rien imaginer de plus grandiose. Celui qui le premier a eu l'idée d'illuminer ainsi ces ruines est un vrai poète. L'obscurité la plus profonde, la mort planait sur ce géant, lorsque tout à coup, à un signal donné, une clarté féerique le fit apparaître avec ses bouches béantes et ses arcades démantelées, resplendissant d'une lumière fantastique : ces feux blancs, jaunes, violets, verts ou rouges, se succédant et animant pour un instant d'une vie factice ces ruines solennelles, produisent l'effet le plus saisissant qu'on puisse imaginer. A l'extérieur le spectacle est peut-être encore plus merveilleux : on se rend mieux compte de l'immensité de cet édifice qui semblait teint encore du sang des martyrs, sous l'éclat des lueurs rouges du Bengale, plus douces et plus transparentes que les lueurs d'un véritable incendie. La foule remplissait le Colisée et les places environnantes; mais dominée par une émotion facile à comprendre, elle était silencieuse, on pouvait se croire isolé au milieu de ces flots humains. Seuls, les hôtes habituels du vaste amphithéâtre, les oiseaux, épouvantés de ces lueurs inaccoutumées, volaient au-dessus des flammes et s'élançaient vers le ciel, comme pour y trouver une tranquille sécurité, en jetant aux échos leurs cris d'effroi...

Le Colisée fut bâti par le peuple juif, emmené prisonnier après la prise de Jérusalem. L'architecte avait nom Gaudentius : païen, lorsqu'il le construisit, une inscription nous apprend qu'il mérita d'être éclairé des lumières évangéliques et qu'il obtint la couronne du martyre. J'ai recueilli pour vous la belle inscription tracée en son honneur; elle est placée sur l'un des murs de la crypte de l'église de Sainte-Martine, située au pied du Capitole :

SIC PREMIA SERVAS VESPASIANE DIRE
PREMIATUS ES MORTE GAUDENTI LETARE
CIVITAS UBI GLORIE TUE AUTORI
PROMISIT ISTE DAT KRISTUS OMNIA TIBI
QUI ALIUM PARAVIT THEATRUM IN CELO.

Plus d'une heure s'est écoulée depuis que je suis au Colisée faisant passer devant moi l'un après l'autre tous les grands faits du paganisme et du christianisme naissant, toutes les cloches de Rome chantent le joyeux Ave Maria, la nuit s'approche et il est temps de rentrer au logis.

Vous me demanderez peut-être, mon cher ami, ce que veut dire l'heure de l'Avé Maria dont je vous ai déjà parlé plusieurs fois. L'Ave Maria n'est pas autre chose que l'Angélus du soir, il sonne toujours, au même moment, dans toutes les églises de Rome, au coucher du soleil, et comme le coucher du soleil varie fréquemment, il s'ensuit que le son de l'Avé Maria est tantôt avancé, tantôt reculé, selon les différentes époques de l'année. Ici le jour ne se partage pas, comme en France, par douze heures de jour et douze heures de nuit : la journée, à Rome, compte vingt-quatre heures et c'est à partir de l'Avé Maria que les Italiens commencent à compter les heures, depuis une jusqu'à vingt-quatre. Tous les soirs, les exercices de piété, les Vêpres, les neuvaines, les *Tridui* ont lieu dans les églises à vingt-deux heures, c'est-à-dire, deux heures avant le son de l'Angélus du soir. Cette manière de compter apporte quelque trouble dans l'esprit et les habitudes des étrangers. Depuis l'occupation française à Rome, on s'est beaucoup rapproché de nos usages et Pie IX a fait placer à Saint-Pierre deux horloges qui marquent les heures, l'une à la mode romaine, l'autre selon nos habitudes. A l'Avé Maria les moines rentrent dans leurs couvents, les étudiants dans leurs collèges; les monastères des religieux sont fermés et, sous aucun prétexte, personne n'y peut trouver accès.

Une heure après l'Avé Maria, toutes les cloches de la ville sonnent de nouveau, c'est l'heure pour les morts. Tous les bons Romains s'agenouillent alors et récitent le *De profundis*.

Sainte-Marie-Majeure fait retentir sa grande cloche une heure plus tard, à deux heures de nuit. Cet usage a une touchante origine. Un voyageur, égaré la nuit dans la campagne de Rome, ne savait comment retrouver sa route, lorsque tout à coup, il entend la cloche de Sainte-Marie-Majeure et, à l'aide de ce son, il put s'orienter et rentrer en ville. Il voulut alors, par une pieuse fondation, procurer pour l'avenir, à tous ceux qui se trouveraient dans le même embarras, le même secours. Voilà pourquoi, tous les soirs, deux heures après l'Angélus, la cloche de la basilique libérienne se fait entendre.

XLIII

LE VATICAN

Bibliothèque. — Galerie des inscriptions. — Musée de sculpture. — Le Laocoon, l'Apollon du Belvédère. — Loges et chambres de Raphaël. — La Transfiguration et la Communion de saint Jérôme. — Chapelle Sixtine.

Mon cher ami,

J'éprouve un réel embarras en venant aujourd'hui vous rendre compte de ma visite au Vatican.

Le Vatican est moins un palais que la réunion de plusieurs palais. Vous avez lu partout qu'il y avait dans cet immense palais onze mille chambres, grandes et petites : vous pensez que je ne me suis nullement imaginé de vérifier l'exactitude de ce détail, quand bien même il m'eût été possible de le faire. Je me suis contenté de voir et d'admirer de magnifiques et larges escaliers de marbre, d'immenses corridors, et de vastes salles d'une magnificence royale dont je n'avais pas l'idée.

Nécessairement, mon cher ami, le récit de ma visite au Vatican sera superficiel : comment, en effet, vous parler, dans une simple lettre, de tous ces chefs-d'œuvre sur lesquels on a écrit des volumes entiers?

Je me bornerai à noter ce qui a fixé mon attention, et, au milieu de toutes ces richesses, j'en laisserai beaucoup dans l'ombre, ou parce que je ne les ai pas assez vues, ou parce qu'on ne peut pas tout dire. Je vous conduirai d'abord dans l'immense bibliothèque. Je ne vous dis rien du soin que les papes ont successivement apporté à compléter cette riche blibliothèque depuis le v° siècle, où elle fut commencée par le pape saint Hilaire, jusqu'à nos jours. Vous savez tout cela. La science n'a pas eu de plus ardents propagateurs et de plus dévoués défenseurs que les souverains pontifes. Ce fute Sixte V qui transporta la bibliothèque Vaticane dans le lieu qu'elle occupe aujourd'hui.

Plusieurs personnages historiques lui ont légué leurs bibliothèques particulières : Maximilien Ier, électeur de Bavière sous Grégoire XV, les ducs d'Urbin, la reine Christine de Suède (1690), le cardinal Ottoboni, etc., Pie IX y a déposé 6,950 volumes de la succession du célèbre cardinal Maï, plus de 292 manuscrits et cahiers.

Pour pouvoir travailler à la bibliothèque du Vatican et consulter les précieux ouvrages qu'elle possède, il faut une permission spéciale et écrite du souverain pontife. La demande lui en est transmise par l'intermédiaire du cardinal secrétaire d'État, et elle est toujours bien accueillie.

Le bibliothécaire du Vatican est le cardinal Pitra, bénédictin français, dont la science et l'aimable modestie sont connues et appréciées du monde entier.

La grande salle a 216 pieds de longueur, 48 de largeur et 28 de hauteur. Elle est divisée en deux nefs par sept pilastres richement décorés de belles peintures. Tout ce qui peut satisfaire l'esprit, réjouir l'œil et fixer l'attention, se trouve réuni ici avec le goût le plus parfait et le plus exquis. Le marbre, les peintures, les dorures brillent sur votre tête et sous vos pieds. Autour des pilastres et des murs, des armoires richement peintes renferment des manuscrits grecs, latins, italiens, orientaux, au nombre de 125,000 environ. Au-dessus des armoires les murs sont peints à fresque : à droite, c'est l'histoire de tous les conciles généraux; à gauche, la fondation des principales bibliothèques anciennes.

Tous les livres sont renfermés dans les armoires; on n'en voit aucun, ce qui donne à cette bibliothèque une physionomie particulière.

Il y a cependant plusieurs manuscrits rares et précieux placés dans une montre, et que j'ai admirés. C'est d'abord une Bible hébraïque sur vélin, avec riche enluminures; un Virgile et un Cicéron du ve siècle. Le fameux livre que Henri VIII, roi d'Angleterre, écrivit contre Luther est là, avec une dédicace au pape écrite de la main même de ce monarque.

Au milieu de cette immense salle, entre chaque pilastre, vous pourrez admirer différents objets précieux par la matière et le travail : ce sont les présents des têtes couronnées au souverain pontife. Voici un magnifique crucifix et un beau vase en malachite offerts par l'empereur de Russie. Deux candélabres en porcelaine de Sèvres sont un présent de Napoléon Ier à Pie VII. Le baptistère du prince impérial, magnifique travail en porcelaine de Sèvres, fut envoyé à Pie IX par Napoléon III.

A l'extrémité de cette salle, deux belles galeries, décorées de peintures, s'étendent à droite et à gauche. La galerie de droite possède des armoires garnies de manuscrits, de livres, et un musée entièrement composé d'objets antiques : c'est une nombreuse collection de dieux et d'idoles du paganisme, de petite dimension, en bronze, en marbre, en argent, en or. Ces petites statuettes sont généralement bien travaillées, et elles sont intéressantes à étudier, à cause de leur destination primitive : on y voit les dieux, de formes et de dimensions diverses, que les païens avaient coutume de garder dans l'intérieur de leurs maisons, et quelquefois de porter sur eux, pour se rendre le ciel propice. A côté sont des œuvres d'art remarquables, telles que camées en or, en argent, en ivoire, des pierres gravées, des outils, des mosaïques, qui donnent une haute idée de ce qu'étaient l'orfèvrerie et le luxe chez les Romains.

La galerie de gauche, plus intéressante encore, possède une précieuse collection de peintures sur bois des XIIIe et XIVe siècles : elles sont, pour la plupart, de Giotto et de ses élèves. Les artistes pourront trouver bien courtes les heures qu'ils passeront devant ces petits tableaux ; j'avoue, mon cher ami, que je me suis arrêté plus longtemps dans le musée chrétien. Ce musée est une collection de différents objets recueillis dans les catacombes, et qui servaient à nos pères dans leurs cérémonies religieuses. Ce sont des calices d'un pur cristal, des ciboires, des croix de toutes les formes, des lampes antiques, des chalumeaux qui servaient pour la communion du précieux sang, des anneaux, des crosses, et, à côté de ces objets, qui rappellent les plus augustes mystères de notre religion, des peignes, des ongles de fer, des instruments de supplice pour les martyrs. Que d'émotions s'emparent de l'âme en considérant toutes ces reliques précieuses ! Que de saintes et pieuses joies, en contemplant ces vases du sacrifice de la messe, et en songeant qu'ils ont servi aux apôtres et aux premiers prêtres, dans le sang desquels l'Église de Jésus-Christ a été fondée ! Quelle famille, quelle nation possède des traditions aussi sacrées, aussi vieilles et aussi invariables que la grande famille catholique ? Il me vint un désir immense, trop grand pour se réaliser : j'aurais aimé prendre ces vases sacrés, les porter dans les catacombes, pour y célébrer les saints mystères. C'eût été, sur la terre, une jouissance digne du ciel ! Mais Rome ne permet pas ces choses, et, d'ailleurs, le sentiment de mon indignité personnelle me ramena vite à la réalité.

Statue d'Auguste, musée des Antiques (Vatican).

Après cela, mon cher ami, quelles choses méritent d'éveiller notre intérêt dans les autres compartiments de cette immense galerie? Vous pouvez visiter la dernière salle, où vous verrez de riches présents offerts à Pie IX, venus de toutes les parties du monde catholique, et dont le nombre et la richesse attestent la vénération et l'amour que tous les cœurs lui ont voués. Nous mentionnerons seument le beau prie-Dieu qui lui a été offert par la province ecclésiastique de Tours.

En sortant de la bibliothèque Vaticane, nous nous rendrons dans les musées de sculpture, et nous traverserons un immense corridor rempli d'inscriptions anciennes et de monument funéraires. A droite, c'est le paganisme qui revit dans ses inscriptions, et nous pouvons nous représenter ses mœurs, ses usages, en étudiant les bas-reliefs de ses sarcophages, de ses autels et de ses urnes cinéraires.

« L'œil s'arrête avec une complaisance mélancolique sur une multitude de ces urnes cinéraires, qui l'attirent par leurs formes infiniment variées. Beaucoup d'entre elles sont de véritables petites maisons où l'on trouve que l'on serait assez bien logé, avec des portes, un toit sur lequel sont indiquées les tuiles et les antéfixes; d'autres ont une forme qui trahit l'influence du gracieux génie de la Grèce : la forme d'une corbeille, comme pour y mettre des fleurs; la forme d'une fontaine, comme pour que l'heureux sommeil du mort soit rafraîchi par les eaux et bercé par leur murmure [1]. »

Les bas-reliefs de ces sarcophages font souvent allusion à la profession du défunt, et sous ce rapport leur étude est fort utile, fort intéressante, en nous initiant aux usages et aux habitudes de la classe populaire à Rome.

A gauche sont les inscriptions chrétiennes, extraites pour la plupart des catacombes. C'est une heureuse idée d'avoir mis ainsi en face l'une de l'autre les deux sociétés. Les inscriptions jouaient un grand rôle dans l'antiquité, et cette réunion d'inscriptions nous initie à leurs sentiments, à leurs pensées et à leurs croyances. Si le paganisme semble l'emporter sur l'art chrétien par le fini et la gracieuseté du dessin, il est difficile de refuser au christianisme la supériorité pour la sublimité de la pensée et la simplicité de l'expression. Sur la tombe du païen, on voit l'orgueil et l'ostentation des vivants ; la

---

[1] Ampère, *Histoire romaine à Rome*. Il y a dans cet ouvrage quelques chapitres intitulés : *La Grèce à Rome*, qui sont très remarquables, et dont l'étude peut être fort utile pour visiter avec fruit les différents musées de Rome. Il va sans dire que nous sommes loin d'accepter les jugements et les rapprochements regrettables et quelquefois sacrilèges de l'auteur.

tombe du chrétien est aussi humble et aussi cachée que sa vie. Les sarcophages païens portent les noms de consuls, de chefs d'armée, de pontifes. Rien de ce qui peut rappeler la gloire du défunt n'est omis : c'est l'orgueil plutôt que l'affection qui a le plus souvent la parole sur les tombes païennes. Le chrétien se contente du nom de son défunt, et qu'il inscrit sur la pierre, afin de ne pas perdre le souvenir du lieu de son repos. Quelques paroles, quelques emblèmes imparfaitement dessinés rappellent le Christ et la résurrection, quelques-unes des vérités chrétiennes, quelques allusions aux paraboles de l'Évangile : voilà tout.

VICTORINA IN PACE
ET IN CHRISTO

SVSANNA VIVA IN DEO

FACVNDO
ARTEMONI
Q. V. A. I. M. I. DIES XII

Qu'elle est touchante cette dernière inscription! comme elle redit naturellement la douleur et les regrets de ces parents qui pleurent leur jeune fils d'un an qui parlait déjà!

En voici une autre d'un enfant de neuf ans :

PEREGRINA VIXIT
ANN. VIIII. M. VIII. D. V.

Il en est cependant parmi les inscriptions païennes qui sont touchantes et affectueuses pour leurs défunts, mais elles sont rares :

FABIÆ — A — F
PAVLLINIÆ
VICTOR
PATER FILLÆ
DVLCISSIMÆ

Ailleurs, c'est une veuve qui fait l'éloge de son époux :

PROCESSO AVG.
AVRELIA CRISPINA
CONJVGI BENE
MERENTI FECIT

Maintenant, mon cher ami, nous allons parcourir les nombreux salons de sculpture. Que de richesses! Que de chefs-d'œuvre! N'attendez pas que je vous énumère toutes les statues et toutes les merveilles de ce musée unique au monde. Je renonce même à vous en donner une idée. Comme tous ceux qui n'ont que quelques semaines à passer à Rome, j'ai dû voir rapidement ces chefs-d'œuvre, et m'arrêter devant les principaux. J'ai visité deux fois les musées du Vatican, et, à l'exception des œuvres connues de tout le monde, et dont vous avez vu partout la description, je serais fort embarrassé s'il fallait vous dire tout ce que j'ai vu. De ces chefs-d'œuvre eux-mêmes, que pourrais-je vous dire qui n'ait été dit et répété mille fois? Que vous dire du *Laocoon?* Tout est d'un ciseau merveilleux; il fut trouvé dans une salle des thermes de Titus, et à la nouvelle de cette découverte une joie générale se répandit dans la ville. Le soir, toutes les cloches des églises firent entendre leurs plus joyeux carillons, et les poètes firent pleuvoir une quantité prodigieuse de sonnets, d'hymnes et de *canzoni* en l'honneur de ce chef-d'œuvre. Jules II donna lui-même le signal de cette fête populaire. Et nous trouvons encore des gens qui soutiennent que la papauté est l'ennemie des arts!

Vous admirerez aussi le torse du Belvédère, reste d'une ancienne statue d'Hercule, que Michel-Ange, devenu vieux et aveugle, palpait de ses mains intelligentes. L'*Apollon* du Belvédère est la statue la plus vantée de Rome. Elle ne manque ni d'élégance ni de sentiment. On peut lui appliquer ce mot d'un poète : « Beau par la tête et le regard. »

La salle des animaux est pavée d'une riche mosaïque antique.

« C'est une sorte de ménagerie de l'art, et elle mérite de s'appeler, comme celle du jardin des Plantes, une ménagerie d'animaux vivants... Ces animaux sont pourtant d'un mérite inégal : parmi les meilleurs morceaux on compte des chiens qui jouent ensemble avec beaucoup de vérité; un cygne dont le duvet, un mouton dans la toison sont très bien rendus ; une tête d'âne très vraie, et portant une couronne de lierre, allusion au rôle de l'âne de Silène dans les mystères bachiques [1]. »

Louis Veuillot dit, dans *le Parfum de Rome*, qu'il ne faut point parler de Raphaël si l'on ne peut dire que quelques mots, à moins que ces mots ne disent de grandes choses. Il y a des peintres; Raphaël est le peintre, Dieu l'avait fait pour tenir le pinceau.

---

[1] Ampère.

Intérieur de la chapelle Sixtine.

Nous allons voir les pages immortelles qu'il a fixées sur les murs du Vatican. Commençons par les loges, dont il fut le peintre et l'architecte. Les loges sont des arcades ouvertes, comme un cloître, sur une des cours du Vatican. Elles forment trois étages superposés, et c'est au second que Raphaël a voulu défier les injures du temps et les intempéries de l'air, en traçant sur les voûtes de ces arcades les récits bibliques, depuis la création du monde jusqu'à l'institution de l'Eucharistie. Cette galerie se compose de treize arcades : quatre tableaux sont peints sur chacune des voûtes, ce qui porte à cinquante-deux le nombre des tableaux. Ils ne sont pas tous de la main du maître : il a composé tous les dessins, et il a laissé à ses disciples le soin de les reproduire. La première et la dernière de ces peintures, la création du monde et l'institution de l'Eucharistie, sont les plus belles, et entièrement de la main de Raphaël. De fraîches et gracieuses arabesques composent le charmant encadrement de ces petits chefs-d'œuvre. On a songé trop tard à vitrer ces loges, et l'air et la pluie ont détérioré une partie de ces décorations : les tableaux des voûtes ont heureusement mieux conservé leur éclat et leur couleur.

A l'extrémité de cette galerie, on est heureux de rencontrer le buste en marbre blanc de Raphaël : il règne au milieu de ses œuvres comme un roi au milieu de ses sujets.

Des loges, nous n'avons qu'un pas à faire pour nous rendre dans les chambres de Raphaël. Ces chambres sont malheureusement éclairées par des fenêtres très étroites, et le temps, qui détruit tout, efface chaque jour ces pages sublimes. Les soldats du connétable de Bourbon, qui bivouaquèrent dans ces salles, sont bien pour quelque chose dans l'altération qu'elles ont subie. Grégoire XVI les fit nettoyer en 1839, à l'aide de légers pinceaux de plumes et de mie de pain. Cette opération a parfaitement réussi, et les *Stanze* de Raphaël font encore l'admiration générale. Il faut bien, mon cher ami, que je vous redise quelques-unes de ces pages admirables que la gravure a reproduites tant de fois, et dont la description a été donnée par tout le monde. Il y a quatre chambres entièrement peintes par Raphaël, excepté celle de Constantin, exécutée après sa mort, et sur ses cartons, par Jules Romain.

Que de choses sublimes j'ai vues dans ces chambres de Raphaël! C'est *la dispute du saint Sacrement,* fresque admirable, plus justement nommée *la Théologie*. Elle représente une assemblée de docteurs autour de l'Eucharistie, et au-dessus, dans le ciel, les anges, les saints, et les martyrs prosternés autour de l'Agneau, et adorant le même mystère. En face de cette fresque, comme pour mettre les enseignements de la raison en présence des mystères impénétrables de la foi, Raphaël a peint l'*École d'Athènes*. C'est la réunion des plus philosophes de l'antiquité, se livrant à la méditation, à la discussion et à l'enseignement. Au milieu, Platon et Aristote semblent présider l'assemblée. Ce qui ajoute à l'intérêt de ce tableau, c'est que Raphaël y a placé les portraits des personnages les plus importants de l'époque. L'artiste lui-même y est représenté sous les traits doux et délicats d'un charmant homme, la tête couverte d'une toque noire. Toutes les figures de ce tableau sont variées : elles ont du caractère et une grande énergie dans l'expression; les draperies sont noblement jetées, et toute la composition est remarquable par son unité.

Voici maintenant l'incendie du *Borgo-San-Spirito*, arrivé en 817; que de vérité dans ce tableau!

On voit les flammes, poussées par un vent impétueux, gagner du terrain avec une rapidité désespérante. Que de scènes émouvantes! C'est un fils qui porte son père sur ses épaules, une pauvre mère qui descend par la fenêtre son enfant, et le père qui le reçoit dans ses bras. Voyez-vous cette femme qui fuit, encore toute parée et en larmes, tenant deux enfants nus par la main? elle se lamente et se répand en sanglots : peut-être en manque-t-il un à l'appel!

Tout à coup une fenêtre du Vatican s'ouvre; des prêtres, une croix, le souverain pontife en habits pontificaux apparaissent; mille mains suppliantes s'élèvent vers le pontife. Saint Léon IV bénit cette foule suppliante, et les flammes semblent déjà s'éteindre.

Voici une chambre où vous pouvez vous arrêter des heures entières, et vous serez tenté d'y revenir. C'est d'abord le *Miracle de Bolsène*. Un prêtre doutait de la présence réelle, et, pendant qu'il dit la messe, des gouttes de sang tombent de l'hostie sur le corporal. Le pape Jules II, qui assiste à la messe, ne paraît nullement surpris du miracle; mais l'étonnement, le respect, se lisent sur tous les visages.

Dans cette scène qui représente Héliodore frappé de verges dans le temple de Jérusalem, qu'il vient pour piller, admirez ces deux anges sans ailes, sous une forme humaine, qui fondent sur lui et semblent raser la terre.

A côté, c'est saint Léon arrêtant Attila aux portes de Rome. Dans les airs apparaissent saint Pierre et saint Paul, armés d'un glaive et menaçant le roi barbare, que cette vision jette dans le trouble et la crainte.

Mais la fresque qui m'a retenu le plus longtemps, et qu'il me semble encore voir, c'est la *Délivrance de saint Pierre.* Ce tableau est une des productions les plus étonnantes du génie de Raphaël, et dans lequel l'art de la peinture est porté au plus haut degré.

Trois effets de lumière, produits par des causes différentes, y sont rendus avec une perfection et une vérité inimitables. Saint Pierre, enchaîné, repose tranquillement dans la prison, et les gardes dorment, étendus sur les degrés d'un escalier éclairé par le doux et pâle reflet de la lune. Un ange pénètre dans le cachot de saint Pierre, et l'illumine d'une lumière céleste dont les grilles noires du cachot font ressortir l'éclat.

Un soldat éveillé par cette lumière se lève, et allume un flambeau dont la lueur rougeâtre se reflète sur son armure. Mais ces trois effets de lumière se réunissent sans se confondre à l'endroit où saint Pierre, sorti de sa prison, marche à la suite de l'ange. La figure de l'envoyé céleste est resplendissante : elle est composée d'air et de lumière ; saint Pierre, à moitié endormi, suit d'un pas chancelant et incertain son guide qui le tient par la main. Tout cela est admirablement rendu, et forme la composition la plus hardie et la plus savante qu'on ait jamais imaginée.

Je sens, mon cher ami, que je vous exprime très imparfaitement l'impression que j'ai remportée des chambres de Raphaël. On raconte que Charles Maratte, indigné de ce que Cignani ne les admirait pas assez, le pria de lui copier une tête de l'*Incendie del Borgo.* Cignani se met à l'œuvre ; il commence, efface, recommence et finit par avouer que Raphaël est un maître inimitable. Si le pinceau peut difficilement le faire revivre, la plume est encore plus impuissante à décrire les productions de son génie. Aussi me contenterai-je de vous dire que j'ai admiré son tableau de *la Transfiguration* et celui de *la Vierge au donataire,* dans le musée des tableaux du Vatican.

La Transfiguration fut le dernier chef-d'œuvre de Raphaël ; il le composa pour lutter contre Michel-Ange et Sébastien del Piombo, qui avaient réuni leurs efforts contre le favori de Léon X. Lorsque cette toile fut découverte, ce fut un applaudissement général et un concert unanime de louanges : Raphaël avait vaincu Michel-Ange, et il mourut dans son triomphe, à l'âge de trente-sept ans.

A côté de ces deux tableaux de Raphaël, dans la même salle, il en est un troisième qui échappe, comme eux, à toute analyse. Toute description ne ferait qu'affaiblir l'idée qu'on en veut donner. C'est *la Communion de saint Jérôme,* du Dominiquin. Ce pauvre Zampieri eut à lutter toute sa vie contre la jalousie de ses rivaux, et lorsque ce tableau parut, il fut si amèrement critiqué qu'il finit lui-même par en dire du mal. Il ne lui fut payé que quatre-vingt-dix écus (cinq cents francs). Avant sa mort, le Dominiquin eut cependant la consolation de voir qu'on revenait à un jugement plus équitable sur ce chef-d'œuvre.

« Un peintre étranger s'était chargé de faire une copie de ce tableau. La sueur au front, il s'escrimait pour rendre la poitrine du saint, cette poitrine dans laquelle on sent battre et brûler le cœur. Il effaçait, recommençait, effaçait de nouveau, reprenait encore, n'arrivait à rien, n'en pouvait plus. Il abandonnait ses pinceaux, et s'écriait : C'est impossible.

« Un visiteur inconnu le regardait faire.

« — Je crois, dit-il, qu'on pourrait en venir à bout.

« — Ah! ah! reprit le copiste exaspéré. Vous croyez cela, bonhomme?

« — Mais oui. Je suis peintre aussi; et je crois qu'il y a moyen de s'y prendre.

« — Pardieu, puisque vous êtes peintre, essayez donc. »

« Le copiste jeta sa palette dans les mains du téméraire que n'effrayait pas le génie du Dominiquin.

« L'inconnu attaqua ce terrible ouvrage, et la poitrine de saint Jérôme commença de respirer, de vivre, de battre, de brûler. En quelques instants, la copie se trouva presque plus belle que l'original.

« Le copiste, stupéfait, regarda en face le vieillard qui allait si vite à pareille besogne.

« — Ou vous êtes, lui dit-il, le diable, ou vous êtes le Dominiquin. »

« L'autre répondit :

« — Quelqu'un des deux. Mais, dites-moi, compère, combien vous paye-t-on ce morceau?

« Le copiste répondit qu'il en aurait cinq cents écus.

« — *Va bene,* » reprit le maître. Il donna un coup de pied dans son tableau, et se retira.

« *S'è vero,* je comprends le dépit du Dominiquin; mais je me persuade que, toute réflexion faite, il trouva que mieux valait encore n'avoir que quatre-vingt-dix écus et être le Dominiquin[1]. »

Rendons-nous maintenant à la chapelle Sixtine, construite sous Sixte IV, et dont Michel-Ange peignit toute la voûte, dans l'espace de vingt mois, sans le secours de personne. C'est sur ce plafond, et autour des faits bibliques, que sont représentés les fameux prophètes

---

[1] Louis Veuillot.

et ces fameuses sibylles que Raphaël lui-même et d'autres ont cherché à reproduire, mais qui feront à jamais le désespoir des peintres. Il fallait le puissant génie de Michel-Ange pour donner à ces fronts et à ces yeux cette inspiration surhumaine qui saisit et étonne.

Le pape Paul III pria ce même artiste de reproduire sur le mur du grand autel la scène du *Jugement dernier*. Longtemps Michel-Ange refusa; mais il ne put résister aux instances du souverain pontife, qui se rendit lui-même dans sa demeure, accompagné de six cardinaux. Michel-Ange se mit donc à l'œuvre, et il consacra à ce chef-d'œuvre huit années d'un travail assidu. Cette fresque a rencontré bien des admirateurs et bien des critiques. On lui a reproché trop d'uniformité dans la couleur, de l'exagération dans certains détails, et des nudités excessives.

Quoi qu'il en soit, c'est une œuvre magistrale et imposante. C'est le *Dies iræ* dans toute son horreur : j'aurais cependant aimé y sentir aussi l'expression du repentir et de la miséricorde qu'on lit dans cette admirable prose. Quant aux nudités qu'on lui reproche, ceci me remet en mémoire ce fait si connu du maître des cérémonies du souverain pontife, qui les critiqua amèrement en présence de Michel-Ange, et qui alla jusqu'à comparer cette chapelle à une salle de bains ou à une exposition de boucherie.

Quelques jours après, le portrait du critique, avec des oreilles d'âne, figurait au milieu d'un groupe de damnés. Le prélat, furieux, s'en plaignit au pontife, qui répondit en souriant : « S'il vous eût mis en purgatoire, j'aurais pu vous en tirer; mais en enfer je n'ai nulle puissance. »

Telles sont, mon cher ami, les richesses artistiques du Vatican; mais il est dans ce palais d'autres trésors que le monde ne soupçonne pas. Si le Vatican possède les chefs-d'œuvre les plus illustres de la peinture et de la statuaire, ces murs sont aussi les gardiens mystérieux des chefs-d'œuvre de la grâce. Nous y reviendrons un jour. A côté de ces salles splendides et de ces riches musées, il existe des appartements plus humbles, des chambres plus modestes, dans lesquels habitent véritablement la lumière et l'amour. C'est dans ces murs que le successeur de Pierre, l'auguste Pie IX, prie, souffre et aime. Quels trésors peuvent être comparés aux larmes et aux prières d'un tel pontife! Elles pèsent d'un plus grand poids dans les destinées de ce monde que le savoir-faire de l'artiste et la puissance du génie.

XLIV

LES CATACOMBES

Leur origine. — Leur destination. — Inscriptions païennes trouvées dans les catacombes. — Leur organisation. — Les fossoyeurs. — Description. — Trois classes d'habitants des catacombes. — Les signes du martyre. — Regrets. — Inscriptions. — Peintures : *Noé, Jonas, Jésus-Christ, la sainte Vierge, les Saints*, etc. — Verres : *Moïse figure de saint Pierre*. — Ouvriers des catacombes. — Travaux et découvertes du chevalier de Rossi. — Les cimetières de Calliste et de Prétextat.

Mon cher ami,

En vous parlant des catacombes de Sainte-Agnès et de Saint-Sébastien, je n'ai fait qu'effleurer ce vaste sujet des catacombes de Rome. Quoique tout ait été dit sur la *Rome souterraine*, vous ne me pardonneriez pas si je ne vous en parlais plus longuement. D'ailleurs vous seriez bien aise, m'avez-vous dit, de savoir à quoi vous en tenir sur l'origine de ces cimetières, et si véritablement ils servaient d'asile aux chrétiens pour y célébrer les saints mystères dans les jours de persécution. Je vais donc satisfaire à ces désirs bien légitimes, avant de vous entretenir des catacombes au point de vue de l'art et des traditions catholiques. Je serai nécessairement très incomplet : ce sont des volumes qu'il faudrait écrire sur ce sujet. Il y en a déjà beaucoup, et le dernier mot n'a pas encore été dit sur ces premiers monuments de la foi catholique : chaque jour apporte aux archéologues et aux savants de nouvelles lumières, fournies par les nouvelles catacombes qu'on découvre chaque année.

Vous n'ignorez point, mon cher ami, que plusieurs auteurs ont atribué aux catacombes une origine toute païenne; ils vont même jusqu'à dire que ces cimetières servaient également de sépulture aux païens et aux chrétiens. Cette opinion, naguère encore soutenue dans *la Revue des Deux Mondes*, est complètement dénuée de fondement. La nature des tombes, les inscriptions, les peintures des catacombes, prouvent l'invraisemblance, l'impossibilité même d'une pareille supposition : les Romains, d'ailleurs, brûlaient généralement leurs morts, et ils ne les ensevelissaient pas. D'autres, plus éclairés, et surtout mieux intentionnés, accordent aux catacombes une origine semi-païenne, en ce sens que les chrétiens auraient creusé les tombes de leurs martyrs et de leurs morts dans les carrières mêmes d'où les Romains avaient extrait les pierres et le sable nécessaires pour leurs constructions. Cette seconde opinion a été complètement abandonnée, surtout depuis les travaux, les recherches et les découvertes du célèbre P. Marchi.

Les cimetières chrétiens appartiennent réellement et entièrement aux chrétiens par leur origine et par leur destination. Pour la plupart, il est vrai, ils sont creusés à la suite des carrières de pierre ou de sable; mais un examen attentif fait voir combien la nature du sol des catacombes est différente de celle de ces carrières. Le sol de la campagne romaine n'est point un terrain primitif, mais de formation secondaire, et il présente au géologue trois nuances bien distinctes :

1° La *pouzzolane*, terrain sans consistance, sablonneux, en un mot, du sable;

2° Le *tuf lithoïde*, qui est presque aussi dur que le marbre;

3° Enfin le *tuf granulaire*, qui se taille facilement, et offre assez de consistance pour supporter des excavations et des voûtes sans danger d'éboulement, mais qui se décompose au grand air, et tombe facilement en poussière dans un transport saccadé.

Or les cimetières chrétiens sont tous et seuls creusés dans cette dernière partie du sol romain, et cela se comprend. Dans quel but, en effet, les païens auraient-ils percé des carrières dans ce terrain, puisqu'il ne pouvait leur offrir des pierres assez dures pour bâtir, et qu'ils trouvaient ailleurs du sable excellent, que le tuf granulaire n'aurait pu remplacer sans un nouveau travail, devenu nécessaire après l'extraction pour le rendre sablonneux?

Les carrières de tuf granulaire, au contraire, présentaient aux chrétiens toutes les garanties de solidité et toutes les facilités de travail qu'ils devaient surtout rechercher dans ces opérations, que les persécutions rendaient si urgentes et si nombreuses. Plus consistant que la *pouzzolane*, ce terrain les mettait à l'abri des éboulements, et ils pouvaient sans aucune crainte creuser leurs tombes dans les parois de ces souterrains, et même y établir plusieurs étages. Moins dur que le *tuf lithoïde*, il n'offrait pas tant de résistance à la pioche du fossoyeur, et permettait ainsi une économie de temps et de bras.

Le mode de construction des catacombes est également différent des carrières de sable et de pierre. Les premières sont composées de galeries étroites, qui en moyenne ne dépassent pas huit décimètres et demi de largeur, qui s'en vont en zigzags, tantôt en lignes droites, tantôt décrivant des courbes et des lignes brisées : elles n'auraient pu fournir aux ouvriers un espace assez grand pour faciliter leurs travaux et pour la circulation des chariots. Les *Latomies* et les *Arénaires*, au contraire, sont larges, spacieuses, avec de vastes corridors et d'immenses places, et réunissent toutes les conditions requises pour une exploitation aussi considérable que devait l'être celle de ces carrières [1].

Les catacombes ont donc été creusées par les chrétiens, et elles le furent pour une destination funéraire, comme le prouve, d'ailleurs, le nom de *cimetière* qu'on leur donnait. Chez les anciens, on regardait comme un grand malheur de n'avoir point de sépulture. Chaque famille romaine faisait construire son tombeau, et désignait à l'avance ceux qu'en dehors de sa famille elle consentait à y admettre. Souvent elle y recevait ses clients et ses affranchis. M. de Rossi pense que les catacombes ont commencé par être des tombeaux particuliers possédés par de riches chrétiens, où ils ont admis leurs frères dans la foi. De là l'usage d'appeler du nom de leurs propriétaires ces différents cimetières où les martyrs et les confesseurs étaient déposés.

---

[1] La découverte d'inscriptions et d'emblèmes païens, au milieu des monuments chrétiens des catacombes, a fait penser à quelques auteurs que ces cimetières n'avaient pas servi uniquement aux sépultures chrétiennes. Ces découvertes n'infirment en rien cependant notre affirmation, et rien n'est plus facile à expliquer que la présence de ces inscriptions païennes en un pareil lieu. On sait, en effet, que la campagne romaine était semée de tombeaux, dont la plupart furent brisés dans les guerres civiles ; et, comme les chrétiens n'avaient pas toujours la facilité ni le temps de choisir des marbres pour recouvrir les tombes de leurs martyrs, souvent mis à mort par milliers, ils se contentaient de prendre quelques-uns de ces marbres, de retourner à l'intérieur l'inscription ou l'image païenne, et ils écrivaient sur la face extérieure leurs symboles.

J'ai vu au cimetière de Saint-Calliste une de ces inscriptions, rétablie par M. de Rossi. Il découvrit un jour, dans la chapelle consacrée au pape Damase, des fragments de marbre au nombre de cent cinquante. Il les recueillit, les rapprocha, assigna sa place à chaque lettre, suppléa à quelques-unes, qu'il peignit en rouge pour les distinguer des lettres antiques, qui sont en noir. Il parvint ainsi, avec une patience et une sagacité propres au génie, à la restauration complète d'une belle inscription en caractères damasiens. Au revers de celle-ci on en lit une autre en l'honneur de Caligula. Cet exemple n'est pas le seul ; nous pourrions en citer plusieurs autres si le désir de nous limiter ne nous forçait à les passer sous silence.

On se rend compte ainsi, et très aisément, de la facilité qu'eurent les premiers fidèles pour creuser ces vastes tombeaux, et comment ils ne furent pas plus souvent violés par les païens. A Rome on ne respectait rien tant que les tombeaux, et les catacombes chrétiennes se trouvaient ainsi placées sous la protection de la loi. Cette propriété devenait plus sacrée que toutes les autres. Elles appartenaient à Domitilla, à Lucina, à Calépode, à Prétextat, etc., qui y faisaient ensevelir leurs parents, leurs amis et leurs frères en religion, tout aussi librement que les grands et puissants de Rome admettaient, à côté de leurs cendres et dans leur *columbarium*, les cendres de leurs esclaves et de leurs affranchis.

Les pauvres eux-mêmes s'associaient quelquefois, et se cotisaient pour bâtir à frais communs un *columbarium* où leurs cendres trouveraient une petite place : une urne et une niche, c'était le seul et enviable dividende que ces étranges sociétés promettaient à leurs actionnaires.

Les chrétiens, usant du bénéfice de la loi commune, pouvaient donc, sans l'ombre d'aucune crainte et sans aucune précaution, ensevelir leurs morts dans leurs cimetières particuliers. Aussi l'entrée des plus anciennes catacombes était exposée aux regards, et même quelques-unes étaient décorées.

Mais les temps et les conditions changèrent, et le savant archéologue de Rossi a constaté, dans les nécropoles des IIe et IIIe siècles, l'existence de mesures de prudence, d'entrées mystérieuses et cachées, à travers les arénaires. A ces époques, en effet, les cimetières n'appartenaient plus à des particuliers, mais ils étaient devenus la propriété des vingt-cinq paroisses de Rome, et ils avaient pris peu à peu une telle extension qu'il ne fut plus possible de les faire passer pour des tombeaux de droit privé. Ces nécropoles devinrent alors, successivement et aux époques de persécution, comme une sorte de paroisse souterraine ayant son centre religieux dans la crypte principale. Ce n'était plus seulement un cimetière, mais encore le temple où les premiers chrétiens priaient Dieu, célébraient les saints mystères et recevaient les sacrements.

On a voulu mettre en doute que les catacombes servirent de lieu de réunion pour les fidèles, et cependant rien ne me paraît plus certain. « Venez, assemblez-vous dans les cimetières, disait le pape saint Clément, pour lire les livres sacrés, chanter les hymnes en l'honneur des martyrs et de tous les saints sortis de ce monde, afin de prier pour vos frères morts dans le Seigneur, offrir dans vos églises et dans vos cimetières l'Eucharistie, agréable à Dieu[1]... »

Nous savons, d'ailleurs, que plusieurs chrétiens furent étouffés dans les catacombes, pendant la célébration des saints mystères, par les païens qui en avaient comblé les issues; d'autres, comme les papes saint Étienne et saint Sixte, y furent martyrisés au pied des autels. Il y avait dans chacun de ces cimetières des chambres petites, il est vrai, mais nombreuses, pouvant en moyenne contenir chacune une centaine de personnes, ce qui permettait aux chrétiens de se réunir, au nombre de plusieurs mille, dans le même moment et dans des lieux séparés. Toute surprise devenait ainsi plus difficile : ces réunions, peu nombreuses sur un même point, pouvaient moins aisément attirer l'attention.

Disons aussi que les catacombes servaient surtout aux jours où la persécution était plus terrible. Pendant les trois premiers siècles, en effet, la persécution ne fut ni également violente, ni toujours menaçante; il y eut des moments de trêve qui durèrent quelquefois assez longtemps, et l'Église en profitait pour sortir de terre, élever même des églises publiques et annoncer ouvertement l'Évangile. Dans ces jours de paix, l'Église n'abandonnait point ses cimetières : elle y déposait toujours les morts, et elle s'y réunissait dans la *société des martyrs*. Si, après leur mort, les fidèles étaient désireux de reposer sous la protection des *saints endormis dans le Seigneur*, ils n'étaient pas moins heureux de se réunir près de leurs tombes pour la prière.

Quand la persécution éclate, leurs églises sont fermées ou détruites, ils sont traqués comme des bêtes fauves, et *eux, dont le monde n'était pas digne, sont condamnés à errer dans la solitude, les grottes et les cavernes souterraines*[2]. S'ils ne s'étaient pas retirés habituellement dans les profondeurs de leurs cimetières, pourquoi les païens les auraient-ils appelés avec mépris *race taupinière et ennemie du grand jour (latebrosa et lucifugax natio)*? Ces retraites, comme nous l'avons dit, n'offraient pas toujours un abri sûr contre les persécuteurs, qui parfois les envahissaient. « La persécution est tellement violente, écrivait le pape Corneille en 260, que nous ne pouvons plus nous assembler dans les catacombes les plus connues. » On conçoit bien que les réunions devaient être peu nombreuses, mais multipliées. Chaque paroisse avait son cimetière, qui abritait ses morts et servait d'asile à ses pontifes.

---

[1] « Que dans les cryptes de nos cimetières, dit le savant chevalier de Rossi, là notamment où reposaient les martyrs les plus illustres, ait été offert le divin sacrifice, c'est un fait qui n'a pas besoin de nouvelles preuves. » (*Roma sotterranea*, t. I, p. 284.)

[2] Hebr. xi, 37, 38.

Quand on parcourt les catacombes, il n'est pas rare de lire, sur les pierres qui recouvrent les *loculi*, des inscriptions semblables à celles-ci :

FELIX FOSSARIVS IN P.

Félix, fossoyeur en paix.

SERGIVS ET JUNIUS FOSSORES
B. N. M. IN PACE BISOM.

Sergius et Junius, fossoyeurs, qui ont bien mérité, en paix dans le même tombeau.

Voici une peinture qui va nous instruire sur la fonction de ces fossoyeurs: Dans le cimetière de Saint-Calliste, on voit sur une pierre tombale un jeune homme debout, vêtu d'une robe qui lui descend jusqu'aux genoux, et des sandales aux pieds. Des croix sont tracées sur sa tunique, deux aux genoux et une à l'épaule droite. Sur l'épaule gauche on distingue un morceau d'étoffe, qui semble être le prolongement de l'amphiballe ou d'un capuchon. Sa main droite est armée d'une pioche, et de la gauche il tient une de ces petites lampes dont nous parlerons plus tard, suspendue à une chaînette. De chaque côté des instruments de sa profession, un compas, une bêche, une pioche, un triangle avec son plomb, gisent à terre. Au-dessus de sa tête on lit l'épitaphe suivante, inscrite entre deux colombes :

DIOGENES. FOSSOR. IN PACE.
DEPOSITVS
OCTAVO. KALENDAS OCTOBRIS

Diogène, fossoyeur, en paix, déposé le huitième jour des calendes d'octobre.

« Ces fossoyeurs, dit le P. Marchi, étaient un collège de héros, une confrérie qui faisait partie du clergé de Rome ; ils consacraient leur vie à creuser les cimetières, à recueillir les corps de leurs frères et à leur donner la sépulture. Représentez-vous les obstacles sans nombre qu'ils avaient à vaincre, les dangers qu'ils couraient en disputant aux bourreaux, par prière ou à prix d'argent, les dépouilles sanglantes des victimes ; voyez-les, tels que des voleurs nocturnes, enlevant les corps saints et les transportant sur des brancards ou sur d'humbles *birotes* (petits chariots à deux roues, tels qu'on en voit encore dans la campagne romaine) le long des voies publiques, pour les ensevelir secrètement au fond des cavernes sacrées ; figurez-vous l'obscurité, l'humidité, le manque d'air, les miasmes pernicieux qui les éprouvaient dans leurs travaux sou-

Crypte de Sainte-Cécile. (Catacombe de Saint-Calliste.)

terrains ; rappelez-vous la faim, la soif, l'inquiétude, qui les ont dévorés si souvent, et vous vous rendrez compte de la vie de ces magnanimes, qui, soutenus par la seule espérance d'une rémunération future, ont créé de leurs mains, cimenté de leurs sueurs, et parfois de leur sang, cette Jérusalem souterraine, sainte de la plus sublime sainteté que Dieu ait accordée à la terre, et vous reconnaîtrez avec moi que la foi chrétienne n'a pas eu à Rome de champions plus intrépides et plus dévoués. Oui, si, dans un martyr ordinaire, je trouve un confesseur qui a donné sa vie une fois pour Jésus-Christ, je reconnais dans le fossoyeur un martyr qui s'est sacrifié cent fois pour son frère régénéré en Jésus-Christ. »

Si vous le voulez, nous allons maintenant, mon cher ami, visiter ces « labyrinthes souterrains, presque indescriptibles, dans lesquels cent chemins droits, obliques, brisés, sinueux, serpentent, se coupent ou s'entrelacent à l'infini, les uns impénétrables aujourd'hui, parce qu'à l'extrémité qui aboutit au sentier que vous parcourez ils sont fermés par des murs ou par des monceaux de terre ; les autres vous ouvrant, à droite et à gauche, des profondeurs inconnues où les pas des visiteurs n'osent point se hasarder : tout cela plein de tombeaux, de la poussière des vieux siècles, de recoins étranges, d'histoires tragiques, de sorte que ces lieux, avec les mille plis et replis de leurs sentiers et de leurs mystères, conviennent très bien pour être des palais de la mort, qui est si pleine elle-même de surprises, de secrets terribles, et qui suit souvent, pour frapper ses coups, des routes aussi tortueuses. De chaque côté de ces corridors on a pratiqué dans le mur, pour y déposer les cadavres, des espèces de niches oblongues, placées horizontalement ; elles sont superposées les unes aux autres, de manière à former deux ou trois rangs de sépulcres, parfois six ou sept, et même jusqu'à douze dans les endroits où l'on a travaillé dans des couches de tuf plus hautes [1]. On dirait les rayons d'une bibliothèque où la mort rangeait ses œuvres. Lorsqu'un corps avait été confié à une de ces niches, on la fermait avec des briques, des pierres ou des plaques de marbre [2]. » Sur ces plaques, le fossoyeur inscrivait souvent à la hâte le nom du défunt, ou traçait avec sa pioche une palme, qui suffisait pour apprendre aux fidèles et aux générations futures que là reposait un martyr de Jésus-Christ.

[1] Au moyen de ces galeries superposées, un espace de terrain relativement petit pouvait contenir un grand nombre de caveaux. D'après les calculs de M. de Rossi, un terrain qui n'aurait eu que cent vingt-trois pieds romains pouvait fournir, avec trois étages seulement, près de sept cents mètres de galeries.

[2] Mgr Gerbet.

La plupart de ces tombeaux, de ces *loculi*, sont vides aujourd'hui. Les corps des martyrs ont été enlevés et placés sur les autels; il ne reste plus que les ossements et la poussière des corps dont le sépulcre n'offrait point le signe du martyr et de la sainteté.

Les catacombes, en effet, étaient le cimetière de tous les fidèles; mais tous, malgré la ferveur des premiers âges du christianisme, ne méritaient pas les honneurs rendus dès ici-bas à la sainteté.

Il faut donc distinguer trois catégories dans les tombes des cimetières chrétiens. Les premières, qui n'offrent aucun signe de la sainteté ou du martyre, et qui n'ont point été ouvertes par les nouveaux fossoyeurs des catacombes, sont encore en possession des restes qui leur ont été confiés. Les secondes renferment la dépouille d'un fidèle dont le nom n'est pas connu, mais que différents signes, certains, infaillibles, font reconnaître pour un martyr. Ces signes sont la palme, quand le martyr a été noyé, brûlé ou étouffé pour Jésus-Christ, et la fiole de sang, quand il a répandu son sang pour le triomphe de sa foi.

On comprend aisément que, dans la fureur des persécutions, les premiers chrétiens n'aient pas toujours pu inscrire les noms de leurs martyrs : le nombre considérable de ces témoins de Jésus-Christ rendait souvent cette formalité impossible à remplir. Comment, en effet, nommer les dix mille martyrs égorgés avec le tribun Zénon, dont nous avons vénéré les restes à Sainte-Marie *Scala Cœli*, aux Trois-Fontaines! et combien d'autres furent ainsi mis à mort par milliers!

Que restait-il à faire aux chrétiens en ensevelissant ces morts? Ils gravaient sur la tombe des victimes de ces nombreuses et sanglantes exécutions une palme, ou ils plaçaient à côté de leurs corps glorieux une fiole remplie de leur sang.

Quand l'Église rencontre ces signes sur la tombe d'un chrétien des premiers âges, elle l'honore comme un martyr et elle le présente à la vénération des fidèles, en le désignant sous le nom de quelqu'une des nombreuses vertus qui faisaient, sans doute, l'ornement et la force de sa vie. Elle l'appellera *Juste, Candide, Victor, Félix*, etc.; c'est un attribut plutôt qu'un nom qu'elle lui donne. « Dieu seul, dit saint Ambroise, les a déjà nommés : le privilège des saints est de recevoir leur nom de Dieu lui-même. »

Enfin le nom des martyrs est quelquefois mentionné sur la pierre de leur tombeau. Souvent, il est vrai, ce nom est seul, et rien n'indique le genre de supplice qu'il a enduré; mais peu importe : il suffit de savoir qu'il a confessé Jésus-Christ en présence de la mort, et qu'il a mérité la palme du vainqueur. On a remarqué que les palmes se trouvent le plus souvent sur les sépulcres des catacombes les plus proches du Tibre, ce qui s'explique par le voisinage de ce fleuve, où tant de martyrs ont été précipités.

Les corps de tous ces généreux athlètes de Jésus-Christ ont donc disparu des catacombes, et ceux qui restent n'inspirent plus le même sentiment de respect et d'amour. Il n'est peut-être pas un pèlerin, en descendant dans ces souterrains, qui n'ait éprouvé le regret de les voir tous dépouillés de leurs richesses. Quelle autre impression l'âme éprouverait si les corps des martyrs étaient encore là; si les lampes des sacrifices, si les vases de l'autel étaient encore à leur place! L'imagination, sans doute, peut repeupler ce désert d'autant plus aisément que les musées du Vatican possèdent de nombreux objets, tels que lampes, verres, fioles et crucifix trouvés dans les catacombes; mais autre est l'émotion de les voir dans un musée, et autre celle de les trouver à la place où ils durent être, dans les lieux mêmes où ils servirent. J'aurais aimé, au lieu de cette petite bougie qui m'éclairait dans ces dédales obscurs, marcher à la lumière d'une de ces lampes en terre cuite, à la forme symbolique d'une nacelle, suspendues par une chaînette à la voûte de ces grandes chambres qu'on rencontre assez souvent au milieu de ces labyrinthes, et qui servaient à la réunion des fidèles. J'aurais aimé chanter les psaumes dans ces petits sanctuaires dont les absides, les colonnes et les autels de nos églises rappellent l'architecture, et lire l'office divin, éclairé par une de ces lampes appuyées sur des tuiles ou des fragments de marbre scellés en saillie dans tuf. Le monogramme du Christ, le bon Pasteur, la croix, la palme, la colombe qui les décorent, ont un autre sens quand ils sont placés près de la tombe des martyrs. Je ne suis plus distrait alors par la pensée artistique qui se préoccupe de ce que les sculptures ont de plus ou de moins achevé : je n'aurais peut-être pas, il est vrai, remarqué aussi bien leur structure; mais du moins j'aurais eu une impression plus vive, plus profonde et plus sainte. Cependant, mon cher ami, malgré leur nudité, les catacombes ne laissent pas que d'émouvoir profondément; car enfin ce sol a été foulé par nos pères, ces tombes vides ont été la demeure des corps des saints, et ces peintures que nous admirons encore ont été tracées par des mains qui portaient noblement, et volontiers, des chaînes pour l'amour de Celui qu'ils nous représentaient sous l'emblème du bon Pasteur.

Dans ce *cubiculus* de Sainte-Agnès, le plus grand de toutes les catacombes, je vois autour les gradins sur lesquels s'asseyaient les fidèles pour entendre la parole de Dieu, que leur adressait le pontife assis sur ce siège adossé à la muraille. Dans cette partie isolée, cet autre siège plus humble est le trône où le prêtre entend les confessions des premiers fidèles, et duquel descendent des paroles de pardon et de miséricorde. Ces deux entrées différentes indiquent que les hommes et les femmes avaient leur porte séparée.

Quelle joie et quelle confiance s'emparent de l'âme en retrouvant dans les catacombes des preuves vivantes, si je puis ainsi parler, de la foi de nos pères! Cette source avec laquelle on administrait le sacrement du baptême coule toujours, pure comme la grâce dont elle est l'emblème. Dans les inscriptions nous entrons en communication avec ces généreuses et fortes générations : leur tombe nous parle et nous révèle leurs croyances. Comme nous, ils croyaient en un seul Dieu en trois personnes. Lisez plutôt cette épitaphe :

> HIC REQVIESCIT IN SOPNO PACIS
> AGEL PERGA ANCILLA CHRISTI
> QVÆ VISCIT AN. PL. M. XVIII.
> CREDO DEVM PATREM. CREDO
> DEVM FILIVM. CREDO DM SPIRITVM
> SANCTVM CREDO Q. NOBISSIMO
> DIE RESVRGAM

Ici repose, dans le sommeil de la paix, Agel Perga, servante de Jésus-Christ, qui vécut environ dix-huit ans. Je crois Dieu le Père, je crois Dieu le Fils, je crois Dieu le Saint-Esprit, je crois qu'au dernier jour je ressusciterai.

La divinité de Jésus-Christ y est exprimée de mille manières par les peintures et dans les inscriptions. Mais ce qui vous étonnera peut-être davantage, c'est l'autorité de Pierre reconnue et identifiée, en quelque sorte, à celle de l'Église :

> RVTA OMNIBVS SVBDITA ET AFFABI
> LIS BIBET IN NOMINE PETRI.
> IN PACE

Ruta, soumise et affable à tous, vit, au nom de Pierre, dans la paix.

Le dogme de l'Eucharistie est moins explicitement exprimé, et cette réserve s'explique aisément par la loi du secret vis-à-vis des infidèles et même des catéchumènes. Toutefois on a trouvé dans les catacombes des verres, des tasses, destinés évidemment au service de l'autel, et dans lesquels les diacres administraient l'Eucharistie sous l'espèce du vin. Les inscriptions tracées sur ces verres ne me semblent pas laisser place au moindre doute à cet égard. En voici quelques-unes :

ΠΙΕ ΖΗΣΑΙΣ ΕΝ ΑΓΑΘΟΙΣ

Bois, afin que tu vives de ces biens.

PIE ZESES

Bois, tu vivras.

écrites en caractères latins.

Aussi croyaient-ils à la résurrection et à l'immortalité de l'âme. Notre-Seigneur n'avait-il pas dit : « Celui qui mange ma chair « et boit mon sang ne mourra point; je le ressusciterai au dernier jour. »

JUSTVS CVM SIS XPO MEDIANTE RESVRGET

Juste ressuscitera avec les saints par Jésus-Christ.

ANTONIA AN
IMA DVLCI
S IN PACE T
IB DEVS
EFRIGEBIT

Antonia, âme chérie en paix, Dieu te donnera le rafraîchissement.

La seule pensée qui puisse consoler de la mort de ses parents et de ses amis, c'est l'espérance de les retrouver. *Au ciel on se reconnaît*. Les premiers fidèles exprimaient cette douce croyance sur la tombe de leurs morts :

VLPIA VIVA SIS CUM FRA
TRIBVS TVIS

Ulpia, sois vivante avec tes frères.

Il y a avec les morts des communications et des rapports affectueux, et les épitaphes ne sont quelquefois qu'une prière adressée à ceux qui ne sont plus :

ATTICE SPIRITVS TVS
IN BONV ORA PRO PAREN
TIBVS TVIS

Atticus, ton âme est dans le bonheur : prie pour tes parents.

Mais la partie la plus intéressante des catacombes, ce sont les peintures murales. Dans les chambres sépulcrales, ou *cubicula,* la voûte et la niche où reposait l'autel sont toujours peintes. La peinture de la voûte, comprenant l'espace le plus considérable, se subdivise en plusieurs compartiments, ordinairement au nombre de quatre, séparés par des enroulements, des feuillages et divers motifs d'ornements ou arabesques, le tout est distribué autour d'un cadre rond renfermant soit une figure principale, soit une scène composée de plusieurs figures, quelquefois une image en buste. Les compartiments du cercle extérieur sont eux-mêmes remplis par des sujets opposés deux à deux, et tirés habituellement de l'Ancien et du Nouveau Testament, sauf quelques exceptions, assez rares, où les quatre sujets appartiennent soit à la Bible, soit à l'Évangile. Des fleurs, des couronnes, des guirlandes forment la principale partie de la décoration. Près des tombeaux, des figures représentent des *fossores* ou des *orantes,* c'est-à-dire des chrétiens dans l'attitude de la prière, les bras étendus, vêtus de longues robes de différentes couleurs, les cheveux à la nazaréenne et de longs voiles retombant sur leurs épaules. Ces deux figures, le fossoyeur et l'orante, sont souvent répétées; c'est le travail et la contemplation, et l'espérance debout à côté de la tombe.

Arrêtons-nous quelques instants à contempler plusieurs des peintures dont les sujets sont empruntés à l'Ancien Testament.

Noé est l'un des types le plus souvent choisis pour exprimer la grâce et les effets du baptême. L'art moderne a représenté sous des formes multiples l'histoire de Noé; mais aux catacombes elle est toujours reproduite sous un seul et même aspect. Au lieu d'une grande arche voguant sur les flots et contenant huit personnes et une multitude d'animaux de toute espèce, nous voyons toujours un seul personnage, placé dans une sorte de coffre carré, muni d'un couvercle : une colombe, posée sur sa main ou venant à lui et tenant dans son bec un rameau d'olivier, achève le tableau. Le personnage représenté dans l'arche a les traits tantôt d'un vieillard, tantôt d'un jeune homme ou même d'un enfant. Le nom de Noé ne se trouve jamais écrit, et le corbeau n'est jamais présent. Il faut donc voir dans cette peinture, si incomplète au point de vue historique, une allusion aux fidèles, qui, ayant été baptisés, trouvent dans l'arche, image de l'Église, les dons du Saint-Esprit et un asile contre les dangers du monde. L'apôtre saint Pierre compare positivement le salut du corps, que la famille de Noé trouva dans l'arche, au salut de l'âme, conquis par les chrétiens au saint baptême.

Très souvent, à côté de l'histoire de Noé, nous voyons celle de Jonas. Jonas a été pris si clairement par Jésus-Christ lui-même comme le type de sa propre résurrection et de la résurrection générale, qu'il n'est pas surprenant de voir sa vie occuper la première place entre tous les sujets empruntés à l'Ancien Testament par les peintres des catacombes. On la trouve dans les fresques qui ornent les murailles, sur les bas-reliefs des sarcophages, sur les simples pierres des *loculi*, sur les médailles, les lampes et les verres. On voit Jonas jeté à la mer et dévoré par un monstre marin. Un peu plus loin, le prophète est rejeté sur le rivage, et nous le trouvons aussi couché sous le berceau de lierre. Ce poisson ne ressemble en rien aux hôtes habituels de la mer; il a les traits d'un de ces monstres fabuleux, hippocampe ou veau marin, que les Romains aimaient à représenter, par une fantaisie décorative, dans les appartements de leurs maisons ou sur les murs des chambres funéraires. Imbus des habitudes du paganisme, les premiers chrétiens le firent quelquefois entrer, à titre d'ornement, dans les peintures décoratives de leurs *cubicula*; mais peu à peu il devint inséparable de l'histoire de Jonas, et ils cessèrent de le représenter seul. C'est un véritable dragon, avec un cou long et étroit, une tête énorme, de larges oreilles, quelquefois des cornes, et dont la croupe se recourbe en replis tortueux.

Daniel, dans la fosse aux lions, est habituellement peint nu entre deux lions, debout, les bras étendus en forme de croix. Son histoire, souvent répétée, était un puissant encouragement pour ces chrétiens jetés en pâture aux bêtes de l'amphithéâtre.

Dans le Nouveau Testament, ils choisissent plus volontiers le mystère de la manifestation de Jésus-Christ aux gentils, le miracle de la multiplication des pains, qui rappelle aux initiés le mystère adorable de l'Eucharistie, la guérison du paralytique, et celle de l'aveugle-né. Le plus souvent Jésus-Christ est représenté sous la forme du bon Pasteur, avec les vêtements des *pifferari*, tels qu'on les voit encore sur les montagnes de la Sabine. Quelquefois on remarque dans ces peintures les souvenirs du paganisme, et Jésus est caché sous les traits d'Orphée.

La plus belle et la plus ancienne image de Jésus-Christ a été trouvée dans une chapelle du cimetière de Saint-Calliste. Le visage du Sauveur est ovale et légèrement allongé, sa physionomie grave, douce et mélancolique. La barbe est courte, rare, et les cheveux, séparés sur le milieu du front en deux longues tresses, retombent sur les épaules.

Catacombes de Saint-Calliste.

La catacombe de Saint-Calliste offre cinq *cubicula*, connus aujourd'hui sous le nom de *chambres des sacrements*, qui présentent un intérêt réel et sérieux pour la tradition dogmatique de l'Église sur les sacrements. C'est toute la doctrine catholique, ou, plus exactement, c'est un vrai cours de théologie sur l'institution et les effets des sacrements qui se déroule, dans de gracieuses peintures et des symboles saisissants, sous les regards émus et étonnés du spectateur.

Parlons maintenant des images tracées en l'honneur de la Mère de Dieu. Parmi les figures si fréquemment reproduites de personnages en prières, *orantes*, se trouve souvent l'image d'une femme, debout aux côtés du bon Pasteur, dans laquelle M. de Rossi reconnaît soit la Vierge Marie, soit l'Église, épouse de Jésus-Christ, qui prie sans cesse sur la terre, comme Marie prie dans le ciel. Nous aimons beaucoup cette ingénieuse interprétation qui se plaît à établir les rapports figuratifs les plus étroits entre Marie et l'Église : elle est d'ailleurs conforme au sentiment de saint Ambroise[1]. A Saint-Calliste, une *orante* se tient debout comme le pasteur; deux brebis se tiennent à ses côtés, levant vers elle un regard plein d'une ardente prière et d'une tendre supplication. Image prophétique de la confiance que tous les fidèles doivent avoir en la prière de Marie !

Il existe, au témoignage de M. de Rossi, plus de vingt peintures dans lesquelles la sainte Vierge est toujours la figure principale, et semble volontairement associée par l'artiste aux hommages dont son divin fils est l'objet : ce sont les fresques représentant l'adoration des Mages. Le plus souvent Marie est assise, tenant Jésus sur ses genoux, et les Mages se dirigent vers le groupe formé par la mère et l'enfant : trois ou quatre fois elle occupe le centre du tableau. Ces fresques remontent à la seconde moitié du IIIe siècle.

Une autre image, qu'on peut voir dans une chambre sépulcrale du cimetière de Sainte-Priscille, remonte, d'après notre savant archéologue, aux confins de l'âge apostolique. Elle représente la Vierge Marie, assise, la tête à demi couverte d'un voile court et transparent, et portant dans ses bras l'enfant Jésus, « qui se retourne, sur les genoux de sa mère, avec un mouvement tout à fait analogue à celui que Raphaël lui prête quelquefois dans ses *Saintes Familles*[2]. » A côté de Marie, un homme est debout, vêtu d'un *pallium* qui laisse à nu son épaule; d'une main il tient un volume roulé, de l'autre il

---

[1] Multa in figura Ecclesiæ de Maria prophetata sunt. (S. Ambr. *de Inst. virg.* cap. XIV.

[2] Vitet, *Journal des savants*, février 1866, p. 96.

montre une étoile. La présence de l'étoile s'explique quand Marie est au milieu des mages; ici on ne se rend pas compte, à première vue, de sa présence. Plusieurs archéologues veulent voir dans cette figure virile saint Joseph ou l'un des mages; mais M. de Rossi croit qu'il faut y reconnaître Isaïe, qui, dans ses prophéties, a comparé souvent la venue du Messie au lever d'un astre; le volume qu'il tient à la main semble d'ailleurs venir à l'appui de cette interprétation. Quant au dessin et au style de cette peinture, ils sont d'une immense supériorité sur toutes les fresques des catacombes. Le modelé, dit M. Vitet, est d'une telle souplesse, d'une telle suavité, que, sans offenser Corrège, on pourrait lui en faire honneur.

La catacombe Ostrienne possède une image, relativement moderne, de la sainte Vierge. Une madone est peinte dans la lunette d'un *arcosolium*, les bras étendus, et le divin enfant est posé debout devant elle. Le monogramme du Christ, placé à droite et à gauche, l'absence du nimbe autour de la tête de Marie et de l'enfant Jésus, font penser à M. de Rossi que cette fresque se rapproche du temps de Constantin.

Saint Joseph était-il honoré par les premiers chrétiens, et trouve-t-on dans leurs cimetières des images du père adoptif de Jésus? Il est certain qu'il est fréquemment représenté, sur les sarcophages, d'une manière qui ne permet pas de doute. Ce choix des sarcophages pour y tracer plus spécialement la figure du saint patriarche ne serait-il pas une preuve que saint Joseph était déjà honoré, dans les catacombes, comme le patron de la bonne mort?... Quant aux peintures dans lesquelles on a cru voir l'image de l'époux de Marie, elles sont en général dans un très mauvais état de conservation, et M. de Rossi reconnaît qu'elles peuvent être encore discutées. Dans les monuments chrétiens primitifs, saint Joseph porte une tunique courte et relevée; il est jeune et imberbe, et avant le ve siècle il apparaît rarement sous les traits d'un homme mûr ou d'un vieillard. On sait, d'ailleurs, que la tradition sur l'âge de saint Joseph est loin d'être uniforme.

Le culte des saints a pris naissance dans les catacombes. Saint Pierre, saint Paul, sainte Agnès, saint Calliste, etc., sont souvent représentés sur des verres dont il est temps d'entretenir nos lecteurs. On a trouvé dans les cimetières chrétiens un grand nombre de verres provenant, pour la plupart, de débris de coupes : ils étaient attachés aux tombes, où ils avaient été fixés dans le ciment encore frais. Ils sont presque tous ornés de figures chrétiennes découpées dans une feuille d'or; cette feuille d'or était appliquée sur le fond de la coupe, et recouverte d'une mince plaque de verre, que l'on soumettait à l'action du feu jusqu'à ce que les deux parties devinssent adhérentes. Ce double fond, enveloppé dans le ciment, a résisté à l'action du temps; les frêles parois de verre, que rien ne protégeait, ont presque toujours péri. A quelle époque remontent ces verres? M. de Rossi pense qu'il faut les ranger dans une période qui s'étend entre le milieu du IIIe siècle et la fin du IVe. Quel était l'usage de ces coupes? On croit qu'elles servaient aux festins et aux réjouissances que les premiers chrétiens célébraient en l'honneur des principales fêtes, et surtout des saints apôtres. Les inscriptions qui les entourent semblent confirmer cette interprétation. Nous n'en citerons qu'une :

DIGNITAS AMICORVM [1]

PIE ZESES [2]

CVM TVIS OMNIBVS BIBAS

Au nom de l'amitié, bois, et longue vie à toi et aux tiens.

Un grand nombre de ces coupes représentent les saints apôtres Pierre et Paul. Sur cent quarante verres dont le P. Garucci a publié le dessin, quatre-vingts sont ornés de leurs images. La suprématie de saint Pierre est même attestée très clairement, sur quelques-uns, par un symbole dont le sens ne peut être mis en doute. Il apparaît quelquefois sous le type de Moïse frappant le rocher. Le sens du rocher est bien clair : « Ils burent du rocher spirituel qui les suivait, dit saint Paul parlant des Juifs, et ce rocher était le Christ [3]. » Mais, quelque beau et naturel que soit ce symbolisme, on pourrait nier que le personnage qui frappe le rocher soit saint Pierre, si, deux fois au moins, le nom de PETRVS ne se lisait auprès de lui. Un des verres où il est représenté et désigné ainsi est conservé à la bibliothèque Vaticane, et il est connu de tous ceux qui l'ont visitée. Le second, conservé dans la même collection, avait perdu toute transparence, mais le directeur du cabinet des médailles du Vatican l'a nettoyé, il y a quelques années; il est devenu clair et diaphane, et l'on voit très bien la figure de saint Pierre frappant le rocher symbolique.

La verge, chez les anciens, était le signe de l'autorité et de la puissance, et on a remarqué qu'aux catacombes elle ne se rencontre jamais que dans trois mains, celles de Moïse, de Jésus et de saint

---

[1] *Dignitas amicorum* paraît avoir été l'équivalent de *digni amici*.
[2] PIE ZESES, pour πιε, ζησης, mots grecs d'un usage très répandu à Rome.
[3] Cor. x, 4.

Pierre. Saint Pierre était considéré par nos pères dans la foi comme le Moïse « du nouvel Israël de Dieu », selon l'expression de Prudence.

On rencontre souvent les deux apôtres, en face l'un de l'autre, sur le même verre ou la même médaille. Signalons particulièrement une médaille de bronze trouvée dans le cimetière de Domitille, et qui remonte probablement à l'époque des Flaviens, alors que l'art grec florissait à Rome. « Les portraits sont vivants et naturels : ils ont un accent individuel très marqué. Une des têtes est couverte d'une chevelure courte et bouclée; la barbe, également bouclée, est courte, les traits du visage rudes, un peu vulgaires. L'autre figure a plus de caractère, un aspect plus noble et plus fin : le front est chauve, la barbe épaisse et longue. Cette précieuse médaille est conforme à la tradition conservée par Nicéphore Calliste, relativement à l'apparence personnelle des deux apôtres : la tête plus rude est celle de saint Pierre; l'autre, celle de saint Paul... Ces différences individuelles se retrouvent dans la plupart des verres, à l'exception de quelques-uns d'une exécution très inférieure[1]. »

Après les apôtres saint Pierre et saint Paul, aucun saint n'est plus souvent représenté que sainte Agnès, que l'Église romaine honorait déjà d'un culte de prédilection. Elle est quelquefois seule sur les fonds de coupe; mais le plus souvent elle accompagne Marie, et elle est placée une fois à la droite de Jésus-Christ.

Telle est, mon cher ami, l'histoire sommaire des peintures des catacombes. Mais vous attendez que je vous dise l'impression qu'elles m'ont faite.

Je les trouve admirables pour la plupart, comme l'expression d'un sentiment sublime rendu avec naïveté et sans aucune prétention. On sent que l'artiste se préoccupait moins de l'effet qu'il allait produire que de la pensée qui l'animait. D'ailleurs ces peintres, comme le dit fort bien Mgr Gerbet, n'ayant pour but de leurs travaux que la gloire de Dieu et l'édification de leurs frères, regardaient l'art comme une belle forme de la charité; et, dans leur vie de dévouement, il y eut moins de place pour les grands tableaux que pour les grands sacrifices.

Il est vrai de dire aussi que les grands artistes de Rome avaient autre chose à faire qu'à décorer ces obscurs souterrains. Ils trouvaient plus de gloire et de profit à décorer la Maison-d'Or de Néron

---

[1] *Rome souterraine; Résumé des découvertes de M. de Rossi*, etc., par M. Allard, p. 360.

ou les Thermes de Titus, et sans doute ils n'eurent point le bonheur de connaître et de confesser Jésus-Christ. Aussi les peintures des catacombes sont peu remarquables comme exécution : on y sent une main peu exercée, et placées dans un autre lieu, avec le sentiment de moins qui les anime, elles mériteraient à peine l'attention. Mais on y sent déjà naître un art nouveau, qui ne cherchera pas son idéal dans la nature matérielle et dans la beauté de la forme; et sous ces dehors imparfaits, défectueux quelquefois, on peut déjà présager la grâce suave et pieuse de fra Angelico, la noble et gracieuse manière de Raphaël.

Chaque année on fait des fouilles dans les catacombes qui n'ont point encore été explorées, et l'on fait toujours de nouvelles et précieuses découvertes. Depuis le mois de novembre jusqu'au mois de mai, un essaim d'ouvriers descend dans les catacombes, et, la pioche à la main, ils continuent l'œuvre des anciens fossoyeurs. « Ils travaillent, il est vrai, en sens inverse de leurs devanciers, ils ouvrent les tombes que ceux-là fermaient; mais c'est pour donner à l'œuvre des premiers son dernier complément, c'est pour faire passer les restes des martyrs de leurs sépulcres de pouzzolane sous le marbre des autels... Ces employés ne sont pas des ouvriers ordinaires, mais choisis et affidés, formant une compagnie soumise à des règlements spéciaux... Autant que j'ai pu en juger, cette classe d'ouvriers semble offrir un type qui lui est propre : le caractère imposant et mystérieux des lieux où ils travaillent, et de leurs travaux eux-mêmes, exerce une influence assez reconnaissable sur la tournure d'esprit et l'imagination de ces braves gens, déjà disposés aux pensées graves par leur foi vive, et possédant, d'ailleurs, un certain sentiment des choses antiques qui distingue le paysan romain, familiarisé avec elles depuis l'enfance [1]. »

Notre travail sur les catacombes serait incomplet, si nous ne mentionnions quelques-uns des importants travaux du chevalier de Rossi. Homme d'une profonde érudition et d'une modestie encore plus admirable, ce savant a fait faire de grands progrès à la science archéologique, et, avec une sûreté de doctrine et un talent rare d'interprétation, il a établi d'une manière évidente et nouvelle la tradition catholique d'après les monuments de l'art chrétien primitif.

Si l'on suit la voie Appienne, en se dirigeant vers Albano, on rencontre, du même côté que Saint-Sébastien, à deux milles de Rome environ, une grande porte au-dessus de laquelle est écrit *Cœmete-*

---

[1] Mgr Gerbet, *Esquisse de Rome chrétienne.*

rium Callisti. C'est là qu'est le plus vaste champ et le plus intéressant théâtre des explorations du savant archéologue. Nous le laisserons raconter lui-même, en abrégé, le résultat de ses travaux et de ses découvertes.

« A l'aide des plans de Bosio, dit-il, j'essayai de retrouver et de reconnaître l'une des contrées et les cryptes principales du cimetière, que l'on nommait alors la catacombe de Saint-Calliste, et que j'ai reconnu être celle de Domitilla. Dans le dédale de ces sombres nécropoles, je m'aventurai à travers les éboulements et les ruines, et je trouvai le point marqué sur le plan de l'antiquaire maltais. Pour moi, c'était là un des centres les plus importants de l'hypogée. Lorsque, sur mes instances, la commission d'archéologie sacrée fit faire des fouilles sur ce point, on vit, au bas d'un escalier magnifique, la principale galerie, le grand lucernaire et une crypte évidemment importante. Dans le dessin de la catacombe nommée *ad duas lauros,* près de Sainte-Hélène, sur la voie Labicane, je remarquai plusieurs lieux semblables à celui dont je viens de parler.

« Un groupe de chambres sépulcrales appelait surtout mon attention par ces lucernaires nombreux et par la présence d'une fresque représentant les martyrs historiques de ce cimetière. J'obtins la permission de diriger le déblaiement des galeries qui devaient mener vers ce point. Le travail avançait lentement. Je franchis, en me traînant sur les mains et les genoux, les terres accumulées sous le ciel des galeries, et parcourant ainsi une longue distance, j'arrivai au lieu que je cherchais. Là, à ma grande surprise, l'un des lucernaires était encore ouvert; par cette bouche béante on avait jeté dans l'hypogée une masse d'immondices et des corps d'animaux, parmi lesquels les restes encore récents d'un bœuf. Mais j'étais arrivé, sans aucun doute, à l'un des sanctuaires que je cherchais avec une si curieuse ardeur; je voyais la trace des nombreuses lampes que les anciens avaient placées dans ce lieu vénérable; le désir de connaître fut plus fort que le dégoût, et, plaçant ma main sur ma bouche, je franchis l'entrée des chambres souterraines. Dans l'une je vis, peintes à la voûte, les images des saints historiques du cimetière, avec leurs noms écrits près d'eux : Pierre, Marcellin, Tiburce, Gorgonius. Ce récit suffit à démontrer que les substructions, les lucernaires nombreux, les amas de ruines distinctes des éboulements de terre et de tuf, sont la marque ordinaire des lieux où se trouvaient, dans les catacombes, les cryptes historiques et les sanctuaires des martyrs.

« La découverte des deux chambres ou cryptes est un des plus brillants résultats du système que je viens d'exposer. Le cimetière de Calliste était le plus célèbre de tous après celui du Vatican ; car il avait recueilli la plupart des tombeaux des papes, depuis le commencement du IIIe siècle jusqu'à la paix de l'Église. L'on savait par l'histoire que cette fameuse nécropole était située près de la voie Appienne : les traditions du moyen âge la plaçaient précisément dans les hypogées de la basilique de Saint-Sébastien, et les archéologues avaient accepté sans réserve cette indication. Mais la carte topographique que j'avais dressée d'après les anciens documents et les itinéraires, démontrait jusqu'à l'évidence que le cimetière de Calliste était tout à fait différent de celui de Saint-Sébastien, et que sa place devait être cherchée à un demi-mille plus près de Rome, sur la droite de la voie Appienne. Les itinéraires nous fournissaient même des détails précis sur la distribution des tombes les plus illustres dans l'intérieur de ce cimetière. D'après ces textes, la plupart des papes auraient reposé dans une chambre, près du tombeau de sainte Cécile ; Corneille, pape et martyr, aurait été déposé dans une crypte à part ; près de son tombeau devait être un souvenir monumental du célèbre évêque de Carthage, ami de Corneille, saint Cyprien : ce qui donnait lieu de les croire enterrés tous les deux ensemble. Ces détails, et bien d'autres encore du plus haut intérêt historique et archéologique, prévus d'après les indications des anciens monuments, ont été vérifiés de la manière la plus exacte par les fouilles et les découvertes de ces dernières années.

« C'est en 1852 que la crypte de saint Corneille a été retrouvée. L'histoire de cette découverte est très connue ; elle a été répétée dans un grand nombre de livres et de revues. Au milieu d'une vigne située à la droite de la voie Appienne, au premier mille hors des murs de Rome et de la porte Saint-Sébastien, j'avais remarqué, dès l'année 1849, un amas de fragments d'inscriptions, parmi lesquels je lus avec la plus vive joie les restes d'une épitaphe d'un martyr dont le nom se terminait en *nelius :*... NELIUS, MARTYR. Je crus sans aucun doute y voir l'épitaphe du pape Corneille. Dès lors je ne pouvais hésiter à chercher le cimetière de Calliste, et par conséquent les tombeaux des papes du IIIe siècle, aux environs de cette vigne, au lieu de les reconnaître dans les caveaux de la basilique de Saint-Sébastien. Je ne me trompais pas : en effet, quatre années plus tard, précisément dans les souterrains de la vigne que je viens d'indiquer, nous pûmes nous ouvrir l'accès à une chambre soutenue par des piliers et des constructions à arceaux de l'époque de saint Damase :

elle était remplie de décombres tombés par deux lucernaires. Quatre images de saints en style byzantin, exécutées à l'époque du pieux pèlerinage, décoraient deux à deux des piliers entre lesquels s'ouvrait un tombeau : à droite, une de ces images était accompagnée de l'inscription verticale SCI CORNELII PP. (*sancti Cornellii papæ*); et l'autre, qui lui était accolée, conservait à peine quelques traces du nom CIPRIANI.

Crypte de la catacombe de Saint-Pontien.

« Voilà donc le souvenir de saint Cyprien réuni à celui de saint Corneille, conformément aux indices que les itinéraires des pèlerins nous fournissaient. Devant ces images était dressé un petit autel de forme cylindrique; à côté d'elles un tombeau évidemment très important avait été anciennement orné de trois inscriptions. La première, en haut, et la dernière, en bas, étaient gravées en caractères calligraphiques damasiens ou presque damasiens; malheureusement il n'en restait que peu de débris. L'inscription du milieu, celle qui autrefois avait fermé l'ouverture même du tombeau, était réduite aussi à peu de lettres; mais ce fragment était précisément ce qui manquait à l'épitaphe que j'avais trouvée en 1849. Les deux pierres réunies donnaient l'inscription complète : CORNELIUS MARTYR EPISCOPUS, et étaient justement de la dimension nécessaire pour fermer la niche sépulcrale; nous étions vraiment en présence d'un des tombeaux historiques du cimetière de Calliste. Toutes les parties de ce monument correspondaient avec l'exactitude la plus scrupuleuse aux données recueillies dans les écrits des anciens.

« Mais il importait surtout de trouver le groupe principal de ces tombeaux, que l'histoire témoignait avoir été tout près du *loculus* de sainte Cécile. Ce dernier *loculus* était désigné par une inscription du moyen âge, comme situé au milieu des hypogées de Saint-Sébastien. La découverte du monument de saint Corneille, si loin de la basilique de Saint-Sébastien, mettait le dernier sceau à ma persuasion que les archéologues avaient accepté, avec une trop grande facilité, des noms et des données topographiques dont la source ne remontait pas au delà du xiie ou du xiiie siècle. Le vrai tombeau de sainte Cécile, avec son magnifique cortège composé de presque tous les papes du iiie siècle, allait être retrouvé sans doute dans la même nécropole où nous avions découvert celui de saint Corneille. L'attente ne fut pas longue : la grande découverte eut lieu en 1854. Sur les parois d'une entrée souterraine, placée sous des lucernaires, entourée de grandes constructions et de tous les indices d'un hypogée autrefois très fréquenté, l'on vit paraître une infinité de noms et d'autres inscriptions tracées par les anciens pèlerins. Les élans de leur enthousiasme témoignaient que cette porte devait nous ouvrir l'accès vers le plus célèbre sanctuaire du cimetière de Calliste, et je dirai presque de toute la Rome souterraine; elle devait nous introduire dans la *Jérusalem des martyrs du Seigneur*[1].

« Les décombres qui remplissaient les cryptes furent enlevés avec l'ardeur qu'une pareille attente devait inspirer. Au fur et à mesure que ces décombres sortaient de la chambre, des fragments d'inscriptions grecques et latines tombaient sous nos mains. Que l'on imagine nos sensations à l'apparition successive des débris d'épitaphes, dont les lettres grecques, contemporaines du iiie siècle, composaient plusieurs syllabes des noms que nous cherchions, ceux des papes antérieurs à Constantin. Enfin ces derniers réunis donnèrent les noms

---

[1] *Gerusalem civitas et ornamentum martyrum Domini*, mots tracés sur le mur par une main du ve siècle.

entiers des papes Anteros, Fabien, Lucius, Eutychien[1] : quatre, sur les onze que l'histoire nous enseigne avoir été enterrés dans le principal sanctuaire du cimetière de Calliste. Les épitaphes des autres ont disparu ; mais parmi les innombrables fragments entassés sur le sol de la chambre par des barbares dévastateurs, cent vingt-cinq portaient de belles lettres du pape Damase. Leur reconstruction mit sous nos yeux les vers célèbres que les anciens pèlerins avaient copiés dans cette même chambre, il y a plus de dix siècles. Ces vers rappellent la grande multitude de saints de toute condition et de tout âge enterrés dans ces cryptes, et finissent par le touchant aveu du pontife poète : *J'aurais souhaité, je l'avoue, que mon corps fût enseveli en ce lieu ; mais j'ai craint d'outrager les restes des saints qui y reposent.*

« Restait à trouver le tombeau de sainte Cécile. Au fond de la chambre papale, à côté de l'autel, on voyait une ouverture. Elle fut bientôt déblayée, et donna accès à une autre chambre.

« Les images de trois saints décorent la voûte sous le lucernaire ; elles sont surmontées des noms des trois personnages : POLYCAMUS, SEBASTIANUS et CYRINUS ; mais l'image d'une sainte domine dans un encadrement, sur le mur qui est le plus près de la chambre des papes, et c'est celle de sainte Cécile. Sous cette même image est une petite niche ornée du buste du Sauveur, fresque byzantine devant laquelle était nécessairement placé un autel ; à côté de cette niche, et sous les pieds de la sainte, est l'image du pape saint Urbain. Ce fut lui qui déposa la dépouille sanglante de sainte Cécile en cet endroit même, dans un sarcophage de marbre. Six cents ans après, le pape Pascal retrouva ce tombeau dont on avait déjà alors perdu la trace, et le transporta dans l'église du Transtévère, dédiée à cette glorieuse sainte. Tous les détails de l'histoire de ce tombeau sont vérifiés par la découverte de sa vraie position au point le plus remarquable du cimetière de Calliste[2]. »

Les lecteurs qui voudraient avoir les preuves des faits avancés par le savant archéologue peuvent recourir à sa *Roma sotteranea*, publiée par les ordres de Pie IX[3].

---

[1] ΑΝΤΕΡΟΣ, επισκοπος; ΦΑΒΙΑΝΟΣ, επισκοπος μρτ (μαρτυρ); ΛΟΥΚΙC, επισκοπος; ΕΥΤΥΧΙΑΝΟC, επισκοπος.

[2] *Rome dans sa splendeur*, t. II, *Catacombes*, par J.-B. de Rossi.

[3] On pourra aussi consulter avec fruit et intérêt les *Nouvelles Études sur les catacombes romaines*, par M. de Richemond, et la *Rome souterraine*, etc., traduite de l'anglais et amplifiée par M. Paul Allard. Nous ne saurions trop louer la méthode, la clarté et les illustrations de ce dernier ouvrage, publié chez Didier, à Paris ; nous lui avons fait plusieurs emprunts.

Nous ne pouvons terminer ce chapitre sans dire quelques mots du cimetière de Prétextat, situé sur la voie Appienne, presque en face de celui de Calliste. C'est dans ce lieu même que fut martyrisé, le 6 août 258, le saint pontife Sixte. Il fut surpris par des soldats païens, au moment où il adressait la parole aux premiers fidèles; emmené à Rome, il fut condamné à être exécuté à l'endroit même où il avait violé l'édit impérial, en annonçant la religion du Christ. On avait également perdu toutes les traces de ce cimetière, lorsqu'en 1848, une de ces cryptes étant, par hasard, devenue praticable, on y trouva, peinte au-dessus d'une tombe, l'image de saint Sixte avec cette légende : svstvs.

Quelques années plus tard, des fouilles furent entreprises, et plusieurs importantes découvertes ne permirent pas de douter qu'on venait de retrouver l'un des cimetières les plus vénérables de la Rome chrétienne par son antiquité. S'il n'appartient pas aux temps apostoliques, il était certainement en usage au IIe siècle. Des fragments d'inscriptions mirent sur la trace de la crypte de saint Janvier, l'un des martyrs qui ont rendu illustre cette nécropole. On était à la veille de découvertes de cryptes historiques d'une importance réelle, lorsque les fouilles furent arrêtées. En 1870, une souscription avait été ouverte en Angleterre, par les amis des antiquités chrétiennes, afin de fournir à la commission archéologique les moyens de poursuivre leurs découvertes; mais depuis l'invasion de Rome par Victor-Emmanuel, le chevalier de Rossi n'a pu continuer ses travaux. Il écrivait dans le Bulletin archéologique de 1871 ces paroles significatives : « Cette année, la saison des fouilles s'est terminée sans que la commission d'archéologie sacrée ait pu entreprendre ses travaux accoutumés. Malgré les ressources fournies par la libéralité des souscripteurs anglais, les belles découvertes du cimetière de Prétextat n'ont pu être continuées, par suite d'obstacles matériels aujourd'hui insurmontables. »

Ce que je vous ai dit des catacombes me semble suffisant pour vous faire comprendre l'importance de ces premiers monuments du christianisme. A quelque point de vue qu'on les envisage, elles ont leurs charmes, leurs enseignements, et surtout leurs vivifiants et bons souvenirs de la foi, de la force et de l'amour de nos pères. Comme cimetière, c'est le plus illustre de la chrétienté ; comme retraite pour les chrétiens, elles furent les retranchements du siège que nos pères firent contre le paganisme; comme dépôts d'objets intéressants pour les arts et pour l'archéologie, elles sont ou elles ont été un musée sacré; comme lieu de prières, elles possèdent un recueillement infini. L'enfant le plus dissipé se recueille lorsqu'on le mène prier sur les tombeaux de la famille ; les catacombes sont, pour la famille des chrétiens, le caveau des ancêtres, visiblement situé non pas simplement sur les limites des deux mondes, mais aux portes mêmes du ciel. Toute pensée y devient presque forcément ou un grand souvenir, ou une grande espérance[1].

[1] Mgr Gerbet.

XLV

LES FRANÇAIS A ROME

Églises nationales. — Établissements français. — Église Saint-Louis-des-Français. — Nos soldats. — Saint-Denis du Quirinal. — La Trinité-des-Monts. — Le Pincio. — Saint Benoît-Joseph Labre. — Saint-Martin-des-Monts et Saint-Sylvestre. — Saint Vincent de Paul. — Les sœurs de la Charité. — La France fille aînée de l'Église.

« Si un peuple possédait une cathédrale entourée d'un portique auquel chacune des provinces aurait fourni une arcade ou une colonne qui serait son œuvre, qui porterait son nom, ce monument serait un harmonieux emblème des diversités que renferme l'unité de ce peuple. Le monde chrétien se trouve avoir quelque chose d'analogue. A l'ombre de la grande basilique des papes, la plupart des nations chrétiennes ont chacune leur église, leurs fêtes, leurs tombes nationales. Chacun de nous rencontre les reflets de l'histoire de sa patrie sur quelque monument sacré; chacun y respire, dans l'atmosphère de la religion, l'air de son pays. Des établissements nationaux, réunis dans une même ville par la politique et le commerce, y représentent bien moins la concorde que la division. Les comptoirs sont des rivaux, les autels sont des frères. C'est là une des causes d'un sentiment qu'éprouvent presque toutes les personnes qui habitent Rome pendant quelque temps, loin de leur pays natal. On ne se sent nulle part aussi peu étranger que dans cette ville [1].

Si ces sentiments sont vrais, je puis dire, mon cher ami, qu'ils le sont surtout pour un Français. Partout il retrouve à Rome la patrie absente. Sans parler de nos soldats, qui ont la noble mission de protéger le trône du saint-père, la France a des sanctuaires plus nombreux que toutes les autres nations; elle y compte d'illustres représentants de ses gloires chrétiennes, les sœurs de la Charité, les

[1] Mgr Gerbet.

frères des Écoles chrétiennes, les conférences de Saint-Vincent-de-Paul, etc. La France est vivante à Rome, et elle y occupe véritablement et noblement sa place de fille aînée de l'Église. Dans tous les temps, Dieu s'est plu à se servir des Français pour l'accomplissement de ses œuvres : *Gesta Dei per Francos*. La fille aînée de l'Église a bien quelquefois la tête un peu vive ; mais le cœur est bon.

C'est ce qui faisait dire à Pie IX, lorsque le colonel Niel vint lui annoncer à Gaëte que nous étions maîtres de Rome : « J'avais toujours compté sur la France. Elle ne m'avait rien promis, mais je savais qu'à un moment donné elle prodiguerait à l'Église ses trésors, son sang, et, ce qui est peut-être plus difficile pour ses braves enfants, ce courage contenu, cette persévérance patiente à laquelle je dois la conservation intacte de ma ville de Rome... »

Sans doute il y a certaines pages, dans l'histoire de nos relations avec Rome, qu'il faudrait déchirer pour notre gloire ; mais il n'en est pas moins vrai de dire que la France semble destinée à être le bras de la Providence auquel a été confié le glaive pour défendre l'Église. Un illustre évêque assignait ainsi la mission de Rome et de la France :

« J'oserai dire que Paul, l'Apôtre des nations, décapité sur la route d'Ostie, à quelque distance de Rome, où sa mission extraordinaire expirait, nous a jeté son épée par delà les mers, à nous autres Français ; l'épée de la parole qui fait le missionnaire, et l'épée d'acier qui fait le soldat. Mais Pierre, crucifié auprès de la muraille de Rome, dont la nouvelle enceinte devait renfermer son tombeau pour toujours, y a déposé ses clefs, les clefs du gouvernement ecclésiastique : elles y sont à leur place ; il serait insensé autant que criminel de songer à les en arracher pour les fixer ailleurs[1]. »

On pourrait écrire de belles pages sur les relations paternelles et filiales de la mère et de la fille ; mais nous sommes à Rome, et pour le moment nous nous proposons d'y chercher les traces de la patrie absente.

La France possède à Rome neuf établissements : Saint-Louis, église et clergé de douze chapelains ; Saint-Yves-des-Bretons, église et rectorat ; Saint-Nicolas-des-Lorrains, église et rectorat ; Saint-Denis-aux-Quatre-Fontaines, église et religieuses de Notre-Dame ; Saint-Sauveur *in Thermis*, oratoire et chapellenie ; la Purification, *ai Bianchi*, église et chapellenie ; Saint-Claude-des-Bourguignons, église et congrégation de prêtres polonais ; la Trinité-des-Monts,

---

[1] Mgr Pie, *Instruction synodale sur Rome*.

église et couvent des dames du Sacré-Cœur; et Sainte-Claire, séminaire.

Saint-Louis-des-Français est la plus belle et la plus vaste de nos églises; c'est, à vrai dire, notre église nationale, la paroisse de la France. La première pierre en fut posée, le 9 octobre 1478, par le sire de Montreuil, ambassadeur de Louis XI. Sa belle façade, en pierre de Tivoli, est décorée des statues de Charlemagne, de saint Louis, de sainte Clotilde et de Blanche de Castille.

En entrant, je lis au-dessus du bénitier cette glorieuse inscription :

QUICUMQUE ORAT PRO REGE FRANCIÆ HABET X DIES
DE INDULGENTIA A PAPA INNOCENTIO IV

« Quiconque prie pour le roi de France gagne dix jours d'indulgences, concédées par le pape Innocent IV. »

Saint-Louis est une des plus belles églises de Rome. Il y a de beaux marbres, la nef est tout incrustée de jaspe de Sicile veiné de rose et de blanc. De belles peintures décorent les chapelles; celles de la chapelle de Sainte-Cécile, reproduisant différents traits de sa vie, sont une œuvre remarquable du Dominiquin.

L'autel du Saint-Sacrement est dédié à saint Louis, ce grand monarque et ce grand saint, la plus pure gloire de la France, qui a su honorer également la couronne royale et l'onction sainte du baptême. Il comparait la royauté terrestre *à celle de la fève, qui finit avec le souper,* et Dieu lui a donné au ciel une royauté qui n'aura jamais de fin, et sur la terre des autels qui sont plus honorés et plus grands que les trônes des rois.

Chaque année, au jour de sa fête, le souverain pontife vient en grande pompe honorer le saint roi de France, et il admet au baisement du pied, dans le chœur ou la sacristie, le clergé de Saint-Louis, le corps diplomatique, l'état-major du corps d'armée d'occupation, l'académie impériale, et quelques autres personnes privilégiées.

Le clergé de Saint-Louis-des-Français se compose, comme nous l'avons déjà dit, de douze chapelains qui vivent en communauté, et dont Mgr Level est aujourd'hui le supérieur. Nos établissements français sont sous la juridiction de l'ambassadeur, et ils sont administrés par une commission dont il est le président.

Une des joies et des bonnes fortunes de mon séjour à Rome fut d'y connaître le « doyen et l'exemple de ces Gallo-Romains qui, sans abjurer rien de la France, se sont aperçus un jour que Rome était leur vraie patrie ». Je veux parler de M^{er} La Croix, clerc national de France[1], un administrateur de nos établissements nationaux, et dont la bienveillance m'a été aussi utile qu'honorable. Depuis bientôt quarante ans qu'il habite Rome, « il l'étudie, la relit et l'explique. Depuis quarante ans il l'aime chaque jour non pas un peu plus, mais beaucoup plus[2]. »

L'église Saint-Louis-des-Français possède les tombes de plusieurs Français illustres morts à Rome. De ce nombre sont sept cardinaux[3], cinq ambassadeurs, quatre directeurs de l'académie, etc., et, dans la chapelle dédiée à la sainte Vierge, le simple tombeau en marbre blanc du brave et chevaleresque de Pimodan, mort à Castelfidardo pour la défense du saint-père.

Sur un cénotaphe en marbre noir on lit ces paroles :

AUX SOLDATS FRANÇAIS

MORTS

SOUS LES MURS DE ROME

EN MDCCCXLIX

LEURS FRÈRES D'ARMES DU CORPS

EXPÉDITIONNAIRE DE LA MÉDITERRANÉE

UNE MESSE QUOTIDIENNE

POUR LE REPOS DE LEURS AMES A ÉTÉ FONDÉE

PAR LE SOUVERAIN PONTIFE

PIE IX.

Tous les dimanches il y a à Saint-Louis la messe militaire, et nos braves soldats sont l'objet de la sollicitude de bons et excellents ecclésiastiques français, parmi lesquels le nom de M^{er} Bastide brille au premier rang. Nos soldats aiment Rome, et j'ai remarqué avec quel respect et quelle joie ils saluent les prêtres français, que leur rabat rend facilement reconnaissables.

Ils sont casernés pour la plupart dans les couvents, et ils font généralement bon ménage avec les moines, un peu étonnés, il est vrai, d'un pareil voisinage, que, d'ailleurs, ils subissent avec une grâce parfaite.

J'aimais tout particulièrement la vue de cet uniforme français à

---

[1] Ce titre donne le privilège de faire la demande du pallium dans les consistoires, pour les archevêques français et absents de Rome.

[2] Louis Veuillot.

[3] Nous y avons remarqué la tombe du cardinal Babou de la Bourdaisière, Tourangeau, mort à Rome, ambassadeur de la France, le 26 janvier 1570.

Rome, et mon voisinage de la caserne du fort Saint-Ange me procura de douces illusions : le son de la trompette, le battement du tambour, les joyeuses et bruyantes fanfares de la retraite me parlaient de la patrie absente.

Nos soldats aiment beaucoup la personne du saint-père, qui, d'ailleurs, les paye d'un bien généreux retour. Vous avez lu, dans les feuilles publiques, mille anecdotes touchantes sur les naïves et affectueuses hardiesses du troupier français vis-à-vis de Pie IX, et vous avez senti plus d'une fois votre paupière se mouiller à ces récits, où la tendresse paternelle du pontife éclate en traits si charmants et si spirituels.

La foi se réveille quelquefois avec ardeur chez ces nobles jeunes gens, dont le cœur est souvent meilleur que les apparences. Il en est quelques-uns qui ont passé de la caserne au couvent, on pourrait dire sans transition, et j'ai vu plusieurs fois un jeune officier français qui avait quitté l'épée pour la soutane, et qui, après avoir fait ses études théologiques au séminaire français, est aujourd'hui un prêtre fervent et distingué.

Revenons à la visite de nos églises et chapelles nationales. Après Saint-Louis-des-Français, les autres établissements nationaux n'offrent qu'un intérêt très secondaire. Cependant vous verrez avec plaisir la jolie petite église Saint-Nicolas-des-Lorrains, la petite rotonde de Saint-Claude-des-Bourguignons, avec les statues de saint André et de saint Claude qui décorent la façade. Saint-Yves-des-Bretons, avec ses piliers de granit gris, ressemble assez à une modeste église de Bretagne, et l'hermine de Bretagne, qui alterne avec le lis de France dans les décorations de la voûte, achève l'illusion.

Arrêtons-nous quelques instants à Saint-Denis-du-Quirinal. C'était l'ancienne église des Trinitaires français. Elle a la forme d'une croix grecque surmontée d'une élégante coupole. L'autel principal, dédié à saint Denis, l'apôtre des Gaules, est en beau marbre, surmonté d'une riche couronne de marbre blanc et rouge, reposant sur quatre colonnes également en marbre. De belles fresques, reproduisant plusieurs traits de la vie de saint Félix de Valois et de saint Jean de Matha, décorent le sanctuaire.

L'autel de la sainte Vierge possède une madone miraculeuse, et très vénérée à Rome sous le titre de Notre-Dame-du-Remède.

Cette église et le couvent ont été cédés en 1834 aux religieuses de Notre-Dame, à la condition qu'il y aurait toujours un certain nombre de religieuses françaises.

Cet ordre religieux, dont le but est l'éducation de la jeunesse, fut fondé par une illustre veuve, la vénérable de Lestonnac, marquise de Montferrand, dont le sacrifice et la piété rappellent sainte Jeanne de Chantal, qui n'hésita point à passer sur le corps de son fils pour suivre la voix de Dieu.

La marquise de Montferrand s'arracha à l'affection d'un fils et d'une fille tendrement aimés pour entrer au couvent.

Bordeaux est l'heureuse ville qui vit naître cette nouvelle famille religieuse, *destinée*, selon la parole de Paul V, *à rendre aux jeunes filles les pieux services que les pères jésuites rendent aux hommes dans toute la chrétienté.*

La bulle d'approbation est datée du 16 mai 1607. Ce fut une Française, Mme Duterrail, bien connue dans le Midi, et restauratrice de l'ordre en France, qui fut aussi la première supérieure de la maison de Rome.

Le dévouement et le zèle de ces dames sont appréciés à Rome, comme ils le sont dans le midi de la France, où elles ont de nombreuses maisons. Les souverains pontifes les encouragent de leurs visites et de leur bienveillance.

La première fois que Grégoire XVI visita le couvent, la religieuse chargée de la cuisine, aussi sainte que naïve, se plaignit au pontife de l'obscurité de sa cuisine :

« Regardez, Saint-Père, je n'y vois rien.

— Ma fille, répondit le doux pontife, montons au ciel, et nous y verrons clair. »

La France compte encore à Rome d'autres religieuses françaises, ce sont les dames du Sacré-Cœur. Elles possèdent deux maisons. Elles ont leur noviciat et une école gratuite dans la Lungara, avec une charmante petite chapelle gothique; mais leur maison principale est à la Trinité-des-Monts. Cette église et le couvent appartenaient aussi à la France, qui y entretenait les dignes fils de saint François de Paule, à qui l'Italie a donné le jour, mais dont la Touraine est devenue comme la seconde et plus glorieuse patrie.

Cette église fut construite par Charles VIII du vivant même de saint François de Paule, qui avait décidé, de concert avec le roi de France, que ce couvent serait toujours habité par des religieux français : ce qui eut lieu jusqu'en 1816.

Louis XVIII fit restaurer l'église, et, sous le règne de Léon XII, la France donna le couvent aux dames du Sacré-Cœur, à la condition qu'il serait toujours occupé par des religieuses françaises.

Gravissons le bel escalier de marbre qui de la place d'Espagne conduit à l'église de la Trinité-des-Monts, et pénétrons dans ce sanctuaire qui nous parlera de la France.

Daniel de Volterre avait peint dans cette église de nombreuses fresques que le temps a détruites. Heureusement sa célèbre *Descente de croix*, que Michel-Ange mettait au nombre des quatre plus beaux tableaux de Rome, a pu être conservée en la détachant du mur pour la transporter sur une toile, et vous pourrez l'admirer à la Trinité-des-Monts.

Une madone miraculeuse, connue sous le nom de *Mater admirabilis*, attire beaucoup de fidèles à ce couvent.

En sortant de l'église de la Trinité-des-Monts, vous pouvez, mon cher ami, parcourir la charmante et belle promenade du Monte-Pincio : vous y jouirez d'une belle vue de Rome. La ville entière se déroule à vos pieds avec ses dômes, ses palais, ses obélisques, ses collines, et au loin un horizon immense borné par les montagnes de la Sabine, de vastes plaines traversées par les eaux du Tibre, qui serpente à travers la campagne immense et silencieuse.

Cette belle promenade du Pincio, fréquentée chaque soir par une foule nombreuse appartenant à toutes les classes de la société, fut tracée et en grande partie exécutée par les Français du premier empire. L'armée de la république avait pillé, saccagé et dépouillé Rome d'une grande partie de ses trésors; l'empire y a laissé des traces de son passage plus intelligentes et plus glorieuses, pour les arts du moins.

Ce sont les Français qui ont déblayé le Forum romanum, le Forum de Trajan, les bains de Titus et le Colisée. Ils ont réparé le Panthéon, Saint-Paul-hors-les-Murs, Sainte-Agnès, refait une grande partie des combles de Saint-Pierre, et mis des paratonnerres sur le dôme de Michel-Ange. Assurément ces travaux méritent des éloges; mais il sera toujours permis à des catholiques de regretter l'absence du pape dans cette ville, dont il était le père et le roi, et les embellissements procurés à sa capitale ne font jamais oublier les humiliations et les tortures de Fontainebleau.

Mais non, jetons un voile sur ces souvenirs : ce n'était point le cœur de la France qui avait lié les chaînes dans lesquelles on tenait la papauté captive...

Avant de quitter le Pincio, je vous engage à visiter l'Académie de France, où nos jeunes artistes viennent développer et perfectionner leurs talents.

Dans les environs, les frères des Écoles chrétiennes ont un pensionnat de jeunes Français.

Le Monte-Pincio, à Rome.

Les bons frères du vénérable de la Salle ont plusieurs écoles à Rome, et il y en a deux qui sont sous la direction des religieux français. Ils se dévouent à la France loin de la France, et ils ne séparent point dans leur amour l'Église et la patrie.

L'église Sainte-Marie-des-Monts, située dans le voisinage de Saint-Pierre-ès-Liens, quoique n'appartenant point à la France, appelle notre visite. C'est dans cette église que repose le corps de saint Benoît-Joseph Labre, en face d'un autel consacré à saint Vincent de Paul. Admirable et touchant rapprochement qui réunit dans le même sanctuaire le pauvre volontaire de Jésus-Christ et l'ami et le père des pauvres.

Saint Benoît-Joseph Labre naquit à Amettes, dans le diocèse d'Arras, et Dieu l'appela de bonne heure à la pratique de la pauvreté absolue. Il attendait de la Providence sa nourriture de chaque jour.

Jamais il ne mendia pour lui : souvent on le vit faire l'aumône, et Dieu multipliait dans ses mains le pain et les légumes qu'il donnait à ses frères.

Il passait son temps dans la prière ; l'église Sainte-Marie-des-Monts était son sanctuaire privilégié, et l'on montre avec respect la colonne près de laquelle il s'agenouillait.

Le monde rit volontiers de la pauvreté et de la misère du bienheureux, parce qu'il ne comprend rien aux grandeurs et aux attraits de la grâce divine. Mais, à travers toutes les déchirures de ses vêtements, la lumière de la grâce, je dirais presque de la gloire, ruisselait de toutes parts.

« Voyez donc ce pauvre, s'écriait un jour une femme ; comme il est bon, comme il est beau ! »

Et un artiste français, qui rêvait d'exprimer sur la toile la figure de Jésus-Christ humilié, cheminait dans les rues de Rome, tout absorbé par son sujet, lorsque tout à coup le visage d'un pauvre mendiant lui apparut comme l'idéal de son rêve. C'était Benoît Labre.

Quand il mourut, on raconte que les enfants du quartier parcouraient la ville en criant : « Le saint est mort ! »

Le peuple de Rome a conservé une grande dévotion pour le pauvre de Jésus-Christ, et son autel est souvent entouré de solliciteurs.

Un riche Romain lui a laissé sa maison en héritage. Vous pourrez y vénérer les haillons, le modeste grabat, l'écuelle et le bréviaire du bienheureux. Dépouilles précieuses et sacrées, que ne valent pas les richesses de la terre !

Une autre église, qu'un Français et surtout un Tourangeau ne peuvent pas passer sous silence, c'est Saint-Martin-des-Monts. Le glorieux thaumaturge des Gaules, l'illustre et saint évêque de Tours, honoré partout où le Christ a des autels, devait avoir à Rome son sanctuaire.

Il me fut particulièrement doux de prier saint Martin dans cette église, consacrée en son honneur, depuis l'année 850, par le pape Sergius II. Des marbres, des dorures, un riche pavé et d'immortelles fresques du Poussin, représentant plusieurs traits de la vie du prophète Élie, font de Saint-Martin une des plus belles et des plus gracieuses églises de la ville.

Sous cette église, un antique et vénérable sanctuaire nous ramène aux premiers jours du christianisme. Il est consacré au pape saint Sylvestre, et il fut seulement découvert en 1560. C'est dans cette enceinte que fut condamnée l'hérésie d'Arius, et que les actes du concile de Nicée furent confirmés par le pape saint Sylvestre en présence de Constantin, de sainte Hélène et de Calpurnius Pison, préfet de Rome. C'est entouré de deux cent vingt-quatre évêques que le pape confessa la divinité de Jésus-Christ, et ici, à côté de cette chaire d'où le pontife condamna Arius, le symbole de Nicée s'échappe naturellement des lèvres catholiques, et le cœur redit avec saint Pierre : « *Tu es Christus, Filius Dei vivi.* Vous êtes vraiment le Christ, le Fils du Dieu vivant. »

Qu'il est bon de faire cette profession de foi dans ce lieu où furent condamnées, il y a quinze siècles, les erreurs qui, en se rajeunissant de nos jours, n'ébranleront pas plus qu'alors le trône divin élevé à Jésus-Christ par l'amour et la foi des siècles!

Le séminaire français, situé sur la place Sainte-Claire, est dirigé par les prêtres du Saint-Esprit et du Saint-Cœur de Marie, et l'on y reçoit tous les ecclésiastiques français qui viennent à Rome, du consentement de leurs évêques, pour y faire leurs études théologiques. Les élèves suivent les cours du collège Romain.

Les prêtres de Sainte-Croix, congrégation fondée par M. l'abbé Moreau, du Mans, ont un établissement à Sainte-Brigitte.

Saint Vincent de Paul vint à Rome en 1608, et il « s'estimait si heureux de marcher sur la terre où tant de grands saints avaient marché, que cette consolation l'avait attendri jusqu'aux larmes ».

Les prêtres de la Mission, ses enfants, possèdent depuis 1642 une maison près de Monte-Citorio, et une église, la Sainte-Trinité-de-la-Mission, décorée de belles peintures représentant différents traits de la vie de saint Vincent de Paul.

L'apparition des filles de la Charité à Rome fut une véritable révolution dans les idées et les habitudes de cette ville. Si l'on rencontre presque à chaque pas des religieux dans les rues de Rome, on ne voit jamais de religieuses : on ne conçoit pas à Rome un autre genre de vie religieuse pour les femmes que le cloître, et l'apparition des sœurs de Charité fut presque un scandale. Mais l'opinion publique ne tarda pas à revenir de ses appréhensions, et à Rome, comme partout, les filles de saint Vincent de Paul sont entourées de respect et d'amour. Vie de sublime dévouement pour laquelle la femme française semble mieux organisée que celle des autres nations. Pie VII disait qu'elle possédait seule l'adresse, la confiance, la résolution, le commandement doux, la piété sévère, indispensable à un tel état. Pie IX est le premier qui les ait introduites dans les États pontificaux, lorsqu'il les appela à l'hôpital d'Imola dont il était alors évêque.

Ainsi vous le voyez, mon cher ami, la France est véritablement à Rome, et il y a entre la mère et la fille des liens si intimes, une communauté de sentiments si profonde, que rien ne pourra les séparer.

La France tient à l'Église par le fond de ses entrailles, et le pape aime la France comme son enfant le plus dévoué et plus le affectueux. « C'est le plus beau diamant de ma tiare, » disait un jour Pie IX. C'est notre mission, à nous, Français, de protéger et de soutenir le trône des papes, et la France ne s'écarte de cette mission que dans les jours où l'utopie et l'erreur la lancent en dehors de sa voie, mais, quand elle revient à elle-même, l'Église retrouve toujours cette fille généreuse qui donne son or et son sang pour défendre sa mère.

L'amour de l'Église a plané sur le berceau de la France : nos rois les plus grands et les plus illustres dans l'histoire sont ceux qui ont le plus et le mieux honoré le pape; et tant que la France sera la fille aînée de l'Église, désireuse d'étendre la gloire et l'empire de sa mère, elle sera grande et bénie de Dieu et des hommes!

XLVI

AUDIENCE DU SAINT-PÈRE

Mon cher ami,

Je vous ai promis de revenir avec vous au Vatican, et l'heure est venue d'y retourner. Hier soir, en rentrant dans ma chambre, j'ai trouvé une lettre d'audience qui m'invite à me présenter demain, 2 juillet, devant le saint-père, à huit heures du soir.

Les braves gens qui me logeaient avaient accordé à cette bienheureuse lettre les honneurs d'un trône, qu'ils lui avaient élevé avec les livres et autres objets qui se trouvaient sur ma table. Ils avaient bien pressenti mon bonheur! Ce soir-là je fus longtemps à m'endormir; je ne pouvais détacher mon cœur et mon esprit du grand honneur que m'apporterait le lendemain : j'allais voir et entendre Pie IX!

Dès le matin, à mon réveil, ma résolution fut vite prise, je me rendis à la basilique Vaticane, afin de célébrer la messe dans la Confession même de Saint-Pierre, sur les corps des bienheureux apôtres.

N'était-il pas naturel d'aller voir Pierre, mort il y a deux mille ans, de lui parler, de le remercier, de lui rendre mes hommages avant de visiter Pierre vivant dans Pie IX? Quels sentiments envahissent l'âme en présence de cette tombe creusée là depuis bientôt vingt siècles! Comme la foi grandit et s'élève en voyant la poussière de cet homme à qui il a été dit : « Tu es Pierre, et sur cette pierre je bâtirai mon Église, » et quand de ce tombeau le regard se lève vers ce palais où Pierre règne encore, où il commande, où il prie, où il aime, et devant lequel aussi les générations s'inclinent en demandant l'amour de la vérité!

La petite chapelle de la Confession de Saint-Pierre a la forme d'une croix renversée, pour rappeler le martyre du saint apôtre.

Les murs sont enrichis de marbres brillants, de bronzes, de dorures. De riches bas-reliefs dorés redisent les principaux traits de la vie de saint Pierre et de saint Paul. « Tous ces souvenirs, qui sont encore rendus plus vifs par la présence de deux portraits des deux apôtres, extrêmement anciens, à demi effacés, semblent répandre sur le jeune éclat des marbres modernes une teinte de piété antique qui est comme l'ombre des siècles écoulés [1]. »

Dans cette mystérieuse catacombe enrichie par la foi et l'amour des siècles, l'éclat de l'or et des lumières, le recueillement profond de ce sanctuaire souterrain, tout, en un mot, fait oublier la terre, et un instant je pus me croire dans une région céleste où le cœur et la pensée n'ont plus rien d'humain et de terrestre. Cette parole de Jésus-Christ à saint Pierre retentissait à mes oreilles : « Pierre, m'aimez-vous, m'aimez-vous plus que ceux-ci ? » J'aurais voulu répondre avec la même confiance que l'apôtre : « Seigneur, vous connaissez tout, vous savez que je vous aime. » Dieu, du moins, a entendu les désirs de mon cœur, et ma prière lui est arrivée par la bouche de saint Pierre.

J'ai voulu conserver ces bonnes impressions tout le jour, et je m'abstins de visiter aucun monument et aucune église; ma journée était assez remplie par le souvenir de la visite du matin et par l'espérance de celle du soir. Je m'occupais à comprendre le sens et la grandeur de certaines parties du cérémonial obligatoire pour les audiences du saint-père. L'ouvrage de Mgr Gerbet me fut d'un grand secours, et je parcourus avec un grand intérêt les admirables pages qu'il a écrites sur le costume des papes et leur cérémonial.

J'ai appris que le pape porte habituellement la soutane blanche, comme l'aube qu'il prend à l'autel. Cette couleur, qui signifie la réhabilitation de la nature humaine par la rédemption, vient s'empreindre pour lui dans la robe de travail. Le symbole candide de la lumière, de la joie, de la paix de Dieu, est son vêtement habituel, parce que le souverain pontife est, comme tel, le type le plus élevé de l'humanité affranchie et relevée par le Christ. Mais le camail

---

[1] Mgr Gerbet. — Nicéphore nous a décrit le portrait des deux apôtres. Saint Pierre était d'une taille moyenne, droite et bien prise; il avait le teint pâle et blanc, la barbe et les cheveux touffus, crépus, courts et complètement blancs; les yeux noirs et saillants, mais habituellement rouges, à cause des larmes abondantes qu'ils répandaient; les sourcils relevés et presque nuls; le nez long, droit, et plutôt retroussé qu'aquilin. Saint Paul était petit, mince et un peu voûté; il avait la tête d'un médiocre volume, le visage pâle, annonçant une vieillesse précoce, les yeux pleins de grâce, les sourcils abaissés, le nez long et aquilin, la barbe épaisse, longue, grisonnante comme les cheveux, la tête un peu chauve.

rouge, qui couvre ses épaules et sa poitrine, rappelle que le cœur qui bat sous cette enveloppe doit être celui d'un martyr par la charité, et que, si le Vicaire du Christ est, par sa dignité, la figure de la réhabilitation qui s'accomplira dans le ciel, il doit être par son amour le modèle du travail terrestre pour le service des serviteurs de Dieu [1].

En me présentant devant le souverain pontife, je devrai faire la génuflexion.

L'usage du prosternement, comme marque de vénération, remonte à la plus haute antiquité. Dans la Bible, nous le voyons pratiquer sous la tente des patriarches, et les premiers chrétiens en ont conservé l'usage envers la personne des souverains pontifes.

Cette partie du cérémonial du Vatican était l'étiquette des catacombes. C'est alors que les papes, persécutés, n'ayant pour palais qu'une grotte taillée dans le tuf, reçurent ces premiers hommages des fidèles.

Nous savons, d'ailleurs, que l'usage de se prosterner devant les princes et les grands personnages, en signe de respect, est très commun en Orient. En Chine, on se prosterne devant l'empereur, et l'Anglais, qui rit assez volontiers des marques de respect que nous donnons au Vicaire de Jésus-Christ, fléchit lui-même le genou, à certains jours, devant son souverain.

Les premiers empereurs chrétiens adoptèrent ce cérémonial vis-à-vis du pape, et ils ne craignaient pas d'abaisser ou d'avilir le diadème des Césars en l'inclinant devant la tiare.

C'est vers le VIIe siècle que les papes, par humilité, firent broder une croix sur leur chaussure, afin de renvoyer à ce signe sacré l'hommage des fidèles.

Malgré ces études intéressantes, la journée fut longue, et les heures ne marchaient pas aussi vite que mes désirs. Dès sept heures et demie j'étais au Vatican. Je fus introduit dans la salle du trône, entièrement tendue de riche damas rouge. J'attendis bien une heure dans cette salle, causant avec un professeur de théologie de Dublin qui avait été convoqué pour le même bonheur. Les prêtres catholiques s'entendent toujours et partout : la langue latine est leur langue maternelle; comme l'Église, elle est universelle.

Enfin l'heure de mon audience est arrivée. Je suis le prélat qui m'annonce, j'entre, je me prosterne, et déjà j'entends la voix paternelle de Pie IX, qui m'appelle avec bonté par mon nom.

---

[1] *Esquisse de Rome chrétienne*, ch. VIII.

J'avance avec confiance, je me prosterne à ses pieds, il me tend la main, je la saisis avec empressement, et je la presse sur mes lèvres. Il me fit signe de me relever. Il était assis devant son bureau de travail, sur lequel brûlaient quelques bougies. Un peu renversé sur son fauteuil, il m'entretint, pendant un quart d'heure, comme s'il n'eût eu aucune affaire plus importante.

Vous devinez aisément quel fut le thème de cet entretien : Tours ; son grand archevêque, dont il loue la fermeté et la sagesse dans la part qu'il a prise aux luttes de l'Église; Saint-Martin, dont il a béni les projets de reconstruction, furent l'objet des questions du saint-père. Lui qui a la sollicitude de toutes les Églises, s'occupa de la basilique de Saint-Martin avec un intérêt réel, qui se traduisait par les questions les plus minutieuses sur les projets et les moyens d'exécution de notre vénérable archevêque.

« C'est une grande œuvre, me dit-il en terminant, il ne faut pas se décourager.

— Saint-Père, Monseigneur est plein de confiance, et la bénédiction que vous avez donnée à son dessein lui garantit le succès.

— Allons, allons, c'est bien, » me dit-il avec ce sourire fin qui le caractérise.

J'étais ému jusqu'aux larmes, et cependant je me sentais heureux et à l'aise. C'est bien un père qui m'a reçu! Ah! mon cher ami, si vous eussiez entendu cette parole affectueuse et si digne, si familière et si noble !... si vous eussiez vu cette physionomie pleine de douceur; ce sourire angélique, ce regard franc, fin et pénétrant, vous pourriez comprendre mon émotion !

Non, jamais je ne saurais vous dire tout ce que la vue de Pie IX a laissé dans mon cœur de douces et vivifiantes impressions. Je comprends tout l'enthousiasme que suscite sa personne. Ce n'est pas seulement la franche et paternelle cordialité avec laquelle il reçoit, qui vous touche; mais en l'approchant on sent ce je ne sais quoi qui ressemble beaucoup à cette vertu qui sortait de Jésus quand les malades s'approchaient de lui.

Pie IX, en effet, n'est pas seulement un grand et illustre pape, c'est aussi et surtout un pieux et saint pontife. On devine à sa physionomie, qui ne ressemble à aucune autre, et qu'on dirait transfigurée par la grâce, toute la beauté de son âme. L'avoir vu est la plus grande joie de ma vie, et, après mon sacerdoce, je suis tenté de croire que c'est une des plus grandes grâces de Dieu.

XLVII

PIE IX

Mon cher ami,

Je veux encore vous parler aujourd'hui de Pie IX. Qui pourrait dire toute la joie que donne sa vue, toute la force que communique sa parole, et toute la douceur qui accompagne le souvenir de l'avoir vu, seulement quelques instants, d'avoir senti un jour cette main appuyée sur sa tête, et d'avoir entendu ces paroles : « Mon fils, je te bénis ! »

Joie ineffable ! bonheur dont nulle expression ne saurait donner une idée, tous ceux qui ont vu Pie IX l'aiment d'un amour ardent. Tous ceux qui l'ont entendu le bénissent et donneraient leur vie pour protéger la sienne. Et quand on l'a vu, on éprouve un besoin impérieux de parler de lui, de le faire connaître, de le faire aimer.

Il me semble, mon bon ami, que vous auriez une idée fort incomplète de Rome et des joies qu'on y trouve, si je ne vous parlais plus longuement du grand et saint pape qui occupe aujourd'hui le siège de Pierre d'une manière si évidemment providentielle.

Quel fécond et glorieux pontificat, en effet ; Pie IX est le deux cent cinquante-neuvième successeur de saint Pierre, et pendant les vingt-six années qui viennent de s'écouler depuis son élection [1], il n'a compté que quelques heures à peine de tranquillité et de paix, et ces heures ont passé aussi rapidement qu'un éclair. Mais ces épreuves et ces luttes ont été la source de la fécondité de son pontificat. Le courage se fortifie dans le combat, la vertu s'épure dans la douleur, et Jésus-Christ n'a conquis le monde qu'après avoir été bafoué, insulté et crucifié. Pie IX a gravi plusieurs fois le Calvaire, ou plutôt il n'en

[1] Du 16 juin 1846 au mois d'octobre 1872.

est jamais descendu depuis le jour où il s'est assis sur la chaire de Pierre, aux acclamations du monde entier. Les enthousiasmes et les ovations populaires des premières années de son règne n'étaient que le prélude du combat; l'ennemi cherchait à séduire le pontife par le prestige d'une popularité qu'il n'ambitionnait pas, d'ailleurs, et dont il n'eût voulu à aucun prix si, pour l'atteindre, il eût fallu sacrifier le devoir.

Pie IX ne se laissa donc point aveugler par les applaudissements que lui valurent certaines réformes sages et importantes. Il s'arrêta à temps. Inébranlable et confiant dans la mission divine, dès le principe il appela avec force l'attention des catholiques sur le danger des erreurs qui avaient cours et qui étaient, hélas! accueillies sans défiance, et quelquefois avec amour, par ceux-là même qui auraient dû les combattre. La révolution, ne pouvant rien gagner, par ses flatteries et ses ovations, sur la conscience et la droiture du pontife, changea ses batteries : elle devint exigeante, et Pie IX se montra dès lors ce qu'il a toujours été depuis. Aux exigences injustes et coupables de la révolution, comme aux insinuations hypocrites et perfides des politiques, il opposa avec une douce fermeté ce *non possumus* qui fait sa force et sa grandeur. *Non posso, non debbo, non voglio,* je ne puis, je ne dois, je ne veux : voilà le granit contre lequel sont venus échouer jusqu'ici tous ceux qui ont voulu faire dévier le pontife des sentiers de l'honneur, de la justice et de la vérité.

Ce sera l'une des plus grandes gloires de Pie IX d'avoir toujours porté haut le drapeau de la vérité. Il n'ignorait point que proclamer les vérités divines au moment où on les attaquait violemment, relever les dogmes alors qu'on voulait les amoindrir, condamner des erreurs que l'on caressait, c'était déchaîner contre lui les flots d'une fureur insensée, et que, sous les étreintes du pied qui allait l'écraser, l'antique serpent se réveillerait avec plus d'audace, avec plus d'astuce que jamais. Mais Pie IX voyait la foi du monde en péril, et il se souvint de la mission qu'il avait reçue de *paître les agneaux et les brebis.* Dès son avènement au souverain pontificat, il signala au monde tout ce qu'il avait à redouter de la doctrine révolutionnaire.

La proclamation du dogme de l'Immaculée Conception, en 1854, qui fut le premier coup porté par Pie IX au gallicanisme et à l'hérésie, fut aussi le principe des haines suscitées par l'enfer contre le pouvoir spirituel du pape. Il condamna, en 1855, les premières tentatives sacrilèges du Piémont, qui s'emparait des biens des couvents. Au mois d'octobre 1858, il affirma hautement la sainteté et l'inviolabilité du caractère reçu au saint baptême, à l'occasion d'un enfant juif baptisé par une servante. Pie IX l'avait placé dans un couvent, et les journaux du temps l'accusèrent de violer les droits du père. Connu sous le nom d'*affaire Mortara*, cet événement donna lieu à un déchaînement exraordinaire de haines et de calomnies contre l'Église et contre le pape. Ce fut le premier acte du long et douloureux drame qui devait aboutir à la destruction du pouvoir temporel de la papauté. Pie IX défendit avec intrépidité l'Église persécutée, quelle que fût la puissance des persécuteurs : en 1863, oubliant ses propres malheurs, il écrivit au czar de Russie, et seul il protesta en faveur de la catholique Pologne indignement maltraitée. En 1864, il publia le *Syllabus;* et cette longue liste des erreurs contemporaines, qui ne tendaient à rien moins qu'à détruire la raison et la foi, condamnées et anathématisées par Pie IX, excita au plus haut point les clameurs de l'enfer. Le coup le plus terrible et le plus courageux porté à la révolution fut l'allocution *Multiplices,* par laquelle, en 1865, il signalait aux gouvernements et aux princes la franc-maçonnerie comme l'ennemi le plus acharné et le plus dangereux pour leur autorité et leurs trônes. Cette longue série de luttes contre le mal et l'erreur s'est terminée par la convocation du concile du Vatican, où fut proclamé le dogme de l'infaillibilité pontificale.

Telles sont les œuvres de Pie IX pour empêcher le monde d'être submergé par l'erreur, dont le flot monte toujours. Pilote prudent et actif, il veille, et, quand il voit le danger, d'un coup de gouvernail, selon l'expression de Louis Veuillot, il remet la barque dans sa route. Que lui font les hurlements de la tempête! Ceux qui sont dans la barque ne périront pas.

Mais, mon cher ami, pendant que le monde qu'il condamne cherche le moyen de le perdre, tous ses enfants se serrent autour de lui et plus nombreux et plus dévoués. Toutes les insultes dont on l'accable, toutes les calomnies dont on l'abreuve, toutes les humiliations dont on l'entoure, ne servent qu'à faire briller d'un plus vif éclat la majestueuse énergie de son âme et à faire ressortir la calme et sublime énergie de son caractère. Jamais la papauté n'a été plus outragée, et jamais aussi elle n'a été plus honorée. Jamais elle n'a été plus bassement trahie, jamais on ne l'a plus passionnément aimée et plus fidèlement obéie. Pie IX parle, et, de toutes les parties du monde, les évèques, les prêtres, les fidèles accourent à la voix du pontife; ses désirs sont des ordres, et sa cause compte des dévouements héroïques et nombreux.

Jamais la papauté n'a été plus abandonnée, et jamais aussi elle n'a compté tant et de si illustres défenseurs. On a voulu la réduire à la faiblesse et à l'impuissance, et ses enfants ont envoyé à Rome des millions pour aider à soutenir encore, avec dignité et grandeur, la générosité du pontife et la majesté du souverain. Depuis plus de vingt ans, la France lui donne son or et le sang de ses enfants. Et nulle puissance catholique n'a voulu rester étrangère à la détresse et à l'appel de son père.

Un vénérable prélat, il y a quelques jours, me racontait qu'il disait à Pie IX : « Très Saint-Père, il est heureux que la Providence vous ait placé à la tête de son Église à une époque où elle est si violemment attaquée; malgré tout, en attaquant votre gouvernement, l'impiété est forcée de rendre hommage à votre caractère et de subir l'ascendant de vos vertus. — Mon fils, répondit le pontife, Dieu n'a jamais cessé d'assister et d'aider les papes. »

Assurément, mon cher ami, l'Esprit-Saint éclaire et guide ceux qu'il a choisis pour gouverner son Église; mais parmi tous les pontifes qui ont illustré la chaire de Pierre, Pie IX occupera une place à part. Toujours au milieu de la lutte, aucun pontife n'aura cependant travaillé plus que lui pour l'extension de l'Église; nul n'aura plus fait pour sa gloire. Dépouillé de tous ses États et de sa couronne de souverain, nul n'aura eu plus que lui la majesté et la dignité d'un roi. Que d'actes importants, dont un seul suffirait pour illustrer tout un règne, n'a-t-il pas accomplis dans les vingt-cinq années qui viennent de s'écouler!

En 1850, il rétablit la hiérarchie ecclésiastique dans le royaume d'Angleterre; trois ans plus tard il fait de même pour la Hollande. L'Orient s'émeut à sa voix; un patriarche latin réside à Jérusalem. Dans l'Asie Mineure et la Syrie, Smyrne, Éphèse, Antioche se rallient chaque jour plus intimement à l'autorité de Pierre.

Il désire que l'unité de la liturgie s'établisse dans l'Église universelle, et tous les diocèses obéissent à ce vœu.

Plus de deux cents prêtres viennent à Rome, une première fois, en 1854, pour assister à la proclamation du dogme de l'Immaculée Conception; huit années après, en 1862, trois cents s'y rendent de nouveau pour la canonisation des martyrs japonais. Le dix-huitième centenaire du martyre de saint Pierre devait en attirer un plus grand nombre. Pie IX n'a exprimé qu'un désir, et de toutes les parties du monde on a vu les évêques accourir.

Il a placé sur les autels un nombre si considérable de serviteurs de Dieu, que très peu de papes ont célébré autant de canonisations que lui. Il a voulu proposer au monde, entraîné vers l'abîme par les scandales de toutes sortes, des modèles de vertu pour le sauver, et présenter à Dieu des victimes pures et innocentes pour désarmer sa justice.

Et malgré tous ces travaux, malgré la sollicitude de toutes les

Le pape Pie IX.

Églises qui lui incombe chaque jour, Pie IX trouve des loisirs pour s'occuper des sciences et des arts, de tout ce qui, en un mot, intéresse la civilisation et la grandeur d'un peuple. Malgré sa pauvreté, il trouve de l'argent pour réparer les églises, faire des fouilles dans les quartiers encore inexplorés de la ville des Césars; il fait bâtir des hôpitaux qui ressemblent à des palais.

Par ses ordres et avec son argent, Saint-Paul est achevé; Saint-Laurent, Sainte-Marie-du-Transtévère, etc., sont rajeunis et restaurés presque entièrement à neuf. Soixante-quinze églises, dans les États de l'Église, lui doivent leur restauration ou leur ornementation.

Les catacombes sont explorées de nouveau sous la direction du savant chevalier de Rossi, dont il encourage les importants travaux ; l'*emporium* d'Auguste et de Néron, exploité et fouillé par le baron Visconti, fournit des richesses incomparables, et les marbres les plus rares et les plus précieux apportés de toutes les parties du monde, réunis là, comme dans un dépôt, par les anciens Romains, servent aujourd'hui à orner les temples et les édifices chrétiens.

Sous son règne, les écoles, les asiles se sont multipliés ; les études ont été encouragées et relevées. Un institut agricole, fondé à la *Vigna-Pia*, témoigne de la sollicitude du pape pour les intérêts et les progrès de l'agriculture. Le dessèchement des marais Pontins, la création des chemins de fer, les travaux de *Civittà-Vecchia*, les fouilles d'Ostie retrouvée, le port de Ravenne agrandi, etc., tous ces travaux attestent l'infatigable activité du roi et la sollicitude du père, pour faire jouir ses sujets de tous les avantages matériels que nous devons à l'industrie et à la science modernes.

Que dirons-nous maintenant de son inépuisable charité? Il vient de faire construire des maisons pour y loger les ménages pauvres. Il répand partout d'abondantes aumônes autour de lui, à Rome, et dans les provinces autrefois soumises à son sceptre. Une ville, une province sont frappées d'un fléau redoutable, vite Pie IX ouvre sa bourse, et il envoie jusque dans les contrées les plus éloignées les preuves de sa munificence et de sa bonté.

Et au milieu de tous ces grands soucis, accablé par tous les immenses travaux attachés à sa triple dignité de père, de pontife et de roi, on se demande comment il peut encore recevoir un si grand nombre de visiteurs. Chaque jour il reçoit des pèlerins, — évêques, prêtres, personnages politiques, simples fidèles, — qui sont venus des parties du monde les plus éloignées, uniquement pour le voir. Et Pie IX se livre à tous avec une bonté et une paternelle familiarité qui ne nuisent en rien à la majestueuse et noble attitude de sa personne.

J'avais bien raison de vous dire, n'est-ce pas, mon cher ami, que Pie IX était vraiment le pape choisi par la Providence pour notre temps de décadence morale et d'obscurcissement intellectuel. Voilà vraiment l'homme qui sauverait la société, si la société voulait être sauvée. Il possède la lumière et l'amour; mais l'esprit moderne prétend que la lumière et l'amour ne viennent pas du Christ, et il étouffe la voix de Pie IX, qui l'importune et le gêne. En attendant, le monde retourne à la barbarie et aux horreurs du paganisme. Espérons néanmoins ; Dieu n'a point fait d'exception en faveur de Pie IX sans un dessein bien arrêté de sa miséricorde. Seul, des deux cent cinquante-neuf papes qui l'ont précédé, il a *vu les années de Pierre;* les années et les épreuves n'ont point abbatu sa vigueur et son énergie, et, de son palais du Vatican devenu une prison, il exerce toujours la même autorité sur les consciences et sur les âmes. Plus que jamais, comme Jésus sur la croix, il attire à lui tous les cœurs. Il est encore le vrai roi de Rome et le seul maître des intelligences [1].

[1] Ces dernières lignes ont été écrites en octobre 1872. Pie IX ne sort plus du Vatican depuis le 20 septembre 1870, époque où les troupes de Victor-Emmanuel sont entrées à Rome. Le saint-père, qui entend souvent crier sous ses fenêtres : *Mort au pape!* ne peut plus parcourir sa ville sans exposer imprudemment ses jours, ou du moins sans y être insulté et sans y rencontrer des scandales dont la vue l'attristerait profondément.

XLVIII

ADIEUX A ROME

Aujourd'hui je vais faire mes visites d'adieux. C'est ma dernière journée à Rome; je ne puis me le persuader qu'en me promettant bien d'y revenir un jour.

L'adieu est toujours pénible... Il en coûte de se séparer de ceux qu'on a aimés, et des lieux qu'on a habités. C'est alors qu'on sent tous les liens qui vous attachent et qui vous retiennent. Et c'est Rome que je quittais! Rome avec ses grandeurs, ses ruines, ses souvenirs et ses fêtes! Rome avec le pape! Rome en qui se personnifie en quelque sorte le catholicisme! Rome qui a vu Pierre et entendu Paul, et qui a bu le sang de millions de martyrs!

Jamais cité ne fut attaquée si violemment, si persévéramment et avec plus d'astuce, et cependant Rome est toujours là, pleine de gloire et de vie. Quel miracle plus frappant! Comme les paroles de Jésus-Christ se sont vérifiées : « Tu es Pierre, et sur cette pierre je bâtirai mon Église, et les portes de l'enfer ne prévaudront pas contre elle! »

Ce sont ces ruines du paganisme que je vais quitter, et que j'aime parce qu'elles sont les témoins vivants de la divinité de Jésus-Christ. « Si ceux-ci se taisaient, disait le Sauveur, les pierres elles-mêmes crieraient : *Si hi tacuerint, lapides clamabunt.* » Aussi jamais ma foi ne fut plus vive en la perpétuité de l'Église et en la puissance et l'indéfectibilité de Pierre.

Je ne saurais vous dire, mon cher ami, quelle émotion s'empara de moi quand j'entrai dans Saint-Pierre pour la dernière fois. Mes yeux se remplirent de larmes; je parcourais la basilique en tous les sens; je me prosternais devant la Confession; je baisais le pied de la statue de saint Pierre. L'heure avançait, et j'étais là toujours, ne pouvant détacher mon regard et mon cœur de ces grandes et belles choses. Je me dirigeais vers la porte, et constamment je jetais derrière moi un regard de regret et d'amour. Il me semblait qu'en franchissant le seuil j'allais perdre un trésor, le calme et la joie de l'âme.

Mais il n'y a qu'au ciel que les joies sont sans mélange, il fallut partir...

Voici les fenêtres du pape... Dieu m'est témoin, glorieux et saint pontife, de l'amour et de l'attachement profond que j'ai toujours eus pour le siège apostolique et votre auguste personne ! Cet amour était grand, et je ne sais si la majestueuse sérénité de votre physionomie, si la douce et paternelle familiarité de votre parole, ont pu y ajouter quelque chose. Vous voir, vous entendre, me prosterner à vos pieds était le rêve de mon cœur et de ma foi. Je l'ai vu, je l'ai senti se réaliser, et bientôt ce ne sera plus pour moi qu'un souvenir, mais qui ne s'effacera pas comme tous les souvenirs de la terre...

Adieu donc, ô roi, ô pontife! ô père! Si les tribulations et les angoisses doivent encore vous accabler, la promesse divine ne faillira jamais ; tous vos enfants ont la confiance, que rien ne saurait leur enlever, de chanter un jour avec vous l'*hosanna* de la victoire et du triomphe.

Fut-il jamais une terre plus sainte que Rome? Autrefois Dieu, parlant à Moïse du milieu du buisson ardent, lui disait de quitter la chaussure de ses pieds, parce que la terre où il marchait était sainte. Ne peut-on pas en dire autant de Rome?

Jérusalem, sans doute, appelle le pèlerin par le souvenir des grandes choses dont elle fut le théâtre. Mais la ville déicide est détruite, et il n'en reste pas pierre sur pierre. Presque tous les lieux qu'a parcourus le Sauveur, qu'il a sanctifiés par sa naissance et par sa mort, sont entre les mains des infidèles. Une douleur amère et profonde doit serrer le cœur du pèlerin qui s'agenouille sur cette terre sainte, maintenant profanée par les ennemis du nom chrétien.

A Rome, le catholicisme est vivant : la croix de Jésus-Christ est en honneur : elle triomphe. On suit pas à pas les progrès du christianisme ; on le voit d'abord proscrit et persécuté, cherchant sa sécurité dans les entrailles les plus profondes de la terre ; mais, flambeau du monde entier, il ne peut rester ainsi caché dans les ténèbres. Comme le soleil qui dissipe peu à peu les obscurités et les brouillards de la nuit, et grandit sensiblement jusqu'à ce qu'il soit arrivé à son méridien, ainsi l'on suit les progrès de l'Église ; on la voit, dans les différentes phases de sa vie, tantôt empourprée du sang de ses martyrs, tantôt resplendissante de la sainteté et de l'éclat de ses docteurs et de la pureté de ses vierges ; comment ne pas l'aimer et ne pas bénir la main toute-puissante qui la fait triompher dans les jours d'épreuves, et qui la dirige dans les jours de prospérité !

Il est de gens cependant qui voudraient découronner Rome, et qui regrettent le temps où elle était le centre et le cœur du paganisme. Ils voudraient rendre à Satan cette ville, que Pierre a conquise pour la donner à Jésus-Christ. A l'heure où j'écris ces lignes, l'esprit du mal souffle sur le monde, et il a une armée tout entière qu'il lance contre l'Église. Le romancier vient au secours du philosophe ; la diplomatie suit les leçons de Machiavel, et ne s'appuie plus sur les principes éternels de la justice et de la morale. Tous suivent le mot d'ordre : ceux qui ne sont pas pervers sont aveugles, et beaucoup de lâches et de timides grossissent cette armée.

Mais l'Église est fondée sur une pierre inébranlable, et celui qui s'y heurte s'y brise. Les portes de l'enfer ne prévaudront jamais contre elle.

Pour arriver à ses fins, la révolution espère s'emparer de Rome. On parlait un jour à M. Ingres de la possibilité d'une invasion de Rome par les troupes piémontaises : « Ah ! s'écria-t-il, mais ce sera une nouvelle invasion des barbares. Ces gens-là seraient capables de faire un manège du Colisée, et d'établir une usine sur le mont Aventin. Nous n'avions plus dans le monde que ce seul point qui ne fût pas envahi par la banalité moderne, qui fût réservé aux grands souvenirs de la poésie et de l'art, et ils veulent nous l'enlever ! »

En effet, que veulent faire à Rome les bourgeois modernes ? De grandes et larges rues, de grandes usines ; ils y veulent aussi beaucoup d'agents de police, afin de prouver au peuple qu'il est libre et indépendant. Dans les lieux où le chrétien se prosterne pour baiser la place où expira le martyr, ils voudraient voir des squares, des places publiques et des rues. Que disent à leur intelligence ces souvenirs si chers à la piété chrétienne ?...

Dieu ne permettra pas une semblable profanation [1]. Je l'espère,

---

[1] Nos espérances ne se sont pas réalisées. Les troupes de Victor-Emmanuel ont pris possession de Rome le 20 septembre 1870, et le gouvernement s'est établi dans la ville éternelle, en face du pape, prisonnier au Vatican. Les nouveaux maîtres de Rome se sont emparés des couvents, dont ils ont chassé les paisibles et modestes habitants ; les prêtres sont insultés et frappés : le Colisée, dépouillé de la croix pour laquelle les martyrs arrosèrent ces lieux de leur sang, n'est plus un lieu de prière. Satan semble avoir repris Rome à Pierre. « Satan se dit le maître ; mais Pierre a pour lui Jésus-Christ, et ne se déclare pas vaincu. » (Louis Veuillot.)

En attendant, voici ce que nous lisons dans les journaux : « Rome est près de subir l'impiété verra encore ses efforts échouer, et si Rome n'a point du Sauveur les promesses d'immortalité faites à Pierre, dix-neuf siècles la consacrent comme la reine et la maîtresse du monde, et la ville de Pierre.

L'Église et le pape ne succomberont pas dans cette lutte acharnée. Le soleil parfois est couvert de nuages, la mer souvent est agitée; mais, après la tempête, l'Océan est plus calme, et jamais le soleil ne se montre plus souriant et plus joyeux qu'après l'orage.

O sainte Église romaine, qui peut te connaître sans t'aimer! Qui peut te voir et te quitter sans éprouver une profonde douleur! Si Dieu le permet, je me prosternerai encore dans tes sanctuaires. Je suivrai l'innombrable légion de tes martyrs à la trace de leur sang ; je baiserai les vestiges de leurs pas; je prierai là où ils priaient; j'aimerai là où ils ont aimé. Plaise à Dieu que j'aime autant qu'eux !

Ton souvenir, ô Rome, me suit partout : il me réjouit, il me console, il me fortifie. Il se mêle à mes prières, et il les rend plus ferventes. Quand la liturgie sacrée me ramène la fête d'un de tes martyrs, de tes pontifes ou de tes vierges, je me reporte par la pensée dans le sanctuaire élevé en leur honneur; je me prosterne près de leur tombeau, et il me semble que j'ai acquis plus de droit à leur protection depuis que je les ai vus, que je les ai, pour ainsi dire, connus, en visitant leurs demeures et en vénérant ce qui fut à leur usage pendant leur vie. Et ainsi se rajeunissent et se renouvellent sans cesse pour moi les vivifiantes et douces émotions de la ville éternelle.

Adieu donc, ô Rome. Mais si jamais je t'oublie, que ma main droite se dessèche; et que ma langue s'attache immobile à mon palais, si je ne me souviens pas de toi et si je ne te place au commencement de tous mes cantiques de joie, d'amour et de reconnaissance!

---

une transformation matérielle qui afflige tous les amis de l'art, tous ceux qui ont gardé le culte des traditions historiques. Les spéculateurs ont entrepris de percer de voies nouvelles la ville éternelle, et de niveler, dit-on, les sept collines. Ce n'est pas assez d'entasser partout les ruines morales, nos voisins veulent couvrir le sol italien de ruines matérielles. Les Vandales modernes dépasseront les ravages de l'invasion des barbares. » (*Le Français*, 23 octobre 1872.)

Espérons que la Providence ne leur donnera pas le temps d'exécuter leurs projets. Ah! si la France avait encore l'épée de Charlemagne!

FIN

TABLE DES MATIÈRES

I. — Arrivée a Rome. 11
II. — Basilique de Saint-Pierre. — Son origine. — Pèlerinage des premiers chrétiens. — Constantin et saint Sylvestre. — Description de l'ancienne basilique. — Charlemagne. — Reconstruction de la basilique. 16
III. — Basilique de Saint-Pierre (suite). — Place Saint-Pierre. — Vestibule. — La *Navicella*. — Dimensions de la basilique. — Statue de saint Pierre. — Confession de saint Pierre. — Pie VI. — Le Bernin. — Chaire de saint Pierre. — Les statues des fondateurs d'ordres religieux. — Chapelles. — Tombeaux des papes. — Les pénitenciers. — La coupole 23
IV. — Le Capitole. — Musées. — Ara-Cœli. — Prisons Mamertines 35
V. — Le Forum. — Souvenirs païens. — Sainte-Martine. — Saint-Adrien. — Saint-Laurent *in Miranda*. — Saint-Côme et Saint-Damien. — Basilique de Constantin. — Simon le Magicien. — Arc de Titus 42
VI. — Le Colisée 48
VII. — Le mont Palatin. — Demeure impériale. — Maison d'Or. — Contrastes. — Sainte-Anastasie. — Image de Jésus crucifié. — Saint-Léonard de Port-Maurice. — Sainte-Marie-Libératrice. 55
VIII. — La fête de saint Pierre. — Les premières vêpres. — Pie IX. — Illumination de la coupole. — Messe papale. 62
IX. — L'Apôtre saint Paul. — Santa-Maria *in Via Lata*. — Colonne Antonine. — Les trois fontaines. — Basilique de Saint-Paul. 70
X. — L'Apôtre saint Pierre. — Église Sainte-Pudentienne. — Sainte-Praxède. — *Domine, quo vadis*. — Saint-Pierre *in Vincoli*. — Chapelle de la Séparation. — Saint-Pierre *in Montorio*. — Colonne Trajane. 79
XI. — Saint-Jean-de-Latran. — Son origine. — Sa primauté. — Peintures et sculptures de la grande nef. — Autel papal. — Chapelles du Chapitre et du Saint-Sacrement. — Baptistère de Constantin. — Musée de Latran. 88
XII. — Souvenirs de la passion du Sauveur. — *Scala santa*. — Santa-Croce *in Gerusalemme*. — Les *Agnus Dei* 95
XIII. — Sainte-Marie-Majeure. — Sainte-Bibiane. — Le patricien Jean. — Colonne et statue de la sainte Vierge. — Intérieur de la basilique. — Confession et crèche de Notre-Seigneur. — Chapelle du Saint-Sacrement. — Saint-Gaëtan. — Chapelle Borghèse. — Obélisque 100
XIV. — Le culte de la sainte Vierge a Rome. — Sainte-Marie du Transtévère. — Sainte-Marie *in Cosmedin*. — Bélisaire à Sainte-Marie *in Fornica*. — Sainte-Marie-de-la-Paix. — Sainte-Marie-des-Anges. — Sainte-Marie-de-la-Victoire. — M. de Ratisbonne à Saint-André *delle Frate*. — Colonne de l'Immaculée-Conception 107

TABLE DES MATIÈRES

XV. — Le Corso. — Ponte-Molle. — La place du Peuple. — Saint-Charles. — Saint-Marcel. — Saint-Marc. — Pie IX au Corso 118

XVI. — Le Champ de Mars. — Le Panthéon. — Sa transformation. — Tombeau de Raphaël 124

XVII. — L'éducation populaire a Rome. — Salles d'asile. — Écoles régionnaires. — Saint Joseph Calasanz. — Sainte Angèle de Mérici. — Écoles d'adultes. — Conférences. — Encouragements 128

XVIII. — Maisons d'éducation pour les enfants pauvres. — Orphelinat. — Tata Giovanni. — Saint-Michel a Ripa-Grande. — Sainte-Balbine 136

XIX. — L'enseignement supérieur a Rome. — La Sapience. — Le collège Romain. — Fête de saint Louis de Gonzague. — Sa chambre et celle du B. Berchmans. — L'Apollinaire 144

XX. — Le peuple romain. — Son caractère religieux. — Ses dévotions. — Le Caravita. — Industries romaines. — Sobriété du Romain. — La loterie. — Il Pasquino. — La vendetta. — Le carnaval sanctifié. — Les confréries 151

XXI. — Les hopitaux de Rome. — Ce que le paganisme faisait pour les pauvres. — Ce que fait Rome chrétienne pour ses malades. — Hôpital du Saint-Esprit. — Hôpital Saint-Roch. — Les sourds-muets. — Les aliénés 162

XXII. — Les conservatoires et les institutions dotales 168

XXIII. — Sainte Françoise Romaine. — Maison des pieux exercices. — *Tor de' specchi*. — Santa Maria la Nuova. — Le carême à Rome 173

XXIV. — Les mendiants de Rome 178

XXV. — Les couvents de Rome 182

XXVI. — Les couvents. — Les Augustins. — Les Théatins. — Les Barnabites. 188

XXVII. — Le mont Coelius. — Saint-Clément. — Arc de Constantin. — Les Camaldules. — Les Passionnistes. — Saint-Étienne-le-Rond 195

XXVIII. — Le mont Aventin. — Saint-Boniface. — Saint-Alexis. — Les Somasques. — Saint-Prisque 203

XXIX. — Les Frères Mineurs. — Franciscains. — Cordeliers. — Capucins. . 208

XXX. — Les Dominicains a Rome. — Saint-Dominique. — Saint-Sixte. — Le P. Besson. — Sainte-Sabine. — Oranger de saint Dominique. — Sainte-Marie-sur-Minerve. — Le *Beato Angelico da Fiesole* 213

XXXI. — Les Jésuites a Rome. — Le *Gesù*. — Église Saint-Ignace. — Le noviciat. — Église Saint-André *in monte Cavallo* 221

XXXII. — Saint Philippe Néri. — Chiesa-Nuova. — Baronius. — Palais Massimi 226

XXXIII. — Les cardinaux 231

XXXIV. — Congrégations romaines. — Inquisition. — Congrégations — du Concile, — de l'Index, — de la Propagande, — des Rites, — des Indulgences et des saintes Reliques 235

XXXV. — Les tribunaux romains. — La Pénitencerie. — La Daterie. — La Rote. — La Chancellerie. — Tribunaux civils. — Droit canonique. — Prisons. — Régime cellulaire 247

XXXVI. — Le diacre saint Laurent. — Saint Sixte et saint Laurent. — Martyre de saint Laurent. — Basilique de Saint-Laurent-hors-les-Murs. — *Campo-Santo*. — Saint-Laurent *in Lucina*. — Tête de saint Laurent 255

XXXVII. — Sainte Agnès. — Fontaine du Bernin. — Martyre de sainte Agnès. — Son église de la place Navone. — Basilique de Sainte-Agnès-hors-les-Murs. — Pie IX restaure la basilique 262

XXXVIII. — Fête de sainte Agnès. — Sainte-Agnès de la voie Nomentane. — Catacombes de Sainte-Agnès. — Bénédiction des agneaux 268

XXXIX. — Saint Sébastien. — Son martyre. — Sa basilique. — Les catacombes. — Les cirques. — Cæcilia Metella. — Voie Appienne 272

XL. — Sainte Cécile. — Le Transtévère. — Mariage de sainte Cécile. — Son martyre. — Sa basilique. — Les Transtévérins 280

XLI. — Le palais et les villas de Rome. — Le Quirinal. — La fontaine de Trevi. — Palais Borghèse. — Palais Farnèse. — Les villas Panfili, Borghèse et Mattei. 286

TABLE DES MATIÈRES

XLII. — FLANERIES DANS ROME. — Souvenirs de la vieille Rome. — Chemin de la croix au Colisée. — Le Colisée au clair de lune, — illuminé aux feux de Bengale. — L'*Ave Maria* 293

XLIII. — LE VATICAN. — Bibliothèque. — Galerie des inscriptions. — Musée de sculpture. — Le Laocoon, l'Apollon du Belvédère. — Loges et chambres de Raphaël. — La Transfiguration et la Communion de saint Jérôme. — Chapelle Sixtine 298

XLIV. — LES CATACOMBES. — Leur origine. — Leur destination. — Inscriptions païennes trouvées dans les catacombes. — Leur organisation. — Les fossoyeurs. — — Description. — Trois classes d'habitants des catacombes. — Les signes du martyre. — Regrets. — Inscriptions. — Peintures : *Noé, Jonas, Jésus-Christ, la sainte Vierge, les Saints*, etc. — Verres : *Moïse figure de saint Pierre*. — Ouvriers des catacombes. — Travaux et découvertes du chevalier de Rossi. — Les cimetières de Calliste et de Prétextat 311

XLV. — LES FRANÇAIS A ROME. — Églises nationales. — Établissements français. — Église Saint-Louis-des-Français. — Nos soldats. — Saint-Denis du Quirinal. — La Trinité-des-Monts. — Le Pincio. — Saint Benoît-Joseph Labre. — Saint-Martin-des-Monts et Saint-Sylvestre. — Saint Vincent de Paul. — Les Sœurs de la Charité. — La France fille aînée de l'Église 338

XLVI. — AUDIENCE DU SAINT-PÈRE 349

XLVII. — PIE IX 353

XLVIII. — ADIEUX A ROME 360

16924. — Tours, impr. Mame.

BIBLIOTHÈQUE DES FAMILLES ET DES MAISONS D'ÉDUCATION
FORMAT GRAND IN-8° — 1re SÉRIE
VOLUMES ORNÉS DE NOMBREUSES GRAVURES SUR BOIS

A TRAVERS LE TYROL, par Jules Gourdault.
CHASSES DANS L'AMÉRIQUE DU NORD (LES), par B.-H. Révoil.
CHEVALIERS DE RHODES (HISTOIRE DES), par Eugène Flandin.
DERNIER DES MOHICANS (LE), de FENIMORE COOPER, adaption et réduction à l'usage de la jeunesse, par A.-J. Hubert.
DUCS DE SAVOIE (LES) AUX XVe ET XVIe SIÈCLES, par Charles Buet.
ESPAGNE (L'), par l'abbé Léon Godard; illustrations par Gustave Doré.
FABIOLA, ou L'ÉGLISE DES CATACOMBES, par son Ém. le cardinal Wiseman, Archevêque de Westminster; traduit de l'anglais par M. Richard Viot.
GÉNIE DU CHRISTIANISME, par le vicomte de Chateaubriand.
HISTOIRE NATURELLE EXTRAITE DE BUFFON ET DE LACÉPÈDE.
IMITATION DE JÉSUS-CHRIST, par le R. P. de Gonnelieu; texte orné d'un encadrement et de nombreuses grav. sur bois, d'après les dessins de L. Hallez.
ITINÉRAIRE DE PARIS A JÉRUSALEM, par le vicomte de Chateaubriand.
JÉRUSALEM DÉLIVRÉE (LA), traduit de l'italien.
LEÇONS DE LA NATURE (LES), par L. Cousin-Despréaux.
LES ÉCRIVAINS FRANÇAIS DU XVIe SIÈCLE, choix de morceaux avec une Introduction, de brèves Notices et des Notes, par Raoul Chotard.
LES PLUS BELLES CATHÉDRALES DE FRANCE, par l'abbé Bourassé.
MARTYRS (LES), par le vicomte de Chateaubriand.
MÉMOIRES D'UN GUIDE OCTOGÉNAIRE échos des vallées d'Alsace et de Lorraine, par F.-A. Robischung.
MOYEN AGE ET SES INSTITUTIONS (LE), par Oscar Havard.
PILOTE (LE), de Fenimore Cooper; adaptation et réduction à l'usage de la jeunesse, par A.-J. Hubert.
PRAIRIE (LA), de Fenimore Cooper; adaptation et réduction à l'usage de la jeunesse, par A.-J. Hubert.
PREMIERS APOTRES DES GAULES (LES), par l'abbé Ét. Georges (de Troyes)
QUATRE DERNIERS PAPES (LES), par son Ém. le cardinal Wiseman.
RÉVOLTE AU BENGALE (LA) **EN 1857 ET 1858**, par Arthur Mangin.
ROME, ses églises, ses monuments, ses institutions.
UN TOUR EN SUISSE, par Jacques Duverney.
VIES DES SAINTS POUR TOUS LES JOURS DE L'ANNÉE. Édition illustrée de 368 gravures d'après les dessins de Rahoult.
VOYAGES DANS LE NORD DE L'EUROPE. — UN TOUR EN NORWÈGE, UNE PROMENADE DANS LA MER GLACIALE (1871-1873), par Jules Leclercq.
WAVERLEY, de Walter Scott; adaptation et réduction à l'usage de la jeunesse, par A.-J. Hubert.

BIOGRAPHIES NATIONALES

BAYART (HISTOIRE DE), par A. Prudhomme.
BLANCHE DE CASTILLE (HISTOIRE DE), par Jules-Stanislas Doinel, ancien élève de l'École des chartes, bibliothécaire-archiviste de Niort.
COLBERT, ministre de Louis XIV, (1661-1683), par Jules Gourdault.
FRANÇOIS DE LORRAINE, duc de Guise (VIE DE), par Ch. Cauvin.
GODEFROI DE BOUILLON, par Alphonse Vétault, ancien élève pensionnaire de l'École des chartes.
HENRI DE GUISE LE BALAFRÉ, par Ch. Cauvin.
JEANNE D'ARC, par M. Marius Sepet, ancien élève de l'École des chartes.
JEUNESSE DU GRAND CONDÉ (LA), par Jules Gourdault.
LOUVOIS, d'après sa correspondance, 1641-1691, par le général baron Ambert.
MARÉCHAL DE VAUBAN (LE), 1633-1707, par le général baron Ambert.
MARÉCHAL FABERT (LE), par E. de Bouteiller, ancien député de Metz.
MONTMORENCY (LE CONNÉTABLE ANNE DE), 1415-1467, par le général baron Ambert.
RICHELIEU (LE CARDINAL DE), par Eugène de Monzie.
SAINT LOUIS ET SON SIÈCLE, par le vicomte Walsh.
SUGER, par Alph. Vétault, ancien élève-pensionnaire de l'École des chartes.
SULLY ET SON TEMPS, par Jules Gourdault.
TURENNE (HISTOIRE DE), par L. Armagnac.

Tours. — Imprimerie Mame.

www.ingramcontent.com/pod-product-compliance
Lightning Source LLC
Chambersburg PA
CBHW050254170426
43202CB00011B/1685